党的自身建设法规汇编

中国法制出版社

编辑说明

习近平总书记在庆祝中国共产党成立100周年大会上宣布，我们党已经“形成比较完善的党内法规体系”。自中国共产党诞生以来，党内法规制度建设紧紧围绕政治大局推进，始终与党的奋斗历程相伴相随，与党的建设和党的事业同向同行。在这一历史进程中，党内法规制定从无到有、从少到多，由点到面、由面到体，逐步提出体系化要求，适时作出体系化安排，日益呈现体系化特征，不断接近体系化目标，经过100年的持续努力，终于形成比较完善的党内法规体系。

截至2021年7月1日，全党现行有效党内法规共3615部。其中，党中央制定的中央党内法规211部，中央纪律检查委员会以及党中央工作机关制定的部委党内法规163部，省、自治区、直辖市党委制定的地方党内法规3241部。党内法规使用党章、准则、条例、规定、办法、规则、细则7类名称，现行有效党内法规中，党章1部，准则3部，条例43部，规定850部，办法2034部，规则75部，细则609部。

党内法规体系，是以党章为根本，以民主集中制为核心，以准则、条例等中央党内法规为主干，以部委党内法规、地方党内法规为重要组成部分，由各领域各层级党内法规组成的有机统一整体。按照“规范主体、规范行为、规范监督”相统筹相协调的原则，党内法规体系以“1+4”为基本框架，即在党章之下分为党的组织法规、党的领导法规、党的自身建设法规、党的监督保障法规四大板块。

治国必先治党，治党务必从严，从严必依法度。党内法规制度既是管党治党的重要依据，也是全体党员必须共同遵循的行为规范。为配合广大党员干部学习党内法规，我们编写了《党内法规汇编系列》丛书，丛书根据党内法规体系“1+4”的基本框架分为《党的组织法规汇编》《党的领导法规汇编》《党的自身建设法规汇编》《党的监督保障法规汇编》四本，全面、系统收录相关党内法规，既可分类使用，也可全套系统学习。丛书实用性、指导性强，适合党的各级组织、党政机关、企事业单位和广大党员干部学习使用，也适合广大群众和社会各界学习使用。希望本丛书能成为广大党员同志和人民群众提升理论学习水平的有益用书。

党的自身建设法规，是调整党的政治建设、思想建设、组织建设、作风建设、纪律建设等的党内法规，为提高党的建设质量、永葆党的先进性和纯洁性提供制度保障。本分册以党章为纲领，从以上五个方面出发，全面收录与党的自身建设有关的党内法规和规范性文件，为广大读者学习使用党内法规提供参考。

目　录

一、综　合

二、党的政治建设

三、党的思想建设

四、党的组织建设

五、党的作风建设

六、党的纪律建设

一、综 合

中国共产党章程

（中国共产党第十九次全国代表大会部分修改，2017年10月24日通过）

总 纲

中国共产党是中国工人阶级的先锋队，同时是中国人民和中华民族的先锋队，是中国特色社会主义事业的领导核心，代表中国先进生产力的发展要求，代表中国先进文化的前进方向，代表中国最广大人民的根本利益。党的最高理想和最终目标是实现共产主义。

中国共产党以马克思列宁主义、毛泽东思想、邓小平理论、“三个代表”重要思想、科学发展观、习近平新时代中国特色社会主义思想作为自己的行动指南。

马克思列宁主义揭示了人类社会历史发展的规律，它的基本原理是正确的，具有强大的生命力。中国共产党人追求的共产主义最高理想，只有在社会主义社会充分发展和高度发达的基础上才能实现。社会主义制度的发展和完善是一个长期的历史过程。坚持马克思列宁主义的基本原理，走中国人民自愿选择的适合中国国情的道路，中国的社会主义事业必将取得最终的胜利。

以毛泽东同志为主要代表的中国共产党人，把马克思列宁主义的基本原理同中国革命的具体实践结合起来，创立了毛泽东思想。毛泽东思想是马克思列宁主义在中国的运用和发展，是被实践证明了的关于中国革命和建设的正确的理论原则和经验总结，是中国共产党集体智慧的结晶。在毛泽东思想指引下，中国共产党领导全国各族人民，经过长期的反对帝国主义、封建主义、官僚资本主义的革命斗争，取得了新民主主义革命的胜利，建立了人民民主专政的中华人民共和国；新中国成立以后，顺利地进行了社会主义改造，完成了从新民主主义到社会主义的过渡，确立了社会主义基本制度，发展了社会主义的经济、政治和文化。

十一届三中全会以来，以邓小平同志为主要代表的中国共产党人，总结新中国成立以来正反两方面的经验，解放思想，实事求是，实现全党工作中心向经济建设的转移，实行改革开放，开辟了社会主义事业发展的新时期，逐步形成了建设中国特色社会主义的路线、方针、政策，阐明了在中国建设社会主义、巩固和发展社会主义的基本问题，创立了邓小平理论。邓小平理论是马克思列宁主义的基本原理同当代中国实践和时代特征相结合的产物，是毛泽东思想在新的历史条件下的继承和发展，是马克思主义在中国发展的新阶段，是当代中国的马克思主义，是中国共产党集体智慧的结晶，引导着我国社会主义现代化事业不断前进。

十三届四中全会以来，以江泽民同志为主要代表的中国共产党人，在建设中国特色社会主义的实践中，加深了对什么是社会主义、怎样建设社会主义和建设什么样的党、怎样建设党的认识，积累了治党治国新的宝贵经验，形成了“三个代表”重要思想。“三个代表”重要思想是对马克思列宁主义、毛泽东思想、邓小平理论的继承和发展，反映了当代世界和中国的发展变化对党和国家工作的新要求，是加强和改进党的建设、推进我国社会主义自我完善和发展的强大理论武器，是中国共产党集体智慧的结晶，是党必须长期坚持的指导思想。始终做到“三个代表”，是我们党的立党之本、执政之基、力量之源。

十六大以来，以胡锦涛同志为主要代表的中国共产党人，坚持以邓小平理论和“三个代表”重要思想为指导，根据新的发展要求，深刻认识和回答了新形势下实现什么样的发展、怎样发展等重大问题，形成了以人为本、全面协调可持续发展的科学发展观。科学发展观是同马克思列宁主义、毛泽东思想、邓小平理论、“三个代表”重要思想既一脉相承又与时俱进的科学理论，是马克思主义关于发展的世界观和方法论的集中体现，是马克思主义中国化重大成果，是中国共产党集体智慧的结晶，是发展中国特色社会主义必须长期坚持的指导思想。

十八大以来，以习近平同志为主要代表的中国共产党人，顺应时代发展，从理论和实践结合上系统回答了新时代坚持和发展什么样的中国特色社会主义、怎样坚持和发展中国特色社会主义这个重大时代课题，创立了习近平新时代中国特色社会主义思想。习近平新时代中国特色社会主义思想是对马克思列宁主义、毛泽东思想、邓小平理论、“三个代表”重要思想、科学发展观的继承和发展，是马克思主义中国化最新成果，是党和人民实践经验和集体智慧的结晶，是中国特色社会主义理论体系的重要组成部分，是全党全国人民为实现中华民族伟大复兴而奋斗的行动指南，必须长期坚持并不断发展。在习近平新时代中国特色社会主义思想指导下，中国共产党领导全国各族人民，统揽伟大斗争、伟大工程、伟大事业、伟大梦想，推动中国特色社会主义进入了新时代。

改革开放以来我们取得一切成绩和进步的根本原因，归结起来就是：开辟了中国特色社会主义道路，形成了中国特色社会主义理论体系，确立了中国特色社会主义制度，发展了中国特色社会主义文化。全党同志要倍加珍惜、长期坚持和不断发展党历经艰辛开创的这条道路、这个理论体系、这个制度、这个文化，高举中国特色社会主义伟大旗帜，坚定道路自信、理论自信、制度自信、文化自信，贯彻党的基本理论、基本路线、基本方略，为实现推进现代化建设、完成祖国统一、维护世界和平与促进共同发展这三大历史任务，实现“两个一百年”奋斗目标、实现中华民族伟大复兴的中国梦而奋斗。

我国正处于并将长期处于社会主义初级阶段。这是在原本经济文化落后的中国建设社会主义现代化不可逾越的历史阶段，需要上百年的时间。我国的社会主义建设，必须从我国的国情出发，走中国特色社会主义道路。在现阶段，我国社会的主要矛盾是人民日益增长的美好生活需要和不平衡不充分的发展之间的矛盾。由于国内的因素和国际的影响，阶级斗争还在一定范围内长期存在，在某种条件下还有可能激化，但已经不是主要矛盾。我国社会主义建设的根本任务，是进一步解放生产力，发展生产力，逐步实现社会主义现代化，并且为此而改革生产关系和上层建筑中不适应生产力发展的方面和环节。必须坚持和完善公有制为主体、多种所有制经济共同发展的基本经济制度，坚持和完善按劳分配为主体、多种分配方式并存的分配制度，鼓励一部分地区和一部分人先富起来，逐步消灭贫穷，达到共同富裕，在生产发展和社会财富增长的基础上不断满足人民日益增长的美好生活需要，促进人的全面发展。发展是我们党执政兴国的第一要务。必须坚持以人民为中心的发展思想，坚持创新、协调、绿色、开放、共享的发展理念。各项工作都要把有利于发展社会主义社会的生产力，有利于增强社会主义国家的综合国力，有利于提高人民的生活水平，作为总的出发点和检验标准，尊重劳动、尊重知识、尊重人才、尊重创造，做到发展为了人民、发展依靠人民、发展成果由人民共享。跨入新世纪，我国进入全面建设小康社会、加快推进社会主义现代化的新的发展阶段。必须按照中国特色社会主义事业“五位一体”总体布局和“四个全面”战略布局，统筹推进经济建设、政治建设、文化建设、社会建设、生态文明建设，协调推进全面建成小康社会、全面深化改革、全面依法治国、全面从严治党。在新世纪新时代，经济和社会发展的战略目标是，到建党一百年时，全面建成小康社会；到新中国成立一百年时，全面建成社会主义现代化强国。

中国共产党在社会主义初级阶段的基本路线是：领导和团结全国各族人民，以经济建设为中心，坚持四项基本原则，坚持改革开放，自力更生，艰苦创业，为把我国建设成为富强民主文明和谐美丽的社会主义现代化强国而奋斗。

中国共产党在领导社会主义事业中，必须坚持以经济建设为中心，其他各项工作都服从和服务于这个中心。要实施科教兴国战略、人才强国战略、创新驱动发展战略、乡村振兴战略、区域协调发展战略、可持续发展战略、军民融合发展战略，充分发挥科学技术作为第一生产力的作用，充分发挥创新作为引领发展第一动力的作用，依靠科技进步，提高劳动者素质，促进国民经济更高质量、更有效率、更加公平、更可持续发展。

坚持社会主义道路、坚持人民民主专政、坚持中国共产党的领导、坚持马克思列宁主义毛泽东思想这四项基本原则，是我们的立国之本。在社会主义现代化建设的整个过程中，必须坚持四项基本原则，反对资产阶级自由化。

坚持改革开放，是我们的强国之路。只有改革开放，才能发展中国、发展社会主义、发展马克思主义。要全面深化改革，完善和发展中国特色社会主义制度，推进国家治理体系和治理能力现代化。要从根本上改革束缚生产力发展的经济体制，坚持和完善社会主义市场经济体制；与此相适应，要进行政治体制改革和其他领域的改革。要坚持对外开放的基本国策，吸收和借鉴人类社会创造的一切文明成果。改革开放应当大胆探索，勇于开拓，提高改革决策的科学性，更加注重改革的系统性、整体性、协同性，在实践中开创新路。

中国共产党领导人民发展社会主义市场经济。毫不动摇地巩固和发展公有制经济，毫不动摇地鼓励、支持、引导非公有制经济发展。发挥市场在资源配置中的决定性作用，更好发挥政府作用，建立完善的宏观调控体系。统筹城乡发展、区域发展、经济社会发展、人与自然和谐发展、国内发展和对外开放，调整经济结构，转变经济发展方式，推进供给侧结构性改革。促进新型工业化、信息化、城镇化、农业现代化同步发展，建设社会主义新农村，走中国特色新型工业化道路，建设创新型国家和世界科技强国。

中国共产党领导人民发展社会主义民主政治。坚持党的领导、人民当家作主、依法治国有机统一，走中国特色社会主义政治发展道路，扩大社会主义民主，建设中国特色社会主义法治体系，建设社会主义法治国家，巩固人民民主专政，建设社会主义政治文明。坚持和完善人民代表大会制度、中国共产党领导的多党合作和政治协商制度、民族区域自治制度以及基层群众自治制度。发展更加广泛、更加充分、更加健全的人民民主，推进协商民主广泛、多层、制度化发展，切实保障人民管理国家事务和社会事务、管理经济和文化事业的权利。尊重和保障人权。广开言路，建立健全民主选举、民主决策、民主管理、民主监督的制度和程序。完善中国特色社会主义法律体系，加强法律实施工作，实现国家各项工作法治化。

中国共产党领导人民发展社会主义先进文化。建设社会主义精神文明，实行依法治国和以德治国相结合，提高全民族的思想道德素质和科学文化素质，为改革开放和社会主义现代化建设提供强大的思想保证、精神动力和智力支持，建设社会主义文化强国。加强社会主义核心价值体系建设，坚持马克思主义指导思想，树立中国特色社会主义共同理想，弘扬以爱国主义为核心的民族精神和以改革创新为核心的时代精神，培育和践行社会主义核心价值观，倡导社会主义荣辱观，增强民族自尊、自信和自强精神，抵御资本主义和封建主义腐朽思想的侵蚀，扫除各种社会丑恶现象，努力使我国人民成为有理想、有道德、有文化、有纪律的人民。对党员要进行共产主义远大理想教育。大力发展教育、科学、文化事业，推动中华优秀传统文化创造性转化、创新性发展，继承革命文化，发展社会主义先进文化，提高国家文化软实力。牢牢掌握意识形态工作领导权，不断巩固马克思主义在意识形态领域的指导地位，巩固全党全国人民团结奋斗的共同思想基础。

中国共产党领导人民构建社会主义和谐社会。按照民主法治、公平正义、诚信友爱、充满活力、安定有序、人与自然和谐相处的总要求和共同建设、共同享有的原则，以保障和改善民生为重点，解决好人民最关心、最直接、最现实的利益问题，使发展成果更多更公平惠及全体人民，不断增强人民群众获得感，努力形成全体人民各尽其能、各得其所而又和谐相处的局面。加强和创新社会治理。严格区分和正确处理敌我矛盾和人民内部矛盾这两类不同性质的矛盾。加强社会治安综合治理，依法坚决打击各种危害国家安全和利益、危害社会稳定和经济发展的犯罪活动和犯罪分子，保持社会长期稳定。坚持总体国家安全观，坚决维护国家主权、安全、发展利益。

中国共产党领导人民建设社会主义生态文明。树立尊重自然、顺应自然、保护自然的生态文明理念，增强绿水青山就是金山银山的意识，坚持节约资源和保护环境的基本国策，坚持节约优先、保护优先、自然恢复为主的方针，坚持生产发展、生活富裕、生态良好的文明发展道路。着力建设资源节约型、环境友好型社会，实行最严格的生态环境保护制度，形成节约资源和保护环境的空间格局、产业结构、生产方式、生活方式，为人民创造良好生产生活环境，实现中华民族永续发展。

中国共产党坚持对人民解放军和其他人民武装力量的绝对领导，贯彻习近平强军思想，加强人民解放军的建设，坚持政治建军、改革强军、科技兴军、依法治军，建设一支听党指挥、能打胜仗、作风优良的人民军队，切实保证人民解放军有效履行新时代军队使命任务，充分发挥人民解放军在巩固国防、保卫祖国和参加社会主义现代化建设中的作用。

中国共产党维护和发展平等团结互助和谐的社会主义民族关系，积极培养、选拔少数民族干部，帮助少数民族和民族地区发展经济、文化和社会事业，铸牢中华民族共同体意识，实现各民族共同团结奋斗、共同繁荣发展。全面贯彻党的宗教工作基本方针，团结信教群众为经济社会发展作贡献。

中国共产党同全国各民族工人、农民、知识分子团结在一起，同各民主党派、无党派人士、各民族的爱国力量团结在一起，进一步发展和壮大由全体社会主义劳动者、社会主义事业的建设者、拥护社会主义的爱国者、拥护祖国统一和致力于中华民族伟大复兴的爱国者组成的最广泛的爱国统一战线。不断加强全国人民包括香港特别行政区同胞、澳门特别行政区同胞、台湾同胞和海外侨胞的团结。按照“一个国家、两种制度”的方针，促进香港、澳门长期繁荣稳定，完成祖国统一大业。

中国共产党坚持独立自主的和平外交政策，坚持和平发展道路，坚持互利共赢的开放战略，统筹国内国际两个大局，积极发展对外关系，努力为我国的改革开放和现代化建设争取有利的国际环境。在国际事务中，坚持正确义利观，维护我国的独立和主权，反对霸权主义和强权政治，维护世界和平，促进人类进步，推动构建人类命运共同体，推动建设持久和平、共同繁荣的和谐世界。在互相尊重主权和领土完整、互不侵犯、互不干涉内政、平等互利、和平共处五项原则的基础上，发展我国同世界各国的关系。不断发展我国同周边国家的睦邻友好关系，加强同发展中国家的团结与合作。遵循共商共建共享原则，推进“一带一路”建设。按照独立自主、完全平等、互相尊重、互不干涉内部事务的原则，发展我党同各国共产党和其他政党的关系。

中国共产党要领导全国各族人民实现“两个一百年”奋斗目标、实现中华民族伟大复兴的中国梦，必须紧密围绕党的基本路线，坚持党要管党、全面从严治党，加强党的长期执政能力建设、先进性和纯洁性建设，以改革创新精神全面推进党的建设新的伟大工程，以党的政治建设为统领，全面推进党的政治建设、思想建设、组织建设、作风建设、纪律建设，把制度建设贯穿其中，深入推进反腐败斗争，全面提高党的建设科学化水平。坚持立党为公、执政为民，发扬党的优良传统和作风，不断提高党的领导水平和执政水平，提高拒腐防变和抵御风险的能力，不断增强自我净化、自我完善、自我革新、自我提高能力，不断增强党的阶级基础和扩大党的群众基础，不断提高党的创造力、凝聚力、战斗力，建设学习型、服务型、创新型的马克思主义执政党，使我们党始终走在时代前列，成为领导全国人民沿着中国特色社会主义道路不断前进的坚强核心。党的建设必须坚决实现以下五项基本要求：

第一，坚持党的基本路线。全党要用邓小平理论、“三个代表”重要思想、科学发展观、习近平新时代中国特色社会主义思想和党的基本路线统一思想，统一行动，并且毫不动摇地长期坚持下去。必须把改革开放同四项基本原则统一起来，全面落实党的基本路线，反对一切“左”的和右的错误倾向，要警惕右，但主要是防止“左”。加强各级领导班子建设，培养选拔党和人民需要的好干部，培养和造就千百万社会主义事业接班人，从组织上保证党的基本理论、基本路线、基本方略的贯彻落实。

第二，坚持解放思想，实事求是，与时俱进，求真务实。党的思想路线是一切从实际出发，理论联系实际，实事求是，在实践中检验真理和发展真理。全党必须坚持这条思想路线，积极探索，大胆试验，开拓创新，创造性地开展工作，不断研究新情况，总结新经验，解决新问题，在实践中丰富和发展马克思主义，推进马克思主义中国化。

第三，坚持全心全意为人民服务。党除了工人阶级和最广大人民群众的利益，没有自己特殊的利益。党在任何时候都把群众利益放在第一位，同群众同甘共苦，保持最密切的联系，坚持权为民所用、情为民所系、利为民所谋，不允许任何党员脱离群众，凌驾于群众之上。我们党的最大政治优势是密切联系群众，党执政后的最大危险是脱离群众。党风问题、党同人民群众联系问题是关系党生死存亡的问题。党在自己的工作中实行群众路线，一切为了群众，一切依靠群众，从群众中来，到群众中去，把党的正确主张变为群众的自觉行动。

第四，坚持民主集中制。民主集中制是民主基础上的集中和集中指导下的民主相结合。它既是党的根本组织原则，也是群众路线在党的生活中的运用。必须充分发扬党内民主，尊重党员主体地位，保障党员民主权利，发挥各级党组织和广大党员的积极性创造性。必须实行正确的集中，牢固树立政治意识、大局意识、核心意识、看齐意识，坚定维护以习近平同志为核心的党中央权威和集中统一领导，保证全党的团结统一和行动一致，保证党的决定得到迅速有效的贯彻执行。加强和规范党内政治生活，增强党内政治生活的政治性、时代性、原则性、战斗性，发展积极健康的党内政治文化，营造风清气正的良好政治生态。党在自己的政治生活中正确地开展批评和自我批评，在原则问题上进行思想斗争，坚持真理，修正错误。努力造成又有集中又有民主，又有纪律又有自由，又有统一意志又有个人心情舒畅生动活泼的政治局面。

第五，坚持从严管党治党。全面从严治党永远在路上。新形势下，党面临的执政考验、改革开放考验、市场经济考验、外部环境考验是长期的、复杂的、严峻的，精神懈怠危险、能力不足危险、脱离群众危险、消极腐败危险更加尖锐地摆在全党面前。要把严的标准、严的措施贯穿于管党治党全过程和各方面。坚持依规治党、标本兼治，坚持把纪律挺在前面，加强组织性纪律性，在党的纪律面前人人平等。强化管党治党主体责任和监督责任，加强对党的领导机关和党员领导干部特别是主要领导干部的监督，不断完善党内监督体系。深入推进党风廉政建设和反腐败斗争，以零容忍态度惩治腐败，构建不敢腐、不能腐、不想腐的有效机制。

中国共产党的领导是中国特色社会主义最本质的特征，是中国特色社会主义制度的最大优势。党政军民学，东西南北中，党是领导一切的。党要适应改革开放和社会主义现代化建设的要求，坚持科学执政、民主执政、依法执政，加强和改善党的领导。党必须按照总揽全局、协调各方的原则，在同级各种组织中发挥领导核心作用。党必须集中精力领导经济建设，组织、协调各方面的力量，同心协力，围绕经济建设开展工作，促进经济社会全面发展。党必须实行民主的科学的决策，制定和执行正确的路线、方针、政策，做好党的组织工作和宣传教育工作，发挥全体党员的先锋模范作用。党必须在宪法和法律的范围内活动。党必须保证国家的立法、司法、行政、监察机关，经济、文化组织和人民团体积极主动地、独立负责地、协调一致地工作。党必须加强对工会、共产主义青年团、妇女联合会等群团组织的领导，使它们保持和增强政治性、先进性、群众性，充分发挥作用。党必须适应形势的发展和情况的变化，完善领导体制，改进领导方式，增强执政能力。共产党员必须同党外群众亲密合作，共同为建设中国特色社会主义而奋斗。

第一章 党 员

第一条 年满十八岁的中国工人、农民、军人、知识分子和其他社会阶层的先进分子，承认党的纲领和章程，愿意参加党的一个组织并在其中积极工作、执行党的决议和按期交纳党费的，可以申请加入中国共产党。

第二条 中国共产党党员是中国工人阶级的有共产主义觉悟的先锋战士。

中国共产党党员必须全心全意为人民服务，不惜牺牲个人的一切，为实现共产主义奋斗终身。

中国共产党党员永远是劳动人民的普通一员。除了法律和政策规定范围内的个人利益和工作职权以外，所有共产党员都不得谋求任何私利和特权。

第三条 党员必须履行下列义务：

（一）认真学习马克思列宁主义、毛泽东思想、邓小平理论、“三个代表”重要思想、科学发展观、习近平新时代中国特色社会主义思想，学习党的路线、方针、政策和决议，学习党的基本知识，学习科学、文化、法律和业务知识，努力提高为人民服务的本领。

（二）贯彻执行党的基本路线和各项方针、政策，带头参加改革开放和社会主义现代化建设，带动群众为经济发展和社会进步艰苦奋斗，在生产、工作、学习和社会生活中起先锋模范作用。

（三）坚持党和人民的利益高于一切，个人利益服从党和人民的利益，吃苦在前，享受在后，克己奉公，多做贡献。

（四）自觉遵守党的纪律，首先是党的政治纪律和政治规矩，模范遵守国家的法律法规，严格保守党和国家的秘密，执行党的决定，服从组织分配，积极完成党的任务。

（五）维护党的团结和统一，对党忠诚老实，言行一致，坚决反对一切派别组织和小集团活动，反对阳奉阴违的两面派行为和一切阴谋诡计。

（六）切实开展批评和自我批评，勇于揭露和纠正违反党的原则的言行和工作中的缺点、错误，坚决同消极腐败现象作斗争。

（七）密切联系群众，向群众宣传党的主张，遇事同群众商量，及时向党反映群众的意见和要求，维护群众的正当利益。

（八）发扬社会主义新风尚，带头实践社会主义核心价值观和社会主义荣辱观，提倡共产主义道德，弘扬中华民族传统美德，为了保护国家和人民的利益，在一切困难和危险的时刻挺身而出，英勇斗争，不怕牺牲。

第四条　党员享有下列权利：

（一）参加党的有关会议，阅读党的有关文件，接受党的教育和培训。

（二）在党的会议上和党报党刊上，参加关于党的政策问题的讨论。

（三）对党的工作提出建议和倡议。

（四）在党的会议上有根据地批评党的任何组织和任何党员，向党负责地揭发、检举党的任何组织和任何党员违法乱纪的事实，要求处分违法乱纪的党员，要求罢免或撤换不称职的干部。

（五）行使表决权、选举权，有被选举权。

（六）在党组织讨论决定对党员的党纪处分或作出鉴定时，本人有权参加和进行申辩，其他党员可以为他作证和辩护。

（七）对党的决议和政策如有不同意见，在坚决执行的前提下，可以声明保留，并且可以把自己的意见向党的上级组织直至中央提出。

（八）向党的上级组织直至中央提出请求、申诉和控告，并要求有关组织给以负责的答复。

党的任何一级组织直至中央都无权剥夺党员的上述权利。

第五条 发展党员，必须把政治标准放在首位，经过党的支部，坚持个别吸收的原则。

申请入党的人，要填写入党志愿书，要有两名正式党员作介绍人，要经过支部大会通过和上级党组织批准，并且经过预备期的考察，才能成为正式党员。

介绍人要认真了解申请人的思想、品质、经历和工作表现，向他解释党的纲领和党的章程，说明党员的条件、义务和权利，并向党组织作出负责的报告。

党的支部委员会对申请入党的人，要注意征求党内外有关群众的意见，进行严格的审查，认为合格后再提交支部大会讨论。

上级党组织在批准申请人入党以前，要派人同他谈话，作进一步的了解，并帮助他提高对党的认识。

在特殊情况下，党的中央和省、自治区、直辖市委员会可以直接接收党员。

第六条 预备党员必须面向党旗进行入党宣誓。誓词如下：我志愿加入中国共产党，拥护党的纲领，遵守党的章程，履行党员义务，执行党的决定，严守党的纪律，保守党的秘密，对党忠诚，积极工作，为共产主义奋斗终身，随时准备为党和人民牺牲一切，永不叛党。

第七条　预备党员的预备期为一年。党组织对预备党员应当认真教育和考察。

预备党员的义务同正式党员一样。预备党员的权利，除了没有表决权、选举权和被选举权以外，也同正式党员一样。

预备党员预备期满，党的支部应当及时讨论他能否转为正式党员。认真履行党员义务，具备党员条件的，应当按期转为正式党员；需要继续考察和教育的，可以延长预备期，但不能超过一年；不履行党员义务，不具备党员条件的，应当取消预备党员资格。预备党员转为正式党员，或延长预备期，或取消预备党员资格，都应当经支部大会讨论通过和上级党组织批准。

预备党员的预备期，从支部大会通过他为预备党员之日算起。党员的党龄，从预备期满转为正式党员之日算起。

第八条　每个党员，不论职务高低，都必须编入党的一个支部、小组或其他特定组织，参加党的组织生活，接受党内外群众的监督。党员领导干部还必须参加党委、党组的民主生活会。不允许有任何不参加党的组织生活、不接受党内外群众监督的特殊党员。

第九条　党员有退党的自由。党员要求退党，应当经支部大会讨论后宣布除名，并报上级党组织备案。

党员缺乏革命意志，不履行党员义务，不符合党员条件，党的支部应当对他进行教育，要求他限期改正；经教育仍无转变的，应当劝他退党。劝党员退党，应当经支部大会讨论决定，并报上级党组织批准。如被劝告退党的党员坚持不退，应当提交支部大会讨论，决定把他除名，并报上级党组织批准。

党员如果没有正当理由，连续六个月不参加党的组织生活，或不交纳党费，或不做党所分配的工作，就被认为是自行脱党。支部大会应当决定把这样的党员除名，并报上级党组织批准。

第二章　党的组织制度

第十条　党是根据自己的纲领和章程，按照民主集中制组织起来的统一整体。党的民主集中制的基本原则是：

（一）党员个人服从党的组织，少数服从多数，下级组织服从上级组织，全党各个组织和全体党员服从党的全国代表大会和中央委员会。

（二）党的各级领导机关，除它们派出的代表机关和在非党组织中的党组外，都由选举产生。

（三）党的最高领导机关，是党的全国代表大会和它所产生的中央委员会。党的地方各级领导机关，是党的地方各级代表大会和它们所产生的委员会。党的各级委员会向同级的代表大会负责并报告工作。

（四）党的上级组织要经常听取下级组织和党员群众的意见，及时解决他们提出的问题。党的下级组织既要向上级组织请示和报告工作，又要独立负责地解决自己职责范围内的问题。上下级组织之间要互通情报、互相支持和互相监督。党的各级组织要按规定实行党务公开，使党员对党内事务有更多的了解和参与。

（五）党的各级委员会实行集体领导和个人分工负责相结合的制度。凡属重大问题都要按照集体领导、民主集中、个别酝酿、会议决定的原则，由党的委员会集体讨论，作出决定；委员会成员要根据集体的决定和分工，切实履行自己的职责。

（六）党禁止任何形式的个人崇拜。要保证党的领导人的活动处于党和人民的监督之下，同时维护一切代表党和人民利益的领导人的威信。

第十一条　党的各级代表大会的代表和委员会的产生，要体现选举人的意志。选举采用无记名投票的方式。候选人名单要由党组织和选举人充分酝酿讨论。可以直接采用候选人数多于应选人数的差额选举办法进行正式选举。也可以先采用差额选举办法进行预选，产生候选人名单，然后进行正式选举。选举人有了解候选人情况、要求改变候选人、不选任何一个候选人和另选他人的权利。任何组织和个人不得以任何方式强迫选举人选举或不选举某个人。

党的地方各级代表大会和基层代表大会的选举，如果发生违反党章的情况，上一级党的委员会在调查核实后，应作出选举无效和采取相应措施的决定，并报再上一级党的委员会审查批准，正式宣布执行。

党的各级代表大会代表实行任期制。

第十二条 党的中央和地方各级委员会在必要时召集代表会议，讨论和决定需要及时解决的重大问题。代表会议代表的名额和产生办法，由召集代表会议的委员会决定。

第十三条 凡是成立党的新组织，或是撤销党的原有组织，必须由上级党组织决定。

在党的地方各级代表大会和基层代表大会闭会期间，上级党的组织认为有必要时，可以调动或者指派下级党组织的负责人。

党的中央和地方各级委员会可以派出代表机关。

第十四条 党的中央和省、自治区、直辖市委员会实行巡视制度，在一届任期内，对所管理的地方、部门、企事业单位党组织实现巡视全覆盖。

中央有关部委和国家机关部门党组（党委）根据工作需要，开展巡视工作。

党的市（地、州、盟）和县（市、区、旗）委员会建立巡察制度。

第十五条 党的各级领导机关，对同下级组织有关的重要问题作出决定时，在通常情况下，要征求下级组织的意见。要保证下级组织能够正常行使他们的职权。凡属应由下级组织处理的问题，如无特殊情况，上级领导机关不要干预。

第十六条 有关全国性的重大政策问题，只有党中央有权作出决定，各部门、各地方的党组织可以向中央提出建议，但不得擅自作出决定和对外发表主张。

党的下级组织必须坚决执行上级组织的决定。下级组织如果认为上级组织的决定不符合本地区、本部门的实际情况，可以请求改变；如果上级组织坚持原决定，下级组织必须执行，并不得公开发表不同意见，但有权向再上一级组织报告。

党的各级组织的报刊和其他宣传工具，必须宣传党的路线、方针、政策和决议。

第十七条 党组织讨论决定问题，必须执行少数服从多数的原则。决定重要问题，要进行表决。对于少数人的不同意见，应当认真考虑。如对重要问题发生争论，双方人数接近，除了在紧急情况下必须按多数意见执行外，应当暂缓作出决定，进一步调查研究，交换意见，下次再表决；在特殊情况下，也可将争论情况向上级组织报告，请求裁决。

党员个人代表党组织发表重要主张，如果超出党组织已有决定的范围，必须提交所在的党组织讨论决定，或向上级党组织请示。任何党员不论职务高低，都不能个人决定重大问题；如遇紧急情况，必须由个人作出决定时，事后要迅速向党组织报告。不允许任何领导人实行个人专断和把个人凌驾于组织之上。

第十八条 党的中央、地方和基层组织，都必须重视党的建设，经常讨论和检查党的宣传工作、教育工作、组织工作、纪律检查工作、群众工作、统一战线工作等，注意研究党内外的思想政治状况。

第三章　党的中央组织

第十九条　党的全国代表大会每五年举行一次，由中央委员会召集。中央委员会认为有必要，或者有三分之一以上的省一级组织提出要求，全国代表大会可以提前举行；如无非常情况，不得延期举行。

全国代表大会代表的名额和选举办法，由中央委员会决定。

第二十条　党的全国代表大会的职权是：

（一）听取和审查中央委员会的报告；

（二）审查中央纪律检查委员会的报告；

（三）讨论并决定党的重大问题；

（四）修改党的章程；

（五）选举中央委员会；

（六）选举中央纪律检查委员会。

第二十一条　党的全国代表会议的职权是：讨论和决定重大问题；调整和增选中央委员会、中央纪律检查委员会的部分成员。调整和增选中央委员及候补中央委员的数额，不得超过党的全国代表大会选出的中央委员及候补中央委员各自总数的五分之一。

第二十二条　党的中央委员会每届任期五年。全国代表大会如提前或延期举行，它的任期相应地改变。中央委员会委员和候补委员必须有五年以上的党龄。中央委员会委员和候补委员的名额，由全国代表大会决定。中央委员会委员出缺，由中央委员会候补委员按照得票多少依次递补。

中央委员会全体会议由中央政治局召集，每年至少举行一次。中央政治局向中央委员会全体会议报告工作，接受监督。

在全国代表大会闭会期间，中央委员会执行全国代表大会的决议，领导党的全部工作，对外代表中国共产党。

第二十三条 党的中央政治局、中央政治局常务委员会和中央委员会总书记，由中央委员会全体会议选举。中央委员会总书记必须从中央政治局常务委员会委员中产生。

中央政治局和它的常务委员会在中央委员会全体会议闭会期间，行使中央委员会的职权。

中央书记处是中央政治局和它的常务委员会的办事机构；成员由中央政治局常务委员会提名，中央委员会全体会议通过。

中央委员会总书记负责召集中央政治局会议和中央政治局常务委员会会议，并主持中央书记处的工作。

党的中央军事委员会组成人员由中央委员会决定，中央军事委员会实行主席负责制。

每届中央委员会产生的中央领导机构和中央领导人，在下届全国代表大会开会期间，继续主持党的经常工作，直到下届中央委员会产生新的中央领导机构和中央领导人为止。

第二十四条 中国人民解放军的党组织，根据中央委员会的指示进行工作。中央军事委员会负责军队中党的工作和政治工作，对军队中党的组织体制和机构作出规定。

第四章 党的地方组织

第二十五条 党的省、自治区、直辖市的代表大会，设区的市和自治州的代表大会，县（旗）、自治县、不设区的市和市辖区的代表大会，每五年举行一次。

党的地方各级代表大会由同级党的委员会召集。在特殊情况下，经上一级委员会批准，可以提前或延期举行。

党的地方各级代表大会代表的名额和选举办法，由同级党的委员会决定，并报上一级党的委员会批准。

第二十六条　党的地方各级代表大会的职权是：

（一）听取和审查同级委员会的报告；

（二）审查同级纪律检查委员会的报告；

（三）讨论本地区范围内的重大问题并作出决议；

（四）选举同级党的委员会，选举同级党的纪律检查委员会。

第二十七条　党的省、自治区、直辖市、设区的市和自治州的委员会，每届任期五年。这些委员会的委员和候补委员必须有五年以上的党龄。

党的县（旗）、自治县、不设区的市和市辖区的委员会，每届任期五年。这些委员会的委员和候补委员必须有三年以上的党龄。

党的地方各级代表大会如提前或延期举行，由它选举的委员会的任期相应地改变。

党的地方各级委员会的委员和候补委员的名额，分别由上一级委员会决定。党的地方各级委员会委员出缺，由候补委员按照得票多少依次递补。

党的地方各级委员会全体会议，每年至少召开两次。

党的地方各级委员会在代表大会闭会期间，执行上级党组织的指示和同级党代表大会的决议，领导本地方的工作，定期向上级党的委员会报告工作。

第二十八条　党的地方各级委员会全体会议，选举常务委员会和书记、副书记，并报上级党的委员会批准。党的地方各级委员会的常务委员会，在委员会全体会议闭会期间，行使委员会职权；在下届代表大会开会期间，继续主持经常工作，直到新的常务委员会产生为止。

党的地方各级委员会的常务委员会定期向委员会全体会议报告工作，接受监督。

第二十九条　党的地区委员会和相当于地区委员会的组织，

是党的省、自治区委员会在几个县、自治县、市范围内派出的代表机关。它根据省、自治区委员会的授权，领导本地区的工作。

第五章　党的基层组织

第三十条　企业、农村、机关、学校、科研院所、街道社区、社会组织、人民解放军连队和其他基层单位，凡是有正式党员三人以上的，都应当成立党的基层组织。

党的基层组织，根据工作需要和党员人数，经上级党组织批准，分别设立党的基层委员会、总支部委员会、支部委员会。基层委员会由党员大会或代表大会选举产生，总支部委员会和支部委员会由党员大会选举产生，提出委员候选人要广泛征求党员和群众的意见。

第三十一条　党的基层委员会、总支部委员会、支部委员会每届任期三年至五年。基层委员会、总支部委员会、支部委员会的书记、副书记选举产生后，应报上级党组织批准。

第三十二条　党的基层组织是党在社会基层组织中的战斗堡垒，是党的全部工作和战斗力的基础。它的基本任务是：

（一）宣传和执行党的路线、方针、政策，宣传和执行党中央、上级组织和本组织的决议，充分发挥党员的先锋模范作用，积极创先争优，团结、组织党内外的干部和群众，努力完成本单位所担负的任务。

（二）组织党员认真学习马克思列宁主义、毛泽东思想、邓小平理论、“三个代表”重要思想、科学发展观、习近平新时代中国特色社会主义思想，推进“两学一做”学习教育常态化制度化，学习党的路线、方针、政策和决议，学习党的基本知识，学习科学、文化、法律和业务知识。

（三）对党员进行教育、管理、监督和服务，提高党员素质，坚定理想信念，增强党性，严格党的组织生活，开展批评和自我批评，维护和执行党的纪律，监督党员切实履行义务，保障党员的权利不受侵犯。加强和改进流动党员管理。

（四）密切联系群众，经常了解群众对党员、党的工作的批评和意见，维护群众的正当权利和利益，做好群众的思想政治工作。

（五）充分发挥党员和群众的积极性创造性，发现、培养和推荐他们中间的优秀人才，鼓励和支持他们在改革开放和社会主义现代化建设中贡献自己的聪明才智。

（六）对要求入党的积极分子进行教育和培养，做好经常性的发展党员工作，重视在生产、工作第一线和青年中发展党员。

（七）监督党员干部和其他任何工作人员严格遵守国家法律法规，严格遵守国家的财政经济法规和人事制度，不得侵占国家、集体和群众的利益。

（八）教育党员和群众自觉抵制不良倾向，坚决同各种违纪违法行为作斗争。

第三十三条 街道、乡、镇党的基层委员会和村、社区党组织，领导本地区的工作和基层社会治理，支持和保证行政组织、经济组织和群众自治组织充分行使职权。

国有企业党委（党组）发挥领导作用，把方向、管大局、保落实，依照规定讨论和决定企业重大事项。国有企业和集体企业中党的基层组织，围绕企业生产经营开展工作。保证监督党和国家的方针、政策在本企业的贯彻执行；支持股东会、董事会、监事会和经理（厂长）依法行使职权；全心全意依靠职工群众，支持职工代表大会开展工作；参与企业重大问题的决策；加强党组织的自身建设，领导思想政治工作、精神文明建设和工会、共青团等群团组织。

非公有制经济组织中党的基层组织，贯彻党的方针政策，引导和监督企业遵守国家的法律法规，领导工会、共青团等群团组织，团结凝聚职工群众，维护各方的合法权益，促进企业健康发展。

社会组织中党的基层组织，宣传和执行党的路线、方针、政策，领导工会、共青团等群团组织，教育管理党员，引领服务群众，推动事业发展。

实行行政领导人负责制的事业单位中党的基层组织，发挥战斗堡垒作用。实行党委领导下的行政领导人负责制的事业单位中党的基层组织，对重大问题进行讨论和作出决定，同时保证行政领导人充分行使自己的职权。

各级党和国家机关中党的基层组织，协助行政负责人完成任务，改进工作，对包括行政负责人在内的每个党员进行教育、管理、监督，不领导本单位的业务工作。

第三十四条 党支部是党的基础组织，担负直接教育党员、管理党员、监督党员和组织群众、宣传群众、凝聚群众、服务群众的职责。

第六章 党的干部

第三十五条 党的干部是党的事业的骨干，是人民的公仆，要做到忠诚干净担当。党按照德才兼备、以德为先的原则选拔干部，坚持五湖四海、任人唯贤，坚持事业为上、公道正派，反对任人唯亲，努力实现干部队伍的革命化、年轻化、知识化、专业化。

党重视教育、培训、选拔、考核和监督干部，特别是培养、选拔优秀年轻干部。积极推进干部制度改革。

党重视培养、选拔女干部和少数民族干部。

第三十六条 党的各级领导干部必须信念坚定、为民服务、勤政务实、敢于担当、清正廉洁，模范地履行本章程第三条所规定的党员的各项义务，并且必须具备以下的基本条件：

（一）具有履行职责所需要的马克思列宁主义、毛泽东思想、邓小平理论、“三个代表”重要思想、科学发展观的水平，带头贯彻落实习近平新时代中国特色社会主义思想，努力用马克思主义的立场、观点、方法分析和解决实际问题，坚持讲学习、讲政治、讲正气，经得起各种风浪的考验。

（二）具有共产主义远大理想和中国特色社会主义坚定信念，坚决执行党的基本路线和各项方针、政策，立志改革开放，献身现代化事业，在社会主义建设中艰苦创业，树立正确政绩观，做出经得起实践、人民、历史检验的实绩。

（三）坚持解放思想，实事求是，与时俱进，开拓创新，认真调查研究，能够把党的方针、政策同本地区、本部门的实际相结合，卓有成效地开展工作，讲实话，办实事，求实效。

（四）有强烈的革命事业心和政治责任感，有实践经验，有胜任领导工作的组织能力、文化水平和专业知识。

（五）正确行使人民赋予的权力，坚持原则，依法办事，清正廉洁，勤政为民，以身作则，艰苦朴素，密切联系群众，坚持党的群众路线，自觉地接受党和群众的批评和监督，加强道德修养，讲党性、重品行、作表率，做到自重、自省、自警、自励，反对形式主义、官僚主义、享乐主义和奢靡之风，反对任何滥用职权、谋求私利的行为。

（六）坚持和维护党的民主集中制，有民主作风，有全局观念，善于团结同志，包括团结同自己有不同意见的同志一道工作。

第三十七条　党员干部要善于同党外干部合作共事，尊重他们，虚心学习他们的长处。

党的各级组织要善于发现和推荐有真才实学的党外干部担任

领导工作，保证他们有职有权，充分发挥他们的作用。

第三十八条 党的各级领导干部，无论是由民主选举产生的，或是由领导机关任命的，他们的职务都不是终身的，都可以变动或解除。

年龄和健康状况不适宜于继续担任工作的干部，应当按照国家的规定退、离休。

第七章 党的纪律

第三十九条 党的纪律是党的各级组织和全体党员必须遵守的行为规则，是维护党的团结统一、完成党的任务的保证。党组织必须严格执行和维护党的纪律，共产党员必须自觉接受党的纪律的约束。

第四十条 党的纪律主要包括政治纪律、组织纪律、廉洁纪律、群众纪律、工作纪律、生活纪律。

坚持惩前毖后、治病救人，执纪必严、违纪必究，抓早抓小、防微杜渐，按照错误性质和情节轻重，给以批评教育直至纪律处分。运用监督执纪“四种形态”，让“红红脸、出出汗”成为常态，党纪处分、组织调整成为管党治党的重要手段，严重违纪、严重触犯刑律的党员必须开除党籍。

党内严格禁止用违反党章和国家法律的手段对待党员，严格禁止打击报复和诬告陷害。违反这些规定的组织或个人必须受到党的纪律和国家法律的追究。

第四十一条 对党员的纪律处分有五种：警告、严重警告、撤销党内职务、留党察看、开除党籍。

留党察看最长不超过两年。党员在留党察看期间没有表决权、选举权和被选举权。党员经过留党察看，确已改正错误的，应当恢复其党员的权利；坚持错误不改的，应当开除党籍。

开除党籍是党内的最高处分。各级党组织在决定或批准开除党员党籍的时候，应当全面研究有关的材料和意见，采取十分慎重的态度。

第四十二条 对党员的纪律处分，必须经过支部大会讨论决定，报党的基层委员会批准；如果涉及的问题比较重要或复杂，或给党员以开除党籍的处分，应分别不同情况，报县级或县级以上党的纪律检查委员会审查批准。在特殊情况下，县级和县级以上各级党的委员会和纪律检查委员会有权直接决定给党员以纪律处分。

对党的中央委员会委员、候补委员，给以警告、严重警告处分，由中央纪律检查委员会常务委员会审议后，报党中央批准。对地方各级党的委员会委员、候补委员，给以警告、严重警告处分，应由上一级纪律检查委员会批准，并报它的同级党的委员会备案。

对党的中央委员会和地方各级委员会的委员、候补委员，给以撤销党内职务、留党察看或开除党籍的处分，必须由本人所在的委员会全体会议三分之二以上的多数决定。在全体会议闭会期间，可以先由中央政治局和地方各级委员会常务委员会作出处理决定，待召开委员会全体会议时予以追认。对地方各级委员会委员和候补委员的上述处分，必须经过上级纪律检查委员会常务委员会审议，由这一级纪律检查委员会报同级党的委员会批准。

严重触犯刑律的中央委员会委员、候补委员，由中央政治局决定开除其党籍；严重触犯刑律的地方各级委员会委员、候补委员，由同级委员会常务委员会决定开除其党籍。

第四十三条 党组织对党员作出处分决定，应当实事求是地查清事实。处分决定所依据的事实材料和处分决定必须同本人见面，听取本人说明情况和申辩。如果本人对处分决定不服，可以提出申诉，有关党组织必须负责处理或者迅速转递，不得扣压。对于确属坚持错误意见和无理要求的人，要给以批评教育。

第四十四条 党组织如果在维护党的纪律方面失职，必须问责。

对于严重违犯党的纪律、本身又不能纠正的党组织，上一级党的委员会在查明核实后，应根据情节严重的程度，作出进行改组或予以解散的决定，并报再上一级党的委员会审查批准，正式宣布执行。

第八章 党的纪律检查机关

第四十五条 党的中央纪律检查委员会在党的中央委员会领导下进行工作。党的地方各级纪律检查委员会和基层纪律检查委员会在同级党的委员会和上级纪律检查委员会双重领导下进行工作。上级党的纪律检查委员会加强对下级纪律检查委员会的领导。

党的各级纪律检查委员会每届任期和同级党的委员会相同。

党的中央纪律检查委员会全体会议，选举常务委员会和书记、副书记，并报党的中央委员会批准。党的地方各级纪律检查委员会全体会议，选举常务委员会和书记、副书记，并由同级党的委员会通过，报上级党的委员会批准。党的基层委员会是设立纪律检查委员会，还是设立纪律检查委员，由它的上一级党组织根据具体情况决定。党的总支部委员会和支部委员会设纪律检查委员。

党的中央和地方纪律检查委员会向同级党和国家机关全面派驻党的纪律检查组。纪律检查组组长参加驻在部门党的领导组织的有关会议。他们的工作必须受到该机关党的领导组织的支持。

第四十六条 党的各级纪律检查委员会是党内监督专责机关，主要任务是：维护党的章程和其他党内法规，检查党的路线、方针、政策和决议的执行情况，协助党的委员会推进全面从严治党、加强党风建设和组织协调反腐败工作。

党的各级纪律检查委员会的职责是监督、执纪、问责，要经常对党员进行遵守纪律的教育，作出关于维护党纪的决定；对党的组织和党员领导干部履行职责、行使权力进行监督，受理处置党员群众检举举报，开展谈话提醒、约谈函询；检查和处理党的组织和党员违反党的章程和其他党内法规的比较重要或复杂的案件，决定或取消对这些案件中的党员的处分；进行问责或提出责任追究的建议；受理党员的控告和申诉；保障党员的权利。

各级纪律检查委员会要把处理特别重要或复杂的案件中的问题和处理的结果，向同级党的委员会报告。党的地方各级纪律检查委员会和基层纪律检查委员会要同时向上级纪律检查委员会报告。

各级纪律检查委员会发现同级党的委员会委员有违犯党的纪律的行为，可以先进行初步核实，如果需要立案检查的，应当在向同级党的委员会报告的同时向上一级纪律检查委员会报告；涉及常务委员的，报告上一级纪律检查委员会，由上一级纪律检查委员会进行初步核实，需要审查的，由上一级纪律检查委员会报它的同级党的委员会批准。

第四十七条 上级纪律检查委员会有权检查下级纪律检查委员会的工作，并且有权批准和改变下级纪律检查委员会对于案件所作的决定。如果所要改变的该下级纪律检查委员会的决定，已经得到它的同级党的委员会的批准，这种改变必须经过它的上一级党的委员会批准。

党的地方各级纪律检查委员会和基层纪律检查委员会如果对同级党的委员会处理案件的决定有不同意见，可以请求上一级纪律检查委员会予以复查；如果发现同级党的委员会或它的成员有违犯党的纪律的情况，在同级党的委员会不给予解决或不给予正确解决的时候，有权向上级纪律检查委员会提出申诉，请求协助处理。

第九章　党　　组

第四十八条　在中央和地方国家机关、人民团体、经济组织、文化组织和其他非党组织的领导机关中，可以成立党组。党组发挥领导核心作用。党组的任务，主要是负责贯彻执行党的路线、方针、政策；加强对本单位党的建设的领导，履行全面从严治党责任；讨论和决定本单位的重大问题；做好干部管理工作；讨论和决定基层党组织设置调整和发展党员、处分党员等重要事项；团结党外干部和群众，完成党和国家交给的任务；领导机关和直属单位党组织的工作。

第四十九条　党组的成员，由批准成立党组的党组织决定。党组设书记，必要时还可以设副书记。

党组必须服从批准它成立的党组织领导。

第五十条　对下属单位实行集中统一领导的国家工作部门可以建立党委，党委的产生办法、职权和工作任务，由中央另行规定。

第十章　党和共产主义青年团的关系

第五十一条　中国共产主义青年团是中国共产党领导的先进青年的群团组织，是广大青年在实践中学习中国特色社会主义和共产主义的学校，是党的助手和后备军。共青团中央委员会受党中央委员会领导。共青团的地方各级组织受同级党的委员会领导，同时受共青团上级组织领导。

第五十二条　党的各级委员会要加强对共青团的领导，注意团的干部的选拔和培训。党要坚决支持共青团根据广大青年的特点和需要，生动活泼地、富于创造性地进行工作，充分发挥团的突击队作用和联系广大青年的桥梁作用。

团的县级和县级以下各级委员会书记，企业事业单位的团委员会书记，是党员的，可以列席同级党的委员会和常务委员会的会议。

第十一章　党徽党旗

第五十三条　中国共产党党徽为镰刀和锤头组成的图案。

第五十四条　中国共产党党旗为旗面缀有金黄色党徽图案的红旗。

第五十五条　中国共产党的党徽党旗是中国共产党的象征和标志。党的各级组织和每一个党员都要维护党徽党旗的尊严。要按照规定制作和使用党徽党旗。

关于实行党风廉政建设责任制的规定

（中共中央、国务院 2010 年 11 月 10 日印发）

第一章　总　　则

第一条　为了加强党风廉政建设，明确领导班子、领导干部在党风廉政建设中的责任，推动科学发展，促进社会和谐，提高党的执政能力，保持和发展党的先进性，根据《中华人民共和国宪法》和《中国共产党章程》，制定本规定。

第二条　本规定适用于各级党的机关、人大机关、行政机关、政协机关、审判机关、检察机关的领导班子、领导干部。

人民团体、国有和国有控股企业（含国有和国有控股金融企业）、事业单位的领导班子、领导干部参照执行本规定。

第三条 实行党风廉政建设责任制，要以邓小平理论和“三个代表”重要思想为指导，深入贯彻落实科学发展观，坚持党要管党、从严治党，坚持标本兼治、综合治理、惩防并举、注重预防，扎实推进惩治和预防腐败体系建设，保证党中央、国务院关于党风廉政建设的决策和部署的贯彻落实。

第四条 实行党风廉政建设责任制，要坚持党委统一领导，党政齐抓共管，纪委组织协调，部门各负其责，依靠群众的支持和参与。要把党风廉政建设作为党的建设和政权建设的重要内容，纳入领导班子、领导干部目标管理，与经济建设、政治建设、文化建设、社会建设以及生态文明建设和业务工作紧密结合，一起部署，一起落实，一起检查，一起考核。

第五条 实行党风廉政建设责任制，要坚持集体领导与个人分工负责相结合，谁主管、谁负责，一级抓一级、层层抓落实。

第二章 责任内容

第六条 领导班子对职责范围内的党风廉政建设负全面领导责任。

领导班子主要负责人是职责范围内的党风廉政建设第一责任人，应当重要工作亲自部署、重大问题亲自过问、重点环节亲自协调、重要案件亲自督办。

领导班子其他成员根据工作分工，对职责范围内的党风廉政建设负主要领导责任。

第七条 领导班子、领导干部在党风廉政建设中承担以下领导责任：

（一）贯彻落实党中央、国务院以及上级党委（党组）、政府和纪检监察机关关于党风廉政建设的部署和要求，结合实际研究制定党风廉政建设工作计划、目标要求和具体措施，每年召开专题研究党风廉政建设的党委常委会议（党组会议）和政府廉政建设工作会议，对党风廉政建设工作任务进行责任分解，明确领导班子、领导干部在党风廉政建设中的职责和任务分工，并按照计划推动落实；

（二）开展党性党风党纪和廉洁从政教育，组织党员、干部学习党风廉政建设理论和法规制度，加强廉政文化建设；

（三）贯彻落实党风廉政法规制度，推进制度创新，深化体制机制改革，从源头上预防和治理腐败；

（四）强化权力制约和监督，建立健全决策权、执行权、监督权既相互制约又相互协调的权力结构和运行机制，推进权力运行程序化和公开透明；

（五）监督检查本地区、本部门、本系统的党风廉政建设情况和下级领导班子、领导干部廉洁从政情况；

（六）严格按照规定选拔任用干部，防止和纠正选人用人上的不正之风；

（七）加强作风建设，纠正损害群众利益的不正之风，切实解决党风政风方面存在的突出问题；

（八）领导、组织并支持执纪执法机关依纪依法履行职责，及时听取工作汇报，切实解决重大问题。

第三章　检查考核与监督

第八条　党委（党组）应当建立党风廉政建设责任制的检查考核制度，建立健全检查考核机制，制定检查考核的评价标准、指标体系，明确检查考核的内容、方法、程序。

第九条　党委（党组）应当建立健全党风廉政建设责任制领导小组，负责对下一级领导班子、领导干部党风廉政建设责任制执行情况的检查考核。

第十条 检查考核工作每年进行一次。检查考核可以与领导班子、领导干部工作目标考核、年度考核、惩治和预防腐败体系建设检查工作等结合进行，也可以组织专门检查考核。

检查考核情况应当及时向同级党委（党组）报告。

第十一条 党委（党组）应当将检查考核情况在适当范围内通报。对检查考核中发现的问题，要及时研究解决，督促整改落实。

第十二条 党委（党组）应当建立和完善检查考核结果运用制度。检查考核结果作为对领导班子总体评价和领导干部业绩评定、奖励惩处、选拔任用的重要依据。

第十三条 纪检监察机关（机构）、组织人事部门协助同级党委（党组）开展对党风廉政建设责任制执行情况的检查考核，或者根据职责开展检查工作。

第十四条 党委常委会应当将执行党风廉政建设责任制的情况，作为向同级党的委员会全体会议报告工作的一项重要内容。

第十五条 领导干部执行党风廉政建设责任制的情况，应当列为民主生活会和述职述廉的重要内容，并在本单位、本部门进行评议。

第十六条 党委（党组）应当将贯彻落实党风廉政建设责任制的情况，每年专题报告上一级党委（党组）和纪委。

第十七条 中央和省、自治区、直辖市党委巡视组应当依照巡视工作的有关规定，加强对有关党组织领导班子及其成员执行党风廉政建设责任制情况的巡视监督。

第十八条 党委（党组）应当结合本地区、本部门、本系统实际，建立走访座谈、社会问卷调查等党风廉政建设社会评价机制，动员和组织党员、群众有序参与，广泛接受监督。

第四章　责任追究

第十九条　领导班子、领导干部违反或者未能正确履行本规定第七条规定的职责，有下列情形之一的，应当追究责任：

（一）对党风廉政建设工作领导不力，以致职责范围内明令禁止的不正之风得不到有效治理，造成不良影响的；

（二）对上级领导机关交办的党风廉政建设责任范围内的事项不传达贯彻、不安排部署、不督促落实，或者拒不办理的；

（三）对本地区、本部门、本系统发现的严重违纪违法行为隐瞒不报、压案不查的；

（四）疏于监督管理，致使领导班子成员或者直接管辖的下属发生严重违纪违法问题的；

（五）违反规定选拔任用干部，或者用人失察、失误造成恶劣影响的；

（六）放任、包庇、纵容下属人员违反财政、金融、税务、审计、统计等法律法规，弄虚作假的；

（七）有其他违反党风廉政建设责任制行为的。

第二十条　领导班子有本规定第十九条所列情形，情节较轻的，责令作出书面检查；情节较重的，给予通报批评；情节严重的，进行调整处理。

第二十一条　领导干部有本规定第十九条所列情形，情节较轻的，给予批评教育、诫勉谈话、责令作出书面检查；情节较重的，给予通报批评；情节严重的，给予党纪处分、政务处分，或者给予调整职务、责令辞职、免职和降职等组织处理。涉嫌犯罪的，移送司法机关依法处理。

以上责任追究方式可以单独使用，也可以合并使用。

第二十二条　领导班子、领导干部具有本规定第十九条所列情形，并具有下列情节之一的，应当从重追究责任：

（一）对职责范围内发生的问题进行掩盖、袒护的；

（二）干扰、阻碍责任追究调查处理的。

第二十三条 领导班子、领导干部具有本规定第十九条所列情形，并具有下列情节之一的，可以从轻或者减轻追究责任：

（一）对职责范围内发生的问题及时如实报告并主动查处和纠正，有效避免损失或者挽回影响的；

（二）认真整改，成效明显的。

第二十四条 领导班子、领导干部违反本规定，需要查明事实、追究责任的，由有关机关或者部门按照职责和权限调查处理。其中需要追究党纪责任、给予政务处分的，由纪检监察机关按照有关规定程序办理；需要给予组织处理的，由组织人事部门或者由负责调查的纪检监察机关会同组织人事部门，按照有关权限和程序办理。

第二十五条 实施责任追究，要实事求是，分清集体责任和个人责任、主要领导责任和重要领导责任。

追究集体责任时，领导班子主要负责人和直接主管的领导班子成员承担主要领导责任，参与决策的班子其他成员承担重要领导责任。对错误决策提出明确反对意见而没有被采纳的，不承担领导责任。

错误决策由领导干部个人决定或者批准的，追究该领导干部个人的责任。

第二十六条 实施责任追究不因领导干部工作岗位或者职务的变动而免予追究。已退休但按照本规定应当追究责任的，仍须进行相应的责任追究。

第二十七条 受到责任追究的领导班子、领导干部，取消当年年度考核评优和评选各类先进的资格。

单独受到责令辞职、免职处理的领导干部，一年内不得重新担任与其原任职务相当的领导职务；受到降职处理的，两年内不得提升职务。同时受到党纪处分、政务处分和组织处理的，按影响期较长的执行。

第二十八条 各级纪检监察机关应当加强对下级党委（党组）、政府实施责任追究情况的监督检查，发现有应当追究而未追究或者责任追究处理决定不落实等问题的，应当及时督促下级党委（党组）、政府予以纠正。

第五章 附 则

第二十九条 各省、自治区、直辖市，中央和国家机关各部委可以根据本规定制定实施办法。

第三十条 中央军委可以根据本规定，结合中国人民解放军和中国人民武装警察部队的实际情况，制定具体规定。

第三十一条 本规定由中央纪委国家监委负责解释。

第三十二条 本规定自发布之日起施行。1998 年 11 月发布的《关于实行党风廉政建设责任制的规定》同时废止。

党委（党组）落实全面从严治党主体责任规定

（2020 年 2 月 26 日中共中央政治局常委会会议审议批准 2020 年 3 月 9 日中共中央办公厅发布）

第一章 总 则

第一条 为了全面落实党委（党组）全面从严治党主体责任，推动全面从严治党向纵深发展，根据《中国共产党章程》和有关党内法规，制定本规定。

第二条 本规定适用于地方党委和按照《中国共产党党组工作条例》设立的党组（党委）。

党的纪律检查机关、党的工作机关、党委直属事业单位在本单位落实全面从严治党主体责任，党的基层组织落实全面从严治党主体责任，参照本规定执行。

第三条 党委（党组）必须深入贯彻习近平新时代中国特色社会主义思想，增强“四个意识”、坚定“四个自信”、做到“两个维护”，不忘初心、牢记使命，守责、负责、尽责，一以贯之、坚定不移全面从严治党，以伟大自我革命引领伟大社会革命，以科学理论引领全党理想信念，以“两个维护”引领全党团结统一，以正风肃纪反腐凝聚党心军心民心，永葆党的先进性和纯洁性，确保党始终成为中国特色社会主义事业的坚强领导核心。

第四条 党委（党组）落实全面从严治党主体责任，应当遵循以下原则：

（一）坚持紧紧围绕加强和改善党的全面领导；

（二）坚持全面从严治党各领域各方面各环节全覆盖；

（三）坚持真管真严、敢管敢严、长管长严；

（四）坚持全面从严治党过程和效果相统一。

第五条 中央和国家机关在全面从严治党中具有特殊地位和作用，必须在落实全面从严治党责任中走在前、作表率，全面提高机关党的建设质量，建设让党中央放心、让人民群众满意的模范机关，引领带动各地区各部门抓好全面从严治党。

第二章　责 任 内 容

第六条 地方党委应当将党的建设与经济社会发展同谋划、同部署、同推进、同考核，加强对本地区全面从严治党各项工作的领导。主要包括：

（一）坚决维护以习近平同志为核心的党中央权威和集中统一领导，坚决贯彻执行党中央决策部署以及上级党组织决定；

（二）在本地区发挥总揽全局、协调各方的领导作用，在经济社会发展各项工作中坚持和加强党的全面领导，在同级各种组织中发挥领导作用；

（三）把党的政治建设摆在首位，坚定政治信仰，强化政治领导，提高政治能力，净化政治生态，始终在政治立场、政治方向、政治原则、政治道路上同党中央保持高度一致；

（四）把党的思想建设作为基础性建设来抓，坚定理想信念，用习近平新时代中国特色社会主义思想武装头脑、指导实践、推动工作，落实意识形态工作责任制；

（五）贯彻新时代党的组织路线，坚持民主集中制，树立和坚持正确选人用人导向，建设忠诚干净担当的高素质专业化干部队伍，加强党的基层组织和党员队伍建设，做好人才工作，夯实党执政的组织基础；

（六）持之以恒抓好党的作风建设，落实中央八项规定精神，持续整治“四风”特别是形式主义、官僚主义，反对特权思想和特权现象，密切党同人民群众的血肉联系；

（七）加强党的纪律建设，重点强化政治纪律和组织纪律，带动廉洁纪律、群众纪律、工作纪律、生活纪律严起来；

（八）落实制度治党、依规治党要求，加强本地区党内法规制度建设，严格落实党内法规执行责任制，确保党内法规制度落地见效；

（九）落实党风廉政建设主体责任，深入推进反腐败斗争，一体推进不敢腐、不能腐、不想腐，巩固发展反腐败斗争压倒性胜利；

（十）领导、支持和监督党的纪律检查机关、党的工作机关、党委直属事业单位、党组（党委）和下级地方党委、党的基层组织等落实全面从严治党主体责任，形成全面从严治党整体合力；

（十一）加强对本地区统一战线工作和群团工作的领导，动员、组织所属党组织和广大党员，团结带领群众实现党的目标任务；

（十二）勇于和善于结合本地区实际，切实解决影响全面从严治党的突出问题。

第七条 党组（党委）应当坚持党建工作与业务工作同谋划、同部署、同推进、同考核，加强对本单位（本系统）全面从严治党各项工作的领导。主要包括：

（一）坚决维护以习近平同志为核心的党中央权威和集中统一领导，坚决贯彻执行党中央决策部署以及上级党组织决定；

（二）在本单位（本系统）发挥把方向、管大局、保落实的领导作用，推动党的主张和重大决策转化为法律法规、政策政令和社会共识，确保党的理论和路线方针政策在本单位（本系统）贯彻落实；

（三）把党的政治建设摆在首位，提高政治站位，彰显政治属性，强化政治引领，增强政治能力，始终在政治立场、政治方向、政治原则、政治道路上同党中央保持高度一致，涵养良好的机关政治生态；

（四）强化理论武装，学懂弄通做实习近平新时代中国特色社会主义思想，引导党员、干部坚定理想信念宗旨，落实意识形态工作责任制；

（五）坚持民主集中制，贯彻党管干部、党管人才原则，加强忠诚干净担当的高素质专业化干部队伍建设，加强党的基层组织和党员队伍建设，着力提高党内活动和党的组织生活质量，做好人才工作；

（六）加强和改进作风，落实中央八项规定精神，持续整治“四风”特别是形式主义、官僚主义，反对特权思想和特权现象；

（七）加强党的纪律建设，履行党风廉政建设主体责任，支持纪检监察机关履行监督责任，一体推进不敢腐、不能腐、不想腐；

（八）带头遵守党内法规制度，严格落实党内法规执行责任制，建立健全本单位（本系统）党建工作制度，不断提高制度执行力；

（九）领导机关和直属单位党组织的工作，支持配合党的机关工委对本单位（本系统）党的工作的统一领导，自觉接受党的机关工委对其履行机关党建主体责任的指导督促，防止出现“灯下黑”；

（十）加强对本单位（本系统）统一战线工作和群团工作的领导，重视对党外干部、人才的培养使用，团结带领党外干部和群众，凝聚各方面智慧力量，完成党中央以及上级党组织交给的任务；

（十一）勇于和善于结合本单位（本系统）实际，切实解决影响全面从严治党的突出问题。

第八条　党委（党组）领导班子成员应当强化责任担当，狠抓责任落实，增强落实全面从严治党责任的自觉和能力，带头遵守执行全面从严治党各项规定，自觉接受党组织、党员和群众监督，在全面从严治党中发挥示范表率作用。

党委（党组）书记应当履行本地区本单位全面从严治党第一责任人职责，做到重要工作亲自部署、重大问题亲自过问、重点环节亲自协调、重要案件亲自督办；管好班子、带好队伍、抓好落实，支持、指导和督促领导班子其他成员、下级党委（党组）书记履行全面从严治党责任，发现问题及时提醒纠正。

党委（党组）领导班子其他成员根据工作分工对职责范围内的全面从严治党工作负重要领导责任，按照“一岗双责”要求，领导、检查、督促分管部门和单位全面从严治党工作，对分管部门和单位党员干部从严进行教育管理监督。

第九条 党的建设工作领导小组是党委抓全面从严治党的议事协调机构，应当加强对本地区党的建设工作的指导，定期听取工作汇报，及时研究解决重大问题。

党的纪律检查机关在履行全面从严治党监督责任同时，应当通过重大事项请示报告、提出意见建议、监督推动党委（党组）决策落实等方式，协助党委（党组）落实全面从严治党主体责任。

党委办公厅（室）、职能部门、办事机构等是党委抓全面从严治党的具体执行机关，应当在党委统一领导下充分发挥职能作用，在职责范围内抓好全面从严治党相关工作。

党的机关工委作为党委派出机关，应当统一组织、规划、部署本级机关党的工作，指导机关开展党的各方面建设，指导机关各级党组织实施对党员特别是党员领导干部的监督和管理。

部门和单位机关党委作为机关党建工作专责机构，应当聚焦主责主业，充分发挥职能作用，协助党组（党委）落实全面从严治党主体责任。

第三章 责任落实

第十条 党委（党组）每半年应当至少召开1次常委会会议（党组会议）专题研究全面从严治党工作，分析研判形势，研究解决瓶颈和短板，提出加强和改进的措施。

第十一条 党委（党组）可以根据本规定，结合实际制定责任清单，具体明确党委（党组）及其书记和领导班子其他成员承担的全面从严治党责任。制定责任清单，应当坚持简便易行、务实管用。

第十二条 党委（党组）每年年初应当根据党中央决策部署

以及上级党组织决定，结合本地区本单位全面从严治党形势和任务，坚持问题导向，突出工作重点，制定本地区本单位落实全面从严治党主体责任的年度任务安排，明确责任分工和完成时限。

第十三条 党委（党组）书记应当加强对全面从严治党的调查研究，了解工作推进情况，发现和解决实践中的突出问题。

调查研究应当注重听取党的代表大会代表、党员、干部、基层党组织和群众关于全面从严治党的意见建议。

第十四条 党委（党组）应当开展经常性的全面从严治党宣传教育，特别是党章党规和党性党风党纪教育，注重发挥正反典型的示范警示作用，在本地区本单位营造全面从严治党良好氛围。

第十五条 党委（党组）及其领导班子成员应当将落实全面从严治党责任情况作为年度民主生活会对照检查内容，深入查摆存在的问题，开展严肃认真的批评和自我批评，提出务实管用的整改措施。

本地区本单位发生重大违纪违法案件、严重“四风”问题，党委（党组）应当及时召开专题民主生活会，认真对照检查，深刻剖析反思，明确整改责任。

第十六条 党委（党组）书记对领导班子其他成员、下一级党委（党组）书记，领导班子其他成员对分管部门和单位党组织书记，发现存在政治、思想、工作、生活、作风、纪律等方面苗头性、倾向性问题的，应当及时进行提醒谈话；发现落实全面从严治党责任不到位、管党治党问题较多、党员群众来信来访反映问题较多的，应当及时进行约谈，严肃批评教育，督促落实责任。

第十七条 党委（党组）应当通过会议、文件等形式通报本地区本单位落实全面从严治党主体责任情况，及时通报因责任落实不力被问责的典型问题，采取组织调整或者组织处理、纪律处分方式问责的，应当以适当方式公开。

第十八条 党委（党组）应当开展有针对性的教育培训，强化政治教育和政治训练，增强本地区本单位党组织和党员领导干部落实全面从严治党责任的意识，提高落实全面从严治党责任的能力和水平。

第四章 监督追责

第十九条 地方党委每年年初应当向上一级党委书面报告上一年度落实全面从严治党主体责任情况。地方党委常委会应当将落实全面从严治党主体责任情况作为向全会报告工作的一项重要内容。

党组（党委）每年年初应当向批准其设立的党组织书面报告上一年度落实全面从严治党主体责任情况。

第二十条 上级党组织应当加强对党委（党组）落实全面从严治党主体责任情况的监督检查和巡视巡察，着力发现和解决责任不明确、不全面、不落实等问题。

监督检查和巡视巡察中，应当注重发挥党员、干部、基层党组织和群众、新闻媒体等的作用，推动形成监督合力。

第二十一条 统筹党风廉政建设、意识形态工作、基层党建工作等方面考核，结合领导班子和领导干部考核，建立健全落实全面从严治党主体责任考核制度，在年度考核和相关考核工作中突出了解全面从严治党责任落实情况。

考核结果在本地区本单位一定范围内公布。考核结果作为对领导班子总体评价和领导干部选拔任用、实绩评价、激励约束的重要依据。

第二十二条 党委（党组）及其领导班子成员落实全面从严治党责任，有下列情形之一的，应当依规依纪追究责任：

（一）贯彻执行党中央关于全面从严治党重大决策部署以及上

级党组织有关决定不认真、不得力；

（二）履行全面从严治党第一责任人职责、重要领导责任不担当、不作为；

（三）本地区本单位政治意识淡化、党的领导弱化、党建工作虚化、责任落实软化，管党治党宽松软；

（四）本地区本单位在管党治党方面出现重大问题或者造成严重后果；

（五）其他应当追究责任的情形。

第五章　附　　则

第二十三条　中央军事委员会可以根据本规定，制定军队党委落实全面从严治党主体责任规定。

第二十四条　本规定由中央办公厅负责解释。

第二十五条　本规定自发布之日起施行。

二、党的政治建设

关于党内政治生活的若干准则

（1980年2月29日中国共产党第十一届中央委员会第五次全体会议通过）

党的十一届三中全会决定将全党工作的着重点转移到社会主义现代化建设上来。在新的历史时期，必须认真维护党规党法，切实搞好党风，加强和改善党的领导，在全党和全国范围内造成一个既有民主又有集中，既有自由又有纪律，既有个人心情舒畅、生动活泼又有统一意志、安定团结的政治局面。只有这样，才能充分发挥广大党员的革命热情和工作积极性，团结全党和全国各族人民胜利实现社会主义四个现代化的伟大任务。

我们党在长期的革命斗争中，特别是经过延安整风运动和党的第七次代表大会，全面总结了处理党内关系的正反两方面的经验，逐步形成了以实事求是、理论联系实际、党员和领导密切联系群众、开展批评与自我批评，坚持民主集中制为主要内容的党内政治生活准则。全党同志遵循这些准则，空前团结，步调一致，取得了抗日战争和解放战争的胜利。

全国解放以后，在社会主义革命和建设中，广大党员基本上坚持了党的好传统好作风。但是，由于革命斗争胜利和党在全国处于执政党地位而在一部分同志中产生的骄傲自满情绪，由于党和国家的民主集中制不够健全，由于封建阶级和资产阶级思想的影响，党内脱离实际、脱离群众、主观主义、官僚主义、独断专行、特权思想等不良倾向有所发展，同时在党内斗争的指导上发生了一些缺点和错误，党内正常的政治生活在一定程度上受到损害。特别是在文化大革命期间，林彪、“四人帮”出于篡党夺权的需要，利用当时党所犯的严重错误，大搞封建法西斯主义、无政府主义和派性分裂活动，肆意践踏党规党法，取消党的领导，使党的组织，党员的党性观念，党的优良传统和作风，都遭到了极其严重的破坏。粉碎“四人帮”以来，党中央大力整顿党风党纪，党的优良传统和作风已经有所恢复。但是，治愈林彪、“四人帮”给党造成的创伤，还需要进行广泛深入的教育和艰巨复杂的斗争。为了全面恢复和进一步发扬党的优良传统和作风，健全党的民主生活，维护党的集中统一，增强党的团结，巩固党的组织和纪律，提高党的战斗力，中央根据目前党的状况，向全党重申党内政治生活的下列准则。

一、坚持党的政治路线和思想路线

坚持党的政治路线和思想路线，是党内政治生活准则中最根本的一条。党中央所提出的政治路线，其基本内容是，团结全国各族人民，自力更生，艰苦奋斗，逐步实现工业、农业、国防和科学技术现代化，把我国建设成为高度文明、高度民主的社会主义国家。这是一条反映全国人民最高利益的马克思列宁主义的路线，全党同志必须坚决贯彻执行。

思想路线是党制定和执行政治路线的基础。党的思想路线要求坚持社会主义道路，坚持无产阶级专政，坚持党的领导，坚持马列主义、毛泽东思想。我们党一贯倡导的辩证唯物主义的思想方法和工作方法，其根本点就是一切从实际出发，理论联系实际，实事求是。林彪、“四人帮”长期歪曲、篡改马列主义、毛泽东思想，违反它的精神实质，离开实践标准，把毛泽东同志所说的每句话都当作真理，都当作法律和教条，严重地束缚了人们的思想。所以必须强调破除迷信，解放思想，以实践作为检验真理的唯一标准，认真研究新情况，解决新问题。只有这样，才能发展马列主义、毛泽东思想，才是真正捍卫和高举马列主义、毛泽东思想的伟大旗帜。

坚持正确的政治路线和思想路线，必须反对两种错误的思想倾向。

一是要反对思想僵化，反对一切从本本出发。那种本本上有的不许改，本本上没有的不许说、不许做的思想，是一种反马克思主义的思想，是执行党的政治路线的巨大障碍。我们看形势、想问题、办事情，一定要从客观实际出发，一定要把马列主义的基本原理同当前的国内外形势发展结合起来；同社会主义现代化建设的具体实践结合起来，一定要把党的路线、方针、政策同本地区、本单位的具体情况结合起来，进行实事求是的研究，以解决当前革命斗争和现代化建设过程中的各种理论和实际问题。

二是要反对和批判否定社会主义道路，否定无产阶级专政，否定党的领导，否定马列主义、毛泽东思想的错误观点和修正主义思潮。社会主义是中国走向繁荣富强的唯一正确的道路；无产阶级专政是社会主义革命和建设胜利的保障；党是领导全国人民实现四个现代化的核心力量；马列主义、毛泽东思想是指导我们进行革命和建设的理论基础。在实现四个现代化的斗争中，必须始终坚持这四项基本原则。

党的各级组织、各部门、每一个共产党员，都要自觉地、坚定不移地执行党的政治路线和思想路线。对党的路线和党的领导采取对抗、消极抵制或阳奉阴违的两面派态度，是党的纪律所不容许的。

二、坚持集体领导，反对个人专断

集体领导是党的领导的最高原则之一。从中央到基层的各级党的委员会，都要按照这一原则实行集体领导和个人分工负责相结合的制度。凡是涉及党的路线、方针、政策的大事，重大工作任务的部署，干部的重要任免、调动和处理，群众利益方面的重要问题，以及上级领导机关规定应由党委集体决定的问题，应该根据情况分别提交党的委员会、常委会或书记处、党组集体讨论决定，而不得由个人专断。

在任何情况下，都不许用其他形式的组织取代党委会及其常委会的领导。党委成立的研究处理任何专题的组织，必须在党委领导之下进行工作，不得代替党委，更不得凌驾于党委之上。

在党委会内，决定问题要严格遵守少数服从多数的原则。书记和委员不是上下级关系，书记是党的委员会中平等的一员。书记或第一书记要善于集中大家的意见，不允许搞“一言堂”、家长制。

各个领导成员之间，要互相支持、互相谅解、善于合作。大家都要自觉地维护党委集体领导的威信。在开展批评与自我批评的时候，既要坚持原则，又要与人为善。

党委会讨论重大问题，要让大家畅所欲言，各抒己见。讨论中发生了分歧，既要认真考虑少数人的意见，又不可议而不决，耽误工作。

坚持集体领导，并不是降低和否定个人的作用，集体领导必须和个人分工负责相结合。要明确地规定每个领导成员所负的具体责任，做到事事有人管，人人有专责，不要事无巨细统统拿到党委会上讨论。

在分工负责中，书记或第一书记担负着组织党委的活动和处理日常工作的主要责任。不应借口集体领导而降低和抹煞书记或第一书记在党委会中的重要作用。

要按照马克思主义的原则，正确认识和处理领袖、政党、阶级和群众的关系。对领导人的宣传要实事求是，禁止无原则的歌功颂德。不许用剥削阶级的阿谀之词称颂无产阶级的领导人，不许歪曲历史和捏造事实来宣扬领导人的功绩。禁止给领导人祝寿、送礼、发致敬函电。对活着的人不许设纪念馆，对已故的领袖们不应多设纪念馆。禁止用党的领导人的名字作街名、地名、企业和学校的名字。除外事活动外，禁止在领导人外出时组织迎送，张贴标语，敲锣打鼓，举行宴会。

三、维护党的集中统一，严格遵守党的纪律

民主集中制是党的根本组织原则。林彪、“四人帮”搞极“左”路线和无政府主义，既破坏了民主，又破坏了集中；既破坏了自由，又破坏了纪律。这种无政府主义流毒，至今没有肃清。因此，必须严肃地重申“个人服从组织，少数服从多数，下级服从上级，全党服从中央”的原则。每个党员要把维护党的集中统一，严格遵守党的纪律，作为自己言论和行动的准则。

每个共产党员特别是各级党委的成员，都必须坚决执行党委的决定。如果有不同意见，可以保留，或者向上一级党委提出声明，但在上级或本级党委改变决定以前，除了执行决定会立即引起严重后果的非常紧急的情况之外，必须无条件地执行原来的决定。

必须反对和防止分散主义。全党服从中央，是维护党的集中统一的首要条件，是贯彻执行党的路线、方针、政策的根本保证。任何部门、任何下级组织和党员，对党的决定采取各行其是、各自为政的态度，合意的就执行，不合意的就不执行，公开地或者变相地进行抵制，以至擅自推翻，都是严重违反党纪的行为。

对于关系党和国家的根本利益和全局的重大政治性的理论和政策问题，有不同看法，可以在党内适当的场合进行讨论。但是，在什么时候、用什么方式在报刊上进行讨论，应由中央决定。党的报刊必须无条件地宣传党的路线、方针、政策和政治观点。对于中央已经作出决定的这种有重大政治性的理论和政策问题，党员如有意见，可以经过一定的组织程序提出，但是绝对不允许在报刊、广播的公开宣传中发表同中央的决定相反的言论；也不得在群众中散布与党的路线、方针、政策和决议相反的意见。这是党的纪律。

每个共产党员和党的干部，都必须按照党的利益高于一切的原则来处理个人问题，自觉地服从党组织对自己工作的分配、调动和安排。如果认为对自己的工作分配不适当，可以提出意见，但经过党组织考虑作出最后决定时，必须服从。

每个党员都必须严守党和国家的机密，并同泄露党和国家机密的现象作坚决的斗争。一切党员看文件，听传达，参加党的会议，都要严格遵守保密纪律，严禁把党的秘密泄露给家属、亲友和其他不应该知道这种秘密的人。必须注意内外有别，凡属党内不许对外公开的事情，不准向党外传布。

共产党员特别是各级领导干部必须成为遵守国家法律，遵守劳动纪律、工作纪律，遵守共产主义道德的模范。

共产党员无论何时何事，必须顾全党的、国家的和人民的大局，并且用这种顾全大局的精神教育群众。这是共产党员革命觉悟的重要表现，也是巩固全国安定团结的重要保证。少数人闹事，党员必须按照党的政策向他们进行宣传解释，慎重处理，使事态平息；对他们提出的某些合理要求，要说服和帮助他们通过正常的途径解决。共产党员在任何情况下，都不得怂恿、支持和参加闹事。

四、坚持党性，根绝派性

党是无产阶级的先进分子所组成的统一的战斗的集体，必须坚持党在马列主义、毛泽东思想原则基础上的团结，反对破坏党的团结统一的任何形式的派性和派别活动。

在党内组织秘密集团是分裂党和颠覆党的犯罪行为。共产党员绝对不允许参加反对党的秘密组织和秘密活动。各级党的组织和每个共产党员，都要从林彪、“四人帮”煽动派性，组织秘密集团，阴谋篡党夺权的反革命事件中吸取教训，提高警惕，坚决防止这类事件的重演。

派性同无产阶级的党性是根本不相容的。搞小派别，结帮营私，是剥削阶级极端个人主义和无政府主义的表现，是封建阶级和小生产者的行帮思想在党内的反映。

一部分党员如果背着党有组织地进行与党的路线、决议相背离的活动，就是派性活动。进行派性活动，必然会阻碍党的路线、方针、政策的贯彻执行，破坏安定团结的政治局面，如果不加以坚决制止而任其发展，就会导致党的分裂。

目前党内虽然已经不存在公开的派别集团，但有些受林彪、“四人帮”影响较深的干部和党员仍然有派性，甚至仍在进行派性活动；在一些地区、部门和单位，“明无山头暗有礁”，派性的“幽灵”不散，派性分子经常抵制党的方针政策和上级决议的执行。

各级党组织和每个共产党员一定要坚持党性，为根绝派性进行不懈的斗争。对于坚持派性屡教不改的人，一定要给予严肃的纪律处分。不应该让这样的人进领导班子，已在领导岗位上的一定要撤下来。

党的干部特别是领导干部，在处理党内关系方面要实行“五湖四海”的原则，这就是说，要团结一切忠实于党的利益的同志，团结大多数。共产党员一定要有共产主义者的伟大胸襟，严以律己，宽以待人。在处理同志的关系上，只问他是否坚决执行党的路线，遵守党的纪律，不应因为私怨而耿耿于怀，排挤打击，不应由于亲疏而有不同的对待。绝对禁止搞宗派活动，搞小圈子；不允许拉拢一部分人，排斥一部分人；抬一部分人，压一部分人。不要纠缠历史旧账。

在党和群众的关系上，同样要防止和反对宗派主义倾向。共产党员在人民群众中是少数，必须把亿万群众团结在党的周围，同心同德地为实现四化而奋斗。共产党员必须在群众中起模范作用，吃苦在前，享受在后，满腔热情地团结非党同志一道工作。

在干部工作中要坚持正派的公道的作风，坚持任人唯贤，反对任人唯亲。严禁以派性划线，严禁利用职权在党内拉私人关系，培植私人势力。共产党员应该忠于党的组织和党的原则，不应该效忠于某个人。任何人不得把党的干部当做私有财产，不得把上下级关系变成人身依附关系。

五、要讲真话，言行一致

忠于党和人民的事业，说老实话，做老实事，当老实人，光明磊落，表里如一，是共产党人应有的品质。全党同志一定要努力肃清林彪、“四人帮”横行时期造成的假话盛行的歪风邪气，恢复和发扬党一贯倡导的讲真话，不讲假话，言行一致的优良作风。

共产党员要忠诚坦白，对党组织不隐瞒自己的错误和自己的思想、观点。对人对事要开诚布公，有什么意见，有什么批评，摆在桌面上。不要会上不说，会下乱说；不要当面一套，背面一套；不要口是心非，阳奉阴违。

要坚决反对拉拉扯扯，吹吹拍拍，看领导眼色说话办事，拿原则做交易，投机钻营，向党伸手要名誉地位的官僚政客作风和市侩行为。

共产党员无论何时何地、对人对己都要尊重事实，按照事物的本来面貌如实地向党反映情况。不可看领导需要什么就提供什么，报喜不报忧，更不许可弄虚作假，骗取信任、荣誉和奖励。不准以任何理由和任何名义纵容、暗示、诱使、命令或强迫下级说假话。

凡是弄虚作假给党和人民的利益造成重大损失的；凡是说假话骗取了荣誉地位的；凡是用说假话来掩饰严重过失或达到其他个人目的的；凡是纵容或诱迫下级说假话的，都必须绳以党纪。对于那些不怕打击报复，敢于为保卫党和人民的利益说真话的人，应该给以表扬。

各级党的领导机关和领导干部要做实事求是的模范。在工作中，各种不同意见都要听，成绩、缺点都要了解。要鼓励下级同志讲心里话，反映真实情况。要努力造成和保持让人当面提意见包括尖锐意见而进行从容讨论的气氛。

六、发扬党内民主，正确对待不同意见

发扬党内民主，首先要允许党员发表不同的意见，对问题进行充分的讨论，真正做到知无不言，言无不尽。只要不反对党的基本政治立场，不搞阴谋诡计，不在群众中进行派性分裂活动，不在群众中散布违反党的路线、方针、政策的言论，不泄漏党和国家的秘密，由于认识错误而讲错了话或者写了有错误的文章，不得认为是违反了党纪而给予处分。要严格实行不抓辫子、不扣帽子、不打棍子的“三不主义”。所谓不抓辫子、不扣帽子、不打棍子，就是禁止任意夸大一个人的错误，罗织成为罪状，并给予政治上、组织上的打击甚至迫害。

要纠正一部分领导干部中缺乏民主精神，听不得批评意见，甚至压制批评的家长作风。对于任何党员提出的批评和意见，只要是正确的，都应该采纳和接受。如果确有错误，只能实事求是地指出来，不允许追查所谓动机和背景。

必须注意区别：反对某个同志的某个意见，不等于反对这个同志，反对某个领导机关的某个同志，不等于反对这个组织，不等于反领导，更不等于反党。

领导干部利用职权对同志挟嫌报复、打击陷害，用“穿小鞋”、“装材料”的办法和任意加上“反党”、“反领导”、“恶毒攻击”、“犯路线错误”等罪名整人，是违反党内民主制度和违反革命道德品质的行为。对敢于坚持真理的同志妄加反革命的罪名，乱用专政手段，进行残酷迫害，这是严重违法的罪行，必须受到党纪国法的严惩。

党内在思想上理论上有不同认识、有争论是正常的。对待思想上理论上的是非，只能采取摆事实、讲道理、民主讨论的办法求得解决，决不能采取压服的办法。有些思想理论是非一时解决不了的，除了具有重大政治性的和迫切现实性的问题以外，不要匆忙作结论，留待以后进一步研究和经过实践来解决。

把思想认识问题任意扣上“砍旗”、“毒草”、“资产阶级”、“修正主义”种种政治帽子，任意说成是敌我性质的政治问题，不仅破坏党内正常的政治生活，造成思想僵化，而且易于被反党野心家所利用，破坏社会主义国家的民主秩序。这种做法必须制止。

七、保障党员的权利不受侵犯

各级党组织必须切实保障党员的各项权利。侵犯党员权利的行为，是严重违反党纪的。

党员有权在党的会议上和党的报刊上参加关于党的政策的制定和实施问题的讨论，有权在党的会议上对党的任何组织和个人提出批评。党员对党的方针、政策、决议有不同意见，可以在党的会议上提出，也可以向各级党组织直至中央作口头或书面的报告。党组织应当欢迎党员群众的批评和建议，并且鼓励党员为了推进社会主义事业提出创造性的见解和主张。

对于犯了严重错误拒不改正或不称职的干部，党员有权建议罢免或调换。

党员对党组织关于他本人或其他人的处理，有权在党的会议上、或向上级组织直至中央提出声明、申诉、控告和辩护。党组织对党员的声明、申诉、控告和辩护必须及时处理或转递，不得扣压，承办单位不得推诿。申诉和控告信不许转给被控告人处理。不许对申诉人或控告人进行打击报复。控告人和被控告人都不允许诬陷他人，对诬陷他人者，要按党纪国法严肃处理。

党组织对党员的鉴定、结论和处分决定，必须同本人见面。在通过处分决定的时候，如无特殊情况，应通知本人出席会议。党组织要认真听取和考虑本人的意见。如本人有不同的意见，应将组织决定和本人意见一并报上级党组织审定。

八、选举要充分体现选举人的意志

党内真正实行民主选举，才有可能建立起在党员和群众中有威信的强有力的领导班子。

各级党组织应按照党章规定，定期召开党员大会和代表大会。党的各级委员会要按期改选。每届代表和委员，应有一定数量的更新。选举要充分发扬民主，真正体现选举人的意志，候选人名单要由党员或代表通过充分酝酿讨论提出。选举应实行候选人多于应选人的差额选举办法，或者先采用差额选举办法产生候选人作为预选，然后进行正式选举。党员数量少的单位，可不实行差额选举或实行预选。候选人的基本情况要向选举人介绍清楚。选举一律用无记名投票。

选举人要注意把那些坚决拥护和执行党的政治路线和思想路线，大公无私，严守法纪，坚持党性，有强烈的革命事业心和政治责任心，有一定的专业知识和专业能力的干部选进领导班子。还要特别注意选举符合上述条件的中青年干部。

不得规定必须选举或不选举某个人。个别有特殊情况的人，需要由组织上推荐选入的，也必须确实取得多数选举人的同意。要坚决反对和防止侵犯党员选举权利，使选举流于形式，妨碍选举人体现自己意志的现象。

在各级党的代表大会闭会期间，上级党委可以根据工作需要，任免、调动下级党委的负责人。

凡是需要整顿，暂不具备民主选举条件的单位，经上级党组织批准，可暂缓举行选举，其领导人由上级指派。

九、同错误倾向和坏人坏事作斗争

为了端正党风，巩固无产阶级专政，树立良好的社会风尚，团结全体人民同心同德搞好四化，必须同错误倾向和坏人坏事作斗争。

各级党组织要充分发挥战斗堡垒作用，率领党员和群众，坚决揭露和打击反革命分子、贪污盗窃分子、刑事犯罪分子和严重违法乱纪分子。

对于派性、无政府主义、极端个人主义和官僚主义、特殊化等错误倾向，要进行严肃的批评和斗争。

对社会上的歪风邪气、错误的和反动的思潮，必须进行批判和斗争。

对于错误倾向和坏人坏事，采取明哲保身的自由主义态度，不制止，不争辩，不斗争，躲闪回避，就是放弃了共产党员的战斗责任，就是缺乏党性的表现。

共产党员特别是各级领导干部在同错误倾向和坏人坏事作斗争中，要有大无畏的革命精神，敢于挺身而出，不怕得罪人，不怕撕破脸皮，不怕受到打击迫害。只有这样，才能使错误倾向得到克服和纠正，使犯错误的人得到挽救，使坏人受到应有的制裁。

十、正确对待犯错误的同志

在党内斗争中，对犯错误的同志，采取“惩前毖后，治病救人”、“团结——批评——团结”的方针，达到既弄清思想、又团结同志的目的，是我们党的优良传统。对于一切犯错误的同志，要历史地全面地评价他们的功过是非，不要一犯错误就全盘否定；也不要纠缠历史上发生过而已经查清的问题和历史上犯过而已经纠正了的错误。要在弄清事实的基础上，具体分析他们所犯错误的性质和程度，以热情的同志式的态度，帮助他们认识犯错误的原因，指出改正的办法，启发他们做必要的检查。要相信犯错误的同志大多数是可以改正的，要给他们改正错误、继续为党工作的条件。

在分析一个同志所犯错误的时候，首先必须严格分清两类不同性质的矛盾。不可把工作中的一般错误或思想认识上的错误说成是政治错误，不可把一般的政治错误说成是路线错误，也不可把犯了路线错误、但仍属于党内斗争性质的问题，同属于企图颠覆党、颠覆社会主义国家的反革命性质的问题混淆起来。企图颠覆党、颠覆社会主义国家的阴谋家、野心家、反革命两面派，同党和人民的矛盾属于敌我矛盾。这种人是极少数。要把跟着上级或主要领导人犯了路线错误的人，同参与篡党夺权阴谋活动的人加以区别。

党内斗争，不许实行残酷斗争、无情打击。对犯错误的同志进行批评是完全必要的，但是不可采取一哄而起的围攻、不让本人辩解、也不让其他同志发表不同意见的“斗争会”方式，因为这种方式实际上是以势压人，而不是以理服人。党内不准用超越党的纪律或违犯国家法律的手段对待党员。要绝对禁止采用林彪、“四人帮”的封建法西斯手段解决党内问题。严禁所谓揪斗，严禁人身侮辱和人身迫害，严禁诱供逼供。

对人的处理应十分慎重。敌我矛盾和人民内部矛盾一时分不清的，先按人民内部矛盾处理。凡涉及定敌我矛盾、开除党籍、提交司法机关处理的，更要慎重。任何情况下都不允许株连无辜的家属和亲友。

建国以来的冤案、假案、错案，不管是哪一级组织、哪一个领导人定的和批的，都要实事求是地纠正过来，一切不实之词必须推倒。

犯了错误的同志，应该诚恳地接受党组织和同志们的批评教育和纪律处分。要吸取教训，认真改正，更好地为党工作。对于确实犯有严重错误、拒不承认而又坚持无理取闹的人，要加重处分。

十一、接受党和群众的监督，不准搞特权

各级领导干部都是人民的公仆，只有勤勤恳恳为人民服务的义务，没有在政治上、生活上搞特殊化的权利。按照工作需要，对领导人提供某些合理的便利条件并保证他们的安全是必要的，但绝不允许违反制度搞特殊化。

在我们的国家中，人们只有分工的不同，没有尊卑贵贱的分别。谁也不是低人一等的奴隶或高人一等的贵族。那种认为自己的权力可以不受任何限制的思想，就是腐朽的封建特权思想，这种思想必须受到批判和纠正。共产党员和干部应该把谋求特权和私利看成是极大的耻辱。

必须坚持在真理面前人人平等，在党纪国法面前人人平等的原则。党内决不容许有不受党纪国法约束或凌驾于党组织之上的特殊党员。决不允许共产党员利用职权谋取私利。

任何领导干部都不允许超越党组织所赋予自己的权限，侵犯集体的权限和别人的权限。所有的党员都是平等的同志和战友，党的领导干部要以平等的态度待人，不能以为自己讲的话不管正确与否，别人都得服从，更不能摆官架子，动辄训人、骂人。由于上级领导人员的缺点和错误，使下级的工作出了问题，上级要主动给下级承担责任，首先作自我批评。

各级领导干部必须保持和发扬我党艰苦奋斗，与群众同甘共苦的光荣传统。要坚决克服一部分领导干部中为自己和家属谋求特殊待遇的恶劣倾向。禁止领导人违反财经纪律，任意批钱批物。禁止利用职权为家属亲友在升学、转学、晋级、就业、出国等方面谋求特殊照顾。禁止违反规定动用公款请客送礼。禁止违反规定动用公款为领导人修建个人住宅。禁止公私不分，假公济私，用各种借口或巧立名目侵占、挥霍国家和集体的财物。

党的各级领导人员必须自觉地严格遵守关于生活待遇的规定，同时加强对子女的教育。如果违反了有关规定，经过批评教育仍不改正的，必须给予党的纪律处分。

任何领导干部，不得违反党的干部标准和组织原则，将自己的亲属提拔到领导岗位上来；不得让他们超越职权干预党和国家的工作；不应把他们安排在自己身边的要害岗位上。

为了保持党和广大人民群众的密切联系，防止党的领导干部和党员由人民的公仆变成骑在人民头上的老爷，必须采取自下而上和自上而下相结合、党内和党外相结合的方法，加强党组织和群众对党的领导干部和党员的监督。要监督他们是不是认真学习和贯彻执行党的路线、方针、政策，是不是遵守党纪国法，是不是坚持党的优良传统和作风，是不是搞特权，是不是在生产、工作、学习和对敌斗争中起模范作用，是不是密切联系群众和为人民谋利益。要表扬那些觉悟高、党性强、表现好的同志，批评教育表现差的同志。

要在充分走群众路线的基础上，建立和完善对干部的考试、考核、奖惩、轮换、退休、罢免等一整套制度。通过实行这些制度，真正做到功过分明，赏罚分明，鼓励先进，激励后进。

各级领导干部要定期听取所在单位的党员和群众的意见和评

论。各级党组织要重视群众来信来访中对领导干部、党员的批评和意见。党组织要将党员和群众的评论、批评和意见经核实后报送上级党委，作为考核干部的一个重要依据。

每个党员不论职务高低，都必须编入党的一个组织，参加组织生活。各级党委或常委都应定期召开民主生活会，交流思想，开展批评和自我批评。

十二、努力学习，做到又红又专

四个现代化建设的艰巨任务，需要培养和造就一支宏大的坚持社会主义道路的具有专业知识的干部队伍，同时要把适合于这个要求的中年和青年干部（包括党员和非党员）大胆地提拔到领导岗位上来，让他们在工作中发挥长处，弥补短处。这是摆在全党面前一项迫切、重大的政治任务。

共产党员必须成为实现四个现代化的先锋战士，努力做到又红又专。“红”就是具有坚定正确的政治方向，坚持四项基本原则；“专”就是学习和掌握现代化建设的专业知识，成为本职工作的内行和能手。专不等于红，但红必须专。一个共产党员不认真学习专业知识，在本职工作上长期当外行，不能对四化建设做出真正的贡献，他的所谓政治觉悟和先进性就是空谈。

为了改善和加强党对现代化建设的领导，必须大大提高全体党员的文化、科学技术和业务水平。每个共产党员特别是各级领导干部，一定要以高度的革命进取精神，顽强刻苦地学习和掌握专业知识，必须成为本职工作的内行。干那一行就必须精通那一行。满足于一般化的领导，甚至长期安于当外行，不学无术，违反客观规律，搞瞎指挥，必然会给现代化建设带来严重损害。这样的人，经过批评教育，仍然不能改正的，要从领导岗位上撤换下来。

每个共产党员都必须以无产阶级先锋战士的标准，严格要求自己，努力学习和领会马列主义、毛泽东思想，不断提高党悟程度和进行现代化建设的本领，以求对四化建设做出更大的贡献。某些党员和领导干部，革命意志衰退，不努力学习，不积极工作，不能在生产、工作、学习以及对敌斗争中起先锋模范作用，他们的行为不符合共产党员的光荣称号，损害了党在群众中的威信。对于这样的同志，必须进行严肃的教育和批评。经过长期教育不能改正的，不具备或者丧失了共产党员条件的人，应该劝其退党。

《关于党内政治生活的若干准则》是党的重要法规，全体党员要认真学习，自觉遵守，要对照《准则》的规定，认真检查自己的工作和作风。党的各级领导机关和领导干部要带头执行。任何党员如果有违反本准则的行为，要进行批评教育，情节严重的必须按照党的纪律给予处分，直至开除党籍。

各级党委和党的纪律检查委员会要定期检查本准则的执行情况，由纪律检查委员会向党的代表大会或党的委员会提出报告。

全党同志一定要振奋革命精神，彻底肃清林彪、“四人帮”的流毒，排除各种干扰和阻力，把维护党规党法，切实搞好党风这件关系到四个现代化的成败，关系到党和国家前途和命运的大事做好，使我们党成为更加团结一致，更加朝气蓬勃，更加具有战斗力的无产阶级先锋队组织。

（注：党的政治路线的表述，根据1983年11月12日中共中央办公厅对《关于党内政治生活的若干准则》中党的政治路线的表述进行修改的通知，按照党的十二大通过的《中国共产党章程》总纲部分关于党在现阶段总任务的规定，作了修改。）

关于新形势下党内政治生活的若干准则

（2016年10月27日中国共产党第十八届中央委员会第六次全体会议通过）

办好中国的事情，关键在党，关键在党要管党、从严治党。党要管党必须从党内政治生活管起，从严治党必须从党内政治生活严起。

开展严肃认真的党内政治生活，是我们党的优良传统和政治优势。在长期实践中，我们党坚持把开展严肃认真的党内政治生活作为党的建设重要任务来抓，形成了以实事求是、理论联系实际、密切联系群众、批评和自我批评、民主集中制、严明党的纪律等为主要内容的党内政治生活基本规范，为巩固党的团结和集中统一、保持党的先进性和纯洁性、增强党的生机活力积累了丰富经验，为保证完成党在各个历史时期中心任务发挥了重要作用。

一九八〇年，党的十一届五中全会深刻总结历史经验特别是“文化大革命”的教训，制定了《关于党内政治生活的若干准则》，为拨乱反正、恢复和健全党内政治生活、推进党的建设发挥了重要作用，其主要原则和规定今天依然适用，要继续坚持。

新形势下，党内政治生活状况总体是好的。同时，一个时期以来，党内政治生活中也出现了一些突出问题，主要是：在一些党员、干部包括高级干部中，理想信念不坚定、对党不忠诚、纪律松弛、脱离群众、独断专行、弄虚作假、庸懒无为，个人主义、分散主义、自由主义、好人主义、宗派主义、山头主义、拜金主义不同程度存在，形式主义、官僚主义、享乐主义和奢靡之风问题突出，任人唯亲、跑官要官、买官卖官、拉票贿选现象屡禁不止，滥用权力、贪污受贿、腐化堕落、违法乱纪等现象滋生蔓延。特别是高级干部中极少数人政治野心膨胀、权欲熏心，搞阳奉阴违、结党营私、团团伙伙、拉帮结派、谋取权位等政治阴谋活动。这些问题，严重侵蚀党的思想道德基础，严重破坏党的团结和集中统一，严重损害党内政治生态和党的形象，严重影响党和人民事业发展。这就要求我们必须继续以改革创新精神加强党的建设，加强和规范党内政治生活，全面提高党的建设科学化水平。

党的十八大以来，以习近平同志为核心的党中央身体力行、率先垂范，坚定推进全面从严治党，坚持思想建党和制度治党紧密结合，集中整饬党风，严厉惩治腐败，净化党内政治生态，党内政治生活展现新气象，赢得了党心民心，为开创党和国家事业新局面提供了重要保证。

历史经验表明，我们党作为马克思主义政党，必须旗帜鲜明讲政治，严肃认真开展党内政治生活。为更好进行具有许多新的历史特点的伟大斗争、推进党的建设新的伟大工程、推进中国特色社会主义伟大事业，经受“四大考验”、克服“四种危险”，有必要制定一部新形势下党内政治生活的准则。

新形势下加强和规范党内政治生活，必须以党章为根本遵循，坚持党的政治路线、思想路线、组织路线、群众路线，着力增强党内政治生活的政治性、时代性、原则性、战斗性，着力增强党自我净化、自我完善、自我革新、自我提高能力，着力提高党的领导水平和执政水平、增强拒腐防变和抵御风险能力，着力维护党中央权威、保证党的团结统一、保持党的先进性和纯洁性，努力在全党形成又有集中又有民主、又有纪律又有自由、又有统一意志又有个人心情舒畅生动活泼的政治局面。

新形势下加强和规范党内政治生活，重点是各级领导机关和领导干部，关键是高级干部特别是中央委员会、中央政治局、中央政治局常务委员会的组成人员。高级干部特别是中央领导层组成人员必须以身作则，模范遵守党章党规，严守党的政治纪律和政治规矩，坚持不忘初心、继续前进，坚持率先垂范、以上率下，为全党全社会作出示范。

一、坚定理想信念

共产主义远大理想和中国特色社会主义共同理想，是中国共产党人的精神支柱和政治灵魂，也是保持党的团结统一的思想基础。必须高度重视思想政治建设，把坚定理想信念作为开展党内政治生活的首要任务。

理想信念动摇是最危险的动摇，理想信念滑坡是最危险的滑坡。全党同志必须把对马克思主义的信仰、对社会主义和共产主义的信念作为毕生追求，在改造客观世界的同时不断改造主观世界，解决好世界观、人生观、价值观这个“总开关”问题，不断增强政治定力，自觉成为共产主义远大理想和中国特色社会主义共同理想的坚定信仰者和忠实实践者；必须坚定对中国特色社会主义的道路自信、理论自信、制度自信、文化自信。领导干部特别是高级干部要以实际行动让党员和群众感受到理想信念的强大力量。

全体党员必须永远保持建党时中国共产党人的奋斗精神，把理想信念的坚定性体现在做好本职工作的过程中，自觉为推进中国特色社会主义事业而苦干实干，在胜利时和顺境中不骄傲不自满，在困难时和逆境中不消沉不动摇，经受住各种赞誉和诱惑考验，经受住各种风险和挑战考验，永葆共产党人政治本色。

坚定理想信念，必须加强学习。思想理论上的坚定清醒是政治上坚定的前提。全党必须毫不动摇坚持马克思主义指导思想，党的各级组织必须坚持不懈抓好理论武装，广大党员、干部特别是高级干部必须自觉抓好学习、增强党性修养。把马克思主义理论作为必修课，认真学习马克思列宁主义、毛泽东思想、邓小平理论、“三个代表”重要思想、科学发展观，认真学习习近平总书记系列重要讲话精神，认真学习党章党规，不断提高马克思主义思想觉悟和理论水平。系统掌握马克思主义基本原理，学会用马克思主义立场、观点、方法观察问题、分析问题、解决问题，特别是要聚焦现实问题，不断深化对共产党执政规律、社会主义建设规律、人类社会发展规律的认识。适应时代进步和事业发展要求，广泛学习经济、政治、文化、社会、生态文明以及哲学、历史、法律、科技、国防、国际等各方面知识，提高战略思维、创新思维、辩证思维、法治思维、底线思维能力，提高领导能力专业化水平。

坚持和创新党内学习制度。以党委（党组）中心组学习等制度为主要抓手，各级党组织要定期开展集体学习。党员、干部每年要完成规定的学习任务，领导干部要定期参加党校学习。坚持开展党内集中学习教育。各级党组织要加强督促检查，把学习情况作为领导班子和领导干部考核的重要内容。坚持中央领导同志作专题报告制度。健全党内重大思想理论问题分析研究和情况通报制度，强化互联网思想理论引导，把深层次思想理论问题讲清楚，帮助党员、干部站稳政治立场，分清是非界限，坚决抵制错误思想侵蚀。

二、坚持党的基本路线

党在社会主义初级阶段的基本路线是党和国家的生命线、人民的幸福线，也是党内政治生活正常开展的根本保证。必须全面贯彻执行党的基本路线，把以经济建设为中心同坚持四项基本原则、坚持改革开放这两个基本点统一于中国特色社会主义伟大实践，任何时候都不能有丝毫偏离和动摇。

全党必须毫不动摇坚持以经济建设为中心，聚精会神抓好发展这个党执政兴国的第一要务，坚持以人民为中心的发展思想，统筹推进“五位一体”总体布局和协调推进“四个全面”战略布局，坚持创新、协调、绿色、开放、共享的发展理念，努力提高发展质量和效益，不断提高人民生活水平，为实现“两个一百年”奋斗目标、实现中华民族伟大复兴的中国梦打下坚实物质基础。

全党必须毫不动摇坚持四项基本原则，根本是坚持党的领导，坚持中国特色社会主义道路、中国特色社会主义理论体系、中国特色社会主义制度、中国特色社会主义文化，做到头脑清醒、立场坚定，矢志不移坚持和发展中国特色社会主义。

全党必须毫不动摇坚持改革开放，发挥群众首创精神，勇于自我革命，勇于推进理论创新、实践创新、制度创新、文化创新以及其他各方面创新，坚定不移实施对外开放基本国策，决不能安于现状、墨守成规。新形势下，党领导人民全面深化改革，是为了推动中国特色社会主义制度自我完善和发展，推进国家治理体系和治理能力现代化，既不走封闭僵化的老路、也不走改旗易帜的邪路。

全党必须把坚持党的思想路线贯穿于执行党的基本路线全过程，坚持解放思想、实事求是、与时俱进、求真务实，坚持理论联系实际，一切从实际出发，在实践中检验真理和发展真理，既反对各种否定马克思主义的错误倾向，又破除对马克思主义的教条式理解。坚持从我国仍处于并将长期处于社会主义初级阶段这个基本国情出发，不断研究新情况、总结新经验、解决新问题，不断推进马克思主义中国化。

全党必须坚决捍卫党的基本路线，对否定党的领导、否定我国社会主义制度、否定改革开放的言行，对歪曲、丑化、否定中国特色社会主义的言行，对歪曲、丑化、否定党的历史、中华人民共和国历史、人民军队历史的言行，对歪曲、丑化、否定党的领袖和英雄模范的言行，对一切违背、歪曲、否定党的基本路线的言行，必须旗帜鲜明反对和抵制。

考察识别干部特别是高级干部必须首先看是否坚定不移贯彻党的基本路线。党员、干部特别是高级干部在大是大非面前不能态度暧昧，不能动摇基本政治立场，不能被错误言论所左右。当人民利益受到损害、党和国家形象受到破坏、党的执政地位受到威胁时，要挺身而出、亮明态度，主动坚决开展斗争。对在大是大非问题上没有立场、没有态度、无动于衷、置身事外，在错误言行面前不抵制、不斗争，明哲保身、当老好人等政治不合格的坚决不用，已在领导岗位的要坚决调整，情节严重的要严肃处理。

三、坚决维护党中央权威

坚决维护党中央权威、保证全党令行禁止，是党和国家前途命运所系，是全国各族人民根本利益所在，也是加强和规范党内政治生活的重要目的。必须坚持党员个人服从党的组织，少数服从多数，下级组织服从上级组织，全党各个组织和全体党员服从党的全国代表大会和中央委员会，核心是全党各个组织和全体党员服从党的全国代表大会和中央委员会。

坚持党的领导，首先是坚持党中央的集中统一领导。一个国家、一个政党，领导核心至关重要。全党必须牢固树立政治意识、大局意识、核心意识、看齐意识，自觉在思想上政治上行动上同党中央保持高度一致。党的各级组织、全体党员特别是高级干部都要向党中央看齐，向党的理论和路线方针政策看齐，向党中央决策部署看齐，做到党中央提倡的坚决响应、党中央决定的坚决执行、党中央禁止的坚决不做。

涉及全党全国性的重大方针政策问题，只有党中央有权作出决定和解释。各部门各地方党组织和党员领导干部可以向党中央提出建议，但不得擅自作出决定和对外发表主张。对党中央作出的决议和制定的政策如有不同意见，在坚决执行的前提下，可以向党组织提出保留意见，也可以按组织程序把自己的意见向党的上级组织直至党中央提出。

全党必须自觉服从党中央领导。全国人大、国务院、全国政协，中央纪律检查委员会，最高人民法院、最高人民检察院，中央和国家机关各部门，人民军队，各人民团体，各地方，各企事业单位、社会组织，其党组织都要不折不扣执行党中央决策部署。

全党必须严格执行重大问题请示报告制度。全国人大常委会、国务院、全国政协，中央纪律检查委员会，最高人民法院、最高人民检察院，中央和国家机关各部门，各人民团体，各省、自治区、直辖市，其党组织要定期向党中央报告工作。研究涉及全局的重大事项或作出重大决定要及时向党中央请示报告，执行党中央重要决定的情况要专题报告。遇有突发性重大问题和工作中重大问题要及时向党中央请示报告，情况紧急必须临机处置的，要尽职尽力做好工作，并迅速报告。

省、自治区、直辖市党委在党中央领导下开展工作，同级各个组织中的党组织和领导干部要自觉接受同级党委领导、向同级党委负责，重大事项和重要情况及时向同级党委请示报告。

全党必须自觉防止和反对个人主义、分散主义、自由主义、本位主义。对党中央决策部署，任何党组织和任何党员都不准合意的执行、不合意的不执行，不准先斩后奏，更不准口是心非、阳奉阴违。属于部门和地方职权范围内的工作部署，要以贯彻党中央决策部署为前提，发挥积极性、主动性、创造性，但决不允许自行其是、各自为政，决不允许有令不行、有禁不止，决不允许搞上有政策、下有对策。

四、严明党的政治纪律

纪律严明是全党统一意志、统一行动、步调一致前进的重要保障，是党内政治生活的重要内容。必须严明党的纪律，把纪律挺在前面，用铁的纪律从严治党。

坚持纪律面前一律平等，遵守纪律没有特权，执行纪律没有例外，党内决不允许存在不受纪律约束的特殊组织和特殊党员。每一个党员对党的纪律都要心存敬畏、严格遵守，任何时候任何情况下都不能违反党的纪律。党的各级组织和全体党员要坚决同一切违反党的纪律的行为作斗争。

政治纪律是党最根本、最重要的纪律，遵守党的政治纪律是遵守党的全部纪律的基础。全党特别是高级干部必须严格遵守党的政治纪律和政治规矩。党员不准散布违背党的理论和路线方针政策的言论，不准公开发表违背党中央决定的言论，不准泄露党和国家秘密，不准参与非法组织和非法活动，不准制造、传播政治谣言及丑化党和国家形象的言论。党员不准搞封建迷信，不准信仰宗教，不准参与邪教，不准纵容和支持宗教极端势力、民族分裂势力、暴力恐怖势力及其活动。

党员、干部特别是高级干部不准在党内搞小山头、小圈子、小团伙，严禁在党内拉私人关系、培植个人势力、结成利益集团。对那些投机取巧、拉帮结派、搞团团伙伙的人，要严格防范，依纪依规处理。坚决防止野心家、阴谋家窃取党和国家权力。

党的各级组织和全体党员必须对党忠诚老实、光明磊落，说老实话、办老实事、做老实人，如实向党反映和报告情况，反对搞两面派、做“两面人”，反对弄虚作假、虚报浮夸，反对隐瞒实情、报喜不报忧。领导机关和领导干部不准以任何理由和名义纵容、唆使、暗示或强迫下级说假话。凡因弄虚作假、隐瞒实情给党和人民事业造成重大损失的，凡因弄虚作假、隐瞒实情骗取荣誉、地位、奖励或其他利益的，凡因纵容、唆使、暗示或强迫下级弄虚作假、隐瞒实情的，都要依纪依规严肃问责追责。对坚持原则、敢于说真话的同志，要给予支持、保护、鼓励。

党内不准搞拉拉扯扯、吹吹拍拍、阿谀奉承。对领导人的宣传要实事求是，禁止吹捧，禁止给领导人祝寿、送礼、发致敬函电，禁止在领导干部国内考察工作时组织迎送、张贴标语、敲锣打鼓、铺红地毯、举行宴会等。

党的各级组织必须担负起执行和维护政治纪律和政治规矩的责任，对违反政治纪律的行为要坚决批评制止，不能听之任之。党的各级组织和纪律检查机关要加强纪律执行情况的监督和检查，坚决防止和纠正执行纪律宽松软的问题。

五、保持党同人民群众的血肉联系

人民立场是党的根本政治立场，人民群众是党的力量源泉。我们党来自人民，失去人民拥护和支持，党就会失去根基。必须把坚持全心全意为人民服务的根本宗旨、保持党同人民群众的血肉联系作为加强和规范党内政治生活的根本要求。

全党必须牢固树立人民群众是历史创造者的历史唯物主义观点，站稳群众立场，增进群众感情。党的各级组织、全体党员特别是各级领导机关和领导干部要贯彻党的群众路线，做到一切为了群众，一切依靠群众，从群众中来，到群众中去，为群众办实事、解难事，当好人民公仆。坚持问政于民、问需于民、问计于民，决不允许在群众面前自以为是、盛气凌人，决不允许当官做老爷、漠视群众疾苦，更不允许欺压群众、损害和侵占群众利益。改进和创新联系群众方法，建立和完善民意调查等制度，利用传统媒体和互联网等各种渠道了解社情民意，倾听群众呼声，密切党群干群关系，把对上负责和对下负责一致起来，着力实现好、维护好、发展好最广大人民根本利益。

全党必须坚决反对形式主义、官僚主义、享乐主义和奢靡之风，领导干部特别是高级干部要以身作则。反对形式主义，重在解决作风飘浮、工作不实，文山会海、表面文章，贪图虚名、弄虚作假等问题。反对官僚主义，重在解决脱离实际、脱离群众，消极应付、推诿扯皮，作风霸道、迷恋特权等问题。反对享乐主义，重在解决追名逐利、贪图享受，讲究排场、玩物丧志等问题。反对奢靡之风，重在解决铺张浪费、挥霍无度，骄奢淫逸、腐化堕落等问题。坚持抓常、抓细、抓长，特别是要防范和查处各种隐性、变异的“四风”问题，把落实中央八项规定精神常态化、长效化。

党的各级组织、全体党员特别是领导干部必须提高做群众工作能力，既服务群众又带领群众坚定不移贯彻落实党的理论和路线方针政策，把党的主张变为群众的自觉行动，引领群众听党话、跟党走。坚决反对命令主义，坚决反对“尾巴主义”，不允许为了个人政绩、选票和形象脱离实际随意决策、随便许愿。

坚持领导干部调查研究、定期接待群众来访、同干部群众谈心、群众满意度测评等制度。各级领导干部必须深入实际、深入基层、深入群众，多到条件艰苦、情况复杂、矛盾突出的地方解决问题，千方百计为群众排忧解难。领导干部下基层要接地气，轻车简从，了解实情，督查落实，解决问题，坚决反对作秀、哗众取宠。对一切搞劳民伤财的“形象工程”和“政绩工程”的行为，要严肃问责追责，依纪依法处理。在应对重大安全事件、重大突发事件、重大自然灾害事件等事件中，领导干部必须深入一线、靠前指挥，及时协调解决突出问题，及时回应社会关切。

党员、干部必须顾全大局，自觉维护社会和谐稳定，遇到涉及自身利益和局部利益的问题应该通过正常渠道向上级反映，积极主动做好化解社会矛盾、防控社会风险工作，不准组织、参与、纵容扰乱社会秩序的非法活动。

六、坚持民主集中制原则

民主集中制是党的根本组织原则，是党内政治生活正常开展的重要制度保障。坚持集体领导制度，实行集体领导和个人分工负责相结合，是民主集中制的重要组成部分，必须始终坚持，任何组织和个人在任何情况下都不允许以任何理由违反这项制度。

各级党委（党组）必须坚持集体领导制度。凡属重大问题，要按照集体领导、民主集中、个别酝酿、会议决定的原则，由集体讨论、按少数服从多数作出决定，不允许用其他形式取代党委及其常委会（或党组）的领导。落实党委常委会（或党组）议事规则和决策程序，健全常委会向全委会定期报告工作并接受监督制度，坚决反对和防止独断专行或各自为政，坚决反对和防止议而不决、决而不行、行而不实，坚决反对和防止以党委集体决策名义集体违规。各级党委（党组）要善于观大势、抓大事、管全局，及时发现和解决矛盾和难题，不上推下卸，不留后遗症。建立上级组织在作出同下级组织有关重要决策前征求下级组织意见的制度。

领导班子成员必须增强全局观念和责任意识，在研究工作时充分发表意见，决策形成后一抓到底，不得违背集体决定自作主张、自行其是。坚决反对和纠正当面不说、背后乱说，会上不说、会后乱说，当面一套、背后一套等错误言行。坚持讲原则、讲规矩，共同维护坚持党性原则基础上的团结。

党委（党组）主要负责同志必须发扬民主、善于集中、敢于担责。在研究讨论问题时要把自己当成班子中平等的一员，充分发扬民主，严格按程序决策、按规矩办事，注意听取不同意见，正确对待少数人意见，不能搞一言堂甚至家长制。支持班子成员在职责范围内独立负责开展工作，坚决防止和克服名为集体领导、实际上个人或少数人说了算，坚决防止和克服名为集体负责、实际上无人负责。

领导班子成员必须坚决执行党组织决定，如有不同意见，可以保留或向上一级党组织提出，但在上级或本级党组织改变决定以前，除执行决定会立即引起严重后果等紧急情况外，必须无条件执行已作出的决定。

领导班子成员分工按规定向上级党委报备，无正当理由、未向上级党委报备不得调整。领导干部要自觉服从组织分工安排，任何人都不能向组织讨价还价、不服从组织安排。领导干部不准把分管工作、分管领域和地方当作“私人领地”，不准搞独断专行。

在党的工作和活动中，该以组织名义出面不能以个人名义出面，该由集体研究不能个人擅自表态，不允许用个人主张代替党组织的主张、用个人决定代替党组织的决定。

七、发扬党内民主和保障党员权利

党内民主是党的生命，是党内政治生活积极健康的重要基础。要坚持和完善党内民主各项制度，提高党内民主质量，党内决策、执行、监督等工作必须执行党章党规确定的民主原则和程序，任何党组织和个人都不得压制党内民主、破坏党内民主。

中央委员会、中央政治局、中央政治局常务委员会和党的各级委员会作出重大决策部署，必须深入开展调查研究，广泛听取各方面意见和建议，凝聚智慧和力量，做到科学决策、民主决策、依法决策。

必须尊重党员主体地位、保障党员民主权利，落实党员知情权、参与权、选举权、监督权，保障全体党员平等享有党章规定的党员权利、履行党章规定的党员义务，坚持党内民主平等的同志关系，党内一律称同志。任何党组织和党员不得侵害党员民主权利。

畅通党员参与讨论党内事务的途径，拓宽党员表达意见渠道，营造党内民主讨论的政治氛围。健全党内重大决策论证评估和征求意见等制度。党的各级组织对重大决策和重大问题应该采取多种方式征求党员意见，党员有权在党的会议上发表不同意见，对党的决议和政策如有不同意见，在坚决执行的前提下，可以声明保留，并且可以把自己的意见向党的上级组织直至党中央提出。推进党务公开，发展和用好党务公开新形式，使党员更好了解和参与党内事务。

党内选举必须体现选举人意志，规范和完善选举制度规则。党的任何组织和个人不得以任何方式妨碍选举人依照规定自主行使选举权，坚决反对和防止侵犯党员选举权和被选举权的现象，坚决防止和查处拉票贿选等行为。

坚持党的代表大会制度。未经批准不得提前或延期召开党的代表大会。落实党代表大会代表任期制，实行代表提案制，健全代表参与重大决策、参加重要干部推荐和民主评议、列席党委有关会议、联系党员群众等制度。更好发挥党的地方各级委员会及委员作用。健全党内情况通报制度、情况反映制度，畅通党员表达意见、要求撤换不称职基层党组织领导班子成员的渠道。按期进行党的基层委员会、总支部和支部委员会换届。

党员有权向党负责地揭发、检举党的任何组织和任何党员违纪违法的事实，提倡实名举报。党员有权在党的会议上有根据地批评党的任何组织和任何党员。党组织既要严肃处理对举报者的歧视、刁难、压制行为特别是打击报复行为，又要严肃追查处理诬告陷害行为。对受到诽谤、诬告、严重失实举报的党员，党组织要及时为其澄清和正名。要保障党员申辩、申诉等权利。对执纪中的过错或违纪行为，要依规及时纠正、消除影响并追究有关组织和人员的责任。

八、坚持正确选人用人导向

坚持正确选人用人导向，是严肃党内政治生活的组织保证。必须严格标准、健全制度、完善政策、规范程序，使选出来的干部组织放心、群众满意、干部服气。

选拔任用干部必须坚持党章规定的干部条件，坚持德才兼备、以德为先，坚持五湖四海、任人唯贤，坚持信念坚定、为民服务、勤政务实、敢于担当、清正廉洁的好干部标准。把公道正派作为干部工作核心理念贯穿选人用人全过程，做到公道对待干部、公平评价干部、公正使用干部。

选人用人必须强化党组织的领导和把关作用，落实干部选拔任用工作纪实制度，确保每个环节都规范操作。组织部门要严格按政策、原则、制度办事，实事求是考察评价干部，敢于为干部说公道话，敢于抵制选人用人中的违规行为，形成能者上、庸者下、劣者汰的选人用人导向。加强选人用人监督问责，对用人失察失误的严肃追究责任。

党的各级组织必须自觉防范和纠正用人上的不正之风和种种偏向。坚决禁止跑官要官、买官卖官、拉票贿选等行为，坚决禁止向党伸手要职务、要名誉、要待遇行为，坚决禁止向党组织讨价还价、不服从组织决定的行为。坚决纠正唯票、唯分、唯生产总值、唯年龄等取人偏向，坚决克服由少数人在少数人中选人的倾向。领导干部要带头执行党的干部政策，不准任人唯亲、搞亲亲疏疏，不准封官许愿、跑风漏气、收买人心，不准个人为干部提拔任用打招呼、递条子。领导干部不得干预曾经工作生活过的地方、曾经工作过的单位和不属于自己分管领域的干部选拔任用工作，有关地方和单位党组织要抵制这种违反党的组织原则的行为。

任何人都不准把党的干部当作私有财产，党内不准搞人身依附关系。领导干部特别是高级干部不能搞家长制，要求别人唯命是从，特别是不能要求下级办违反党纪国法的事情；下级应该抵制上级领导干部的这种要求并向更上级党组织直至党中央报告，不应该对上级领导干部无原则服从。规范和纯洁党内同志交往，领导干部对党员不能颐指气使，党员对领导干部不能阿谀奉承。

干部是党的宝贵财富，必须既严格教育、严格管理、严格监督，又在政治上、思想上、工作上、生活上真诚关爱，鼓励干部干事创业、大胆作为。

建立容错纠错机制，宽容干部在工作中特别是改革创新中的失误。坚持惩前毖后、治病救人，正确对待犯错误的干部，帮助其认识和改正错误。不得混淆干部所犯错误性质或夸大错误程度对干部作出不适当的处理，不得利用干部所犯错误泄私愤、打击报复。

党的各级组织和领导干部必须牢记空谈误国、实干兴邦，践行正确政绩观，发扬钉钉子精神，力戒空谈，察实情、出实招、办实事、求实效，做到守土尽责。各级领导干部要无私无畏，做到面对矛盾敢于迎难而上，面对危险敢于挺身而出，面对失误敢于承担责任。党的各级组织要旗帜鲜明为敢于担当的干部担当，为敢于负责的干部负责。对不担当、不作为、敷衍塞责的干部要严肃批评，必要时给予组织处理或党纪处分；对失职渎职的要严肃问责，造成严重后果的要严肃追责，依纪依法处理。

九、严格党的组织生活制度

党的组织生活是党内政治生活的重要内容和载体，是党组织对党员进行教育管理监督的重要形式。必须坚持党的组织生活各项制度，创新方式方法，增强党的组织生活活力。

全体党员、干部特别是高级干部必须增强党的意识，时刻牢记自己第一身份是党员。任何党员都不能游离于党的组织之外，更不能凌驾于党的组织之上。每个党员无论职务高低，都要参加党的组织生活。党组织要严格执行组织生活制度，确保党的组织生活经常、认真、严肃。

坚持“三会一课”制度。党员必须参加党员大会、党小组会和上党课，党支部要定期召开支部委员会会议。“三会一课”要突出政治学习和教育，突出党性锻炼，坚决防止表面化、形式化、娱乐化、庸俗化。领导干部要以普通党员身份参加所在党支部或党小组的组织生活，坚持党员领导干部讲党课制度。每个党员都要按规定自觉交纳党费，党费使用和管理要公开透明。

坚持民主生活会和组织生活会制度。会前要广泛听取意见、深入谈心交心，会上要认真查摆问题、深刻剖析根源、明确整改方向，会后要逐一整改落实。上级党组织领导班子成员定期、随机参加下级党组织领导班子民主生活会和组织生活会，发现问题及时纠正。中央政治局带头开好民主生活会。

坚持谈心谈话制度。党组织领导班子成员之间、班子成员和党员之间、党员和党员之间要开展经常性的谈心谈话，坦诚相见，交流思想，交换意见。领导干部要带头谈，也要接受党员、干部约谈。

坚持对党员进行民主评议。督促党员对照党章规定的党员标准、对照入党誓词、联系个人实际进行党性分析，强化党员意识、增强党的观念、提高党性修养。对党性不强的党员，及时进行批评教育，限期改正；经教育仍无转变的，应劝其退党或除名。

领导干部必须强化组织观念，工作中重大问题和个人有关事项必须按规定按程序向组织请示报告，离开岗位或工作所在地要事先向组织请示报告。对无正当理由不按时报告、不如实报告或隐瞒不报的，要严肃处理。

十、开展批评和自我批评

批评和自我批评是我们党强身治病、保持肌体健康的锐利武器，也是加强和规范党内政治生活的重要手段。必须坚持不懈把批评和自我批评这个武器用好。

批评和自我批评必须坚持实事求是，讲党性不讲私情、讲真理不讲面子，坚持“团结——批评——团结”，按照“照镜子、正衣冠、洗洗澡、治治病”的要求，严肃认真提意见，满腔热情帮同志，决不能把自我批评变成自我表扬、把相互批评变成相互吹捧。

党员、干部必须严于自我解剖，对发现的问题要深入剖析原因，认真整改。对待批评要有则改之、无则加勉，不能搞无原则的纷争。

批评必须出于公心，不主观武断，不发泄私愤。坚决反对事不关己、高高挂起，明知不对、少说为佳的庸俗哲学和好人主义，坚决克服文过饰非、知错不改等错误倾向。

党的领导机关和领导干部对各种不同意见都必须听取，鼓励下级反映真实情况。党内工作会议的报告、讲话以及各类工作总结，上级机关和领导干部检查指导工作，既要讲成绩和经验，又要讲问题和不足；既要注重解决问题，又要从问题中反思自身工作和领导责任。

领导干部特别是高级干部必须带头从谏如流、敢于直言，以批评和自我批评的示范行动引导党员、干部打消自我批评怕丢面子、批评上级怕穿小鞋、批评同级怕伤和气、批评下级怕丢选票等思想顾虑。把发现和解决自身问题的能力作为考核评价领导班子的重要依据。

十一、加强对权力运行的制约和监督

监督是权力正确运行的根本保证，是加强和规范党内政治生活的重要举措。必须加强对领导干部的监督，党内不允许有不受制约的权力，也不允许有不受监督的特殊党员。

完善权力运行制约和监督机制，形成有权必有责、用权必担责、滥权必追责的制度安排。实行权力清单制度，公开权力运行过程和结果，健全不当用权问责机制，把权力关进制度笼子，让权力在阳光下运行。

党的各级组织和领导干部必须在宪法法律范围内活动，增强法治意识、弘扬法治精神，自觉按法定权限、规则、程序办事，决不能以言代法、以权压法、徇私枉法，决不能违规干预司法。

营造党内民主监督环境，畅通党内民主监督渠道。党的各级组织和全体党员要增强监督意识，既履行监督责任，又接受各方面监督。

党内监督必须突出党的领导机关和领导干部特别是主要领导干部。领导干部要正确对待监督，主动接受监督，习惯在监督下开展工作，决不能拒绝监督、逃避监督。

领导干部特别是高级干部必须加强自律、慎独慎微，自觉检查和及时纠正在行使权力、廉政勤政方面存在的问题，做到可以行使的权力按规则正确行使，该由上级组织行使的权力下级组织不能行使，该由领导班子集体行使的权力班子成员个人不能擅自行使，不该由自己行使的权力决不能行使。

对涉及违纪违法行为的举报，对党员反映的问题，任何党组织和领导干部都不准隐瞒不报、拖延不办。涉及所反映问题的领导干部应该回避，不准干预或插手组织调查。

党员、干部反映他人的问题，应该出于党性，通过党内正常渠道实名进行，不准散布小道消息，不准散发匿名信，不准诬告陷害等。对通过正常渠道反映问题的党员，任何组织和个人都不准打击报复，不准擅自进行追查，不准采取调离工作岗位、降格使用等惩罚措施。

坚持授权者要负责监督，发现问题要及时处置。强化上级组织对下级组织特别是主要领导干部行使权力的监督，防止权力失控和滥用。

对党组织和党员、干部行使权力进行监督，必须依纪依法进行。纪检监察、司法机关严格依纪依法按程序对涉嫌严重违纪违法行为进行调查。任何组织和个人不得自行决定或受指使对党员、干部采取非法调查手段。对违反规定的，要严肃追究纪律和法律责任。

十二、保持清正廉洁的政治本色

建设廉洁政治，坚决反对腐败，是加强和规范党内政治生活的重要任务。必须筑牢拒腐防变的思想防线和制度防线，着力构建不敢腐、不能腐、不想腐的体制机制，保持党的肌体健康和队伍纯洁。

各级领导干部必须严以修身、严以用权、严以律己，谋事要实、创业要实、做人要实，经得起权力、金钱、美色考验，用党和人民赋予的权力为人民服务。

领导干部特别是高级干部必须带头践行社会主义核心价值观，继承和发扬党的优良传统和作风，弘扬中华民族传统美德，讲修养、讲道德、讲诚信、讲廉耻，养成共产党人的高风亮节，自觉远离低级趣味。

各级领导干部是人民公仆，没有搞特殊化的权利。中央政治局要带头执行中央八项规定。各级领导干部特别是高级干部要坚持立党为公、执政为民，坚持公私分明、先公后私、克己奉公，带头保持谦虚、谨慎、不骄、不躁的作风，保持艰苦奋斗的作风，带头执行廉洁自律准则，自觉同特权思想和特权现象作斗争，不准利用权力为自己和他人谋取私利，禁止违反财经制度批钱批物批项目，禁止用各种借口或巧立名目侵占、挥霍国家和集体财物，禁止违反规定提高干部待遇标准。

领导干部特别是高级干部必须注重家庭、家教、家风，教育管理好亲属和身边工作人员。严格执行领导干部个人有关事项报告制度，进一步规范领导干部配偶子女从业行为。禁止利用职权或影响力为家属亲友谋求特殊照顾，禁止领导干部家属亲友插手领导干部职权范围内的工作、插手人事安排。各级领导班子和领导干部对来自领导干部家属亲友的违规干预行为要坚决抵制，并将有关情况报告党组织。

全体党员、干部特别是高级干部必须拒腐蚀、永不沾，坚决同消极腐败现象作斗争，坚决抵制潜规则，自觉净化社交圈、生活圈、朋友圈，决不能把商品交换那一套搬到党内政治生活和工作中来。党的各级组织要担负起反腐倡廉政治责任，坚持有腐必反、有贪必肃，坚持“老虎”、“苍蝇”一起打，坚持无禁区、全覆盖、零容忍，党内决不允许有腐败分子藏身之地。

加强和规范党内政治生活是全党的共同任务，必须全党一起动手。各级党委（党组）要全面履行加强和规范党内政治生活的领导责任，着力解决突出问题，建立健全党内政治生活制度体系，把加强和规范党内政治生活各项任务落到实处。深入开展党内政治生活准则宣传教育，把党内政治生活准则列为党员、干部教育培训的必修内容。

落实党委主体责任和纪委监督责任，强化责任追究。党委（党组）主要负责人要认真履行第一责任人责任。党的各级组织要强化对党内政治生活准则落实情况的督促检查，建立健全问责机制，上级党组织要加强对下级党组织的指导监督检查，各级组织部门和机关党组织要加强日常管理，各级纪律检查机关要严肃查处违反党内政治生活准则的各种行为。

加强和规范党内政治生活，要从中央委员会、中央政治局、中央政治局常务委员会做起。高级干部要清醒认识自己岗位对党和国家的特殊重要性，职位越高越要自觉按照党提出的标准严格要求自己，越要做到党性坚强、党纪严明，做到对党始终忠诚、永不叛党。制定高级干部贯彻落实本准则的实施意见，指导和督促高级干部在遵守和执行党内政治生活准则上作全党表率。

全面从严治党永远在路上。全党要坚持不懈努力，共同营造风清气正的政治生态，确保党始终成为中国特色社会主义事业的坚强领导核心。

中国共产党重大事项请示报告条例

（中共中央 2019 年 1 月 31 日印发）

第一章　总　　则

第一条　为了加强和规范重大事项请示报告工作，严明党的政治纪律、组织纪律和工作纪律，保证全党全国服从党中央、政令畅通，根据《中国共产党章程》、《关于新形势下党内政治生活的若干准则》等党内法规，制定本条例。

第二条　重大事项请示报告工作以习近平新时代中国特色社会主义思想为指导，坚持和加强党的全面领导，坚持党要管党、全面从严治党，贯彻民主集中制，坚决维护习近平总书记党中央的核心、全党的核心地位，坚决维护党中央权威和集中统一领导，保证全党团结统一和行动一致，确保党始终总揽全局、协调各方。

第三条　本条例适用于下级党组织向上级党组织，以及党员、领导干部向党组织请示报告重大事项相关活动。

本条例所称重大事项，是指超出党组织和党员、领导干部自身职权范围，或者虽在自身职权范围内但关乎全局、影响广泛的重要事情和重要情况，包括党组织贯彻执行党中央决策部署和上级党组织决定、领导经济社会发展事务、落实全面从严治党责任，党员履行义务、行使权利，领导干部行使权力、担负责任的重要事情和重要情况。

本条例所称请示，是指下级党组织向上级党组织，党员、领导干部向党组织就重大事项请求指示或者批准；所称报告，是指下级党组织向上级党组织，党员、领导干部向党组织呈报重要事情和重要情况。

第四条 开展重大事项请示报告工作应当遵循以下原则：

（一）坚持政治导向。树牢“四个意识”，落实“四个服从”，把请示报告作为重要政治纪律和政治规矩，把讲政治要求贯彻到请示报告工作全过程和各方面。

（二）坚持权责明晰。既牢记授权有限，该请示的必须请示，该报告的必须报告；又牢记守土有责，该负责的必须负责，该担当的必须担当。

（三）坚持客观真实。全面如实请示报告工作、反映情况、分析问题、提出建议，既报喜又报忧、既报功又报过、既报结果又报过程。

（四）坚持规范有序。落实依规治党要求，严格按照党章党规规定的主体、范围、程序和方式开展重大事项请示报告工作。

第五条 各地区各部门党组织承担重大事项请示报告工作主体责任，党组织主要负责同志为第一责任人，对请示报告工作负总责。

中央办公厅负责接受办理向党中央请示报告的重大事项，并统筹协调和督促指导各地区各部门向党中央的请示报告工作。地方党委办公厅（室）负责接受办理向本级党委请示报告的重大事项，并统筹协调和督促指导本地区的请示报告工作。

第二章　党组织请示报告主体

第六条 党组织请示报告工作一般应当以组织名义进行，向负有领导或者监督指导职责的上级党组织请示报告。特殊情况下，可以根据工作需要以党组织负责同志名义代表党组织请示报告。

请示报告应当逐级进行，一般不得越级请示报告。特殊情况下，可以按照有关规定直接向更高层级党组织请示报告。

第七条 接受双重领导的单位党组织，应当根据事项性质和内容向负有主要领导职责的上级党组织请示报告，同时抄送另一个上级党组织。特殊情况下，可以不抄送另一个上级党组织。

第八条 接受归口领导、管理的单位党组织，必须服从批准其设立的党组织的领导，向其请示报告工作，并按照有关规定向归口领导、管理单位党组织请示报告。

第九条 接受归口指导、协调或者监督的单位党组织，向上级党组织请示报告一般应当抄送负有指导、协调或者监督职责的单位党组织。

负有指导、协调或者监督职责的单位党组织应当统筹所负责区域、领域、行业、系统内各单位党组织的请示报告工作，归口统一向上级党组织请示报告总体情况、牵头事项完成情况等。

第十条 涉及跨区域、跨领域、跨行业、跨系统的重大事项，应当由有关党组织向共同上级党组织联合请示报告。联合请示报告应当明确牵头党组织。

党政机关联合请示报告的，一般应当将上级党政机关同时列为请示报告对象。

第十一条 根据党内法规制度规定，党的决策议事协调机构和党的工作机关可以在其职权范围内接受下级党组织的请示报告并作出处理。

党组织主要负责同志可以就全面工作或者某些方面工作接受下级党组织请示报告；有关负责同志可以就分管领域工作接受下级党组织请示报告，也可以受党组织或者党组织主要负责同志委托，就全面工作接受下级党组织请示报告。

第三章　党组织请示报告事项

第十二条　涉及党和国家工作全局的重大方针政策，经济、政治、文化、社会、生态文明建设和党的建设中的重大原则和问题，国家安全、港澳台侨、外交、国防、军队等党中央集中统一管理的事项，以及其他只能由党中央领导和决策的重大事项，必须向党中央请示报告。

第十三条　党组织应当向上级党组织请示下列事项：

（一）贯彻落实党中央决策部署和上级党组织决定中的重要情况和问题，需要作出调整的政策措施，需要支持解决的特殊困难；

（二）重大改革措施、重大立法事项、重大体制变动、重大项目推进、重大突发事件、重大机构调整、重要干部任免、重要表彰奖励、重大违纪违法和复杂敏感案件处理等；

（三）明确规定需要请示的重要会议、重要活动、重要文件等；

（四）重大活动、重要政策的宣传报道口径，新闻宣传和意识形态工作中的全局性问题和不易把握的问题；

（五）出台重大创新举措，特别是遇到新情况新问题且无明文规定、需要先行先试，或者创新举措可能与现行规定相冲突、需经授权才能实施的情况；

（六）属于自身职权范围内但事关重大或者特殊敏感的事项；

（七）重大决策时存在较大意见分歧的情况；

（八）跨区域、跨领域、跨行业、跨系统工作中需要上级党组织统筹推进的重大事项；

（九）调整上级党组织文件、会议精神的传达知悉范围，使用上级党组织负责同志未公开的讲话、音像资料等；

（十）其他应当请示的重大事项。

下列事项不必向上级党组织请示：属于自身职权范围内的日常工作；上级党组织就有关问题已经作出明确批复的；事后报告即可的事项等。

第十四条 党组织应当向上级党组织报告下列事项：

（一）学习贯彻习近平新时代中国特色社会主义思想，统筹推进“五位一体”总体布局和协调推进“四个全面”战略布局的重要情况；

（二）党中央以及上级党组织重要会议、重要文件、重大决策部署贯彻落实情况，习近平总书记重要指示批示贯彻落实情况，上级党组织负责同志交办事项的研究办理情况；

（三）加强党的建设，履行全面从严治党责任，包括集中学习教育活动、意识形态工作、党组织设置及隶属关系调整、民主生活会、党风廉政建设、落实中央八项规定精神、党员干部直接联系群众、巡视巡察整改、发现重大违纪违法问题等情况；

（四）全面工作总结和计划；

（五）重大专项工作开展情况；

（六）重大敏感事件、突发事件和群体性事件应对处置情况；

（七）经济社会发展中出现的重要情况和重大舆情；

（八）本地区、本部门、本单位工作中具有在更大范围推广价值的经验做法和意见建议；

（九）其他应当报告的重大事项。

下列事项不必向上级党组织报告：具体事务性工作；没有实质性内容的表态和情况反映等。

第十五条 党组织应当按照有关规定向上级党组织报备下列事项：

（一）党内法规和规范性文件；

（二）领导班子成员分工；

（三）有关干部任免；

（四）党委委员、候补委员职务的辞去、免去或者自动终止；

（五）其他应当报备的重大事项。

第十六条 中央各决策议事协调机构、中央各部门、有关中央国家机关党组（党委）应当对本领域、行业、系统内请示报告的具体事项提出明确要求、加强工作指导。

上级党组织应当从实际出发，对下级党组织请示报告中主题相近、内容关联的同类事项归并整合提出要求，促使请示报告精简务实。

第十七条 党组织应当根据本条例规定的请示报告事项范围和内容，结合上级要求和自身实际，制定请示报告事项清单。

第四章 党组织请示报告程序

第十八条 重大事项请示报告一般应当经党组织领导班子集体研究或者传批审定，由主要负责同志签发或者作出。必要时应当事先报上级党组织分管负责同志同意。

两个以上党组织联合请示报告的，应当协商一致后呈报。未取得一致意见的，应当对有关情况作出说明。

第十九条 向上级党组织请示重大事项，必须事前请示，给上级党组织以充足研判和决策时间。情况紧急来不及请示必须临机处置的，应当按照规定履职尽责，并及时进行后续请示报告。

定期报告按照规定的时间进行。专题报告根据工作进展情况适时进行，学习贯彻上级党组织重要会议和文件精神的专题报告应当注重反映落实见效情况，不得一味求快。对上级党组织交办的重大事项，应当按照时限要求报告。突发性重大事件应当及时报告，并根据事件发展处置情况做好续报工作。

第二十条 提出请示应当阐明请求事项及相关理由。报送请示应当一文一事，不得在报告等非请示性公文中夹带请示事项。

对下级党组织请示的重大事项，受理党组织如需以其名义再向上级党组织请示的，应当认真研究并负责任地提出处理建议，不得只将原文转请示上级党组织。

第二十一条 上级党组织收到请示后，一般由综合部门提出拟办意见报党组织负责同志按照规定批办。

党政机关联合提出的请示，由上级党组织牵头办理。

第二十二条 上级党组织对受理的紧急请示事项应当尽快办理。有明确办理时限要求的应当在规定期限内办理完毕，确有特殊情况无法在规定期限内办理完毕的，应当主动向下级党组织说明情况。

第二十三条 请示的答复一般应当坚持向谁请示由谁答复，特殊情况下受理请示的党组织可以授权党组织有关部门代为答复。

第二十四条 报告应当具有实质性内容和参考价值，有助于上级党组织了解情况、科学决策，力戒空洞无物、评功摆好、搞形式主义。报告应当简明扼要、文风质朴，呈报党中央的综合报告一般在5000字以内，专项报告一般在3000字以内，情况复杂、确有必要详细报告的有关内容可以通过附件反映。

第二十五条 上级党组织收到报告后，应当由综合部门根据工作需要报送党组织负责同志阅示。综合部门可以将主题相同、内容相近的报告统一集中报送，或者摘要形成综合材料后报送。

党组织负责同志对报告作出批示指示的，综合部门应当及时按照要求办理。

第二十六条 上级党组织应当加强对报告的综合分析利用。对于有推广价值的典型经验做法，可以通过适当形式进行宣传；对于共性问题，应当予以重视并研究解决；对于有价值的意见建议，应当认真研究吸收、推动改进工作。

第二十七条 重大事项请示报告工作存在可能影响公正办理情形的，有关人员应当回避。

第五章 党组织请示报告方式

第二十八条 党组织应当根据重大事项类型和缓急程度采用口头、书面方式进行请示报告。

第二十九条 重大事项请示报告适宜简便进行的，可以采用口头方式。对于情况紧急或者重大事项处理尚处于初步酝酿阶段的，可以采用口头方式先行请示报告，后续再以书面方式补充请示报告。

第三十条 口头请示报告视情采用通话、当面、会议等方式。内容较为简单或者情况十分紧急的，可以采用通话方式；内容较为复杂或者情况敏感特殊的，可以采用当面方式；内容较为正式或者涉及主体较多的，可以采用会议方式。

口头请示报告应当做好记录和资料留存，确保有据可查。

第三十一条 非紧急情况、重大事项处理处于相对成熟阶段或者不适宜简便进行的请示报告，应当采用书面方式。

第三十二条 书面报告视情采用正式报告、信息、简报等方式。信息侧重于报告重大突发事件，需要注意的问题、现象和情况等，应当做到及时高效、权威准确。简报侧重于报告某方面工作简要情况。

党组织应当统筹用好书面报告方式，坚持“一事不二报”，一般不得就同一内容使用多种方式重复报告。上级党组织明确要求正式报告的，不得以其他方式代替。

第三十三条 党组织可以利用电话、文件、传真、电报、网络等载体开展请示报告工作。涉密事项应当按照有关保密规定执行。

基层党组织开展请示报告工作可以更加灵活便捷、突出实效。

第六章　党员、领导干部请示报告

第三十四条　党员一般应当向所在党组织请示报告重大事项。领导干部一般应当向所属党组织请示报告重要工作。

党员、领导干部向党组织请示报告个人有关事项，按照有关规定执行。

第三十五条　党员应当向党组织请示下列事项：

（一）从事党组织所分配的工作中的重要问题；

（二）代表党组织发表主张或者作出决定；

（三）按照规定需要请示的涉外工作交往活动；

（四）转移党的组织关系；

（五）其他应当向党组织请示的事项。

第三十六条　党员应当向党组织报告下列事项：

（一）贯彻执行党组织决议以及完成党组织交办工作任务情况；

（二）对党的工作和领导干部的意见建议；

（三）发现党员、领导干部违纪违法线索情况；

（四）流动外出情况；

（五）其他应当向党组织报告的事项。

第三十七条　领导干部应当向党组织请示下列事项：

（一）超出自身职权范围，应当由所在党组织或者上级党组织作出决定的重大事项；

（二）属于自身职权范围但事关重大的问题和情况；

（三）代表党组织对外发表重要意见；

（四）因故无法履职或者离开工作所在地；

（五）其他应当向党组织请示的事项。

第三十八条　领导干部应当向党组织报告下列事项：

（一）学习贯彻习近平新时代中国特色社会主义思想，贯彻落实党中央决策部署和党组织决定中的重要情况和问题；

（二）遵守政治纪律和政治规矩，坚决维护习近平总书记党中央的核心、全党的核心地位，坚决维护党中央权威和集中统一领导情况；

（三）坚持民主集中制，发扬党内民主，正确行使权力，参与集体领导情况；

（四）参加领导班子民主生活会和所在党支部（党小组）组织生活会情况；

（五）履行管党治党责任，加强党风廉政建设和反腐败工作以及遵守廉洁纪律情况；

（六）重大决策失误或者应对突发事件处置失当，纪检监察、巡视巡察和审计中发现重要问题，以及违纪违法情况；

（七）可能影响正常履职的重大疾病等情况；

（八）其他应当向党组织报告的事项。

第三十九条 党员、领导干部按照规定采用口头、书面方式进行请示报告。党组织应当及时办理党员、领导干部的请示事项，必要时可以对报告事项作出研究处理。

第七章 监督与追责

第四十条 党组织应当将重大事项请示报告工作开展情况纳入向上一级党组织报告工作的重要内容。

第四十一条 党组织应当建立健全重大事项请示报告工作督查机制，并将执行请示报告制度情况纳入日常监督和巡视巡察范围。

第四十二条 党组织应当将重大事项请示报告工作情况作为履行全面从严治党政治责任的重要内容，对下级党组织及其主要负责同志进行考核评价。考核评价可以与党风廉政建设责任制检查考核、党建工作考核等相结合，结果应当以适当方式通报。

第四十三条 建立健全纠错机制，对于重大事项请示报告工作中出现的主体不适当、内容不准确、程序不规范、方式不合理等问题，上级党组织应当及时提醒纠正，并将有关情况体现到考评通报中。

第四十四条 实行重大事项请示报告责任追究制度，有下列情形之一的，应当依规依纪追究有关党组织和党员、领导干部以及工作人员的责任，涉嫌违法犯罪的，按照有关法律规定处理：

（一）违反政治纪律和政治规矩，擅自决定应当由党中央决定的重大事项，损害党中央权威和集中统一领导的；

（二）履行领导责任不到位，对重大事项请示报告不重视不部署，工作开展不力的；

（三）违反组织原则，该请示不请示，该报告不报告的；

（四）缺乏责任担当，推诿塞责、上交矛盾、消极作为的；

（五）搞形式主义、官僚主义，请示报告内容不实、信息不准，造成严重后果的；

（六）违反工作要求，不按规定程序和方式请示报告，造成严重后果的；

（七）其他应当追究责任的情形。

第八章　附　　则

第四十五条 各省、自治区、直辖市党委，中央各决策议事协调机构，中央各部门，中央国家机关各部委党组（党委），应当紧密结合工作实际制定具体落实措施。

第四十六条 中央军事委员会可以根据本条例，结合中国人民解放军和中国人民武装警察部队的实际情况，制定相关规定。

第四十七条 本条例由中央办公厅负责解释。

第四十八条 本条例自 2019 年 1 月 31 日起施行。

中央和国家机关各部门机关党委向中央和国家机关工委请示报告工作规定

（中央和国家机关工作委员会2020年6月10日印发）

第一条 根据《中国共产党重大事项请示报告条例》、《中国共产党党和国家机关基层组织工作条例》等有关党内法规，中央和国家机关各部门机关党委除经常向本部门党组（党委）请示报告工作外，重大事项应当主动向中央和国家机关工委请示报告。

第二条 各部门机关党委承担向中央和国家机关工委请示报告工作的主体责任，机关党委书记履行第一责任人职责，对请示报告工作负总责。

第三条 各部门机关党委向中央和国家机关工委请示报告工作一般应当以机关党委名义进行，特殊情况下，可以根据工作需要以机关党委负责同志名义代表机关党委请示报告。

第四条 下列事项，各部门机关党委应当向中央和国家机关工委请示：

（一）涉及中央和国家机关党的工作全局，必须由中央和国家机关工委统一组织、规划和部署的重大事项；

（二）落实党中央决策部署和中央和国家机关工委工作安排中遇到的重要情况和问题；

（三）涉及机关党的建设的重大改革措施、体制变动等情况，或者工作中遇到不易把握、事关重大、特殊敏感的事项；

（四）机关党委、机关纪委设置、更名、换届、委员会组成、补选及其书记、副书记、常委任免审批；

（五）其他应当请示的重要事项。

第五条 下列事项，各部门机关党委应当向中央和国家机关工委报告：

（一）学习贯彻党中央和习近平总书记关于加强机关党的建设的部署要求情况；

（二）落实中央和国家机关党的建设重要会议、重要文件和工作部署情况；

（三）加强机关党的建设中的重要进展、创新做法、突出问题、意见建议等；

（四）本部门机关党的建设中出现的重大舆情、突发事件等；

（五）全面工作总结和计划；

（六）其他应当报告的重要事项。

第六条 下列事项，各部门机关党委应当向中央和国家机关工委报备：

（一）涉及机关党建的重要规章制度；

（二）机关党委、机关纪委委员职务的辞去、免去或者自动终止；

（三）本部门管理的国家局和有关部级单位的机关党委、机关纪委设置、更名、换届选举结果及其书记、副书记任免情况；

（四）其他应当报备的重要事项。

第七条 各部门机关党委向中央和国家机关工委请示事项，应当事前请示。情况紧急来不及请示必须临机处置的，应当按照规定履职尽责，并及时进行后续请示报告。

定期报告应当严格按照规定时间进行。各部门机关党委原则上每半年报告一次工作进展，每年1月向中央和国家机关工委报送上一年度工作总结和本年度工作打算。专题报告根据工作进展情况适时进行，对有明确时限要求的事项应当按照要求及时报告。

报备事项除有明确时限要求的以外，一般可以每季度集中报备一次。

第八条 各部门机关党委应当根据工作需要和缓急程度，采用书面、口头方式向中央和国家机关工委请示报告。

书面请示应当一文一事，采用机关党委请示件或者按照中央和国家机关工委要求的形式报送。书面报告视情采用正式报告、信息、简报等方式，简明扼要，具有实质性内容，力戒形式主义。

口头请示报告，视情采用通话、当面、会议等方式，并做好记录和资料留存备查。

涉密事项的请示报告，严格按照保密管理有关规定执行。

第九条 中央和国家机关工委对各部门机关党委请示报告工作进行指导督促并依规及时办理请示报告事项。

第十条 本规定由中央和国家机关工委负责解释。

第十一条 本规定自发布之日起施行。

三、党的思想建设

中国共产党党校（行政学院）工作条例

（中共中央 2019 年 10 月 25 日印发）

第一章　总　　则

第一条　为了坚持和加强党对党校（行政学院）事业的领导，提高新时代党校（行政学院）工作科学化、制度化、规范化水平，根据《中国共产党章程》等党内法规和《中华人民共和国公务员法》等法律，制定本条例。

第二条　党校（行政学院）是党领导的培养党的领导干部的学校，是党委的重要部门，是培训党的各级领导干部的主渠道，是党的思想理论建设的重要阵地，是党和国家的哲学社会科学研究机构和重要智库。

第三条　党校（行政学院）工作必须高举中国特色社会主义伟大旗帜，坚持以马克思列宁主义、毛泽东思想、邓小平理论、“三个代表”重要思想、科学发展观、习近平新时代中国特色社会主义思想为指导，增强“四个意识”、坚定“四个自信”、做到“两个维护”，落实新时代党的建设总要求，紧紧围绕党和国家工作大局，以培养造就忠诚干净担当的高素质专业化干部队伍为主要目标，发挥干部培训、思想引领、理论建设、决策咨询作用，为新时代坚持和发展中国特色社会主义服务。

第四条　党校（行政学院）工作遵循以下原则：

（一）坚持党校姓党，把旗帜鲜明讲政治融入党校（行政学院）工作全过程和各方面，模范遵守党的政治纪律和政治规矩；

（二）坚持实事求是，注重理论联系实际，强化问题导向，做到学思用贯通、知信行统一；

（三）坚持质量立校，积极探索和遵循党校（行政学院）教育规律和干部成长规律，提高教学、科研、咨询和管理水平；

（四）坚持改革创新，不断完善体制机制，增强办学活力；

（五）坚持从严治校，大力弘扬学习之风、朴素之风、清朗之风。

第五条 党校（行政学院）的基本任务是：

（一）培训各级党政领导干部、公务员、国有企业领导人员、事业单位领导人员、年轻干部、理论宣传骨干、高层次人才、基层干部、党员，开展党校（行政学院）系统师资培训；

（二）加强马克思主义基本理论研究，重点研究宣传习近平新时代中国特色社会主义思想；

（三）承办党委和政府以及相关部门举办的专题研讨班；

（四）开展重大理论和现实问题研究，承担党委和政府决策咨询服务；

（五）以培养马克思主义理论人才为主要目标，在国家批准的学科和专业学位类别内开展学位研究生教育；

（六）开展同国（境）内外有关机构和组织的合作与交流；

（七）参与党委关于党校（行政学院）工作政策以及干部培训计划的制定工作；

（八）完成党委和政府交办的其他任务。

第六条 党校（行政学院）对学员的教育培训目标是：

（一）坚持对党忠诚，把握正确政治方向，增强“四个意识”、坚定“四个自信”、做到“两个维护”，自觉锻造过硬党性，在思想上政治上行动上同以习近平同志为核心的党中央保持高度一致；

（二）掌握马克思主义立场观点方法，学懂弄通做实习近平新时代中国特色社会主义思想，树立正确的世界观、人生观、价值观，不忘初心、牢记使命，做共产主义远大理想和中国特色社会主义共同理想的坚定信仰者和忠实实践者；

（三）坚持以人民为中心，增强立党为公、执政为民的意识，践行全心全意为人民服务的根本宗旨；

（四）敢于担当作为，勇于开拓创新，具有斗争精神，善于分析解决改革发展稳定中的重大问题；

（五）全面增强工作本领，具备胜任新时代中国特色社会主义事业发展要求的知识和能力；

（六）严守纪律规矩，知敬畏、存戒惧、守底线，坚决反对形式主义、官僚主义、享乐主义和奢靡之风，永葆清正廉洁的政治本色。

第二章　党校（行政学院）的设置和领导体制

第七条　党的中央委员会和地方各级委员会分别设立中央党校（国家行政学院）、省（自治区、直辖市）委党校（行政学院）、市（地、州、盟）委党校（行政学院）、县（市、区、旗）委党校（行政学校）。新疆生产建设兵团党委、各师（市）党委设立党校（行政学院）。有条件的乡镇（街道）党（工）委，可以设立党校。

第八条　各级党委是办党校（行政学院）、管党校（行政学院）、建党校（行政学院）的主体，党委书记是第一责任人。党委应当加强对党校（行政学院）工作的领导：

（一）把党校（行政学院）工作纳入党委整体工作部署，每年专题研究党校（行政学院）工作；

（二）制定党的各级领导干部参加党校（行政学院）培训的规划和政策，把干部的培训和使用结合起来，将干部培训考核情况作为干部任职、晋升、管理的重要参考；

（三）选优配强党校（行政学院）领导班子，把优秀干部充实到班子中来；

（四）建立健全党政领导干部到党校（行政学院）讲课、作报告和与学员座谈的制度，每年领导干部讲课总课时占各级党校（行政学院）主体班次总课时的比例不低于20%；

（五）加强党校（行政学院）基础设施建设、师资培养、经费保障、现场教学基地建设等，支持党校（行政学院）实施综合性的教学科研、决策咨询、管理服务创新；

（六）定期召开党校（行政学院）工作会议，交流经验，部署工作；

（七）将党校（行政学院）工作纳入党委党的建设工作年度目标考核，列入落实党建工作责任制情况述职内容。

第九条 党校（行政学院）实行校（院）务委员会〔以下简称校（院）委会〕领导体制。校（院）委会全面领导校（院）工作，委员由同级党委（政府）任命。校（院）委会工作由校长（院长）或者分管日常工作的副校长（副院长）主持。

第十条 党校（行政学院）校长（院长）一般由同级党委书记、副书记或者组织部部长兼任。分管日常工作的副校长（副院长）按照同级党委部门正职领导干部选配并作为同级党委成员提名人选。主管教学、科研的副校长（副院长）一般从教学科研队伍中选拔产生。

第十一条 上级党校（行政学院）应当加强对下级党校（行政学院）的业务指导：

（一）市（地）级以上党校（行政学院）牵头制定本行政区

域内党校（行政学院）系统建设和发展规划；

（二）对下级党校（行政学院）贯彻执行党中央关于党校（行政学院）办学治校方针政策的情况进行调研检查，提出指导性意见；

（三）对下级党校（行政学院）教学、科研、智库建设、师资培训、服务保障等工作进行调研，提出改进意见和建议；

（四）制定科学的办学质量评估指标体系和办法，会同有关部门对下级党校（行政学院）工作进行评估；

（五）中央党校（国家行政学院）和省（自治区、直辖市）委党校（行政学院）对下级党校（行政学院）的教材编写、学科建设、科研课题立项等工作进行指导和协调。

第十二条 加强县级党校（行政学校）和基层党校建设。县级党校（行政学校）应当将党员集中培训作为重要任务。深化县级党校（行政学校）办学体制改革，推动实施县级党校（行政学校）分类建设计划。对办学困难的县级党校（行政学校）和基层党校应当给予政策支持。

第三章 班次和学制

第十三条 党校（行政学院）的班次主要包括进修班、培训班、理论研修班、专题研讨班和师资培训班等。

第十四条 各级党校（行政学院）根据干部培训计划举办进修班，完成党的各级领导干部的培训任务。进修班学制一般不少于1个月。

中央党校（国家行政学院）主要培训省部级领导干部、厅局级领导干部、中管企业负责人、党委书记和校长列入中央管理的高校负责人和县委书记。

省（自治区、直辖市）委党校（行政学院）主要培训厅局级领导干部、县处级领导干部、企事业单位领导人员和乡镇（街道）党（工）委书记。

市（地、州、盟）委党校（行政学院）主要培训县处级领导干部、企事业单位领导人员和乡科级领导干部。

县（市、区、旗）委党校（行政学校）主要培训乡科级领导干部、企事业单位领导人员、村（社区）党组织书记和基层党员。

第十五条 各级党校（行政学院）根据公务员主管部门、事业单位人事综合管理部门的培训规划和年度培训计划，举办相关培训。

第十六条 各级党校（行政学院）根据干部培训计划开设中青年干部培训班。

中央党校（国家行政学院）主要培训厅局级和部分县处级正职中青年干部。学制一般不少于4个月。

省（自治区、直辖市）委党校（行政学院）主要培训县处级和部分乡科级正职中青年干部。学制一般不少于3个月。

市（地、州、盟）委党校（行政学院）主要培训乡科级中青年干部。学制一般不少于2个月。

县（市、区、旗）委党校（行政学校）主要培训基层中青年干部。学制一般不少于1个月。

第十七条 根据党委和政府的工作需要，在党校（行政学院）举办各类专题研讨班。学制一般不少于5天。

第十八条 中央党校（国家行政学院）和少数民族较多地区的省（自治区、直辖市）委党校（行政学院），可以开设相应的民族干部班次。

第十九条 中央党校（国家行政学院）和省（自治区、直辖市）委党校（行政学院）可以举办主要以从事理论工作的厅局级、县处级干部为对象的理论研修班和以党校（行政学院）教学科研和管理骨干为对象的师资培训班。

第二十条 中央党校（国家行政学院）和具备条件的省（自治区、直辖市）委党校（行政学院），依法取得硕士、博士学位授予权，并经国务院教育行政部门同意后，可以招收攻读硕士、博士学位的研究生，纳入国民教育体系管理。

第四章 教学工作

第二十一条 教学是党校（行政学院）的中心工作。教学布局应当坚持以学习习近平新时代中国特色社会主义思想为中心内容和首要任务，着眼于提高党的领导干部的政治觉悟、政治能力和执政本领，以掌握理论创新最新成果为重点夯实学员的理论基础，以坚定理想信念、增强宗旨观念和改进作风为重点加强学员的党性修养，以把握时代特征和国际经济政治形势为重点拓展学员的世界眼光，以强化全局观念和应对复杂局面为重点培养学员的战略思维。根据形势和任务的要求，不断充实和创新教学内容，优化党校（行政学院）教学布局，地方党校（行政学院）可以开设体现地方特色的教学课程。

第二十二条 党校（行政学院）教学应当突出党的理论教育和党性教育的主业主课地位。市（地）级以上党校（行政学院）教学安排中，党的理论教育和党性教育课程的比重不低于总课时的70%。各级党校（行政学院）的主体班次都应当设置党性教育课程，党性教育课程的比重不低于总课时的20%，强化党章党规党纪教育，1个月以上的班次应当安排学员进行党性分析。

第二十三条 党校（行政学院）教学应当不断提高学术水平和专业水平，增强针对性和实效性。

进修班的教学以引导学员运用所学理论研究重大现实问题、指导工作实践为主。

培训班的教学系统安排理论教育、党性教育、能力培养和相关知识的学习。

理论研修班的教学以引导学员系统学习研究党的基本理论、提高理论素养为主。

专题研讨班的教学主要围绕党中央的重大战略部署、地方党委和政府的重要工作确定相关专题，开展集中研讨。

师资培训班的教学以提高教学水平、学科水平和管理水平为主。

根据各级党校（行政学院）的任务分工，合理配置和有效利用全国党校（行政学院）系统的教学资源。

第二十四条 党校（行政学院）应当努力创新教学方式，大力推行研究式教学，综合运用讲授式和案例式、模拟式、体验式等互动式教学方法，加大案例教学力度，推动案例库建设。省级以上党校（行政学院）主体班次互动式教学课程比重不低于总课时的30%。加强在线学习平台建设，积极发展网络培训，推行线上线下相结合的混合教学模式。

第二十五条 党校（行政学院）应当加强教学的组织管理，建立健全规章制度，形成职责明确、分工协作的教学实施和运行机制，建立和完善学习考核体系和教学效果评估体系。

第二十六条 学科建设是加强党校（行政学院）教学科研工作、提升师资水平、提高教学质量的基本建设。党校（行政学院）学科建设应当重点建设以习近平新时代中国特色社会主义思想为主的马克思主义理论学科，加强党性教育学科建设，积极扶持教学急需且相对薄弱学科，逐步形成突出党校（行政学院）特色、满足干部培训需要的学科体系。

第二十七条 中央党校（国家行政学院）和省（自治区、直辖市）委党校（行政学院）应当制定学科建设规划。加强党校

（行政学院）系统学科建设的协作，优化资源配置，推进学科建设。

第二十八条 教材建设是党校（行政学院）教学的基础工程。党校（行政学院）应当根据教学需要组织编写充分体现马克思主义中国化最新成果、具有党校（行政学院）特点的教学大纲和系列教材，建立与教学布局相适应的党校（行政学院）教材体系。

第五章 科研工作和决策咨询

第二十九条 科研工作是党校（行政学院）发展的基础支撑。科研工作应当密切关注国内外形势的发展变化，加强对重大理论和现实问题的研究，重点加强对习近平新时代中国特色社会主义思想的研究，为提高党校（行政学院）教学质量服务，为推进党的理论创新服务，为党委和政府决策服务。

第三十条 中央党校（国家行政学院）习近平新时代中国特色社会主义思想研究中心和中国特色社会主义理论体系研究中心，经批准设立的地方党校（行政学院）中国特色社会主义理论体系研究中心，应当在推进当代中国马克思主义、21世纪马克思主义的学习研究宣传贯彻中走在前列。

第三十一条 党校（行政学院）决策咨询工作，应当聚焦党和国家中心工作、党委和政府重大决策部署、社会热点难点问题进行深入研究，及时反映重要思想理论动态，提出有价值的对策建议，推动教学培训、科学研究与决策咨询相互促进、协同发展。

第三十二条 党校（行政学院）科研工作和决策咨询应当全面贯彻党的基本理论、基本路线、基本方略，坚持政治立场坚定性和科学探索创新性的有机统一，坚持百花齐放、百家争鸣方针，严明政治纪律，恪守学术道德，遵守学术规范。

第三十三条 党校（行政学院）应当创新科研服务和管理工

作，建立健全符合党校（行政学院）特点的管理体制和激励机制，鼓励教职工、学员参与决策咨询工作，重视科研和决策咨询成果的考核和评价，推动决策咨询成果的转化应用。

第三十四条 党校（行政学院）科研工作和决策咨询工作应当面向社会，加强与实际工作部门和政策研究部门、高等学校、科研院所之间的合作和交流。

第三十五条 加强党校（行政学院）之间的科研和决策咨询建设协作，充分发挥党校（行政学院）系统的整体优势。各级党校（行政学院）应当制定科研规划，并认真组织实施。

第三十六条 党校（行政学院）出版机构及报刊等出版物、新媒体是宣传马克思主义中国化最新成果的重要阵地，应当坚持正确舆论导向，切实发挥思想引领作用，为教学科研服务，为党的思想理论建设服务。

第六章 开放办学

第三十七条 开放办学是提高党校（行政学院）办学水平的重要途径。积极扩大国内交流与合作，发展对外开放办学。对外开放办学应当服从服务于党和国家对外工作大局，增强国家安全意识，遵循以我为主、为我所用、互学互鉴原则。积极参与对外话语体系建设，注重用中国特色话语体系讲好中国故事。

第三十八条 以多种方式开展同国（境）外学术研究机构、智库、政党、政府机构、国际组织等的学术交流与合作，加强同发展中国家交流与合作，构建具有党校（行政学院）特色的学术理论传播和国际合作平台。

第三十九条 选派教学科研人员和管理人员赴国（境）外学习、讲学、开展学术交流与合作。邀请国（境）外学者和知名人士到党校（行政学院）访问、讲学、开展学术交流与合作。举办或者参加国际会议、论坛。

第四十条 开展国际合作培训工作，创新培训机制和方式，建立培训课程体系，提高培训质量。

第七章 学员管理

第四十一条 学员管理是实现党校（行政学院）培养目标的重要环节。按照加强领导、强化培训、严格管理、注重实效的要求，严格培训规定，健全管理制度，改进管理方式，提高管理效果。

第四十二条 学员管理包括党性教育、学习管理、组织管理和生活管理。党性教育应当贯穿学员管理全过程。学习管理应当加强导学、促学、督学，引导学员完成学习任务。组织管理应当完善并且严格学籍、考勤等制度，注重发挥学员临时党支部和班委会作用。生活管理应当严格校规校纪，开展健康文体活动。

第四十三条 党校（行政学院）各个班次设专职组织员或者班主任，负责学员管理工作。组织员或者班主任由相应级别的干部担任。

第四十四条 党校（行政学院）各个班次应当建立学员临时党支部，在校（院）委会领导下和学员管理部门指导下，组织学员开展政治学习，对学员进行教育、管理、监督和服务。

第四十五条 党校（行政学院）应当加强与党委组织部门、学员派出单位的协调配合，形成严格调训、严格管理、严格监督的制度和机制。

第四十六条 党校（行政学院）应当加强对学员培训情况的考核，全面考核评价学员的学习态度和表现、理论知识掌握程度、党性修养和作风养成情况以及解决实际问题的能力等。考核情况向党委组织部门反馈。

学员在校期间违反有关规定和纪律的，视情节轻重，给予批评教育直至纪律处分。

第四十七条 党校（行政学院）应当严格执行学员请销假制度。累计请假时间原则上不得超过总学习天数的1/7，超过的应予退学。

第四十八条 党校（行政学院）学业证书是学员在校学绩的凭证。学员按照教学计划要求完成学习任务、经考核合格的，取得党校（行政学院）学业证书。因故未按照规定参加党校（行政学院）培训或者未达到培训要求的，应当及时补训。补训合格的，取得党校（行政学院）学业证书。

第八章 人才队伍建设

第四十九条 人才队伍建设是党校（行政学院）事业发展的关键。应当根据教学科研、行政管理、后勤服务工作的需要，建立一支政治合格、素质优良、规模适当、结构合理、适应新时代干部教育培训要求的党校（行政学院）工作人员队伍。

第五十条 党校（行政学院）人才队伍建设的重点是教师队伍建设。制定和实施人才强校战略，实施“名师工程”，培养造就一批政治强、业务精、作风好的高素质教学科研人才。党校（行政学院）教学科研人员应当做到：

（一）具有共产主义远大理想和中国特色社会主义坚定信念，忠诚于马克思主义，热爱党校（行政学院）事业，严格遵守党的政治纪律和政治规矩，自觉在思想上政治上行动上同以习近平同志为核心的党中央保持高度一致；

（二）马克思主义理论功底扎实，熟悉党的路线方针政策，专业知识丰富，注重调查研究，勇于理论创新，具有较强的教学培训、科学研究、决策咨询能力；

（三）学风严谨，品德高尚，学为人师，行为世范，遵纪守规。

第五十一条 按照专职为主、专兼结合的原则，加强党校（行政学院）教学科研人才队伍建设。着力完善学习进修、交流锻炼等培养机制；营造在教学方式方法和理论研究上积极探索、大胆创新的良好环境；引进政治素质好的高水平专家学者和有志于党校（行政学院）事业的优秀干部等人才；选聘政治素质过硬、实践经验丰富、理论水平较高、善于课堂讲授的党政领导干部、企事业单位领导人员、先进典型人物、知名专家学者担任兼职教师，建立健全兼职教师管理制度。

第五十二条 逐步建立既区别于公务员又不同于普通事业单位，符合党校（行政学院）发展特点的教师管理体系。建立健全符合干部教育培训特点、具有党校（行政学院）特色的师资准入和退出机制、师资考核评价体系、职称评审和岗位聘用办法，有序推行教师竞聘上岗，形成有效的人才激励机制。党校（行政学院）教师纳入各级人才政策支持范畴，享受国家规定的同级国民教育教师有关的各种待遇。建立健全与教学科研、智库建设、管理服务等岗位职责目标相适应的党校（行政学院）工作人员绩效工资分配办法。

第五十三条 各级党委应当支持和帮助党校（行政学院）做好优秀干部、人才选调工作，建立党校（行政学院）干部内外交流制度。各级组织人事部门应当为党校（行政学院）输送和引进人才提供条件。

第九章　校风和学风建设

第五十四条 良好的校风和学风是党校（行政学院）事业健康发展的基本保证。坚持严以治校、严以治教、严以治学，不断健全各项管理制度，强化校规校纪，严格落实党中央关于党校

（行政学院）办学治校的原则和要求，严格落实中央八项规定及其实施细则精神，严格落实意识形态工作责任制。

第五十五条 党校（行政学院）教师承担着教育培训执政骨干的重要责任，更应当坚持教育者首先受教育，严格要求自己，坚决维护以习近平同志为核心的党中央权威和集中统一领导，用实际行动影响和带动学员。党校（行政学院）应当严格教学、科研和管理纪律，对师德师风不良或者不适宜从事党校（行政学院）工作的，调整工作岗位或者调离党校（行政学院）。

第五十六条 弘扬理论联系实际的马克思主义学风，倡导崇尚学习、勤奋学习的风气。聚焦社会主义现代化建设和党的建设的重大理论和实践问题，鼓励教师与学员之间、学员相互之间切磋交流，实现教学相长、学学相长。

第十章　机关党的建设

第五十七条 党校（行政学院）建立机关基层党组织。机关基层党组织在上级机关工委和校（院）委会领导下，以党的政治建设为统领，全面提高机关党的建设质量，为党校（行政学院）事业发展提供坚强保证。

第五十八条 党校（行政学院）党的基层委员会和不设党的基层委员会的总支部委员会书记一般由本单位党员负责人兼任，也可以由同级党员干部专任。党支部书记一般由本单位主要负责人担任。党员人数和所属单位较多的机关党的基层委员会，设专职副书记。

第五十九条 校（院）委会应当认真履行全面从严治党主体责任，主要负责人是机关党建工作第一责任人，各级党组织书记是机关党建工作直接责任人，其他班子成员落实“一岗双责”，抓好职责范围内的党建工作。

第十一章　办学保障

第六十条　行政管理和后勤服务是党校（行政学院）各项工作运转的重要保障，应当按照管理科学化和服务规范化的要求进行改革，提高管理水平、服务质量和保障能力。

第六十一条　党校（行政学院）工作所需经费，列入各级财政预算。各级财政应当加大基层干部教育培训经费投入，中央财政应当加大对革命老区、民族地区、边疆地区、欠发达地区的转移支付力度，相关地区可以统筹中央补助和自有财力加大对党校（行政学院）的经费投入。

第六十二条　各级党委和政府应当重视党校（行政学院）基础设施建设。党校（行政学院）的教室、宿舍、食堂和图书馆等设施是干部教育培训必需的基础设施，相关经费由同级财政性资金等途径解决。

第六十三条　党校（行政学院）信息化建设是实现干部教育培训现代化的重要手段。各级党校（行政学院）应当充分发挥信息化在教学科研和日常管理中的重要作用，重视运用现代信息技术，积极推动干部教育培训和互联网融合发展，加快“智慧校园”建设。

第六十四条　党校（行政学院）应当重视图书馆（室）建设，加强图书文献、信息的采集、整理和开发，积极推进数字资源共建共享工作。

第六十五条　党校（行政学院）应当重视校（院）文化建设，开展形式多样、具有党校（行政学院）特色、突出党性教育主题的文化活动。

第十二章　执行与监督

第六十六条　各级党委和政府以及有关部门、各级党校（行政学院）、学员所在单位和学员本人，应当严格执行本条例，自觉接受党内监督、社会监督和群众监督。

第六十七条 各级党委应当对本条例执行情况进行监督检查。在党委统一部署和协调下，上级党校（行政学院）会同有关部门对下级党委以及党校（行政学院）的执行情况定期进行检查。对于违反本条例的地区、部门和单位，追究有关人员的责任。

第十三章 附 则

第六十八条 中央党校（国家行政学院）和地方党校（行政学院）设立的分校、副省级城市党委党校（行政学院），按照本条例执行。党政部门、国有企业、高等学校、科研院所设立的党校，参照本条例执行。其他培训机构具有党校（行政学院）性质的，也可以参照本条例执行。

第六十九条 本条例由中央党校（国家行政学院）负责解释。

第七十条 本条例自2019年10月25日起施行。2008年9月3日中共中央印发的《中国共产党党校工作条例》同时废止。

中国共产党党委（党组）理论学习中心组学习规则

（中共中央办公厅2017年1月30日印发）

第一章 总 则

第一条 为了进一步推进党委（党组）理论学习中心组学习制度化、规范化，推动理论武装工作深入开展，提高领导干部的理论水平和工作能力，加强领导班子思想政治建设，根据《中国共产党章程》和其他有关党内法规，制定本规则。

第二条 党委（党组）理论学习中心组学习，是各级党委（党组）领导班子和领导干部在职理论学习的重要组织形式，是严肃党内政治生活、强化党性修养的重要内容，是加强各级领导班子思想政治建设的重要制度，是建设学习型服务型创新型的马克思主义执政党、提高党的执政能力和领导水平的重要途径。

各级党委（党组）应当把理论学习中心组学习列入重要议事日程，纳入党建工作责任制，纳入意识形态工作责任制。

第三条 党委（党组）理论学习中心组学习以政治学习为根本，以深入学习中国特色社会主义理论体系为首要任务，以深入学习贯彻习近平总书记系列重要讲话精神为重点，以掌握和运用马克思主义立场、观点、方法为目的，坚持围绕中心、服务大局，坚持知行合一、学以致用，坚持问题导向、注重实效，坚持依规管理、从严治学。

第四条 本规则适用于各级党委（党组）理论学习中心组学习，党的各级纪律检查机关、工作机关、直属事业单位的领导班子理论学习中心组学习。

其他党组织参照本规则组织学习。

第二章　组织与职责

第五条 党委（党组）理论学习中心组主要由党委（党组）领导班子成员组成，可以根据学习需要适当吸收有关人员参加。

第六条 各级党委（党组）对本级理论学习中心组学习负主体责任，对本地区本部门本单位的理论学习中心组学习负领导责任。

党委（党组）书记是理论学习中心组学习第一责任人，书记不能参加学习时，由主持党委（党组）日常工作的负责人代行职责。

党委（党组）负责宣传思想工作的成员是理论学习中心组学习直接责任人，主要职责是配合党委（党组）书记做好学习的组织工作。

党委（党组）其他成员应当积极参加学习，自觉遵守理论学习中心组学习制度，按照学习安排或者受委派承担相应职责。

第七条 党委（党组）理论学习中心组应当配备学习秘书，由宣传部、办公厅（室）、组织部或者机关党委等机构负责人担任，由宣传部负责人牵头。

宣传部、办公厅（室）、组织部、机关党委、讲师团等机构人员应当协助学习秘书共同做好学习服务工作。

第三章 学习内容、形式与要求

第八条 党委（党组）理论学习中心组学习内容包括：

（一）马克思列宁主义、毛泽东思想、邓小平理论、“三个代表”重要思想、科学发展观，习近平总书记系列重要讲话和治国理政新理念新思想新战略。

（二）党章党规党纪和党的基本知识。

（三）党的路线、方针、政策和决议。

（四）国家法律法规。

（五）社会主义核心价值观。

（六）党的历史、中国历史、世界历史和科学社会主义发展史。

（七）推进中国特色社会主义事业所需要的经济、政治、文化、社会、生态、科技、军事、外交、民族、宗教等方面知识。

（八）改革发展实践中的重点、难点问题。

（九）党中央和上级党组织要求学习的其他重要内容。

第九条 党委（党组）理论学习中心组可以通过以下适当形

式，开展切实有效的学习活动：

（一）集体学习研讨。各级党委（党组）理论学习中心组应当将集体学习研讨作为学习的主要形式，把重点发言和集体研讨、专题学习和系统学习结合起来，深入开展学习讨论和互动交流。理论学习中心组学习以中心组成员自己学、自己讲为主，适当组织专题讲座、辅导报告。

（二）个人自学。理论学习中心组成员应当根据形势任务的要求，结合工作需要和本人实际，明确学习重点，研读必要书目，下功夫刻苦学习。

（三）专题调研。理论学习中心组成员应当把理论学习与专题调研结合起来，深入基层、深入群众，扎实开展调查研究，深化理论学习。

理论学习中心组成员应当积极参加学习讲坛、读书会、报告会等学习活动，充分利用网络学习平台开展学习，拓宽学习渠道，提升学习效果。

党委（党组）理论学习中心组应当结合本地区本部门本单位实际，创新学习方式，改进学习方法，增强学习的吸引力、针对性和实效性。

第十条 理论学习中心组应当坚持把学习马克思主义理论作为做好一切工作的看家本领，把学习党的基本理论与学习党的理论创新成果结合起来，把握精神实质，掌握精髓要义，做到真学真懂真信真用。

坚持学以立德、学以修身、学以益智、学以增才，把提高理论素质与增强党性修养、提升工作本领结合起来，坚定理想信念，加强党性锻炼，提高精神境界。

大力弘扬理论联系实际的马克思主义学风，紧密结合改革开放和社会主义现代化建设的实际，紧密结合思想和工作实际，努力掌握马克思主义立场、观点、方法，学以致用、用以促学、学用相长，把学习成果转化为有效的政策举措。学习理论贵在精、贵在管用。坚持问题导向，提高运用党的基本理论解决实际问题的能力。

理论学习中心组成员应当发挥“关键少数”的示范和表率作用，自觉学习、带头学习，努力成为建设学习型党组织和学习型领导班子的精心组织者、积极促进者、自觉实践者，带动全党大兴学习之风。

集体学习研讨应当保证学习时间和质量，每年应当集中一定时间学习，每季度不少于1次。提倡理论学习中心组成员结合工作实际撰写学习心得、调研报告或者理论文章。

第四章　学习管理、考核与问责

第十一条　党委（党组）理论学习中心组每年年初按照党中央和上级党组织部署，结合工作实际，制定年度学习计划。

年度学习计划由本级党委（党组）审定后施行，并报送上级党委宣传部、组织部或者有关党的机关工作委员会备案。

第十二条　上级党委宣传部会同组织部等有关部门，负责理论学习中心组学习情况的督查考核。督查可以采取自查、抽查或者普查等方式。考核可以结合领导班子和领导干部年度考核进行。

有关党的机关工作委员会负责各级机关、企事业单位党组织理论学习中心组学习情况的督查，并将督查情况通报党委宣传部、组织部。

第十三条　党委（党组）理论学习中心组每年向上级党委宣传部、组织部报送中心组学习情况；各级机关、企事业单位党组织理论学习中心组每年向有关党的机关工作委员会报送中心组学习情况。

党委宣传部、组织部每年通报下级党委（党组）理论学习中心组学习情况；有关党的机关工作委员会每年通报同级机关、企事业单位党组织理论学习中心组学习情况。

第十四条 对党委（党组）理论学习中心组学习开展不力、出现错误倾向产生恶劣影响的，应当按照有关规定问责。

第五章 附 则

第十五条 各省、自治区、直辖市党委，中央直属机关工委、中央国家机关工委，可以根据本规则，结合实际制定实施办法。

中国人民解放军和中国人民武装警察部队党委理论学习中心组学习规则，由中央军事委员会根据本规则的基本精神制定。

第十六条 本规则由中央宣传部负责解释。

第十七条 本规则自2017年1月30日起施行。此前有关规定与本规则不一致的，以本规则为准。

中央和国家机关贯彻落实《中国共产党党委（党组）理论学习中心组学习规则》实施办法

（中央和国家机关工作委员会2018年9月21日印发）

第一章 总 则

第一条 为规范和加强中央和国家机关部委（党组、党委）理论学习中心组学习，根据《中国共产党党委（党组）理论学习中心组学习规则》等党内法规，制定本办法。

第二条 部委（党组、党委）理论学习中心组应当以政治学习为根本，以深入学习贯彻习近平新时代中国特色社会主义思想为首要任务，努力掌握和运用马克思主义立场、观点、方法，坚持围绕中心、服务大局，坚持知行合一、学以致用，坚持问题导向、注重实效，坚持依规管理、从严治学，切实在理论学习上走在前、作表率。

第三条 部委（党组、党委）应当把理论学习中心组学习纳入党建工作责任制和意识形态工作责任制，认真抓好贯彻落实。

第二章 组织与职责

第四条 中央部委理论学习中心组主要由部委领导班子成员组成，国家机关部委党组（党委）理论学习中心组主要由部委党组（党委）成员组成，可适当吸收所属有关部门和直属单位主要负责人参加。根据学习需要，可邀请非中共党员的部委领导班子成员列席理论学习中心组学习。

第五条 部委（党组、党委）对本级理论学习中心组学习负主体责任，对所属部门、单位理论学习中心组学习负领导责任。

部委主要负责人是部委（党组、党委）理论学习中心组学习第一责任人，主要职责是：审定学习计划、确定学习主题、提出学习要求、主持集体学习研讨、进行学习讲评、指导和督促理论学习中心组成员学习、完善学习制度等。部委主要负责人不能参加学习时，由主持部委工作的负责人代行职责。

分管宣传思想工作或者党务工作的部委负责人是部委（党组、党委）理论学习中心组学习直接责任人，主要职责是配合部委主要负责人做好学习的组织工作。

部委（党组、党委）理论学习中心组成员应当充分发挥“关键少数”的示范和表率作用，遵守理论学习中心组学习制度，自觉学习、带头学习，大兴学习之风，有效带动各级党组织和广大党员干部的学习。

第六条 部委（党组、党委）理论学习中心组应当配备学习秘书。学习秘书由机关党委或者宣传部门、办公厅（室）、组织部门等机构负责人担任。学习秘书涉及两个以上机构时应当确定牵头负责人，有关机构人员应当协助学习秘书共同做好学习服务工作。

学习秘书主要职责是：拟制学习计划和方案、准备学习资料、印发学习通知、协调学习事务、选请辅导专家、负责学习考勤和记录、统计学习情况、起草年度学习情况报告和阶段性工作总结、管理学习档案等。

第三章 学习内容、形式与要求

第七条 部委（党组、党委）理论学习中心组应当坚持把学习马克思主义理论作为做好一切工作的看家本领，把学习党的基本理论、基本路线、基本方略与学习党的理论创新成果贯通起来，领会精神实质，把握精髓要义，做到真学真懂真信真用。

学习内容主要包括：马克思列宁主义、毛泽东思想、邓小平理论、“三个代表”重要思想、科学发展观、习近平新时代中国特色社会主义思想；党章党规党纪和党的基本知识；党的路线、方针、政策和决议；国家宪法和法律法规；社会主义核心价值观；党的历史、中国历史、世界历史和科学社会主义发展史；推进新时代中国特色社会主义事业所需要的经济、政治、文化、社会、生态、科技、军事、外交、民族、宗教等方面知识；改革发展实践中的重点、难点问题；党的建设和全面从严治党的重要问题；党中央及中央有关部门、中央和国家机关工委要求学习的其他重要内容。

第八条 部委（党组、党委）理论学习中心组应当将集体学习研讨作为学习的主要形式，把重点发言和集体研讨、专题学习和系统学习结合起来，深入开展学习讨论和互动交流。以理论学习中心组成员自己学、自己讲为主，适当组织专题讲座、辅导报告，并对讲课人选、内容严格把关。探索建立主题联学等有利于增强学习效果的有效机制。集体学习研讨每季度不少于一次，理论学习中心组成员每年至少在集体学习研讨中作一次重点发言。

第九条 部委（党组、党委）理论学习中心组成员应当认真进行个人自学，根据形势任务的要求，结合工作需要和本人实际，明确学习重点，研读必要书目，读原著、学原文，做好学习笔记。

第十条 部委（党组、党委）理论学习中心组成员应当大力弘扬理论联系实际的马克思主义学风，在学懂弄通做实上下功夫。深入基层、深入群众、深入实际，扎实开展调查研究，坚持把理论学习与专题调研结合起来，每年至少撰写一篇学习心得、调研报告或者理论文章。

第四章 学习管理与考核

第十一条 部委（党组、党委）理论学习中心组应当建立健全并严格执行学习考勤和学习档案制度。每次理论学习中心组集体学习，理论学习中心组成员出席人数不少于三分之二。因特殊情况确需请假的，应当履行请假手续，并及时补学。考勤情况定期在理论学习中心组内部通报。

学习档案主要包括：学习制度，理论学习中心组负责人、成员及学习秘书名单，年度学习计划，年度学习情况报告及统计表，阶段性工作总结，理论学习中心组成员发言材料，考勤记录和学习记录，理论学习中心组成员学习心得、调研报告和理论文章等。

部委（党组、党委）理论学习中心组上一年度的年度学习情况报告及统计表，理论学习中心组成员学习心得、调研报告和理论文章等，于每年1月底前报送中央和国家机关工委。

第十二条 部委（党组、党委）理论学习中心组应当按照党中央部署及中央和国家机关工委安排，结合工作实际，每年制定年度学习计划，由部委（党组、党委）审定后施行。年度学习计划和理论学习中心组负责人、成员及学习秘书名单于每年2月底前报送中央和国家机关工委备案。

第十三条 中央和国家机关工委负责部委（党组、党委）理论学习中心组学习情况的督查。督查采取自查、普查或者抽查等方式进行。

督查内容主要为：理论学习中心组年度学习计划落实情况，包括执行各项学习制度情况、理论学习中心组负责人履行职责情况、理论学习中心组成员参加学习情况、学习档案建立和管理情况、学习秘书履行职责情况等；理论学习中心组成员运用理论指导实践情况，包括把学习成果转化为有效的政策措施情况、研究解决改革发展稳定中重大问题情况、推动党的建设和全面从严治党情况等。

第十四条 中央和国家机关工委视情派员列席部委（党组、党委）理论学习中心组学习。

第十五条 中央和国家机关工委定期组织部委（党组、党委）理论学习中心组学习经验交流活动，汇编学习心得、调研报告和理论文章，编印学习辅导刊物，建立健全学习辅导专家库。

第十六条 中央和国家机关工委每年3月底前对部委（党组、党委）理论学习中心组上一年度学习情况进行书面通报。

第五章 附 则

第十七条 本办法适用于中央和国家机关部委（党组、党委）

理论学习中心组学习。其他党组织参照本办法组织理论学习。

第十八条 本办法由中央和国家机关工委宣传部负责解释。

第十九条 本办法自2018年9月21日起施行。

中央和国家机关干部职工思想动态分析报告办法

（中央和国家机关工作委员会2020年4月29日印发）

第一条 为了深入贯彻落实新时代党的建设总要求，建立健全干部职工思想动态分析报告制度，进一步加强和改进中央和国家机关思想政治工作，结合实际制定本办法。

第二条 了解掌握、分析研判干部职工思想动态，是机关思想政治工作的重要内容。做好中央和国家机关干部职工思想动态分析报告工作，必须坚持以习近平新时代中国特色社会主义思想为指导，充分发挥思想政治工作政治引领、理顺情绪、化解矛盾、解疑释惑的作用，引导干部职工增强“四个意识”、坚定“四个自信”、做到“两个维护”、当好“三个表率”，建设让党中央放心、让人民群众满意的模范机关，为中央和国家机关党的建设和各项事业发展提供坚强保证。

第三条 思想动态分析报告的主要任务是：组织开展干部职工思想动态调查和分析研判，及时发现普遍性苗头性倾向性问题，研究提出具体有效的工作措施，着力增强思想政治工作的针对性和实效性。

第四条 思想动态分析报告的主要内容是：

（一）在增强“四个意识”、坚定“四个自信”、做到“两个维护”、站稳政治立场、严守党的政治纪律和政治规矩等方面的表现情况；

（二）在学习贯彻习近平新时代中国特色社会主义思想，党的基本理论、基本路线、基本方略，党中央重大决策部署等方面的思想反映；

（三）对国际形势变化和国内经济社会发展各领域的重大事件、热点问题的看法，特别是对党和国家重大改革举措的认识；

（四）对本部门工作的意见建议，干部职工在工作、学习、生活及个人成长发展、身心健康等方面的看法和诉求；

（五）其他需要了解掌握的思想动态。

第五条 开展思想动态调查可以采用谈心谈话、座谈会、问卷调查、领导信箱、专题调研、家庭走访等方式，充分发挥互联网等新媒体新技术作用，拓展思想动态收集反映渠道，畅通干部职工反映意见建议渠道。

第六条 思想动态分析报告应当坚持问题导向，注意区分机关、事业单位、企业以及社会组织等不同属性单位和不同用工制度，区分年龄、性别、职级、行业等不同情况，增强针对性、实效性。

第七条 思想动态分析报告应当坚持定性分析与定量分析相结合，面上分析与重点分析相结合，现状分析与趋势分析相结合，机关党组织研究分析与专门机构研究分析相结合，切实把准思想脉搏，掌握思想动态。

第八条 中央和国家机关各部门（以下简称各部门）党组（党委）应当每年至少召开1次专题会议，分析研判干部职工思想动态。各部门机关党委应当做好干部职工思想反映的常态化收集工作，于每年3月底前向中央和国家机关工委书面报告上一年度干部职工思想动态。对党和国家重要会议活动、重大决策部署以及社会热点问题等的思想反映，应当及时分析报告。

第九条 各级党组织应当充分运用思想动态分析报告成果，有针对性地做好思想政治工作。对干部职工反映的思想认识问题，应当加强政治引领和思想教育，注重人文关怀和心理疏导；对干部职工在工作、学习、生活方面的正当合理诉求，能解决的应当立即解决，一时解决不了的，应当及时向干部职工说明情况，提出解决思路和办法，真正把解决思想问题和解决实际问题结合起来。

第十条 各部门党组（党委）应当切实履行机关党建主体责任，抓好本部门干部职工思想动态分析报告工作的落实。

各部门机关党委负责本部门干部职工思想动态分析报告工作的组织实施，指定专人负责信息采集、动态反馈、沟通联络等工作。

各基层党组织应当把思想动态分析报告作为经常性工作，密切关注干部职工思想动态，发现问题及时报告、妥善解决。

工会、共青团、妇女组织等群团组织应当发挥广泛联系干部职工的桥梁纽带作用，密切配合，形成合力。

第十一条 中央和国家机关工委在中央和国家机关党校、中央和国家机关部分部门基层党组织建立联系点，落实思想动态直报反应机制。作为联系点的基层党组织应当充分发挥“一线”和“触角”作用，积极开展工作，及时反映干部职工思想动态情况。

第十二条 中央和国家机关工委负责综合分析研判各部门干部职工思想动态，及时向党中央报告。加强对思想动态分析报告的统筹指导和督促检查，深入开展调查研究，适时组织工作交流、推广经验做法。

第十三条 本办法由中央和国家机关工委负责解释，具体解释工作由中央和国家机关工委宣传部承担。

第十四条 本办法自2018年12月5日起施行。

四、党的组织建设

党政领导干部选拔任用工作条例

（中共中央2019年3月3日印发）

第一章　总　　则

第一条　为了坚持和加强党的全面领导，深入贯彻新时代党的组织路线和干部工作方针政策，落实党要管党、全面从严治党特别是从严管理干部的要求，坚持新时期好干部标准，建立科学规范的党政领导干部选拔任用制度，形成有效管用、简便易行、有利于优秀人才脱颖而出的选人用人机制，推进干部队伍革命化、年轻化、知识化、专业化，建设一支高举中国特色社会主义伟大旗帜，以马克思列宁主义、毛泽东思想、邓小平理论、“三个代表”重要思想、科学发展观、习近平新时代中国特色社会主义思想为指导，忠诚干净担当的高素质专业化党政领导干部队伍，保证党的基本理论、基本路线、基本方略全面贯彻执行和新时代中国特色社会主义事业顺利发展，根据《中国共产党章程》等党内法规和有关国家法律，制定本条例。

第二条　选拔任用党政领导干部，必须坚持下列原则：

（一）党管干部；

（二）德才兼备、以德为先，五湖四海、任人唯贤；

（三）事业为上、人岗相适、人事相宜；

（四）公道正派、注重实绩、群众公认；

（五）民主集中制；

（六）依法依规办事。

第三条 选拔任用党政领导干部，必须把政治标准放在首位，符合将领导班子建设成为坚持党的基本理论、基本路线、基本方略，全心全意为人民服务，具有推进新时代中国特色社会主义事业发展的能力，结构合理、团结坚强的领导集体的要求。

树立注重基层和实践的导向，大力选拔敢于负责、勇于担当、善于作为、实绩突出的干部。

注重发现和培养选拔优秀年轻干部，用好各年龄段干部。

统筹做好培养选拔女干部、少数民族干部和党外干部工作。

对不适宜担任现职的领导干部应当进行调整，推进领导干部能上能下。

第四条 本条例适用于选拔任用中共中央、全国人大常委会、国务院、全国政协、中央纪律检查委员会工作部门领导成员或者机关内设机构担任领导职务的人员，国家监察委员会、最高人民法院、最高人民检察院领导成员（不含正职）和内设机构担任领导职务的人员；县级以上地方各级党委、人大常委会、政府、政协、纪委监委、法院、检察院及其工作部门领导成员或者机关内设机构担任领导职务的人员；上列工作部门内设机构担任领导职务的人员。

选拔任用参照公务员法管理的群团机关和县级以上党委、政府直属事业单位的领导成员及其内设机构担任领导职务的人员，参照本条例执行。

上列机关、单位选拔任用非中共党员领导干部，参照本条例执行。

选拔任用民族区域自治地方党政领导干部，法律法规和政策另有规定的，从其规定。

第五条 本条例第四条所列范围中选举和依法任免的党政领导职务，党组织推荐、提名人选的产生，适用本条例的规定，其选举和依法任免按照有关法律、章程和规定进行。

第六条 党委（党组）及其组织（人事）部门按照干部管理权限履行选拔任用党政领导干部职责，切实发挥把关作用，负责本条例的组织实施。

第二章 选拔任用条件

第七条 党政领导干部必须信念坚定、为民服务、勤政务实、敢于担当、清正廉洁，具备下列基本条件：

（一）自觉坚持以马克思列宁主义、毛泽东思想、邓小平理论、“三个代表”重要思想、科学发展观、习近平新时代中国特色社会主义思想为指导，努力用马克思主义立场、观点、方法分析和解决实际问题，坚持讲学习、讲政治、讲正气，牢固树立政治意识、大局意识、核心意识、看齐意识，坚决维护习近平总书记核心地位，坚决维护党中央权威和集中统一领导，自觉在思想上政治上行动上同党中央保持高度一致，经得起各种风浪考验；

（二）具有共产主义远大理想和中国特色社会主义坚定信念，坚定道路自信、理论自信、制度自信、文化自信，坚决贯彻执行党的理论和路线方针政策，立志改革开放，献身现代化事业，在社会主义建设中艰苦创业，树立正确政绩观，做出经得起实践、人民、历史检验的实绩；

（三）坚持解放思想，实事求是，与时俱进，求真务实，认真调查研究，能够把党的方针政策同本地区本部门实际相结合，卓有成效地开展工作，落实“三严三实”要求，主动担当作为，真抓实干，讲实话，办实事，求实效；

（四）有强烈的革命事业心、政治责任感和历史使命感，有斗争精神和斗争本领，有实践经验，有胜任领导工作的组织能力、文化水平和专业素养；

（五）正确行使人民赋予的权力，坚持原则，敢抓敢管，依法办事，以身作则，艰苦朴素，勤俭节约，坚持党的群众路线，密切联系群众，自觉接受党和群众的批评、监督，加强道德修养，讲党性、重品行、作表率，带头践行社会主义核心价值观，廉洁从政、廉洁用权、廉洁修身、廉洁齐家，做到自重自省自警自励，反对形式主义、官僚主义、享乐主义和奢靡之风，反对任何滥用职权、谋求私利的行为；

（六）坚持和维护党的民主集中制，有民主作风，有全局观念，善于团结同志，包括团结同自己有不同意见的同志一道工作。

第八条 提拔担任党政领导职务的，应当具备下列基本资格：

（一）提任县处级领导职务的，应当具有五年以上工龄和两年以上基层工作经历。

（二）提任县处级以上领导职务的，一般应当具有在下一级两个以上职位任职的经历。

（三）提任县处级以上领导职务，由副职提任正职的，应当在副职岗位工作两年以上；由下级正职提任上级副职的，应当在下级正职岗位工作三年以上。

（四）一般应当具有大学专科以上文化程度，其中厅局级以上领导干部一般应当具有大学本科以上文化程度。

（五）应当经过党校（行政学院）、干部学院或者组织（人事）部门认可的其他培训机构的培训，培训时间应当达到干部教育培训的有关规定要求。确因特殊情况在提任前未达到培训要求的，应当在提任后一年内完成培训。

（六）具有正常履行职责的身体条件。

（七）符合有关法律规定的资格要求。提任党的领导职务的，还应当符合《中国共产党章程》等规定的党龄要求。

职级公务员担任领导职务，按照有关规定执行。

第九条 党政领导干部应当逐级提拔。特别优秀或者工作特殊需要的干部，可以突破任职资格规定或者越级提拔担任领导职务。

破格提拔的特别优秀干部，应当政治过硬、德才素质突出、群众公认度高，且符合下列条件之一：在关键时刻或者承担急难险重任务中经受住考验、表现突出、作出重大贡献；在条件艰苦、环境复杂、基础差的地区或者单位工作实绩突出；在其他岗位上尽职尽责，工作实绩特别显著。

因工作特殊需要破格提拔的干部，应当符合下列情形之一：领导班子结构需要或者领导职位有特殊要求的；专业性较强的岗位或者重要专项工作急需的；艰苦边远地区、贫困地区急需引进的。

破格提拔干部必须从严掌握。不得突破本条例第七条规定的基本条件和第八条第一款第七项规定的资格要求。任职试用期未满或者提拔任职不满一年的，不得破格提拔。不得在任职年限上连续破格。不得越两级提拔。

第十条 拓宽选人视野和渠道，党政领导干部可以从党政机关选拔任用，也可以从党政机关以外选拔任用，注意从企业、高等学校、科研院所等单位以及社会组织中发现选拔。地方党政领导班子成员应当注意从担任过县（市、区、旗）、乡（镇、街道）党政领导职务的干部和国有企事业单位领导人员中选拔。

第三章　分析研判和动议

第十一条 组织（人事）部门应当深化对干部的日常了解，坚持知事识人，把功夫下在平时，全方位、多角度、近距离了解干部。根据日常了解情况，对领导班子和领导干部进行综合分析研判，为党委（党组）选人用人提供依据和参考。

第十二条 党委（党组）或者组织（人事）部门根据工作需要和领导班子建设实际，结合综合分析研判情况，提出启动干部选拔任用工作意见。

第十三条 组织（人事）部门综合有关方面建议和平时了解掌握的情况，对领导班子和领导干部进行动议分析，就选拔任用的职位、条件、范围、方式、程序和人选意向等提出初步建议。

个人向党组织推荐领导干部人选，必须负责地写出推荐材料并署名。

第十四条 组织（人事）部门将初步建议向党委（党组）主要领导成员汇报，对初步建议进行完善，在一定范围内进行沟通酝酿，形成工作方案。

对动议的人选严格把关，根据工作需要，可以提前核查有关事项。

第十五条 研判和动议时，根据工作需要和实际情况，如确有必要，也可以把公开选拔、竞争上岗作为产生人选的一种方式。领导职位出现空缺且本地区本部门没有合适人选的，特别是需要补充紧缺专业人才或者配备结构需要干部的，可以通过公开选拔产生人选；领导职位出现空缺，本单位本系统符合资格条件人数较多且需要进一步比选择优的，可以通过竞争上岗产生人选。公开选拔、竞争上岗一般适用于副职领导职位。

公开选拔、竞争上岗应当结合岗位特点，坚持组织把关，突出政治素质、专业素养、工作实绩和一贯表现，防止简单以分数、票数取人。

公开选拔、竞争上岗设置的资格条件突破规定的，应当事先报上级组织（人事）部门审核同意。

第四章　民主推荐

第十六条　选拔任用党政领导干部，应当经过民主推荐。民主推荐包括谈话调研推荐和会议推荐，推荐结果作为选拔任用的重要参考，在一年内有效。

第十七条　领导班子换届，民主推荐按照职位设置全额定向推荐；个别提拔任职或者进一步使用，可以按照拟任职位进行定向推荐，也可以根据拟任职位的具体情况进行非定向推荐；进一步使用的，可以采取听取意见的方式进行，其中正职也可以参照个别提拔任职进行民主推荐。

第十八条　地方领导班子换届，民主推荐应当经过下列程序：

（一）进行谈话调研推荐，提前向谈话对象提供谈话提纲、换届政策说明、干部名册等相关材料，提出有关要求，提高谈话质量；

（二）综合考虑谈话调研推荐情况以及人选条件、岗位要求、班子结构等，经与本级党委沟通协商后，由上级党委或者组织部门研究提出会议推荐参考人选，参考人选应当差额提出；

（三）召开推荐会议，由本级党委主持，考察组说明换届有关政策，介绍参考人选产生情况，提出有关要求，组织填写推荐表；

（四）对民主推荐情况进行综合分析；

（五）向上级党委或者组织部门汇报民主推荐情况。

第十九条　地方领导班子换届，谈话调研推荐一般由下列人员参加：

（一）党委成员；

（二）人大常委会、政府、政协领导成员；

（三）纪委监委领导成员；

（四）法院、检察院主要领导成员；

（五）党委工作部门、政府工作部门、群团组织主要领导成员；

（六）下一级党委和政府主要领导成员；

（七）其他需要参加的人员，可以根据知情度、关联度和代表性原则确定。

推荐人大常委会、政府、政协领导成员人选，应当有民主党派、工商联主要领导成员和无党派代表人士参加。

参加会议推荐的人员参照上列范围确定，可以适当调整。

第二十条　个别提拔任职，或者进一步使用需要进行民主推荐的，民主推荐程序可以参照本条例第十八条规定进行；必要时也可以先进行会议推荐，再进行谈话调研推荐。先进行谈话调研推荐的，可以提出会议推荐参考人选，参考人选应当差额提出。单位人数较少、参加会议推荐人员范围与谈话调研推荐人员范围基本相同，且谈话调研推荐意见集中的，根据实际情况，可以不再进行会议推荐。

根据工作需要，可以在民主推荐前对推荐职位、条件、范围以及符合职位要求和任职条件的人选，在人选所在地区或者单位领导班子范围内进行沟通。

第二十一条　个别提拔任职，或者进一步使用需要进行民主推荐的，参加民主推荐人员一般按照下列范围执行：

（一）民主推荐地方党政领导班子成员人选，参照本条例第十九条规定执行，可以适当调整。

（二）民主推荐工作部门领导成员人选，谈话调研推荐由本部门领导成员、内设机构担任主要领导职务的人员、直属单位主要领导成员以及其他需要参加的人员参加；根据实际情况还可以吸收本系统下级单位主要领导成员参加。参加会议推荐的人员范围可以适当调整。

（三）民主推荐内设机构领导职务拟任人选，参照前项所列范围确定，也可以在内设机构范围内进行。

第二十二条 党委和政府及其工作部门个别特殊需要的领导成员人选，可以由党委（党组）或者组织（人事）部门推荐，报上级组织（人事）部门同意后作为考察对象。

第五章 考 察

第二十三条 确定考察对象，应当根据工作需要和干部德才条件，将民主推荐与日常了解、综合分析研判以及岗位匹配度等情况综合考虑，深入分析、比较择优，防止把推荐票等同于选举票、简单以推荐票取人。

第二十四条 有下列情形之一的，不得列为考察对象：

（一）违反政治纪律和政治规矩的；

（二）群众公认度不高的；

（三）上一年年度考核结果为基本称职以下等次的；

（四）有跑官、拉票等非组织行为的；

（五）除特殊岗位需要外，配偶已移居国（境）外，或者没有配偶但子女均已移居国（境）外的；

（六）受到诫勉、组织处理或者党纪政务处分等影响期未满或者期满影响使用的；

（七）其他原因不宜提拔或者进一步使用的。

第二十五条 地方领导班子换届，由本级党委书记与副书记、分管组织、纪检监察等工作的常委根据上级党委组织部门反馈的情况，对考察对象人选进行酝酿，本级党委常委会研究提出考察对象建议名单，经与上级党委组织部门沟通后，确定考察对象。对拟新进党政领导班子的考察对象，应当在一定范围内公示。

个别提拔任职或者进一步使用，按照干部管理权限，由党委（党组）或者上级组织（人事）部门研究确定考察对象。

考察对象一般应当多于拟任职务人数，个别提拔任职或者进一步使用时意见比较集中的，也可以等额确定考察对象。

第二十六条 对确定的考察对象，由组织（人事）部门进行严格考察。

双重管理干部的考察工作，由主管方负责组织实施，根据工作需要会同协管方进行。

第二十七条 考察党政领导职务拟任人选，必须依据干部选拔任用条件和不同领导职务的职责要求，全面考察其德、能、勤、绩、廉，严把政治关、品行关、能力关、作风关、廉洁关。

突出政治标准，注重了解政治理论学习情况，深入考察政治忠诚、政治定力、政治担当、政治能力、政治自律等方面的情况。

深入考察道德品行，加强对工作时间之外表现的考察，注重了解社会公德、职业道德、家庭美德、个人品德等方面的情况。

强化专业素养考察，深入了解专业知识、专业能力、专业作风、专业精神等方面的情况。

注重考察工作实绩，围绕贯彻落实党中央重大决策部署，统筹推进“五位一体”总体布局和协调推进“四个全面”战略布局，深入了解履行岗位职责、贯彻新发展理念、推动高质量发展取得的实际成效。考察地方党政领导班子成员，应当把经济建设、政治建设、文化建设、社会建设、生态文明建设和党的建设等情况作为考察评价的重要内容，防止单纯以经济增长速度评定工作实绩。考察党政工作部门领导干部，应当把履行党的建设职责，制定和执行政策、推动改革创新、营造良好发展环境、提供优质公共服务、维护社会公平正义等作为考察评价的重要内容。

加强作风考察，深入了解为民服务、求真务实、勤勉敬业、敢于担当、奋发有为，遵守中央八项规定精神，反对形式主义、官僚主义、享乐主义和奢靡之风等情况。

强化廉政情况考察，深入了解遵守廉洁自律有关规定，保持高尚情操和健康情趣，慎独慎微，秉公用权，清正廉洁，不谋私利，严格要求亲属和身边工作人员等情况。

根据实际需要，针对不同层级、不同岗位考察对象，实行差异化考察，对党政正职人选，坚持更高标准、更严要求，突出把握政治方向、驾驭全局、抓班子带队伍等方面情况的考察。

第二十八条 考察党政领导职务拟任人选，应当保证充足的考察时间，经过下列程序：

（一）制定考察工作方案；

（二）同考察对象呈报单位或者所在单位党委（党组）主要领导成员就考察工作方案沟通情况，征求意见；

（三）根据考察对象的不同情况，通过适当方式在一定范围内发布干部考察预告；

（四）采取个别谈话、发放征求意见表、民主测评、实地走访、查阅干部人事档案和工作资料等方法，广泛深入地了解情况，根据需要进行专项调查、延伸考察等，注意了解考察对象生活圈、社交圈情况；

（五）同考察对象面谈，进一步了解其政治立场、思想品质、价值取向、见识见解、适应能力、性格特点、心理素质等方面情况，以及缺点和不足，鉴别印证有关问题，深化对考察对象的研判；

（六）综合分析考察情况，与考察对象的一贯表现进行比较、相互印证，全面准确地对考察对象作出评价；

（七）向考察对象呈报单位或者所在单位党委（党组）主要领导成员反馈考察情况，并交换意见；

（八）考察组研究提出人选任用建议，向派出考察组的组织（人事）部门汇报，经组织（人事）部门集体研究提出任用建议方案，向本级党委（党组）报告。

考察内设机构领导职务拟任人选程序，可以根据实际情况适当简化。

第二十九条 考察地方党政领导班子成员拟任人选，个别谈话和征求意见的范围一般为：

（一）党委和政府领导成员，人大常委会、政协、纪委监委、法院、检察院主要领导成员；

（二）考察对象所在单位领导成员；

（三）考察对象所在单位有关工作部门主要领导成员或者内设机构担任主要领导职务的人员和直属单位主要领导成员；

（四）其他有关人员。

第三十条 考察工作部门领导班子成员拟任人选，个别谈话和征求意见的范围一般为：

（一）考察对象上级领导机关有关领导成员；

（二）考察对象所在单位领导成员；

（三）考察对象所在单位内设机构担任主要领导职务的人员和直属单位主要领导成员；

（四）其他有关人员。

考察内设机构领导职务拟任人选，个别谈话和征求意见的范围参照上列规定执行。

第三十一条 考察党政领导职务拟任人选，应当听取考察对象所在单位组织（人事）部门、纪检监察机关、机关党组织的意见，根据需要可以听取巡视巡察机构、审计机关和其他相关部门意见。

组织（人事）部门必须严格审核考察对象的干部人事档案，查核个人有关事项报告，就党风廉政情况听取纪检监察机关意见，对反映问题线索具体、有可查性的信访举报进行核查。对需要进行经济责任审计的考察对象，应当事先按照有关规定进行审计。

考察对象呈报单位或者所在单位党委（党组）必须就考察对象廉洁自律情况提出结论性意见，并由党委（党组）书记、纪委书记（纪检监察组组长）签字。机关内设机构领导职务的拟任人选考察对象，也应当由相关党组织和纪检监察机构出具廉洁自律情况结论性意见。

第三十二条 考察党政领导职务拟任人选，必须形成书面考察材料，建立考察文书档案。已经任职的，考察材料归入本人干部人事档案。考察材料必须写实，评判应当全面、准确、客观，用具体事例反映考察对象的情况，包括下列内容：

（一）德、能、勤、绩、廉方面的主要表现以及主要特长、行为特征；

（二）主要缺点和不足；

（三）民主推荐、民主测评、考察谈话情况；

（四）审核干部人事档案、查核个人有关事项报告、听取纪检监察机关意见、核查信访举报等情况的结论。

第三十三条 党委（党组）或者组织（人事）部门选派具有较高素质的人员组建考察组，考察组由两名以上成员组成。考察组负责人应当由思想政治素质好、具有较丰富工作经验并熟悉干部工作的人员担任。

实行干部考察工作责任制。考察组必须坚持原则，公道正派，深入细致，如实反映考察情况和意见，对考察材料负责，履行干部选拔任用风气监督职责。

第六章 讨论决定

第三十四条 党政领导职务拟任人选，在讨论决定或者决定呈报前，应当根据职位和人选的不同情况，分别在党委（党组）、人大常委会、政府、政协等有关领导成员中进行酝酿。

工作部门领导成员拟任人选，应当征求上级分管领导成员的意见。

非中共党员拟任人选，应当征求党委统战部门和民主党派、工商联主要领导成员、无党派代表人士的意见。

双重管理干部的任免，主管方应当事先征求协管方意见，进行酝酿。征求意见一般采用书面形式进行。协管方自收到主管方意见之日起一个月内未予答复的，视为同意。双方意见不一致时，正职的任免报上级党委组织部门协调，副职的任免由主管方决定。

第三十五条 选拔任用党政领导干部，应当按照干部管理权限由党委（党组）集体讨论作出任免决定，或者决定提出推荐、提名的意见。属于上级党委（党组）管理的，本级党委（党组）可以提出选拔任用建议。

对拟破格提拔的人选在讨论决定前，必须报经上级组织（人事）部门同意。越级提拔或者不经过民主推荐列为破格提拔人选的，应当在考察前报告，经批复同意后方可进行。

第三十六条 市（地、州、盟）、县（市、区、旗）党委和政府领导班子正职的拟任人选和推荐人选，一般应当由上级党委常委会提名并提交全会无记名投票表决；全会闭会期间，由党委常委会作出决定，决定前应当征求党委委员的意见。

第三十七条 有下列情形之一的，不得提交会议讨论：

（一）没有按照规定进行民主推荐、考察的；

（二）拟任人选所在单位党委（党组）对廉洁自律情况没有作出结论性意见的，或者纪检监察机关未反馈意见的，或者纪检监察机关有不同意见的；

（三）个人有关事项报告未查核或者经查核存疑尚未查清的；

（四）线索具体、有可查性的信访举报尚未调查清楚的；

（五）干部人事档案中身份、年龄、工龄、党龄、学历、经历等存疑尚未查清的；

（六）巡视巡察、审计等工作中发现重大问题尚未作出结论的；

（七）没有按照规定向上级报告或者报告后未经批复同意的干部任免事项；

（八）其他原因不宜提交会议讨论的。

第三十八条 党委（党组）讨论决定干部任免事项，必须有三分之二以上成员到会，并保证与会成员有足够时间听取情况介绍、充分发表意见。与会成员对任免事项，应当逐一发表同意、不同意或者缓议等明确意见，党委（党组）主要负责人应当最后表态。在充分讨论的基础上，采取口头表决、举手表决或者无记名投票等方式进行表决。意见分歧较大时，暂缓进行表决。

党委（党组）有关干部任免的决定，需要复议的，应当经党委（党组）超过半数成员同意后方可进行。

第三十九条 党委（党组）讨论决定干部任免事项，应当按照下列程序进行：

（一）党委（党组）分管组织（人事）工作的领导成员或者组织（人事）部门负责人，逐个介绍领导职务拟任人选的推荐、考察和任免理由等情况，其中涉及破格提拔等需要按照要求事先向上级组织（人事）部门报告的选拔任用有关工作事项，应当说明具体事由和征求上级组织（人事）部门意见的情况；

（二）参加会议人员进行充分讨论；

（三）进行表决，以党委（党组）应到会成员超过半数同意形成决定。

第四十条 需要报上级党委（党组）审批的拟提拔任职的干部，必须呈报党委（党组）请示并附干部任免审批表、干部考察材料、本人干部人事档案和党委（党组）会议纪要、讨论记录、民主推荐情况等材料。上级组织（人事）部门对呈报的材料应当严格审查。

需要报上级备案的干部，应当按照规定及时向上级组织（人事）部门备案。

第七章　任　　职

第四十一条　党政领导职务实行选任制、委任制，部分专业性较强的领导职务可以实行聘任制。

第四十二条　实行党政领导干部任职前公示制度。

提拔担任厅局级以下领导职务的，除特殊岗位和在换届考察时已进行过公示的人选外，在党委（党组）讨论决定后、下发任职通知前，应当在一定范围内公示。公示内容应当真实准确，便于监督，涉及破格提拔的还应当说明破格的具体情形和理由。公示期不少于五个工作日。公示结果不影响任职的，办理任职手续。

第四十三条　实行党政领导干部任职试用期制度。

提拔担任下列非选举产生的厅局级以下领导职务的，试用期为一年：

（一）党委、人大常委会、政府、政协工作部门副职和内设机构领导职务；

（二）纪委监委机关内设机构、派出机构领导职务；

（三）法院、检察院内设机构的非国家权力机关依法任命的领导职务。

试用期满后，经考核胜任现职的，正式任职；不胜任的，免去试任职务，一般按照试任前职级或者职务层次安排工作。

第四十四条　实行任职谈话制度。对决定任用的干部，由党委（党组）指定专人同本人谈话，肯定成绩，指出不足，提出要求和需要注意的问题。

对破格提拔以及通过公开选拔、竞争上岗任职的干部，试用期满正式任职时，党委（党组）还应当指定专人进行谈话。

第四十五条 党政领导职务的任职时间，按照下列时间计算：

（一）由党委（党组）决定任职的，自党委（党组）决定之日起计算；

（二）由党的代表大会、党的委员会全体会议、党的纪律检查委员会全体会议、人民代表大会、政协全体会议选举、决定任命的，自当选、决定任命之日起计算；

（三）由人大常委会或者政协常委会任命或者决定任命的，自人大常委会、政协常委会任命或者决定任命之日起计算；

（四）由党委向政府提名由政府任命的，自政府任命之日起计算。

第八章 依法推荐、提名和民主协商

第四十六条 党委向人民代表大会或者人大常委会推荐需要由人民代表大会或者人大常委会选举、任命、决定任命的领导干部人选，应当事先向人民代表大会临时党组织或者人大常委会党组和人大常委会组成人员中的党员介绍党委推荐意见。人民代表大会临时党组织、人大常委会党组和人大常委会组成人员以及人大代表中的党员，应当认真贯彻党委推荐意见，带头依法办事，正确履行职责。

第四十七条 党委向人民代表大会推荐由人民代表大会选举、决定任命的领导干部人选，应当以本级党委名义向人民代表大会主席团提交推荐书，介绍所推荐人选的有关情况，说明推荐理由。

党委向人大常委会推荐由人大常委会任命、决定任命的领导干部人选，应当在人大常委会审议前，按照规定程序提出，介绍所推荐人选的有关情况。

第四十八条 党委向政府提名由政府任命的政府工作部门和机构领导成员人选，在党委讨论决定后，由政府任命。

第四十九条 领导班子换届，党委推荐人大常委会、政府、政协领导成员人选和监察委员会主任、法院院长、检察院检察长人选，应当事先向民主党派、工商联主要领导成员和无党派代表人士通报有关情况，进行民主协商。

第五十条 党委推荐的领导干部人选，在人民代表大会选举、决定任命或者人大常委会任命、决定任命前，如果人大代表或者人大常委会组成人员对所推荐人选提出不同意见，党委应当认真研究，并作出必要的解释或者说明。如果发现有事实依据、足以影响选举或者任命的问题，党委可以建议人民代表大会或者人大常委会按照规定程序暂缓选举、任命、决定任命，也可以重新推荐人选。

政协领导成员候选人的推荐和协商提名，按照政协章程和有关规定办理。

第九章 交流、回避

第五十一条 实行党政领导干部交流制度。

（一）交流的对象主要是：因工作需要交流的；需要通过交流锻炼提高领导能力的；在一个地方或者部门工作时间较长的；按照规定需要回避的；因其他原因需要交流的。交流的重点是县级以上地方党委和政府的领导成员，纪委监委、法院、检察院、党委和政府部分工作部门的主要领导成员。

（二）地方党委和政府领导成员原则上应当任满一届，在同一职位上任职满十年的，必须交流；在同一职位连续任职达到两个任期的，不再推荐、提名或者任命担任同一职务。同一地方（部门）的党政正职一般不同时易地交流。

（三）党政机关内设机构处级以上领导干部在同一职位上任职时间较长的，应当进行交流。

（四）经历单一或者缺少基层工作经历的年轻干部，应当有计划地派到基层、艰苦边远地区和复杂环境工作，坚决防止“镀金”思想和短期行为。

（五）加强工作统筹，加大干部交流力度。推进地方与部门之间、地区之间、部门之间、党政机关与国有企事业单位以及其他社会组织之间的干部交流，推动形成国有企事业单位、社会组织干部人才及时进入党政机关的良性工作机制。

（六）干部交流由党委（党组）及其组织（人事）部门按照干部管理权限组织实施，严格把握人选的资格条件。干部个人不得自行联系交流事宜，领导干部不得指定交流人选。同一干部不宜频繁交流。

（七）交流的干部接到任职通知后，应当在党委（党组）或者组织（人事）部门限定的时间内到任。跨地区跨部门交流的，应当同时转移行政关系、工资关系和党的组织关系。

第五十二条 实行党政领导干部任职回避制度。

党政领导干部任职回避的亲属关系为：夫妻关系、直系血亲关系、三代以内旁系血亲以及近姻亲关系。有上列亲属关系的，不得在同一机关担任双方直接隶属于同一领导人员的职务或者有直接上下级领导关系的职务，也不得在其中一方担任领导职务的机关从事组织（人事）、纪检监察、审计、财务工作。

领导干部不得在本人成长地担任县（市）党委和政府以及纪委监委、组织部门、法院、检察院、公安部门主要领导成员，一般不得在本人成长地担任市（地、盟）党委和政府以及纪委监委、组织部门、法院、检察院、公安部门主要领导成员。

第五十三条 实行党政领导干部选拔任用工作回避制度。

党委（党组）及其组织（人事）部门讨论干部任免，涉及与会人员本人及其亲属的，本人必须回避。

干部考察组成员在干部考察工作中涉及其亲属的，本人必须回避。

第十章 免职、辞职、降职

第五十四条 党政领导干部有下列情形之一的，一般应当免去现职：

（一）达到任职年龄界限或者退休年龄界限的；

（二）受到责任追究应当免职的；

（三）不适宜担任现职应当免职的；

（四）因违纪违法应当免职的；

（五）辞职或者调出的；

（六）非组织选派，个人申请离职学习期限超过一年的；

（七）因健康原因，无法正常履行工作职责一年以上的；

（八）因工作需要或者其他原因应当免去现职的。

第五十五条 实行党政领导干部辞职制度。辞职包括因公辞职、自愿辞职、引咎辞职和责令辞职。

辞职应当符合有关规定，手续依照法律或者有关规定程序办理。

第五十六条 引咎辞职、责令辞职和因问责被免职的党政领导干部，一年内不安排领导职务，两年内不得担任高于原任职务层次的领导职务。同时受到党纪政务处分的，按照影响期长的规定执行。

第五十七条 实行党政领导干部降职制度。党政领导干部在年度考核中被确定为不称职的，因工作能力较弱、受到组织处理或者其他原因不适宜担任现职务层次的，应当降职使用。降职使用的干部，其待遇按照新任职务职级的标准执行。

第五十八条 因不适宜担任现职调离岗位、免职的，一年内不得提拔。降职使用的干部重新提拔，按照有关规定执行。

重新任职或者提拔任职，应当根据具体情形、工作需要和个人情况综合考虑，合理安排使用。

对符合有关规定给予容错的干部，应当客观公正对待。

第十一章 纪律和监督

第五十九条 选拔任用党政领导干部，必须严格执行本条例的各项规定，并遵守下列纪律：

（一）不准超职数配备、超机构规格提拔领导干部、超审批权限设置机构配备干部，或者违反规定擅自设置职务名称、提高干部职务职级待遇；

（二）不准采取不正当手段为本人或者他人谋取职务、提高职级待遇；

（三）不准违反规定程序动议、推荐、考察、讨论决定任免干部，或者由主要领导成员个人决定任免干部；

（四）不准私自泄露研判、动议、民主推荐、民主测评、考察、酝酿、讨论决定干部等有关情况；

（五）不准在干部考察工作中隐瞒或者歪曲事实真相；

（六）不准在民主推荐、民主测评、组织考察和选举中搞拉票、助选等非组织活动；

（七）不准利用职务便利私自干预下级或者原任职地区、系统和单位干部选拔任用工作；

（八）不准在机构变动，主要领导成员即将达到任职年龄界限、退休年龄界限或者已经明确即将离任时，突击提拔、调整干部；

（九）不准在干部选拔任用工作中任人唯亲、排斥异己、封官许愿，拉帮结派、搞团团伙伙，营私舞弊；

（十）不准篡改、伪造干部人事档案，或者在干部身份、年龄、工龄、党龄、学历、经历等方面弄虚作假。

第六十条 加强干部选拔任用工作全程监督，严格执行干部选拔任用全程纪实和任前事项报告、“一报告两评议”、专项检查、离任检查、立项督查、“带病提拔”问题倒查等制度。严肃查处违反组织（人事）纪律的行为。对违反本条例规定的事项，按照有关规定对党委（党组）主要领导成员和有关领导成员、组织（人事）部门有关领导成员以及其他直接责任人作出组织处理或者纪律处分；涉嫌违法犯罪的，移送有关国家机关依法处理。

对无正当理由拒不服从组织调动或者交流决定的，依规依纪依法予以免职或者降职使用，并视情节轻重给予处分。

第六十一条 实行党政领导干部选拔任用工作责任追究制度。凡用人失察失误造成严重后果的，本地区本部门用人上的不正之风严重、干部群众反映强烈以及对违反组织（人事）纪律的行为查处不力的，应当根据具体情况，严肃追究党委（党组）及其主要领导成员、有关领导成员、组织（人事）部门、纪检监察机关、干部考察组有关领导成员以及其他直接责任人的责任。

第六十二条 党委（党组）及其组织（人事）部门对干部选拔任用工作和贯彻执行本条例的情况进行监督检查，认真受理有关干部选拔任用工作的举报、申诉，制止、纠正违反本条例的行为，并对有关责任人提出处理意见或者处理建议。

纪检监察机关、巡视巡察机构按照有关规定，加强对干部选拔任用工作的监督检查。

第六十三条 实行地方党委组织部门和纪检监察、巡视巡察、机构编制、审计、信访等有关机构联席会议制度，就加强对干部选拔任用工作的监督，沟通信息、交流情况、研究问题，提出意见和建议。联席会议由组织部门召集。

第六十四条　党委（党组）及其组织（人事）部门在干部选拔任用工作中，必须严格执行本条例，坚持出以公心、公正用人，严格规范履职用权行为，自觉接受党内监督、社会监督、群众监督。下级机关和党员、干部、群众对干部选拔任用工作中的违规违纪行为，有权向上级党委（党组）及其组织（人事）部门、纪检监察机关举报、申诉，受理部门和机关应当按照有关规定查核处理。

第十二章　附　则

第六十五条　本条例对工作部门的规定，同时适用于办事机构、派出机构、特设机构以及其他直属机构。

第六十六条　选拔任用乡（镇、街道）的党政领导干部，由省、自治区、直辖市党委根据本条例制定相应的实施办法。

第六十七条　中国人民解放军和中国人民武装警察部队领导干部的选拔任用办法，由中央军事委员会根据本条例的原则作出规定。

第六十八条　本条例由中共中央组织部负责解释。

第六十九条　本条例自 2019 年 3 月 3 日起施行。2014 年 1 月 14 日中共中央印发的《党政领导干部选拔任用工作条例》同时废止。

中国共产党党员教育管理工作条例

（中共中央 2019 年 5 月 6 日印发）

第一章　总　　则

第一条　为了深入学习贯彻习近平新时代中国特色社会主义思想，加强党员教育管理工作，提高党员队伍建设质量，保持党员队伍的先进性和纯洁性，根据《中国共产党章程》和有关党内法规，制定本条例。

第二条　党员教育管理是党的建设基础性经常性工作。党组织应当加强党员教育管理，引导党员坚定共产主义远大理想和中国特色社会主义共同理想，增强“四个意识”、坚定“四个自信”、做到“两个维护”，增强党性，提高素质，认真履行义务，正确行使权利，充分发挥先锋模范作用。

第三条　党员教育管理工作以马克思列宁主义、毛泽东思想、邓小平理论、“三个代表”重要思想、科学发展观、习近平新时代中国特色社会主义思想为指导，落实新时代党的建设总要求和新时代党的组织路线，坚持教育、管理、监督、服务相结合，推进“两学一做”学习教育常态化制度化，不断增强党员教育管理针对性和有效性，努力建设政治合格、执行纪律合格、品德合格、发挥作用合格的党员队伍。

第四条　党员教育管理工作遵循以下原则：

（一）坚持党要管党、全面从严治党，将严的要求落实到党员教育管理工作全过程和各方面，党员领导干部带头接受教育管理；

（二）坚持以党的政治建设为统领，突出党性教育和政治理论教育，引导党员遵守党章党规党纪，不忘初心、牢记使命；

（三）坚持围绕中心、服务大局，注重党员教育管理质量和实效，保证党的理论和路线方针政策、党中央决策部署贯彻落实；

（四）坚持从实际出发，加强分类指导，尊重党员主体地位，充分发挥党支部直接教育、管理、监督党员作用。

第二章　学习贯彻习近平新时代中国特色社会主义思想

第五条　把用习近平新时代中国特色社会主义思想武装全党作为党员教育管理的首要政治任务，引导党员充分认识学习贯彻习近平新时代中国特色社会主义思想的重大意义，自觉学懂弄通做实。

第六条　组织党员读原著、学原文、悟原理，深入学习领会习近平新时代中国特色社会主义思想的核心要义、基本精神、实践要求，掌握贯穿其中的马克思主义立场观点方法，增强政治自觉、理论自信、情感融入。建立以学习贯彻习近平新时代中国特色社会主义思想为中心内容的党员教育教材体系。

教育引导党员把学习习近平新时代中国特色社会主义思想同学习马克思列宁主义、毛泽东思想、邓小平理论、“三个代表”重要思想、科学发展观紧密结合起来，不断提高马克思主义思想觉悟和理论水平。

第七条　坚持集中教育和经常性教育相结合，组织培训和个人自学相结合，采取集中轮训、党委（党组）理论学习中心组学习、理论宣讲、组织生活、在线学习培训等方式，形成习近平新时代中国特色社会主义思想学习教育长效机制，推动党员学深悟透、入脑入心。

第八条　弘扬理论联系实际的马克思主义学风，引导党员把自己摆进去、把职责摆进去、把工作摆进去，学以致用、知行合一，提高政治站位，强化责任担当，增强过硬本领，做好本职工作，自觉做习近平新时代中国特色社会主义思想坚定信仰者和忠实实践者。

党员领导干部应当坚持更高标准、更严要求，全面学、系统学、贯通学、深入学、跟进学，自觉用以武装头脑、指导实践、推动工作，发挥示范带动作用。

第三章　党员教育基本任务

第九条　加强政治理论教育，突出党的创新理论学习，组织党员学习党的基本理论、基本路线、基本方略，学习马克思主义基本原理和党的基本知识，引导党员坚定理想信念，增强党性修养，努力掌握并自觉运用马克思主义立场观点方法。

第十条　突出政治教育和政治训练，严格党内政治生活锻炼，教育党员旗帜鲜明讲政治，提高政治觉悟和政治能力，严守政治纪律和政治规矩，永葆共产党人政治本色，做到“四个服从”，在思想上政治上行动上同以习近平同志为核心的党中央保持高度一致。

第十一条　强化党章党规党纪教育，引导党员牢记入党誓词，坚持合格党员标准，自觉遵守党的纪律，带头践行社会主义核心价值观，培养高尚道德情操，培育良好思想作风、学风、工作作风、生活作风和家风。加强宪法法律法规教育，引导党员尊法学法守法用法。

第十二条　加强党的宗旨教育，引导党员践行全心全意为人民服务的根本宗旨，贯彻党的群众路线，提高群众工作本领，密切联系服务群众。

第十三条　进行革命传统教育，引导党员学习党史、国史、改革开放史、社会主义发展史和中华优秀传统文化，铭记党的奋斗历程，弘扬党的优良传统，传承红色基因，践行共产党人价值观，激发爱国主义热情。

第十四条　开展形势政策教育，围绕贯彻执行党和国家重大决策、推进落实重大任务，宣讲党的路线方针政策，解读世情国情党情，回应党员关注的问题，引导党员正确认识形势，把思想和行动统一到党中央要求上来。

第十五条　注重知识技能教育，根据党员岗位职责要求和工作需要，组织引导党员学习掌握业务知识、科技知识、实用技术等，帮助党员提高综合素质和履职能力，增强服务本领。

第四章　党员日常教育管理主要方式

第十六条　党支部应当运用“三会一课”制度，对党员进行经常性的教育管理。党员应当按期参加党员大会、党小组会和上党课，进行学习交流，汇报思想、工作等情况。党员领导干部应当参加双重组织生活。

党支部应当每月开展1次主题党日，贴近党员思想和工作实际，组织党员集中学习、过组织生活、进行民主议事和开展志愿服务等。

党员应当按期交纳党费。党组织应当做好党费收缴、使用和管理工作。

第十七条　党支部每年至少召开1次组织生活会，也可以根据工作需要随时召开，一般以党员大会、党支部委员会会议或者党小组会形式进行。

第十八条　党支部一般每年开展1次民主评议党员。党支部召开党员大会，按照个人自评、党员互评、民主测评的程序，组织党员进行评议。党支部委员会会议或者党员大会根据评议情况和党员日常表现情况，提出评定意见。

民主评议党员可以结合组织生活会一并进行。

第十九条　基层党组织应当注重分析党员思想状况和心理状

态，党组织负责人应当经常同党员谈心谈话，有针对性地做好思想政治工作。

第二十条 市、县党委或者基层党委每年应当组织党员集中轮训，主要依托县级党校（行政学校）、基层党校等进行。根据事业发展和党的建设重点任务，结合本地区本部门本单位中心工作和党员实际，确定培训内容和方式。党员每年集中学习培训时间一般不少于32学时。

第二十一条 党组织应当按照党中央部署要求，组织党员认真参加党内集中学习教育，引导党员围绕学习教育主题，深入学习党的创新理论，查找解决自身存在的突出问题。

省级党委、行业系统党组织可以根据党员思想状况和党的建设需要，适时开展专题学习教育。

第二十二条 党组织应当充分发挥党员的先锋模范作用，结合不同群体党员实际，通过树立、学习身边的榜样，设立党员示范岗、党员责任区，开展设岗定责、承诺践诺等，引导党员做好本职工作，干在实处、走在前列，创先争优，在联系服务群众、完成重大任务中勇于担当作为，做到平常时候看得出来、关键时刻站得出来、危急关头豁得出来。

鼓励和引导党员参与志愿服务。党员应当积极参加党组织开展的志愿服务活动，也可以自行开展志愿服务活动。

第二十三条 党组织应当坚持从严教育管理和热情关心爱护相统一，从政治、思想、工作、生活上激励关怀帮扶党员。

针对老党员的身体、居住和家庭等实际情况，采取灵活方式，进行教育管理服务，组织他们参加党的组织生活，发挥力所能及的作用。对年老体弱、行动不便、身患重病甚至失能的党员，组织活动和开展学习教育不作硬性要求，党组织通过送学上门、走访慰问等方式，给予更多关心照顾。

第五章　党籍和党员组织关系管理

第二十四条　经党支部党员大会通过、基层党委审批接收的预备党员，自通过之日起，即取得党籍。

对因私出国并在国外长期定居的党员，出国学习研究超过5年仍未返回的党员，一般予以停止党籍。停止党籍的决定由保留其组织关系的党组织按照有关规定作出。

对与党组织失去联系6个月以上、通过各种方式查找仍然没有取得联系的党员，予以停止党籍。停止党籍的决定由所在党支部或者上级党组织按照有关规定作出。停止党籍2年后确实无法取得联系的，按照自行脱党予以除名。

对停止党籍的党员，符合条件的，可以按照规定程序恢复党籍。对劝其退党、劝而不退除名、自行脱党除名、退党除名、开除党籍的，原则上不能恢复党籍，符合条件的可以重新入党。

第二十五条　党员组织关系是指党员对党的基层组织的隶属关系。

每个党员都必须编入党的一个支部、小组或者其他特定组织。有固定工作单位并且单位已经建立党组织的党员，一般编入其所在单位党组织。没有固定工作单位，或者单位未建立党组织的党员，一般编入其经常居住地或者公共就业和人才服务机构、园区、楼宇等党组织。

党员工作单位、经常居住地发生变动的，或者外出学习、工作、生活6个月以上并且地点相对固定的，应当转移组织关系。具有审批预备党员权限的基层党委，可以在全国范围直接相互转移和接收党员组织关系。党组织接收党员组织关系时，如有必要，可以采取适当方式查核党员档案。对组织关系转出但尚未被接收的党员，原所在党组织仍然负有管理责任。党组织不得无故拒转拒接党员组织关系。

第二十六条 对没有人事档案的党员，应当由具有审批预备党员权限的基层党委建立党员档案，由所在党委或者县级以上党委组织部门保存。

有条件的地方，实行党员档案电子化管理。

第六章 党员监督和组织处置

第二十七条 党组织应当通过严格组织生活、听取群众意见、检查党员工作等多种方式，监督党员遵守党章党规党纪特别是政治纪律和政治规矩情况，遵守宪法法律法规和道德规范情况，参加组织生活情况，履行党员义务、联系服务群众、发挥先锋模范作用情况等。

第二十八条 发现党员有思想、工作、生活、作风和纪律方面苗头性倾向性问题的，以及群众对其有不良反映的，党组织负责人应当及时进行提醒谈话，抓早抓小、防微杜渐。

第二十九条 对党员不按照规定参加党的组织生活、不按时交纳党费、流动到外地工作生活不与党组织主动保持联系的，以及存在其他与党的要求不相符合的行为、情节较轻的，党组织应当采取适当方式及时进行批评教育，帮助其改进提高。

第三十条 对缺乏革命意志，不履行党员义务，不符合党员条件，但本人能够正确认识错误、愿意接受教育管理并且决心改正的党员，党组织应当作出限期改正处置，限期改正时间不超过1年。对给予限期改正处置的党员应当采取帮助教育措施。

第三十一条 党员具有下列情形之一的，按照规定程序给予除名处置：

（一）理想信念缺失，政治立场动摇，已经丧失党员条件的，予以除名；

（二）信仰宗教，经党组织帮助教育仍没有转变的，劝其退党，劝而不退的予以除名；

（三）因思想蜕化提出退党，经教育后仍然坚持退党的，予以除名；

（四）为了达到个人目的以退党相要挟，经教育不改的，劝其退党，劝而不退的予以除名；

（五）限期改正期满后仍无转变的，劝其退党，劝而不退的予以除名；

（六）没有正当理由，连续6个月不参加党的组织生活，或者不交纳党费，或者不做党所分配的工作，按照自行脱党予以除名。

对违犯党纪的党员，按照《中国共产党纪律处分条例》规定给予党纪处分。

第七章　流动党员管理

第三十二条　基层党组织应当加强流动党员管理，对外出6个月以上并且没有转移组织关系的流动党员，应当保持经常联系，跟进做好教育培训、管理服务等工作。在流动党员相对集中的地方，流出地党组织可以依托园区、商会、行业协会、驻外地办事机构等成立流动党员党组织。

流入地党组织应当协助做好流动党员日常管理。按照组织关系一方隶属、参加多重组织生活的方式，组织流动党员就近就便参加组织生活。乡镇、街道、村、社区、园区等党群服务中心应当向流动党员开放。流动党员可以在流入地党组织或者流动党员党组织参加民主评议。

对具备转移组织关系条件的流动党员，流出地和流入地党组织应当衔接做好转接工作。

第三十三条　农村党支部应当明确专人负责同流动党员保持

联系。乡镇党委应当掌握流动党员基本情况，指导督促党支部加强日常教育管理。利用流动党员集中返乡等时机，组织其参加组织生活或者教育培训。对政治素质较好、有致富带富能力的流动党员，应当及时纳入村后备力量培养。

城市社区党组织对异地居住的流动党员，引导其向居住地党组织报到，自觉参加居住地党组织的活动，接受党组织管理。对在异地定居的党员，引导和帮助其及时转移组织关系。

公共就业和人才服务机构党组织应当建立健全流动人才党员党组织，理顺流动人才党员组织关系，加强和改进流动人才党员日常教育管理。

第三十四条 高校党组织对组织关系保留在学校的高校毕业生流动党员，应当继续履行管理职责。党员组织关系保留时间一般不超过 2 年，对符合转出组织关系条件的及时转出。

对出国（境）学习研究党员，由原就读高校或者工作单位党组织保留其组织关系，每半年至少与其联系 1 次。出国（境）学习研究党员返回后按照规定恢复组织生活。

第八章 党员教育管理信息化

第三十五条 适应时代发展要求，充分运用互联网技术和信息化手段，改进党员教育管理工作，推进基层党建传统优势与信息技术深度融合，不断提高党员教育管理现代化水平。

第三十六条 统筹规划、整合资源，健全党员信息库，加强全国党员管理信息系统建设，推动党员干部现代远程教育和党员电化教育创新发展，推进党员教育管理网站、移动客户端等平台一体化建设，建立党性教育基地网上平台，打造党务、政务、服务有机融合的网络阵地。

第三十七条 坚持网上和网下相结合，依托党员教育管理信息化平台，开展党员信息管理、党组织活动指导管理、流动党员管理服务、发展党员管理和党费管理等业务应用，为党员提供在线学习培训、转接组织关系、参与党内事务和关怀帮扶等服务。

注重利用信息数据，对党员队伍状况和党员教育管理工作进行实时分析研判，及时发现问题，不断改进工作。

第三十八条 党员应当主动学网用网，依托各类党员教育管理信息化平台，积极参加在线学习培训，认真参加党组织的活动，自觉接受党组织的教育管理。通过网络向群众宣传党的理论和路线方针政策，听取群众意见，联系服务群众。

党组织应当教育引导党员严格规范网络行为，敢于同网上错误言论作斗争，不得制作、发布、传播违反党的纪律规定和国家法律法规的信息内容。

第九章 组织领导和工作保障

第三十九条 在党中央领导下，由中央组织部牵头，中央纪委国家监委机关、中央宣传部、中央党校（国家行政学院）、中央和国家机关工委、教育部党组、国务院国资委党委等参加，建立全国党员教育管理工作协调小组，负责全国党员教育管理工作的规划部署、组织协调和检查指导，协调小组办公室设在中央组织部。省、自治区、直辖市党委应当建立党员教育管理工作协调机构。建立健全党员教育管理工作协调机构运行机制，充分发挥职能作用。

中央组织部主要负责党员教育管理工作统筹协调，抓好党员集中教育和经常性教育的组织安排，加强对党员教育管理工作的具体指导。

中央纪委国家监委机关主要负责党员纪律作风教育，指导开展党员监督，查处党员违犯党的纪律和职务违法、职务犯罪行为。

中央宣传部主要负责党员政治理论教育、形势政策教育，指导协调编写党员教育教材，组织党员先进典型的学习宣传。

中央党校（国家行政学院）主要负责党员领导干部培训，指导地方党校（行政学院）将党员教育培训列入教学计划，保证课时和教学质量。

中央和国家机关工委主要负责指导中央和国家机关各级党组织做好党员教育管理工作。

教育部党组主要负责宏观指导高等学校党员教育管理工作。

国务院国资委党委主要负责所监管企业党员教育管理工作。

地方各级党委组织部和纪检监察机关、党委宣传部、党校（行政学院）、机关工委、教育工委、国资委党委等，分别按照职能职责，承担党员教育管理工作任务。

第四十条 地方各级党委和部门单位党组（党委）领导本地区本部门本单位党员教育管理工作，贯彻执行党中央关于党员教育管理工作的方针政策和部署要求，定期研究党员教育管理工作，分析党员队伍状况，有针对性地提出工作措施。

基层党委履行抓党员教育管理的基本职责，推动落实上级党组织工作安排，组织做好党员集中培训、组织关系管理、表彰激励、关怀帮扶、组织处置、纪律处分等工作，指导所辖党支部做好党员日常教育管理工作。党支部按照党章和党内有关规定，履行相关工作职责。党小组应当落实党支部关于党员教育管理工作的要求和任务。

第四十一条 乡镇、街道、国有企业、高等学校等基层党委，按照规定配备一定数量的专兼职组织员，由县级以上党委组织部门进行业务指导和管理，承担指导督促发展党员和党员教育管理等工作。

实行党员教育讲师聘任制，县级以上党委从优秀党校教师、基层党组织书记、先进模范人物、党务工作者、专家学者、实用技术人才、离退休干部等人员中选聘党员教育讲师。

加强县级党校（行政学校）和基层党校建设。县级党校（行政学校）应当将党员集中培训作为重要任务。有计划地组织安排党员教育讲师到基层授课。注重发挥党群服务中心、党员干部教育培训基地、新时代文明实践中心的作用。

加强全国党员教育培训教材建设规划，组织编写全国党员教育基本教材。各地区各部门各单位可以结合实际，开发各具特色、务实管用的党员教育教材。

第四十二条 党员教育管理工作经费应当列入地方各级财政预算，结合实际按照党员数量划拨，重点保障农村、社区、非公有制经济组织和社会组织、公共就业和人才服务机构等基层党组织开展党员教育管理，形成稳定的经费保障机制。各级党委留存的党费主要用于教育培训党员、支持基层党组织开展组织生活。加强对革命老区、民族地区、边疆地区、贫困地区党员教育管理工作经费支持。

第四十三条 各级党委各党组应当加强对党员教育管理工作的检查考核。基层党委每年把党员教育管理工作情况作为向上级党组织报告工作的重要内容。在基层党建工作述职评议考核中，对党组织负责人抓党员教育管理工作情况作出评价。上级党组织在开展年度考核和任期考核中，应当考核检查下级党组织党员教育管理工作情况。

对在党员教育管理工作中失职失责的，按照有关规定予以问责追责。

第十章　附　　则

第四十四条 中国人民解放军和中国人民武装警察部队党员

教育管理工作规定，由中央军事委员会根据本条例制定。

第四十五条 本条例由中央组织部负责解释。

第四十六条 本条例自2019年5月6日起施行。

干部人事档案工作条例

（中共中央办公厅2018年11月20日印发）

第一章 总 则

第一条 为了贯彻新时代党的组织路线，落实从严管理干部要求，充分发挥干部人事档案在建设高素质专业化干部队伍中的重要作用，推动干部人事档案工作科学化、制度化、规范化，根据《中国共产党章程》等党内法规和《中华人民共和国公务员法》、《中华人民共和国档案法》等国家法律法规，制定本条例。

第二条 干部人事档案是各级党委（党组）和组织人事等有关部门在党的组织建设、干部人事管理、人才服务等工作中形成的，反映干部个人政治品质、道德品行、思想认识、学习工作经历、专业素养、工作作风、工作实绩、廉洁自律、遵纪守法以及家庭状况、社会关系等情况的历史记录材料。

第三条 干部人事档案是教育培养、选拔任用、管理监督干部和评鉴人才的重要基础，是维护干部人才合法权益的重要依据，是社会信用体系的重要组成部分，是党的重要执政资源，属于党和国家所有。

第四条 干部人事档案工作必须坚持以马克思列宁主义、毛泽东思想、邓小平理论、“三个代表”重要思想、科学发展观、习近平新时代中国特色社会主义思想为指导，坚持和加强党的全面领导，坚持党要管党、全面从严治党，坚持德才兼备、以德为先、任人唯贤，坚持科学管理、改革创新，服务广大干部人才，服务党的建设新的伟大工程，服务新时代中国特色社会主义伟大事业。

第五条 干部人事档案工作应当遵循下列原则：

（一）党管干部、党管人才；

（二）依规依法、全面从严；

（三）分级负责、集中管理；

（四）真实准确、完整规范；

（五）方便利用、安全保密。

第六条 本条例适用于党政领导干部、机关公务员、参照公务员法管理的机关（单位）工作人员（工勤人员除外），国有企事业单位领导人员、管理人员和专业技术人员的人事档案管理工作。

第二章 管理体制和职责

第七条 全国干部人事档案工作在党中央领导下，由中央组织部主管，各地区各部门各单位按照干部管理权限分级负责、集中管理。

第八条 中央组织部负责全国干部人事档案工作的宏观指导、政策研究、制度建设、协调服务和监督检查。

建立由中央组织部牵头、中央和国家机关有关部门参与的干部人事档案工作协调配合机制，研究完善相关政策和业务标准，解决有关问题，促进工作有机衔接、协同推进。

第九条 各级党委（党组）领导本地区本部门本单位干部人事档案工作，贯彻落实党中央相关部署要求，研究解决工作机构、经费和条件保障等问题，将干部人事档案工作列为党建工作目标考核内容。

第十条 各级组织人事部门负责本地区本部门本单位干部人事档案工作，建立健全规章制度和工作机制，配齐配强工作力量，组织开展宣传、指导和监督检查。

第十一条 中央组织部负责集中管理中央管理干部的人事档案。

第十二条 中央和国家机关各部委、参照公务员法管理的机关（单位）组织人事部门，中管金融企业、中央企业、党委书记和校长列入中央管理的高校组织人事部门，负责集中管理党委（党组）管理的干部（领导人员、管理人员、专业技术人员，下同）和本单位其他干部的人事档案。

第十三条 省（自治区、直辖市）、市（地、州、盟）党委组织部门负责集中管理本级党委管理干部的人事档案；省、市级直属机关和国有企事业单位组织人事部门集中管理党委（党组）管理的干部和本单位其他干部的人事档案。

县（市、区、旗）以下机关（单位）的干部人事档案可以按不同类别、身份，由县（市、区、旗）党委组织部门、人力资源社会保障部门等分别集中管理。

第十四条 根据工作需要，经上级组织人事部门批准，有关机关（单位）组织人事部门可以集中管理下级单位的干部人事档案。

第十五条 干部人事档案工作人员和与其档案管理同在一个部门且有夫妻、直系血亲、三代以内旁系血亲、近姻亲关系人员的档案，由干部人事档案工作人员所在单位组织人事部门另行指定专人管理。

第十六条 组织人事部门应当明确负责干部人事档案工作的机构（以下简称干部人事档案工作机构），每管理1000卷档案一般应当配备1名专职工作人员。有业务指导任务的干部人事档案工作机构，还应当配备相应的业务指导人员。管理档案数量较少且未设立工作机构的单位，应当明确岗位，专人负责。

干部人事档案工作机构（含干部人事档案工作岗位，下同）的职责包括：

（一）负责干部人事档案的建立、接收、保管、转递，档案材料的收集、鉴别、整理、归档，档案信息化等日常管理工作；

（二）负责干部人事档案的查（借）阅、档案信息研究等利用工作，组织开展干部人事档案审核工作；

（三）配合有关方面调查涉及干部人事档案的违规违纪违法行为；

（四）指导和监督检查下级单位干部人事档案工作；

（五）办理其他有关事项。

第十七条 组织人事部门应当选配政治素质好、专业能力强、作风正派的党员干部从事干部人事档案工作。强化党性教育和业务培训，从严管理，加强激励保障。

干部人事档案工作人员应当政治坚定、坚持原则、忠于职守、甘于奉献、严守纪律。对于表现优秀的干部人事档案工作人员，应当注重培养使用。

第三章 内容和分类

第十八条 干部人事档案内容根据新时代党的建设和组织人事工作以及经济社会发展需要确定，保证真实准确、全面规范、鲜活及时。

第十九条 干部人事档案主要内容和分类包括：

（一）履历类材料。主要有《干部履历表》和干部简历等材料。

（二）自传和思想类材料。主要有自传、参加党的重大教育活动情况和重要党性分析、重要思想汇报等材料。

（三）考核鉴定类材料。主要有平时考核、年度考核、专项考核、任（聘）期考核，工作鉴定，重大政治事件、突发事件和重大任务中的表现，援派、挂职锻炼考核鉴定，党组织书记抓基层党建评价意见等材料。

（四）学历学位、专业技术职务（职称）、学术评鉴和教育培训类材料。主要有中学以来取得的学历学位，职业（任职）资格和评聘专业技术职务（职称），当选院士、入选重大人才工程，发明创造、科研成果获奖、著作译著和有重大影响的论文目录，政策理论、业务知识、文化素养培训和技能训练情况等材料。

（五）政审、审计和审核类材料。主要有政治历史情况审查，领导干部经济责任审计和自然资源资产离任审计的审计结果及整改情况、履行干部选拔任用工作职责离任检查结果及说明，证明，干部基本信息审核认定、干部人事档案任前审核登记表，廉洁从业结论性评价等材料。

（六）党、团类材料。主要有《中国共产党入党志愿书》、入党申请书、转正申请书、培养教育考察，党员登记表，停止党籍、恢复党籍，退党、脱党，保留组织关系、恢复组织生活，《中国共产主义青年团入团志愿书》、入团申请书，加入或者退出民主党派等材料。

（七）表彰奖励类材料。主要有表彰和嘉奖、记功、授予荣誉称号，先进事迹以及撤销奖励等材料。

（八）违规违纪违法处理处分类材料。主要有党纪政务处分，组织处理，法院刑事判决书、裁定书，公安机关有关行政处理决定，有关行业监管部门对干部有失诚信、违反法律和行政法规等行为形成的记录，人民法院认定的被执行人失信信息等材料。

（九）工资、任免、出国和会议代表类材料。主要有工资待遇审批、参加社会保险，录用、聘用、招用、入伍、考察、任免、调配、军队转业（复员）安置、退（离）休、辞职、辞退，公务员（参照公务员法管理人员）登记、遴选、选调、调任、职级晋升，职务、职级套改，事业单位管理岗位职员等级晋升，出国（境）审批，当选党的代表大会、人民代表大会、政协会议、群团组织代表会议、民主党派代表会议等会议代表（委员）及相关职务等材料。

（十）其他可供组织参考的材料。主要有毕业生就业报到证、派遣证，工作调动介绍信，国（境）外永久居留资格、长期居留许可等证件有关内容的复印件和体检表等材料。

干部人事档案材料具体内容和分类标准由中央组织部确定。

第二十条 各级党政机关、国有企事业单位和其他组织及个人应当按照各自职责，共同做好干部人事档案内容建设。

中央组织部会同有关部门统一明确归档材料的内容填写、格式规范等要求。

各级党政机关、国有企事业单位和其他组织应当按照要求制发材料。

干部本人和材料形成部门必须如实、规范填写材料。

材料形成部门应当按照相关规定审核材料，在材料形成后1个月内主动向相应的干部人事档案工作机构移交。

第四章 日常管理

第二十一条 干部人事档案日常管理主要包括档案建立、接收、保管、转递、信息化、统计和保密，档案材料的收集、鉴别、整理和归档等。

日常管理工作中，组织人事部门及其干部人事档案工作机构应当执行国家档案管理的有关法律法规，接受同级档案行政管理部门的业务监督和指导。

第二十二条 干部人事档案分为正本和副本。

首次参加工作被录用或者聘用为本条例第六条所列人员的，

由相应的干部人事档案工作机构以其入党、入团，录用、聘用，中学以来的学籍、奖惩和自传等材料为基础，建立档案正本，并且负责管理。

干部所在单位或者协管单位干部人事档案工作机构根据工作需要，可以建立副处级或者相当职务以上干部的干部人事档案副本，并且负责管理。副本由正本主要材料的复制件构成。正本有关材料和信息变更时，副本应当相应变更。

发现干部人事档案丢失或者损毁的，必须立即报告上级组织人事部门，并且全力查找或者补救。确实无法找到或者补救的，经报上级组织人事部门批准，由负责管理档案的干部人事档案工作机构协调有关单位重新建立档案或者补充必要证明材料。

第二十三条 干部人事数字档案是按照国家相关技术标准，利用扫描等技术手段将干部人事纸质档案转化形成的数字图像和数字文本。

组织人事部门及其干部人事档案工作机构在干部人事档案数字化过程中，应当严格规范档案目录建库、档案扫描、图像处理、数据存储、数据验收、数据交换、数据备份、安全管理等基本环节，保证数字档案的真实性、完整性、可用性、安全性，确保与纸质档案一致。

干部人事数字档案在利用、转递和保密等方面按照纸质档案相关要求管理。

第二十四条 组织人事部门及其干部人事档案工作机构应当按照预防为主、防治结合的要求，建立和维护科学合理的档案存放秩序，按照有关标准要求建设干部人事档案库房，加强库房安全管理和技术防护。档案数量较少的单位，也应当设置专用房间保管档案。阅档场所、整理场所、办公场所应当分开。

第二十五条 干部人事档案管理权限发生变动的，原管理单位的干部人事档案工作机构应当对档案进行认真核对整理，保证档案内容真实准确、材料齐全完整，并在2个月内完成转递；现管理单位的干部人事档案工作机构应当认真审核，严格把关，一般应当在接到档案2个月内完成审核入库。

干部出现辞职、出国不归或者被辞退、解除（终止）劳动（聘用）合同、开除公职等情况，在党委（党组）或者组织人事等有关部门对当事人作出结论意见或者处理处分，经保密审查后，原管理单位的干部人事档案工作机构应当将档案转递至相应的干部人事档案工作机构、公共就业和人才服务机构或者本人户籍所在地的社会保障服务机构。接收单位不得无故拒绝接收人事档案。

转递干部人事档案必须通过机要交通或者安排专人送取，转递单位和接收单位应当严格履行转递手续。

因行政区划调整、机构改革等原因单位撤销合并、职能划转、职责调整，国有企业破产、重组等，组织人事部门应当制定干部人事档案移交工作方案，编制移交清单，按照有关要求及时移交档案。

干部死亡5年后，其人事档案移交本单位档案部门保存，按同级国家档案馆接收范围的规定进馆。

第二十六条 组织人事部门及其干部人事档案工作机构应当按照国家相关标准和要求，加强档案信息资源的规划、建设、开发和管理，提升档案信息采集、处理、传输、利用能力，建立健全安全、便捷、共享、高效的干部人事档案信息化管理体系。

第二十七条 组织人事部门及其干部人事档案工作机构应当定期对干部人事档案日常管理、基础设施和队伍建设等工作情况进行统计、分析、研判，加强档案资源科学管理。

第二十八条 各级党政机关、国有企事业单位和其他组织及个人，对于属于国家秘密、工作秘密的干部人事档案材料和信息，应当严格保密；对于涉及商业秘密、个人隐私的材料和信息，应当按照国家有关法律规定进行管理。

第二十九条 干部人事档案工作机构及其工作人员应当按照相关标准和要求，及时收集材料，鉴别材料内容是否真实，检查材料填写是否规范、手续是否完备等；对于应当归档的材料准确分类，逐份编写材料目录，整理合格后，一般应当在2个月内归档。

第五章 利用和审核

第三十条 干部人事档案利用工作应当强化服务理念，严格利用程序，创新利用方式，提高利用效能，充分发挥档案资政作用、体现凭证价值。

干部人事档案利用方式主要包括查（借）阅、复制和摘录等。

第三十一条 因工作需要，符合下列情形之一的，可以查阅干部人事档案：

（一）政治审查、发展党员、党员教育、党员管理等；

（二）干部录用、聘用、考核、考察、任免、调配、职级晋升、教育培养、职称评聘、表彰奖励、工资待遇、公务员登记备案、退（离）休、社会保险、治丧等；

（三）人才引进、培养、评选、推送等；

（四）巡视、巡察，选人用人检查、违规选人用人问题查核，组织处理，党纪政务处分，涉嫌违法犯罪的调查取证、案件查办等；

（五）经具有干部管理权限的党委（党组）、组织人事部门批准的编史修志，撰写大事记、人物传记，举办展览、纪念活动等；

（六）干部日常管理中，熟悉了解干部，研究、发现和解决有关问题等；

（七）其他因工作需要利用的事项。

干部本人及其亲属办理公证、诉讼取证等有关干部个人合法权益保障的事项，可以按照有关规定提请相应的组织人事等部门查阅档案。

复制、摘录的档案材料，应当按照有关要求管理和使用。

第三十二条 查阅干部人事档案按照以下程序和要求进行：

（一）查阅单位如实填写干部人事档案查阅审批材料，按照程序报单位负责同志审批签字并加盖公章；

（二）查阅档案应当2人以上，一般均为党员；

（三）干部人事档案工作机构应当按照程序审批；

（四）在规定时限内查阅。

第三十三条 干部人事档案一般不予外借，确因工作需要借阅的，借阅单位应当履行审批手续，在规定时限内归还，归还时干部人事档案工作机构应当认真核对档案材料。

第三十四条 组织人事部门及其干部人事档案工作机构应当按照统一要求，结合实际制定查（借）阅干部人事档案的具体规定。

第三十五条 组织人事部门应当坚持“凡提必审”、“凡进必审”、干部管理权限发生变化的“凡转必审”，在干部动议、考察、任职前公示、录用、聘用、遴选、选调、交流，人才引进，军队转业（复员）安置，档案转递、接收等环节，严格按照有关政策和标准，及时做好干部人事档案审核工作。

第三十六条 干部人事档案审核应当在全面审核档案内容的基础上，重点审核干部的出生日期、参加工作时间、入党时间、学历学位、工作经历、干部身份、家庭主要成员及重要社会关系、专业技术职务（职称）、学术评鉴、奖惩等基本信息，审核档案内容是否真实、档案材料是否齐全、档案材料记载内容之间的关联性是否合理以及是否有影响干部使用的情形等。

第三十七条　干部人事档案审核中发现的问题应当按照相关规定及时进行整改和处理。涉及干部个人信息重新认定的，应当及时通知干部所在单位和干部本人。

凡发现档案材料或者信息涉嫌造假的，组织人事部门等应当立即查核，未核准前，一律暂缓考察或者暂停任职、录用、聘用、调动等程序。

第三十八条　组织人事部门及其干部人事档案工作机构应当运用大数据等信息技术，建立健全干部人事档案科学利用机制，为干部资源配置、领导班子建设、干部队伍宏观管理、组织人事工作规律研究等提供精准高效服务。

第六章　纪律和监督

第三十九条　开展干部人事档案工作必须遵守下列纪律：

（一）严禁篡改、伪造干部人事档案；

（二）严禁提供虚假材料、不如实填报干部人事档案信息；

（三）严禁转递、接收、归档涉嫌造假或者来历不明的干部人事档案材料；

（四）严禁利用职务、工作上的便利，直接实施档案造假，授意、指使、纵容、默许他人档案造假，为档案造假提供方便，或者在知情后不及时向组织报告；

（五）严禁插手、干扰有关部门调查、处理档案造假问题；

（六）严禁擅自抽取、撤换、添加干部人事档案材料；

（七）严禁圈划、损坏、扣留、出卖、交换、转让、赠送干部人事档案；

（八）严禁擅自提供、摘录、复制、拍摄、保存、丢弃、销毁干部人事档案；

（九）严禁违规转递、接收和查（借）阅干部人事档案；

（十）严禁擅自将干部人事档案带出国（境）外；

（十一）严禁泄露或者擅自对外公开干部人事档案内容。

第四十条 党委（党组）及其组织人事部门对干部人事档案工作和本条例实施情况进行监督检查。

纪检监察机关、巡视巡察机构按照有关规定，对干部人事档案工作进行监督检查。

第四十一条 党委（党组）及其组织人事部门在干部人事档案工作中，必须严格执行本条例，自觉接受组织监督和党员、干部、群众监督。

下级机关（单位）和党员、干部、群众对干部人事档案工作中的违纪违规行为，有权向上级党委（党组）及其组织人事部门、纪检监察机关举报、申诉，受理部门和机关应当按照有关规定查核处理。

第四十二条 对于违反相关规定和纪律的，依据有关规定予以纠正；根据情节轻重，给予批评教育、组织处理或者党纪政务处分，并视情追究相关人员责任。涉嫌违法犯罪的，按照国家法律法规处理。

第七章 附 则

第四十三条 流动人员和自主择业军队转业干部等其他人员的人事档案管理工作，由相关主管部门根据本条例精神另行规定。

第四十四条 中国人民解放军和中国人民武装警察部队干部人事档案工作规定，由中央军事委员会根据本条例精神制定。

第四十五条 本条例由中央组织部负责解释。

第四十六条 本条例自 2018 年 11 月 20 日起施行。1991 年 4 月 2 日中央组织部、国家档案局印发的《干部档案工作条例》同时废止。

干部教育培训工作条例

（中共中央2015年10月14日印发）

第一章　总　　则

第一条　为了推进干部教育培训工作科学化、制度化、规范化，培养造就高素质干部队伍，依据《中国共产党章程》、《中华人民共和国公务员法》和其他有关法律法规，制定本条例。

第二条　干部教育培训是建设高素质干部队伍的先导性、基础性、战略性工程，在推进中国特色社会主义伟大事业和党的建设新的伟大工程中具有不可替代的重要作用。干部教育培训工作必须坚持以马克思列宁主义、毛泽东思想、邓小平理论、“三个代表”重要思想、科学发展观为指导，深入贯彻习近平总书记系列重要讲话精神，紧紧围绕全面建成小康社会、全面深化改革、全面依法治国、全面从严治党的战略布局，以坚定理想信念、增强执政意识、提高执政能力为重点，把“三严三实”要求贯穿干部教育培训全过程，培养造就信念坚定、为民服务、勤政务实、敢于担当、清正廉洁的好干部，推动学习型、服务型、创新型马克思主义执政党建设和学习型社会建设，推进国家治理体系和治理能力现代化，为不断夺取中国特色社会主义新胜利、实现中华民族伟大复兴的中国梦提供思想政治保证、人才保证和智力支持。

第三条　本条例适用于党的机关、人大机关、行政机关、政协机关、审判机关、检察机关，以及列入公务员法实施范围的其他机关和参照公务员法管理的机关（单位）的干部教育培训工作。

国有企业、不参照公务员法管理的事业单位结合各自特点执行本条例。

第四条 干部教育培训工作应当遵循下列原则：

（一）服务大局，按需施教。始终坚持社会主义办学方向，紧紧围绕党和国家事业发展需要，结合干部岗位职责和健康成长需求，开展教育培训，全面提高质量和效益。

（二）以德为先，注重能力。贯彻干部队伍革命化、年轻化、知识化、专业化方针，坚持德才兼备、以德为先，突出理想信念教育和党性党规党纪教育，将能力培养贯穿始终，全面提高干部德才素质和履职能力。

（三）分类分级，全员培训。按照干部管理权限组织实施教育培训，把教育培训的普遍性要求与不同类别、不同层次、不同岗位干部的特殊需要结合起来，增强针对性，确保全覆盖。

（四）联系实际，学以致用。大力弘扬马克思主义学风，围绕中心工作，以问题为导向开展教育培训，引导干部在改造主观世界的同时，运用所学理论和知识指导实践、推动工作。

（五）与时俱进，改革创新。适应形势任务发展变化，遵循干部成长规律和干部教育培训规律，坚持开放办学，完善培训内容，改进培训方式，整合培训资源，优化培训队伍，不断推进干部教育培训理论创新、实践创新、制度创新。

（六）依法治教，从严管理。建立健全干部教育培训法规制度，依法依规开展干部教育培训，从严治校、从严治教、从严治学，保持良好的教学秩序和学习风气。

第二章 管理体制

第五条 全国干部教育培训工作实行在党中央领导下，由中央组织部主管，中央和国家机关有关工作部门分工负责，中央和地方分级管理的体制。

第六条 中央组织部履行全国干部教育培训工作的整体规划、

制度建设、宏观指导、协调服务、督促检查等职能。

全国干部教育联席会议成员单位按照职责分工，负责相关的干部教育培训工作。

中央和国家机关各部门负责指导本行业本系统的业务培训。

第七条 地方各级党委领导本地区干部教育培训工作，贯彻执行党和国家干部教育培训工作的方针政策，把干部教育培训工作纳入本地区经济社会发展规划，统筹研究部署。

地方各级党委组织部主管本地区干部教育培训工作。地方各级干部教育领导小组或者联席会议成员单位按照职责分工，负责相关的干部教育培训工作。

第八条 干部所在单位按照干部管理权限，负责组织实施本单位的干部教育培训工作。

开展干部教育培训工作情况应当作为领导班子考核的重要内容。干部所在单位未按规定履行干部教育培训职责的，由干部教育培训管理部门责令其限期整改，并在一定范围内给予通报批评。

第九条 垂直管理部门的干部教育培训工作由部门负责。

双重管理单位的干部教育培训工作由主管方负责；经协商，也可以由协管方负责。

第十条 党委和政府工作部门抽调下级党委和政府领导班子成员参加培训，必须报同级干部教育培训主管部门审批，避免多头调训和重复培训。

第十一条 各级党委和政府及其有关工作部门、干部教育培训机构、干部所在单位和干部本人必须严格执行本条例，自觉接受组织监督、群众监督、社会监督。

干部教育培训主管部门会同有关部门对干部教育培训工作和贯彻执行本条例情况进行监督检查，制止和纠正违反本条例的行为，并对有关责任人员提出处理意见和建议。

第三章　教育培训对象

第十二条　干部有接受教育培训的权利和义务。

第十三条　干部教育培训的对象是全体干部，重点是县处级以上党政领导干部和优秀中青年干部。

第十四条　干部应当根据不同情况参加相应的教育培训：

（一）贯彻落实党和国家重大决策部署的集中轮训；

（二）党的基本理论和党性教育的专题培训；

（三）新录（聘）用的初任培训；

（四）晋升领导职务的任职培训；

（五）在职期间的岗位培训；

（六）从事专项工作的专门业务培训；

（七）其他培训。

第十五条　省部级、厅局级、县处级党政领导干部应当每5年参加党校、行政学院、干部学院，以及干部教育培训管理部门认可的其他培训机构累计3个月或者550学时以上的培训。提拔担任领导职务的，确因特殊情况在提任前未达到教育培训要求的，应当在提任后1年内完成培训。干部教育培训管理部门应当作出规划，统筹安排。

其他干部参加教育培训的时间，根据有关规定和工作需要确定，每年累计不少于12天或者90学时。

第十六条　干部必须严格遵守教育培训的规章制度，严格遵守学习培训和廉洁自律各项规定，完成规定的教育培训任务。

干部因故未按规定参加教育培训或者未达到教育培训要求的，应当及时补训。干部教育培训考核不合格的，年度考核不得确定为优秀等次。对无正当理由不参加教育培训的，给予批评教育直至组织处理。干部弄虚作假获取培训经历、学历或者学位的，按照有关规定严肃处理。

第十七条 干部在参加组织选派的脱产教育培训期间，一般应当享受在岗同等待遇，一般不承担所在单位的日常工作、出国（境）考察等任务。因特殊情况确需请假的，必须严格履行手续。

第十八条 干部个人参加社会化培训，费用一律由本人承担，不得由财政经费和单位经费报销，不得接受任何机构和他人的资助或者变相资助。

第四章 教育培训内容

第十九条 干部教育培训坚持以理想信念、党性修养、政治理论、政策法规、道德品行教育培训为重点，并注重业务知识、科学人文素养等方面教育培训，全面提高干部素质和能力。

第二十条 政治理论教育重点开展马克思列宁主义、毛泽东思想、邓小平理论、“三个代表”重要思想、科学发展观和习近平总书记系列重要讲话精神教育培训，加强党的路线方针政策、社会主义核心价值观、党史国史、国情形势等教育培训，引导干部坚定共产主义远大理想和中国特色社会主义共同理想，增强中国特色社会主义道路自信、理论自信、制度自信，提高运用马克思主义立场、观点、方法分析解决实际问题的能力，增强领导改革开放和社会主义现代化建设的本领。

对党员干部，必须加强党性教育，重点开展党章、党的宗旨、党规党纪、党的优良传统、党风廉政建设等教育培训，引导党员干部增强党的意识、宗旨意识、执政意识、大局意识、责任意识、规矩意识，做到对党忠诚、个人干净、敢于担当。

对党外干部，也应当根据其特点，开展相应的政治理论教育。

第二十一条 政策法规教育重点加强宪法法律和党内法规教育，开展党中央关于经济建设、政治建设、文化建设、社会建设、生态文明建设和党的建设等方面重大决策部署的培训，提高干部科学执政、民主执政、依法执政水平。

开展总体国家安全观教育，增强干部国家安全意识和推进国家安全建设的本领。

第二十二条 业务知识培训应当根据干部岗位特点和工作要求，有针对性地开展履行岗位职责所必备知识的培训，加强各种新知识新技能的教育培训，帮助干部提高专业素养和实际工作能力。

第二十三条 科学人文素养教育应当按照提高干部综合素质的要求，开展哲学、历史、科技、文学、艺术和军事、外交、民族、宗教、保密、心理健康等方面教育培训，帮助干部加快知识更新、优化知识结构、拓宽眼界视野。

第五章 教育培训方式方法

第二十四条 干部教育培训以脱产培训、党委（党组）中心组学习、网络培训、在职自学等方式进行。

第二十五条 脱产培训以组织调训为主。干部教育培训管理部门负责制定干部调训计划，选调干部参加脱产培训，对重要岗位的干部可以实行点名调训。干部所在单位按照计划完成调训任务。干部必须服从组织调训。

第二十六条 坚持和完善党委（党组）中心组学习制度。中心组学习应当以党的理论和路线方针政策为基本内容，在自学和调研基础上保证每个季度不少于1次集体学习研讨。

第二十七条 充分运用现代信息技术，完善网络培训制度，建立兼容、开放、共享、规范的干部网络培训体系。提高干部教育培训教学和管理信息化水平，用好大数据、“互联网+”等技术手段。

第二十八条 建立健全干部在职自学制度。干部所在单位应当支持鼓励干部在职自学，并提供必要条件。

第二十九条 严格规范和改进境外培训工作。干部教育培训管理部门应当根据工作需要，突出重点、注重实效，择优选派培训对象，合理确定培训机构，严格培训过程管理和效果评价。

第三十条 干部教育培训应当根据内容要求和干部特点，综合运用讲授式、研讨式、案例式、模拟式、体验式等教学方法，实现教学相长、学学相长。

引导和支持干部教育培训方式方法创新。

第六章 教育培训机构

第三十一条 加强干部教育培训机构建设，构建分工明确、优势互补、布局合理、竞争有序的干部教育培训机构体系。充分发挥党校、行政学院、干部学院在干部教育培训中的主渠道、主阵地作用。加强社会主义学院建设。

第三十二条 党校、行政学院、干部学院和社会主义学院应当坚持功能定位，突出办学特色，按照职能分工开展干部教育培训工作。

部门和行业系统干部教育培训机构，应当按照各自职责，提升专业化办学水平，做好本部门和本行业本系统的干部教育培训工作。

干部教育培训管理部门可以委托符合条件的高等学校、科研院所、社会培训机构等承担干部教育培训任务。

各类干部教育培训机构应当加强交流合作，通过联合办学等方式，促进资源优化配置，增强办学活力和实力。

充分发挥现场教学基地作用，统筹规划、规范管理，提升教学质量。

第三十三条 干部教育培训机构必须贯彻执行党和国家干部教育培训方针政策和法律法规。对违反规定的，由干部教育培训主管部门责令限期整改；逾期不改的，给予通报批评；情节严重的，由有关部门对负有主要责任的领导人员和直接责任人员给予纪律处分。

第三十四条 干部教育培训机构应当以教学为中心，深化教学改革，完善培训内容，科学设置培训班次和学制，优化学科结构，改进课程设计，创新教学方法，提高教学水平。

第三十五条 各级党委和政府应当加强干部教育培训机构的领导班子建设，改善干部教育培训机构的基础设施和办学条件。

各级党委和政府应当坚持办好基础较好、优势明显的干部教育培训机构，调整、整顿不具备办学能力和条件的干部教育培训机构。

第三十六条 实行干部教育培训机构准入制度。高等学校、科研院所、社会培训机构等承担干部教育培训任务，必须获得干部教育培训管理部门的资质认可。干部教育培训管理部门应当制定和公布相应的准入标准。不得组织干部到没有资质的教育培训机构培训。

培育和规范干部教育培训市场，引导和推动教育培训机构积极参与、规范运作、优化服务、提高质量，逐步形成由干部教育培训主管部门指导、公开平等、竞争有序、能进能出的干部教育培训市场机制。规范干部教育培训收费标准，严禁借干部教育培训之名谋取不当利益。

第三十七条 实行干部教育培训项目管理制度。干部教育培训管理部门可以采取直接委托、招标投标等方式，确定承担教育培训任务的教育培训机构。

第三十八条 加强干部教育培训管理者队伍建设，加强培养，严格管理，促进交流，优化结构，提高素质。

加强干部教育培训理论研究。

第七章 师资、课程、教材、经费

第三十九条 按照政治合格、素质优良、规模适当、结构合理、专兼结合的原则，建设高素质干部教育培训师资队伍。

第四十条 从事干部教育培训工作的教师，必须对党忠诚、政治坚定，严守纪律、严谨治学，具有良好的职业道德修养、较高的理论政策水平、扎实的专业知识基础，有一定的实际工作经验，掌握现代教育培训理论和方法，具备胜任教学、科研工作的能力。

第四十一条 从事干部教育培训工作的教师，应当联系实际开展教学，有的放矢，力戒空谈，严守讲坛纪律，不得传播违反党的理论和路线方针政策、违反中央决定的错误观点。对违反讲坛纪律的，给予批评教育直至纪律处分。

第四十二条 实行专职教师职务聘任和竞争上岗制度，通过考核、奖惩和教育培训，加强专职教师队伍建设。

建立专职教师知识更新机制和实践锻炼制度，保证专职教师每年参加教育培训的时间累计不少于1个月。逐步建立符合干部教育培训特点的师资队伍考核评价体系。

第四十三条 选聘思想政治素质过硬、实践经验丰富、理论水平较高的领导干部、企业经营管理人员、专家学者和先进模范人物、优秀基层干部等担任兼职教师，充分发挥兼职教师的作用。

建立健全领导干部上讲台制度。县级以上党政领导班子成员特别是主要领导干部应当带头到党校、行政学院、干部学院、社会主义学院和高等学校等授课。

第四十四条 中央组织部和各省、自治区、直辖市党委组织部应当建立完善干部教育培训师资库。有条件的地区和部门可以根据工作需要建立干部教育培训师资库。

第四十五条 建立完善干部教育培训课程开发和更新机制，构建富有时代特征和实践特色、务实管用的干部教育培训课程体系。

第四十六条 加强精品课程建设，重点开发体现马克思主义中国化最新成果、反映各领域理论和实践创新的精品课程。

建立国家级和省级干部教育培训精品课程库，实现优质课程资源共享。

第四十七条 适应不同类别干部教育培训的需要，着眼于提高干部综合素质和能力，逐步建立开放的、形式多样的、具有时代特色的干部教育培训教材体系。

第四十八条 坚持干部教育培训教材的开发和利用相结合，做到与时俱进、科学规划、编审分开、讲求实效。

第四十九条 加强干部教育培训教材编写、出版、发行、使用的管理和监督。

全国干部培训教材编审指导委员会负责组织制定干部教育培训教材建设规划，审定全国干部教育培训教材。有关地方、部门和机构按照教材建设规划的要求，可以编写符合需要、各具特色的干部教育培训教材，积极选用中央有关部门组织编写、推荐的权威教材和学习读本，并可以选用国内外优秀出版物。

第五十条 干部教育培训经费列入各级政府年度财政预算，保证干部教育培训工作需要。

加强干部教育培训经费管理，厉行节约，勤俭办学，提高经费使用效益。

第五十一条 加大对革命老区、民族地区、边疆地区、贫困地区干部教育培训支持力度，推动优质培训资源向基层延伸倾斜。

第八章　考核与评估

第五十二条　建立干部教育培训考核和激励机制。干部接受教育培训情况应当作为干部考核的内容和任职、晋升的重要依据。

第五十三条　干部教育培训考核的内容包括干部的学习态度和表现，理论、知识掌握程度，党性修养和作风养成情况，以及解决实际问题的能力等。

第五十四条　干部教育培训考核应当区分不同教育培训方式分别实施。脱产培训的考核，由主办单位和干部教育培训机构实施；网络培训和境外培训的考核，由主办单位和干部所在单位实施。

干部教育培训实行登记管理。各级干部教育培训主管部门和干部所在单位应当按照干部管理权限，建立完善干部教育培训档案，如实记载干部参加教育培训情况和考核结果。

建立健全跟班管理制度，加强对干部学习培训的考核与监督。

第五十五条　组织（人事）部门在干部年度考核、任用考察时，应当将干部接受教育培训情况作为一项重要内容。干部参加脱产培训情况应当记入干部年度考核表，参加2个月以上的脱产培训情况应当记入干部任免审批表。

第五十六条　建立健全干部教育培训评估制度，加强对干部教育培训机构、项目及课程的评估。

第五十七条　干部教育培训管理部门负责对干部教育培训机构进行评估，也可以委托干部教育培训管理部门认可的机构进行评估。

干部教育培训机构评估的内容包括办学方针、培训质量、师资队伍、组织管理、学风建设、基础设施、经费管理等。

干部教育培训管理部门应当充分运用评估结果，指导干部教育培训机构改进工作。

第五十八条 干部教育培训项目评估由项目委托方组织实施。

项目评估的内容包括培训设计、培训实施、培训管理、培训效果等。

评估结果应当作为评价教育培训机构办学质量的重要标准，作为确定教育培训机构承担培训任务的重要依据。

第五十九条 干部教育培训课程评估由教育培训机构组织实施。

课程评估的内容包括教学态度、教学内容、教学方法、教学效果等。

教育培训机构应当将评估结果作为指导教学部门和教师改进教学的重要依据。

第九章 附 则

第六十条 中国人民解放军和中国人民武装警察部队的干部教育培训办法，由中央军事委员会根据本条例的基本精神制定。

第六十一条 本条例由中央组织部负责解释。

第六十二条 本条例自 2015 年 10 月 14 日起施行。2006 年 1 月 21 日中共中央印发的《干部教育培训工作条例（试行）》同时废止。

县以上党和国家机关党员领导干部民主生活会若干规定

（中共中央 2016 年 12 月 23 日印发）

第一条 为了落实全面从严治党要求，坚持和完善县以上党和国家机关党员领导干部民主生活会制度，根据《中国共产党章程》和《关于新形势下党内政治生活的若干准则》、《中国共产党党内监督条例》等有关党内法规，制定本规定。

第二条 本规定所称县以上党和国家机关党员领导干部，是指县以上党的各级委员会、纪律检查委员会的常务委员会委员，工作委员会委员，党组（党委）成员，以及县以上党和国家机关各部门（含人民团体）的党员领导干部。

经济组织、文化组织、社会组织和其他组织的党组（党委）成员，执行本规定。

第三条 民主生活会是党内政治生活的重要内容，是发扬党内民主、加强党内监督、依靠领导班子自身力量解决矛盾和问题的重要方式。坚持和完善民主生活会制度，对于新形势下加强和规范党内政治生活，增强党自我净化、自我完善、自我革新、自我提高能力，实现党的正确领导，维护党的团结和集中统一，引导党员领导干部牢固树立政治意识、大局意识、核心意识、看齐意识特别是核心意识、看齐意识，自觉践行“三严三实”要求，始终做到忠诚干净担当，具有重要作用。

党员领导干部还应当以普通党员身份参加所在党支部（党小组）组织生活会，过好双重组织生活。

第四条 民主生活会应当遵循“团结——批评——团结”的方针，贯彻整风精神，充分发扬民主，开展积极健康的思想斗争，增强党内政治生活的政治性、时代性、原则性、战斗性。参加民主生活会的党员领导干部应当严肃认真开展批评和自我批评，坚持实事求是，讲党性不讲私情、讲真理不讲面子，按照“照镜子、正衣冠、洗洗澡、治治病”的要求，严肃认真提意见，满腔热情帮同志，达到统一思想、增进团结、互相监督、共同提高的目的。

第五条 民主生活会应当确定主题，一般由上级党组织统一确定，或者由领导班子根据自身建设实际确定，并报上级党组织同意。

第六条 民主生活会应当围绕主题，就以下基本内容进行对照检查，开展批评和自我批评：

（一）遵守党章，坚定理想信念，贯彻党的理论路线方针政策和决议，执行党的政治纪律和政治规矩，维护党中央权威的情况。

（二）加强领导班子自身建设，实行民主集中制，维护领导班子团结，严格党的组织生活制度，坚持正确用人导向，开展批评和自我批评的情况。

（三）正确行使权力，履职尽责、积极作为，坚持科学决策、民主决策、依法决策，反对特权、秉公用权的情况。

（四）带头践行社会主义核心价值观，艰苦奋斗，清正廉洁，遵纪守法，注重家庭、家教、家风，教育管理好亲属和身边工作人员的情况。

（五）执行党的群众路线，站稳人民立场，改进领导作风，深入调查研究，密切联系群众的情况。

（六）履行全面从严治党主体责任和监督责任，加强党风廉洁建设和反腐败工作的情况。

受到诫勉谈话的，应当说明整改情况。

第七条 民主生活会每年召开1次，一般安排在第四季度。因特殊情况需要提前或者延期召开的，应当报上级党组织同意。

民主生活会到会人数必须达到应到会人数的三分之二以上。

第八条 领导班子遇到重要或者普遍性问题，出现重大决策失误或者对突发事件处置失当，经纪律检查、巡视和审计发现重要问题，以及发生违纪违法案件等情况的，应当专门召开民主生活会，及时剖析整改。

第九条 召开民主生活会应当制定会议方案，提前10日报上级党组织审核，并做好以下准备工作：

（一）领导班子成员认真学习党章党规和党的创新理论以及有关文件，提高思想认识，把握标准要求。

（二）由党委（党组）或者委托组织部门、机关党组织征求党员、干部和群众的意见建议，并如实向领导班子及其成员反馈。领导班子成员应当就反映本人的有关问题，向组织作出说明。

（三）领导班子成员之间互相谈心谈话，交流思想，交换意见，并与分管单位主要负责人谈心，也应当接受党员、干部约谈。

（四）撰写领导班子对照检查材料和个人发言提纲，查摆问题，进行党性分析，提出整改措施。个人发言提纲应当自己动手撰写，并按规定说明个人有关事项。

第十条 民主生活会由领导班子主要负责人主持，一般按以下程序进行：

（一）通报上一次民主生活会整改措施落实情况和本次民主生活会征求意见情况。

（二）主要负责人代表领导班子作对照检查。

（三）领导班子成员逐一进行对照检查，作自我批评，其他成员对其提出批评意见。

（四）主要负责人总结会议情况，提出整改工作要求。

因故缺席的人员应当提交书面发言材料。会后，将会议情况和批评意见转告缺席人。

第十一条 民主生活会应当直面问题，领导干部应当在会上把自身存在的突出问题说清楚、谈透彻，开展批评和自我批评，明确整改方向。自我批评应当联系实际、针对问题、触及思想。相互批评应当开诚布公指出问题，防止以工作建议代替批评意见。对待批评应当有则改之、无则加勉，不搞无原则纷争，也不搞一团和气。

批评和自我批评的具体意见，不得随意散布。

第十二条 民主生活会列席人员，根据有关规定和会议内容确定。列席人员可以发言，对领导班子及其成员提出批评或者建议。

第十三条 民主生活会应当切实解决问题，对检查和反映出来的问题，领导班子及其成员应当制定整改措施，确定整改目标和完成时限。对群众反映强烈的突出问题进行专项整治。需要上级党组织帮助解决的，应当及时向上级党组织报告。反映领导班子成员的违纪问题，由党的纪律检查机关处理。

第十四条 在民主生活会上提出的重要问题，党组织没有及时研究解决和向上级党组织报告的，应当追究主要负责人责任；造成严重后果的，依纪依规严肃处理。

第十五条 民主生活会结束后15日内，应当将会议情况报告和会议记录报上级党组织，并报送上级纪委和党委组织部门。报告的主要内容是征求意见的情况、开展批评和自我批评的情况、检查和反映出来的主要问题及整改措施。省部级单位召开民主生活会的情况，由中央组织部会同中央纪委机关形成综合报告，报党中央。

民主生活会召开情况应当向下级党组织或者本单位通报。对于群众普遍关心问题的整改措施，以适当方式公布。

第十六条 中央政治局带头开好民主生活会。各级党委（党组）履行组织开好民主生活会的领导责任。上级党组织应当通过派出督导组、派人列席等方式，对下级单位召开的民主生活会进行督促检查和指导，具体工作由组织部门会同纪律检查机关负责。对问题突出的领导班子，上级党组织主要负责人应当亲自过问，派出得力的负责人列席民主生活会，严肃指出问题、深入分析原因、切实帮助解决。党的机关工作委员会参与对同级直属机关召开的民主生活会的督促检查和指导。党中央主要负责督促检查和指导省部级单位召开的民主生活会。

第十七条 上级党组织负责人，纪律检查机关、组织部门负责人每年应当随机参加一定数量的下级单位召开的民主生活会，了解情况，进行指导，发现问题及时纠正。纪律检查机关、组织部门派人列席下一级各单位召开的民主生活会。

第十八条 执行民主生活会制度情况，纳入领导班子及其成员履行全面从严治党责任考核内容，作为考核评价领导班子的重要依据。对不按规定召开民主生活会的应当严肃指出、限期整改，对走过场的责令重新召开，并在一定范围通报批评，情节严重的追究主要负责人责任。对无正当理由不参加民主生活会的党员领导干部，给予严肃批评教育。

第十九条 国有企业党组织、高等学校党组织、乡镇党委等基层党组织领导干部民主生活会，参照本规定执行。

第二十条 中国人民解放军和中国人民武装警察部队党组织的民主生活会制度，由中央军委参照本规定作出规定。

第二十一条 本规定由中央组织部负责解释。

第二十二条 本规定自 2016 年 12 月 23 日起施行。1990 年 5 月 25 日中共中央印发的《关于县以上党和国家机关党员领导干部民主生活会的若干规定》同时废止。

干部人事档案材料收集归档规定

（中共中央组织部 2009 年 7 月 16 日印发）

第一章 总 则

第一条 为了规范干部人事档案材料收集归档工作，确保为公道正派地选人用人提供真实、全面的档案信息，为维护干部的合法权益提供依据，根据《中华人民共和国档案法》、《中华人民共和国公务员法》、《党政领导干部选拔任用工作条例》和《干部档案工作条例》等法律法规，制定本规定。

第二条 干部人事档案材料收集归档工作遵循真实、全面、及时、规范的原则，重点收集反映干部自然情况和德、能、勤、绩、廉等方面的材料，并根据经济社会发展和组织工作的需要，不断充实完善干部人事档案的内容。

第三条 干部人事档案材料形成部门和干部人事档案管理部门，必须认真贯彻执行有关的法律、法规和组织人事等工作的政策、规定。收集归档工作受国家有关法律、法规的保护和监督。

第四条 本规定适用于各级党委、人大、政府、政协、纪委、人民法院、人民检察院和各民主党派、人民团体机关的干部人事档案材料收集归档工作。

国有企业和事业单位的干部人事档案材料收集归档工作参照本规定执行。

流动人员人事档案材料收集归档工作参照本规定执行。

第二章 归档范围

第五条 履历材料：履历表和属于履历性质的登记表等材料。

第六条 自传材料：自传和属于自传性质的材料。

第七条 报告个人有关事项的材料：领导干部个人有关事项发生变化的报告表等材料。

第八条 考察、考核、鉴定材料：考察材料；在重大政治事件、突发事件和重大任务中的表现材料；定期考核材料，年度考核登记表，援藏、援疆、挂职锻炼等考核材料；工作调动、转业等鉴定材料；后备干部登记表（提拔使用后归档）等材料。

第九条 审计材料：经济责任审计结果报告。

第十条 学历学位材料：高中毕业生登记表；中专毕业生登记表；普通高等教育、成人高等教育、自学考试、党校、军队院校报考登记表，入学考试各科成绩表，研究生推免生登记表，专家推荐表；学生（学员、学籍）登记表，学习成绩表、毕业生登记表，授予学位的材料，毕业证书、学位证书复印件，党校学历证明；选拔留学生审查登记表等参加出国（境）学习和中外合作办学学习的有关材料；国务院学位委员会、教育部授权单位出具的国内外学历学位认证材料等。

第十一条 培训材料：为期两个月以上的学员培训（学习、进修）登记表、考核登记表、结业登记（鉴定）表等材料。

第十二条 职业（任职）资格材料：职业资格考试合格人员登记表或职业（任职）资格证书复印件；教师资格认定申请表等材料。

第十三条 评（聘）专业技术职称（职务）材料：专业技术职务任职资格评审表、申（呈）报表，聘任专业技术职务审批表等材料。

第十四条 反映科研学术水平的材料：当选为中国科学院院士、中国工程院院士的通知；遴选博士生导师简况表；博士后工作期满登记表；被县处级以上党政机关、人民团体等评选为专业拔尖人才的材料；科研工作及个人表现评定材料，业务考绩材料；创造发明、科研成果鉴定材料，著作、译著和有重大影响的论文目录。

第十五条 政审材料：上级批复、审查（复查、甄别）结论、调查报告及主要依据与证明材料；本人对结论的意见、检查交待或情况说明材料；撤销原审查结论的材料；各类政审表。

第十六条 更改（认定）姓名、民族、籍贯、国籍、入党入团时间、参加工作时间等材料：个人申请、组织审查报告及主要依据与证明材料、上级批复；计算连续工龄审批材料等。

第十七条 党、团组织建设工作中形成的材料：

（一）中国共产党入党志愿书、入党申请书、转正申请书；整党工作、党员重新登记工作中民主评议党员的组织意见，党员登记表，党支部不予登记或缓期登记的决定、上级组织意见；不合格党员被劝退或除名的组织审批意见及主要依据材料；取消预备党员资格的材料；退党、自行脱党材料；恢复组织生活（党籍）的有关审批材料；

（二）中国共产主义青年团入团志愿书；

（三）加入或退出民主党派的材料。

第十八条 表彰奖励材料：县处级以上党政机关、人民团体等予以表彰、嘉奖、记功和授予荣誉称号的审批（呈报）表、先进人物登记（推荐、审批）表、先进事迹材料；撤销奖励的有关材料等。

第十九条 涉纪涉法材料：处分决定，免予处分的意见，上级批复，核实（调查、复查）报告及主要依据与证明材料，本人对处分决定的意见、检查、交待及情况说明材料；解除（变更、撤销）处分的材料；检察院不起诉决定书；法院刑事判决书、裁定书；公安机关作出行政拘留、限制人身自由、没收违法所得、收缴非法财物、追缴违法所得等的行政处理决定等。

第二十条 招录、聘用材料：录（聘）用审批（备案）表；选调生登记表及审批材料，选聘到村任职高校毕业生登记表；应征入伍登记表，招工审批表；取消录用、解聘材料。

第二十一条 任免、调动、授衔、军人转业（复员）安置、退（离）休材料：干部任免审批表及相应考察材料；干部试用期满审批表；公务员登记表，参照公务员法管理机关（单位）工作人员登记表；公务员调任审批（备案）表，干部调动审批材料；

援藏、援疆、挂职锻炼登记（推荐）表；授予（晋升）军（警）衔、海关关衔、法官和检察官等级审批表；军人转业（复员）审批表；退（离）休审批表等材料。

第二十二条 辞职、辞退、罢免材料：自愿辞职、引咎辞职的个人申请、同意辞职决定等材料，责令辞职的决定，对责令辞职决定不服的申诉材料、复议决定；辞退公务员审批表、辞退决定材料；罢免材料。

第二十三条 工资、待遇材料：新增人员工资审批表、转正定级审批表，工资变动（套改）表、提职晋级和奖励工资审批表或工资变动登记表，工资停发（恢复）通知单；享受政府特殊津贴的材料；解决待遇问题的审批材料。

第二十四条 出国（境）材料：因公出国（境）审批表，在国（境）外表现情况或鉴定等材料；外国永久居留证、港澳居民身份证等的复印件。

第二十五条 党代会，人代会，政协会议，人民团体和群众团体代表会议，民主党派代表会议形成的材料：委员当选通知或证明材料，委员简历；代表登记表等。

第二十六条 健康检查和处理工伤事故材料：录用体检表，反映严重慢性病、身体残疾的体检表；工伤致残诊断书，确定致残等级的材料。

第二十七条 治丧材料：生平，非正常死亡调查报告等材料。

第二十八条 干部人事档案报送、审核工作材料：干部人事档案报送单；干部人事档案有关情况说明等材料。

第二十九条 其他材料：毕业生就业报到证（派遣证），人事争议仲裁裁决书（调解书），公务员申诉处理决定书（再申诉处理决定书、复核决定），再生育子女申请审批表等有参考价值的材料。

第三章　收集归档要求

第三十条　干部人事档案材料形成部门，必须按照有关规定规范制作干部人事档案材料，建立干部人事档案材料收集归档机制，在材料形成之日起一个月内按要求送交干部人事档案管理部门归档并履行移交手续。

第三十一条　干部人事档案管理部门应当建立联系制度，及时掌握形成干部人事档案材料的信息，主动向干部人事档案材料形成部门、干部本人和其他有关方面收集干部人事档案材料。

第三十二条　干部人事档案管理部门必须严格审核归档材料，重点审核归档材料是否办理完毕，是否对象明确、齐全完整、文字清楚、内容真实、填写规范、手续完备。

第三十三条　成套材料必须头尾完整，缺少的档案材料应当进行登记并及时收集补充。

第三十四条　归档材料填写不规范，手续不完备，或材料上的姓名、出生时间、参加工作时间和入党时间等与档案记载不一致的，材料形成部门应当重新制作，补办手续，或者由具有干部管理权限的组织（人事）部门审改（或出具组织说明）并加盖公章。

第三十五条　归档材料一般应当为原件。证书、证件等特殊情况需用复印件存档的，必须注明复制时间，并加盖材料制作单位公章或干部人事关系所在单位组织（人事）部门公章。

第三十六条　干部人事档案材料的载体使用 16 开型（长 260 毫米，宽 184 毫米）或国际标准 A4 型（长 297 毫米，宽 210 毫米）的公文用纸，材料左边应当留有 20－25 毫米装订边，字迹材料应当符合档案保护要求。

第三十七条　符合归档要求的材料，必须在接收之日起一个月内放入本人档案，一年内整理归档。

第四章　纪律和监督

第三十八条　各级组织（人事）部门应当加强对干部人事档案材料收集归档工作的监督和检查，严肃纪律、严格管理，确保干部人事档案材料收集归档工作有序进行。

第三十九条　在干部人事档案材料收集归档工作中，干部人事档案材料形成部门、干部人事档案工作人员和干部本人必须严格执行本规定，并遵守以下纪律：

（一）不准以任何借口涂改、伪造档案材料。

（二）不准将应归档材料据为己有或者拒绝、拖延归档。

（三）不准将本规定所列归档范围之外的材料擅自归档。

（四）不准将虚假材料和不符合归档要求的材料归入档案。

（五）不准私自、指使或者允许他人抽取、撤换或销毁档案材料。

第四十条　对违反干部人事档案材料收集归档工作纪律的，视其性质、情节轻重和造成的后果，对负有主要责任的领导人员和直接责任人员进行批评教育，或给予党纪、政纪处分。其中，档案工作人员参与涂改、伪造档案材料的，要从严从重处理，并不得继续从事干部人事档案工作。

第五章　附　　则

第四十一条　本规定由中共中央组织部负责解释。

第四十二条　本规定自下发之日起施行，1996 年印发的《干部人事档案材料收集归档规定》同时废止。我部此前制定的有关规定，凡与本规定不一致的，以本规定为准。

党政领导干部职务任期暂行规定

（中共中央办公厅2006年6月10日印发）

第一条 为了规范党政领导干部职务任期和任期管理工作，保持领导干部任期内的稳定，增强干部队伍的活力，根据《中华人民共和国宪法》、《中国共产党章程》、《中华人民共和国地方各级人民代表大会和地方各级人民政府组织法》、《中华人民共和国公务员法》、《党政领导干部选拔任用工作条例》和有关法律法规，制定本规定。

第二条 本规定适用于中共中央、全国人大常委会、国务院、全国政协的工作部门和工作机构的正职领导成员；县级以上地方党委、政府领导成员，纪委、人民法院、人民检察院的正职领导成员；省（自治区、直辖市）、市（地、州、盟）党委、人大常委会、政府、政协的工作部门和工作机构的正职领导成员。

第三条 党政领导职务每个任期为5年。

第四条 党政领导干部在任期内应当保持稳定。除有下列情形之一的，应当任满一个任期：

（一）达到退休年龄的；

（二）由于健康原因不能或者不宜继续担任现职务的；

（三）不称职需要调整职务的；

（四）自愿辞职或者引咎辞职、责令辞职的；

（五）因受处分或处罚需要变动职务或者被罢免职务的；

（六）因工作特殊需要调整职务的。

党政领导干部在一个任期内因工作特殊需要调整职务，一般不得超过一次。

第五条 党政领导干部任期内和任期届满应当按照有关规定进行考核，考核结果作为干部使用的重要依据。

第六条 党政领导干部在同一职位上连续任职达到两个任期，不再推荐、提名或者任命担任同一职务。

第七条 党政领导干部担任同一层次领导职务累计达到15年的，不再推荐、提名或者任命担任第二条所列范围内的同一层次领导职务。根据干部个人情况和工作需要对其工作予以适当安排。

第八条 民族自治地方的少数民族党政领导干部执行本规定第六条和第七条，经批准可以适当放宽。

第九条 党政领导干部任期内调整职务，任职3年以上的，计算为一个任期；任职不足3年的，只计算任职年限，不计算任期届数。

第十条 选任制党政领导干部在新一届领导班子选举产生时，原任领导职务自然解除。

工作部门和工作机构正职领导成员任期届满不再连任的，按有关规定由任免机关下达免职通知，免去其担任的领导职务。

第十一条 各级党委（党组）及其组织（人事）部门按照干部管理权限，负责本规定的组织实施，对执行本规定的情况进行监督，对违反本规定的行为予以纠正。

第十二条 工会、共青团、妇联等人民团体的正职领导成员实行任期制度，按照有关章程并参照本规定执行。

市（地、州、盟）级以上党委、政府直属事业单位的正职领导成员实行任期制度，参照本规定执行。

第十三条 省（自治区、直辖市）党委根据本规定精神，结合各地实际，对乡（科）级党政领导干部实行任期制度作出规定，并报中共中央组织部备案。

第十四条 本规定由中共中央组织部负责解释。

第十五条 本规定自发布之日起施行。

党政领导干部交流工作规定

（中共中央办公厅2006年6月10日印发）

第一章　总　　则

第一条　为了推进干部交流工作，进一步优化领导班子结构，提高领导干部的素质和能力，加强党风廉政建设，促进经济社会发展，根据《中华人民共和国公务员法》、《党政领导干部选拔任用工作条例》和有关法律法规，制定本规定。

第二条　本规定适用于中共中央、全国人大常委会、国务院、全国政协的工作部门和工作机构的领导成员，上述工作部门和工作机构的内设机构的领导干部；中央纪委和最高人民法院、最高人民检察院的副职领导成员及其机关内设机构的领导干部；县级以上地方党委、人大常委会、政府、政协及其工作部门和工作机构的领导成员，上述工作部门和工作机构的内设机构的领导干部；县级以上地方纪委和人民法院、人民检察院的领导成员及其机关内设机构的领导干部。

第三条　本规定所称的党政领导干部交流，是指各级党委（党组）及其组织（人事）部门按照干部管理权限，通过调任、转任对党政领导干部的工作岗位进行调整。挂职锻炼工作另行规定。

第二章　交流对象

第四条　交流的对象主要是下列人员：

（一）因工作需要交流的；

（二）需要通过交流锻炼提高领导能力的；

（三）在一个地方或者部门工作时间较长的；

（四）按照规定需要回避的；

（五）其他原因需要交流的。

交流的重点是县级以上地方党委、政府正职领导成员及其他领导成员，纪委、人民法院、人民检察院和党委、政府部分工作部门的正职领导成员。

第五条 县级以上地方党委、政府领导成员在同一职位上任职满10年的，必须交流。民族自治地方的少数民族党政领导干部经批准可以适当放宽。

在同一地区党政领导班子中担任同一层次领导职务满10年的，应当交流。

新提拔担任县（市、区、旗）以上地方党委、政府领导成员的，应当有计划地易地交流任职。

第六条 县级以上地方纪检机关（监察部门）、组织部门、人民法院、人民检察院、公安部门的正职领导成员，在同一职位任职满10年的，必须交流；新提拔的一般应易地交流任职。副职领导成员在同一领导班子中任职满10年的，应当交流。

第七条 党政机关处级以上领导干部，特别是从事执纪执法、干部人事、审计、项目审批和资金管理工作的领导干部，在同一职位任职满10年的，应当交流。

第八条 缺少基层工作经验或者岗位经历单一的县（处）级以上领导干部，应当有计划地交流。

第九条 实行干部双重管理、以上级业务部门为主管理的单位的正职领导成员，在同一领导班子中任职满10年的，应当交流。

第十条 党政领导干部任职回避交流按有关规定执行。

第十一条 党政领导干部有下列情形之一的，可不交流或者暂缓交流：

（一）离最高任职年龄不满5年的（属于必须交流的对象，可区别不同情况对其工作进行调整）；

（二）因健康原因不宜交流的；

（三）涉嫌违纪违法正在接受纪检监察或者司法机关审查尚未作出结论的；

（四）其他原因不适合交流的。

第三章 交流范围和方式

第十二条 干部交流可以在地区之间，部门之间，地方与部门之间，党政机关与国有企业事业单位、人民团体、群众团体之间进行。

第十三条 地（厅）级干部一般在本省（自治区、直辖市）内交流，根据工作需要，也可跨省（自治区、直辖市）交流。县（处）级干部一般在本市（地、州、盟）范围内交流，根据工作需要，县（市、区、旗）委书记、县（市、区、旗）长可在本省（自治区、直辖市）范围内交流。

第十四条 地区之间的干部交流，重点围绕国家经济社会发展战略和人才战略、地方经济社会发展布局和支柱产业及重大项目建设进行。

第十五条 中央和国家机关、省级党政机关应当注意选调有地方工作经验的干部，特别是市（地、州、盟）、县（市、区、旗）党政领导班子中的优秀年轻干部到机关任职，同时根据工作需要有计划地选派机关干部到地方任职。

第十六条 实行党政机关与国有企业事业单位之间的干部交流。选调国有企业事业单位领导人才到党政机关任职，推荐党政领导干部到国有企业事业单位任职。

第十七条 实行干部双重管理、以上级业务部门为主管理的单位的领导干部，可在本系统内交流，也可与地方或者其他系统交流。

第四章 组织实施

第十八条 干部交流工作按照干部管理权限组织实施。根据工作需要，上级党委（党组）及其组织（人事）部门也可直接组织实施。

中央和国家机关与地方之间组织成批干部交流，由中共中央组织部协调后实施；个别干部的交流，原则上由调出单位与调入单位协商办理。

实行干部双重管理部门的干部交流，由主管单位提出，征求协管单位的意见。

第十九条 干部交流工作一般按照下列程序办理：

（一）组织（人事）部门拟定交流方案，提出交流人选；

（二）征求干部调出、调入单位意见；

（三）党委（党组）集体讨论决定；

（四）党委（党组）或者组织（人事）部门与交流干部谈话，听取本人意见，做好思想工作；

（五）组织（人事）部门办理调动手续。

第二十条 干部交流应突出重点，增强计划性、针对性，注意与领导班子换届调整相结合。市、县两级党政正职领导成员未任满一届的一般不交流，同一地区党政正职领导成员一般不同时交流；领导班子一次性交流一般不超过班子成员的三分之一；需按法定程序选举或者任免的干部，交流时应当按照法定程序办理。按规定需作离任审计的，应当进行审计。

第五章　交流工作纪律

第二十一条　干部交流必须严格执行下列纪律：

（一）任何地方和单位必须执行上级党委（党组）关于干部交流的决定，不得以任何理由拒绝执行。

（二）各级党委（党组）必须严格执行干部交流程序，集体研究决定交流对象，不得借干部交流突击提拔干部。任何人不得借干部交流对干部进行打击报复。

（三）干部应当服从组织的交流决定。接到交流通知后，须尽快办理工作交接手续，在限定的时间内报到。跨地区跨部门交流的，应当同时迁转行政关系和党的组织关系。无正当理由拒不服从组织安排的，就地免职或者降职使用。

（四）调出单位应尽快向调入单位转递干部档案，提供真实情况和材料，不得弄虚作假。调入单位应当认真审核有关材料。

（五）干部调离时，不得违反规定随调工作人员，不准随带公共物品；干部调离后，不得干预原单位的工作。

第二十二条　实行干部交流工作责任追究制度。对违反纪律或者执行纪律不严格的，应当严肃批评教育；造成严重后果的，追究主要责任人以及其他直接责任人的责任。

第二十三条　党委（党组）及其组织（人事）部门负责对干部交流工作进行监督检查，受理有关举报、申诉，制止、纠正违反本规定的行为，对有关责任人提出处理意见或者建议。

第六章　保障措施

第二十四条　建立健全干部交流激励机制。坚持交流与培养使用相结合，采取有利于干部健康成长的政策措施，鼓励干部到艰苦边远地区、复杂环境、重点建设工程和基层经受锻炼，建功立业。

第二十五条 党委（党组）及其组织（人事）部门应关心爱护交流干部，妥善安排其工作、生活，充分发挥他们的作用。干部调入、调出单位应当相互配合，帮助交流干部解决困难和问题，解除其后顾之忧。

第二十六条 交流干部的配偶、子女是否随调随迁，尊重本人意愿，按有关规定办理。配偶、子女随调随迁的，应当妥善安排其就业、就学。

第二十七条 党委（党组）及其组织（人事）部门应当跟踪了解交流干部的思想、工作情况，加强教育、管理和监督。

第七章 附 则

第二十八条 工会、共青团、妇联等人民团体和县级以上党政机关所属事业单位的干部交流，参照本规定执行。

第二十九条 各地区各部门可根据本规定制定实施办法。

第三十条 本规定由中共中央组织部负责解释。

第三十一条 本规定自发布之日起施行。《党政领导干部交流工作暂行规定》同时废止。

党政领导干部任职回避暂行规定

（中共中央办公厅2006年6月10日印发）

第一条 为了加强对党政领导干部的管理和监督，保证领导干部公正履行职责，促进党风廉政建设，根据《中华人民共和国公务员法》、《党政领导干部选拔任用工作条例》和有关法律法规，制定本规定。

第二条 本规定适用于中共中央、全国人大常委会、国务院、全国政协的工作部门和工作机构的领导成员，上述工作部门和工作机构的内设机构的领导干部；中央纪委和最高人民法院、最高人民检察院的副职领导成员及其机关内设机构的领导干部；县级以上地方党委、人大常委会、政府、政协及其工作部门和工作机构的领导成员，上述工作部门和工作机构的内设机构的领导干部；县级以上地方纪委和人民法院、人民检察院的领导成员及其机关内设机构的领导干部。

第三条 有夫妻关系、直系血亲关系、三代以内旁系血亲关系以及近姻亲关系的，不得在同一机关担任双方直接隶属于同一领导人员的职务或者有直接上下级领导关系的职务，也不得在其中一方担任领导职务的机关从事组织（人事）、纪检（监察）、审计、财务等工作。

第四条 领导干部的配偶、子女及其配偶以独资、合伙或者较大份额参股的方式，经营企业或者举办经营性民办非企业单位的，该领导干部不得在上述企业或者单位的行业监管或者业务主管部门担任领导成员。

第五条 领导干部不得在本人成长地担任县（市）党委、政府以及纪检机关、组织部门、人民法院、人民检察院、公安部门正职领导成员，一般不得在本人成长地担任市（地、盟）党委、政府以及纪检机关、组织部门、人民法院、人民检察院、公安部门正职领导成员。

民族自治地方的少数民族领导干部参照上款规定执行。

第六条 领导干部任职时存在需要回避情况的，按照干部管理权限由组织（人事）部门提出回避意见，报党委（党组）作出决定。必要时，组织（人事）部门可要求领导干部报告拟任职务所需要回避的情况。

第七条 领导干部任职期间出现需要回避情况的，本人应当提出回避申请。所在单位党组织发现其有需要回避情况的应当提出回避建议，按照干部管理权限由组织（人事）部门审核后提出意见，报党委（党组）作出决定。

第八条 个人、组织有权反映领导干部需要回避的情况，接到反映的机关应当按照干部管理权限交有关组织（人事）部门处理。

第九条 出现本规定第三条所列需要回避情形时，职务层次不同的，一般由职务层次较低的一方回避；职务层次相当的，根据工作需要和实际情况决定其中一方回避。

第十条 实行回避需要跨地区跨部门调整、按照干部管理权限本级难以安排的，报请上级组织（人事）部门协调解决。

第十一条 经人民代表大会选举产生的领导干部需要实行地域回避的，根据实际情况，可以在任期内调整的，在任期内予以调整；任期内难以调整的，任期届满后予以调整。

第十二条 组织（人事）部门提出回避意见报党委（党组）决定前，可以听取领导干部本人及相关人员的意见。

第十三条 领导干部有需要回避的情况不及时报告或者有意隐瞒的，应当予以批评，情节严重的进行组织处理。

第十四条 领导干部必须服从回避决定。无正当理由拒不服从的，就地免职或者降职使用。

第十五条 除本规定第三条、第四条、第五条所列情形外，法律法规对领导干部任职回避另有规定的，从其规定。

国家驻外机构领导干部的任职回避，由有关部门另行规定。

第十六条 各级党委（党组）及其组织（人事）部门按照干部管理权限，负责本规定的组织实施，对执行党政领导干部任职回避制度的情况进行监督，对违反本规定的行为予以纠正。

第十七条 工会、共青团、妇联等人民团体和县级以上党政机关所属事业单位领导干部的任职回避，参照本规定执行。

第十八条 乡（镇、街道）领导干部的任职回避办法，由省（自治区、直辖市）党委根据本规定制定。

第十九条 本规定由中共中央组织部负责解释。

第二十条 本规定自发布之日起施行。

党政领导干部辞职暂行规定

（中共中央办公厅 2004 年 4 月 8 日印发）

第一章 总 则

第一条 为建立健全党政领导干部辞职制度，加强对党政领导干部的管理和监督，根据《党政领导干部选拔任用工作条例》和有关法律、法规，制定本规定。

第二条 党政领导干部辞职包括因公辞职、自愿辞职、引咎辞职和责令辞职。

第三条 本规定适用于中共中央、全国人大常委会、国务院、全国政协、中央纪律检查委员会的工作部门或者机关内设机构的领导成员，最高人民法院、最高人民检察院的领导成员（不含正职）和内设机构的领导成员；县级以上地方各级党委、人大常委会、政府、政协、纪委、人民法院、人民检察院及其工作部门或者机关内设机构的领导成员；上列工作部门的内设机构的领导成员。

第四条 党委（党组）及其组织（人事）部门，按照干部管理权限履行本规定中的有关职责，负责本规定的组织实施。

第二章　因公辞职

第五条　领导干部担任由人大、政协选举产生的领导职务，任期未满因工作需要变动职务，依照法律或者政协章程规定应当辞去现任领导职务的，向本级人民代表大会、人大常委会或者政协提出辞去现任领导职务。

第六条　领导干部因公辞职，应当在接到党委（党组）通知后7日内，向任免机关提出辞去现任职务的书面申请。

第七条　因公辞职的领导干部另有任用，按照有关法律规定拟任职务与现任职务不能同时担任的，应当在任免机关批准其辞职后，再对外公布其新任职务。

第三章　自愿辞职

第八条　党政领导干部因个人或者其他原因，可以自愿提出辞去现任领导职务或者公职。

第九条　党政领导干部自愿辞职应当经过下列程序：

（一）干部本人按照干部管理权限，以书面形式向党委（党组）提出辞职申请。辞职申请应当说明辞职原因等情况，同时辞去公职的还应说明辞职后去向等。

（二）组织（人事）部门对干部辞职原因、辞职条件等有关情况进行了解审核，并提出初步意见。审核中应当听取干部所在单位的意见及纪检机关（监察部门）的意见，并与干部本人谈话。

（三）按照干部管理权限，党委（党组）集体研究，作出同意辞职、不同意辞职或者暂缓辞职的决定。对申请辞去领导职务同时辞去公职的，党委（党组）除对是否同意其辞去领导职务作出决定外，还应对是否同意其辞去公职作出决定。

（四）党委（党组）作出同意辞职决定后，按照有关规定办理辞职手续。由人大、政协选举、任命、决定任命的领导干部，依照法律或者政协章程的有关规定办理。

第十条 党委（党组）应当自接到干部辞职申请之日起三个月内予以答复。答复意见应当以书面形式通知辞职干部所在单位和干部本人。超过三个月未予答复的，视为同意辞职。

第十一条 党政领导干部有下列情形之一的，不得辞去领导职务：

（一）有重要公务尚未处理完毕，而且须由本人继续处理的；

（二）由人大、政协选举、任命、决定任命的领导干部任职不满一年的；

（三）正在接受纪检机关（监察部门）、司法机关调查或者审计机关审计的；

（四）有其他特殊原因的。

第十二条 党政领导干部具有本规定第十一条所列情形之一的或者有下列情形之一的，不得辞去公职：

（一）在涉及国家安全、重要机密等特殊职位上任职或者离开上述职位不满解密期限的；

（二）未满最低服务年限的；

（三）有其他特殊原因的。

第十三条 党政领导干部辞去公职后三年内，不得到原任职务管辖的地区和业务范围内的企业、经营性事业单位和社会中介组织任职；不得从事或者代理与原工作业务直接相关的经商办企业活动。

第四章 引咎辞职

第十四条 党政领导干部因工作严重失误、失职造成重大损失或者恶劣影响，或者对重大事故负有重要领导责任等，不宜再担任现职，本人应当引咎辞去现任领导职务。

第十五条 党政领导干部有下列情形之一的，应当引咎辞职：

（一）因工作失职，引发严重的群体性事件，或者对群体性、突发性事件处置失当，造成严重后果或者恶劣影响，负主要领导责任的；

（二）决策严重失误，造成巨大经济损失或者恶劣影响，负主要领导责任的；

（三）在抗灾救灾、防治疫情等方面严重失职，造成重大损失或者恶劣影响，负主要领导责任的；

（四）在安全工作方面严重失职，连续或者多次发生重大责任事故，或者发生特大责任事故，负主要领导责任的；连续或者多次发生特大责任事故，或者发生特别重大责任事故，负主要领导责任、重要领导责任的；

（五）在市场监管、环境保护、社会管理等方面管理、监督严重失职，连续或者多次发生重大事故、重大案件，造成巨大损失或者恶劣影响，负主要领导责任的；

（六）执行《党政领导干部选拔任用工作条例》不力，造成用人严重失察、失误，影响恶劣，负主要领导责任的；

（七）疏于管理监督，致使班子成员或者下属连续或多次出现严重违纪违法行为，造成恶劣影响，负主要领导责任的；

（八）对配偶、子女、身边工作人员严重违纪违法知情不管，造成恶劣影响的；

（九）有其他应当引咎辞职情形的。

第十六条 党政领导干部引咎辞职应当经过下列程序：

（一）干部本人按照干部管理权限，以书面形式向党委（党组）提出辞职申请。辞职申请应当说明辞职原因和思想认识等。

（二）组织（人事）部门对辞职原因等情况进行了解审核，并提出初步意见。审核中应当听取纪检机关（监察部门）的意见，并与干部本人谈话。

（三）按照干部管理权限，党委（党组）集体研究，作出同意辞职、不同意辞职或者暂缓辞职的决定。党委（党组）的决定应当及时通知干部所在单位和干部本人。

（四）党委（党组）作出同意辞职决定后，按照有关规定办理辞职手续。由人大、政协选举、任命、决定任命的领导干部，依照法律或者政协章程的有关规定办理。

第十七条 党委（党组）应当自接到干部引咎辞职申请三个月内予以答复。

第十八条 任免机关在同意干部引咎辞职后，一般应当将干部引咎辞职情况在一定范围内公布。

第五章 责令辞职

第十九条 党委（党组）及其组织（人事）部门根据党政领导干部任职期间的表现，认定其已不再适合担任现职，可以通过一定程序责令其辞去现任领导职务。

党政领导干部有本规定第十五条所列情形之一，应当引咎辞职而不提出辞职申请的，党委（党组）应当责令其辞职。

第二十条 责令辞职应当经过下列程序：

（一）党委（党组）作出责令干部辞职的决定，并指派专人与干部本人谈话。责令干部辞职的决定应当以书面形式通知干部本人。

（二）被责令辞职的干部应当在接到责令辞职通知后15日内向任免机关提出书面辞职申请。

（三）按照有关规定办理辞职手续。由人大、政协选举、任命、决定任命的领导干部，依照法律或者政协章程的有关规定办理。

第二十一条 被责令辞职的干部若对组织决定不服，可以在接到责令辞职通知后15日内，向作出决定的党委（党组）提出书面申诉。

第二十二条 党委（党组）接到申诉后，应当及时组织人员进行核查，并在一个月内作出复议决定。复议决定以书面形式通知干部本人。

复议决定仍维持原决定的，干部本人应当在接到复议决定后3日内向任免机关提出书面辞职申请。对复议决定仍有不同意见的，可以向上级党委（党组）反映，但应当执行复议决定。

第二十三条 被责令辞职的领导干部不服从组织决定、拒不辞职的，予以免职或者提请任免机关予以罢免。

第六章 相关事宜

第二十四条 党政领导干部辞职，按照有关规定需进行经济责任审计的，党委（党组）及其组织（人事）部门应当委托审计机关进行经济责任审计。

第二十五条 党政领导干部辞职，应当自任免机关批准之日起15日内，办理公务交接等相关手续。

对拒不办理公务交接手续的，按照有关规定给予相应的党纪政纪处分。

第二十六条 党政领导干部在辞职审批期间或者组织决定其暂缓辞职期间不得擅自离职。对擅自离职的，按照有关规定给予相应的党纪政纪处分。

第二十七条 引咎辞职、责令辞职的干部同时提出辞去公职的，应当符合本规定第十二条所列的条件。其中，责令辞职的干部同时提出辞去公职的，须按自愿辞去公职的程序办理。

第二十八条　引咎辞职、责令辞职的干部构成违纪的，按照有关规定给予党纪政纪处分；触犯法律的，依法追究法律责任。

第二十九条　对引咎辞职、责令辞职以及自愿辞去领导职务的干部，根据辞职原因、个人条件、工作需要等情况予以适当安排。

第七章　附　　则

第三十条　本规定所称主要领导责任，是指在其职责范围内，对直接主管的工作不负责、不履行或者不正确履行职责，对造成的损失和影响负直接领导责任；重要领导责任，是指在其职责范围内，对应管的工作或者参与决定的工作，不履行或者不正确履行职责，对造成的损失和影响负次要领导责任。

第三十一条　本规定对工作部门的规定，同时适用于办事机构、派出机构以及其他直属机构。

乡（镇、街道）的党政领导干部辞职，可以适用本规定。

县级以上党委、政府直属事业单位和工会、共青团、妇联等人民团体的领导成员辞职，参照本规定执行。

第三十二条　本规定第三条、第三十一条所列范围内，担任同级非领导职务的干部辞职，参照本规定执行。

第三十三条　国有企业领导人员的辞职，由有关部门根据本规定的精神，制定具体办法。

第三十四条　本规定由中共中央组织部负责解释。

第三十五条　本规定自发布之日起施行。

党政领导干部任职试用期暂行规定

（中共中央组织部2001年2月6日印发）

第一条 为认真贯彻执行党的干部路线、方针、政策，完善党政领导干部选拔任用制度，建设高素质的领导干部队伍，根据有关法律、法规，制定本规定。

第二条 本规定适用于提拔担任下列非选举产生的司厅局级以下（含司厅局级）领导职务的干部：

党委、政府工作部门（含派出机构）的副职和内设机构的领导职务；

人大、政协工作机构（含派出机构）的副职和内设机构的领导职务；

纪委内设机构的领导职务；

法院、检察院内设机构的非国家权力机关依法任命的领导职务。

由非领导职务转任上述同级领导职务的，适用本规定。

第三条 领导干部任职试用期为一年，从任免机关发出试用任职通知时计算。按干部管理权限，需要办理备案手续的，应在发出试用任职通知前一个月办理备案手续。

第四条 领导干部在试用期间，履行所任职务的职责，享受相应的政治和工资待遇。

第五条 试用期满，按照干部管理权限，由组织（人事）部门对领导干部进行考核。考核可根据实际情况，采取适当方式进行。

第六条 领导干部试用期满的考核，应坚持实事求是、客观公正的原则。在了解试用期间的思想政治表现、组织领导能力、工作作风、工作实绩和廉洁自律等情况的同时，重点考核对所任职务的适应能力和履行职责的情况。

第七条 领导干部试用期满，经考核合格的，由组织（人事）部门办理正式任职手续。

正式任职的，试用期计入任职时间。

第八条 领导干部试用期满，经考核不合格的，按干部管理权限审批或备案后，免去试任职务，一般按试用前原职级安排适当工作。

第九条 领导干部在试用期间工作出现重大失误或犯有严重错误，不宜继续试用的，按干部管理权限审批或备案后，提前结束试用期，并按有关规定予以处理。

第十条 党委（党组）及组织（人事）部门按照干部管理权限，履行领导干部试用期间的教育、管理和监督职责。

第十一条 各级党委（党组）及组织（人事）部门要严格执行本规定。对违反本规定的，上级党委（党组）及组织（人事）部门要及时予以纠正，并给主要责任者以批评教育或者纪律处分。

第十二条 各省、自治区、直辖市党委组织部和中央、国家机关各部委干部（人事）部门可根据本规定制定实施办法。

第十三条 工会、共青团、妇联等人民团体中非选举产生的领导职务参照本规定执行。

第十四条 本规定由中共中央组织部负责解释。

第十五条 本规定自发布之日起施行。

事业单位领导人员管理暂行规定

（中共中央办公厅 2015 年 5 月 28 日印发）

第一章　总　　则

第一条　为加强和改进事业单位领导人员管理，健全选拔任用机制和管理监督机制，建设一支信念坚定、为民服务、勤政务实、敢于担当、清正廉洁的高素质事业单位领导人员队伍，根据《中国共产党章程》等党内法规和有关法律法规，制定本规定。

第二条　本规定适用于省级以上党委和政府直属以及部门所属事业单位领导班子成员，省级以上人大常委会、政协、纪委、人民法院、人民检察院、群众团体机关所属事业单位领导班子成员。

党内法规和法律法规对事业单位领导人员管理另有规定的，从其规定。

第三条　事业单位领导人员的管理，应当体现事业单位公益性、服务性、专业性、技术性等特点，遵循领导人员成长规律，激发事业单位活力，推动公益事业又好又快发展。

第四条　事业单位领导人员的管理，应当坚持下列原则：

（一）党管干部原则；

（二）德才兼备、以德为先原则；

（三）注重实绩、群众公认原则；

（四）分级分类管理原则；

（五）依法依规办事原则。

第五条　党委（党组）及其组织（人事）部门按照干部管理权限履行事业单位领导人员管理职责，负责本规定的组织实施。

第二章　任职条件和资格

第六条　事业单位领导人员应当具备下列基本条件：

（一）政治素质好，坚持以马克思列宁主义、毛泽东思想、邓小平理论、“三个代表”重要思想、科学发展观为指导，深入学习贯彻习近平总书记系列重要讲话精神，理想信念坚定，思想上、政治上、行动上同党中央保持高度一致，坚决执行党的基本路线和各项方针政策，坚持民主集中制，带头践行社会主义核心价值观，忠实履行公共服务的政治责任和社会责任；

（二）组织领导能力强，善于科学管理、沟通协调、依法办事、推动落实，有较强的公共服务意识和改革创新精神，工作实绩突出；

（三）有相关的专业素质或者从业经历，熟悉有关政策法规和行业发展情况，业界声誉好；

（四）事业心和责任感强，热爱公益事业，求真务实，团结协作，遵纪守法，廉洁从业，群众威信高。

担任党内领导职务的领导人员，应当牢固树立党建责任意识，熟悉党务，善于做思想政治工作。

正职领导人员，应当具有驾驭全局的能力，善于抓班子带队伍，民主作风好。

第七条　事业单位领导人员应当具备下列基本资格：

（一）一般应当具有大学本科以上文化程度。

（二）提任六级以上管理岗位领导职务的，一般应当具有五年以上工作经历。

（三）从管理岗位领导职务副职提任正职的，应当具有副职岗位两年以上任职经历；从下级正职提任上级副职的，应当具有下级正职岗位三年以上任职经历。

（四）具有正常履行职责的身体条件。

（五）符合有关党内法规、法律法规和行业主管部门规定的其他任职资格要求。

第八条 从专业技术岗位到管理岗位担任领导职务的，其任职资格应当符合第七条第（一）、（二）、（四）、（五）项规定，并且具有相应的专业技术职务（岗位）任职经历和一定的管理工作经历。

第九条 特别优秀或者工作特殊需要的，可以适当放宽任职资格。

放宽任职资格以及从专业技术岗位到管理岗位担任领导职务正职或者担任四级以上管理岗位领导职务的，必须从严掌握。

第三章 选拔任用

第十条 党委（党组）及其组织（人事）部门按照干部管理权限，根据事业单位不同领导体制和领导班子建设实际，提出启动领导人员选拔任用工作意见。

第十一条 事业单位领导人员的配备，必须严格按照核定或者批准的领导职数和岗位设置方案进行。

第十二条 选拔事业单位领导人员，根据行业特点和岗位要求，可以采取组织选拔、竞争（聘）上岗、公开选拔（聘）等方式进行，也可以探索委托相关机构遴选等方式进行。

第十三条 对事业单位领导职务拟任人选，必须依据选拔任用条件，结合行业特点和岗位要求，全面考察其德、能、勤、绩、廉。

第十四条 综合分析人选的考察考核、一贯表现和人岗相适等情况，全面历史辩证地作出评价，既重管理能力、专业水平和工作实绩，更重政治品质、道德品行，防止简单以票或者以分取人。

第十五条 任用事业单位领导人员，区别不同情况实行选任制、委任制、聘任制。对行政领导人员，逐步加大聘任制推行力度。

实行聘任制的，聘任关系通过聘任通知、聘任书、聘任合同等形式确定，所聘职务及相关待遇在聘期内有效。

第十六条 提任三级以下管理岗位领导职务的，应当在一定范围内进行公示，公示期不少于五个工作日。

第十七条 提任非选举产生的三级以下管理岗位领导职务的，实行任职试用期制度。试用期一般为一年。

第十八条 选拔任用工作具体程序和要求，参照《党政领导干部选拔任用工作条例》及有关规定，结合事业单位实际确定。

第四章 任期和任期目标责任

第十九条 事业单位领导人员一般应当实行任期制。

每个任期一般为三至五年，在同一岗位连续任职一般不超过十年。工作特殊需要的，按照干部管理权限经批准后可以适当延长任职年限。

第二十条 事业单位领导班子和领导人员一般应当实行任期目标责任制。

任期目标内容的设定，应当体现不同行业、不同类型事业单位特点，注重打基础、利长远、求实效。

第二十一条 任期目标由事业单位领导班子集体研究确定，领导班子的任期目标一般应当报经主管机关批准或者备案。

制定任期目标时，应当充分听取单位职工代表大会或者职工代表的意见，注意体现服务对象的意见。

第五章 考核评价

第二十二条 事业单位领导班子和领导人员的考核，分为平时考核、年度考核和任期考核。考核评价以任期目标为依据，以日常管理为基础，注重业绩导向和社会效益，突出党建工作实效。

积极推进分类考核，注意改进考核方法，简化程序，提高效率。

第二十三条 综合分析研判考核情况和日常了解掌握情况，客观公正地作出评价，形成考核评价意见，确定考核评价等次。

领导班子年度考核和任期考核的评价等次，分为优秀、良好、一般、较差；领导人员年度考核和任期考核的评价等次，分为优秀、合格、基本合格、不合格。

第二十四条 考核评价结果作为领导班子建设和领导人员培养、使用、奖惩等的重要依据。

第六章 职业发展和激励保障

第二十五条 完善事业单位领导人员培养教育制度，加强政治引领和能力培养，强化岗位培训，注重实践锻炼，提高思想政治素质和管理工作能力。

第二十六条 完善事业单位领导人员交流制度，统筹推进事业单位之间、事业单位与党政机关和国有企业之间领导人员的交流。注意选拔事业单位优秀领导人员进入党政领导班子。

第二十七条 任期结束后未达到退休年龄界限的事业单位领导人员，适合继续从事专业工作的，鼓励和支持其后续职业发展；其他领导人员，根据本人实际和工作需要，作出适当安排。

第二十八条 完善事业单位领导人员收入分配制度，根据事业单位类别，结合考核情况合理确定领导人员的绩效工资水平，使其收入与履职情况和单位长远发展相联系，与本单位职工的平均收入水平保持合理关系。

第二十九条 事业单位领导人员在本职工作中表现突出、有显著成绩和贡献的，在处理突发事件和承担专项重要工作中作出显著成绩和贡献的，或者有其他突出事迹的，按照有关规定给予表彰奖励。

第七章　监督约束

第三十条　党委（党组）及纪检监察机关、组织（人事）部门、行业主管部门按照管理权限和职责分工，履行对事业单位领导班子和领导人员的监督责任。

第三十一条　监督的重点内容是：贯彻执行党的理论和路线方针政策，依法依规办事，执行民主集中制，履行职责，行风建设，选人用人，国有资产管理，收入分配，职业操守，廉洁自律等情况。

第三十二条　发挥党内监督、民主监督、法律监督、审计监督和舆论监督等作用，综合运用考察考核、述职述廉、民主生活会、巡视、提醒、函询、诫勉等措施，对领导班子和领导人员进行监督。

严格实行干部选拔任用工作“一报告两评议”、领导干部报告个人有关事项、经济责任审计、问责和任职回避等制度。

第三十三条　事业单位领导人员有违反政治纪律和政治规矩、组织人事纪律、工作纪律、财经纪律、廉洁从业纪律的，以及违反社会公德、职业道德、家庭美德且造成不良社会影响等情形的，按照有关规定给予组织处理或者纪律处分；涉嫌违法犯罪的，按照国家有关法律规定处理。

第八章　退　　出

第三十四条　事业单位领导人员有下列情形之一的，一般应当免职：

（一）达到任职年龄界限或者退休年龄界限的；

（二）年度考核、任期考核被确定为不合格的，或者连续两年年度考核被确定为基本合格的；

（三）受到责任追究应当免职的；

（四）因工作需要或者其他原因应当免职的。

第三十五条 实行事业单位领导人员辞职制度。辞职包括因公辞职、自愿辞职、引咎辞职和责令辞职。辞职程序参照有关规定执行。

第三十六条 事业单位领导人员的退休，按照有关规定执行。

第九章 附 则

第三十七条 中央有关行业主管部门根据本规定，制定本行业事业单位领导人员管理具体办法。

第三十八条 各省、自治区、直辖市党委根据本规定，制定市（地、州、盟）级以下党委和政府直属以及部门所属事业单位和人大常委会、政协、纪委、人民法院、人民检察院、群众团体机关所属事业单位领导人员管理办法。

第三十九条 本规定由中共中央组织部负责解释。

第四十条 本规定自 2015 年 5 月 28 日起施行。

推进领导干部能上能下若干规定（试行）

（中共中央办公厅 2015 年 7 月 19 日印发）

第一条 为贯彻落实党中央关于全面从严治党要求，严明党的政治纪律和政治规矩，完善从严管理干部队伍制度体系，形成能上能下的选人用人机制，建设信念坚定、为民服务、勤政务实、敢于担当、清正廉洁的高素质干部队伍，根据《党政领导干部选拔任用工作条例》等党内法规和《中华人民共和国公务员法》等有关法律法规，制定本规定。

第二条 本规定所称推进领导干部能上能下，重点是解决干部能下问题。必须坚持党要管党、从严治党，坚持实事求是、公道正派，坚持人岗相适、人尽其才，坚持依法依规、积极稳妥，着力解决为官不正、为官不为、为官乱为等问题，促使领导干部自觉践行“三严三实”要求，推动形成能者上、庸者下、劣者汰的用人导向和从政环境。

第三条 本规定适用于中央和国家机关各部门、地方县级以上党政机关的领导干部。

乡（镇、街道）党政领导干部，参照本规定执行。

本规定主要规范对有关领导干部的组织调整。涉及违纪违法行为的，按照党的纪律规定和有关法律法规办理。

第四条 推进领导干部能上能下，既要严格执行干部到龄免职（退休）、任期届满离任等制度规定，又要加大问责追究、调整不适宜担任现职干部等的工作力度。

第五条 严格执行干部退休制度，干部达到任职年龄界限或者退休年龄界限的，应当按照有关规定程序办理免职（退休）手续。确因工作需要而延迟免职（退休）的，应当按照干部管理权限，由党委（党组）研究提出意见，报上一级党组织同意。

第六条 严格执行领导干部职务任期制度，任期年限、届数和最高任职年限，一般不得延长。加强任期内考核和管理，经考核认定不适宜继续任职的，应当中止任期、免去现职，不得以任期未满为由继续留任。干部任期内免职按照有关规定程序办理。

第七条 加大领导干部问责力度。除《关于实行党政领导干部问责的暂行规定》第五条所列情形外，具有下列情形之一的，也应当对有关领导干部实行问责：

（一）落实从严治党责任不力，贯彻党风廉政建设责任制不到位，本地区本部门本单位或者分管领域在较短时间内连续出现违纪违法问题的；

（二）法治观念淡薄，不依法办事，不按法定程序决策，或者依法应当及时作出决策但久拖不决，造成不良影响和后果的；

（三）抓作风建设不力，本地区本部门本单位或者分管领域形式主义、官僚主义、享乐主义和奢靡之风比较突出的；

（四）在干部选拔任用工作中任人唯亲、营私舞弊，本地区本部门本单位或者分管领域用人上不正之风比较突出的；

（五）对配偶、子女及其配偶和身边工作人员教育管理不严、约束不力，甚至默许其利用自身职权或者职务上的影响谋取不正当利益的。

发生上述情形的，对有关领导干部实行问责的方式包括责令公开道歉、停职检查、引咎辞职、责令辞职、免职。问责程序按照《关于实行党政领导干部问责的暂行规定》执行。

第八条 对不适宜担任现职的干部应当进行调整。不适宜担任现职，主要指干部的德、能、勤、绩、廉与所任职务要求不符，不宜在现岗位继续任职。

干部具有下列情形之一，经组织提醒、教育或者函询、诫勉没有改正，被认定为不适宜担任现职的，必须及时予以调整：

（一）不严格遵守党的政治纪律和政治规矩，不坚决执行党的基本路线和各项方针政策，不能在思想上政治上行动上同党中央保持高度一致的；

（二）理想信念动摇，在重大原则问题上立场不坚定，关键时刻经不住考验的；

（三）违背党的民主集中制原则，独断专行或者软弱涣散，拒不执行或者擅自改变党组织作出的决定，在领导班子中闹无原则纠纷的；

（四）组织观念淡薄，不执行重要情况请示报告制度，或者个人有关事项不如实填报甚至隐瞒不报的；

（五）违背中央八项规定精神，不严格遵守廉洁从政有关规定的；

（六）不敢担当、不负责任，为官不为、庸懒散拖，干部群众意见较大的；

（七）不能有效履行职责、按要求完成工作任务，单位工作或者分管工作处于落后状态，或者出现较大失误的；

（八）品行不端，违背社会公德、职业道德、家庭伦理道德，造成不良影响的；

（九）配偶已移居国（境）外，或者没有配偶但子女均已移居国（境）外，不适宜担任其所任职务的；

（十）其他不适宜担任现职的情形。

第九条 调整不适宜担任现职干部，一般按照以下程序进行：

（一）考察核实。综合分析年度考核、平时考核、任职考察、巡视、审计、个人有关事项报告抽查核实、民主评议、信访举报核实等情况，有针对性地考察核实，作出客观公正评价和准确认定。要注重听取群众反映、了解群众口碑，特别是听取工作对象、服务对象等相关人员的意见。

（二）提出调整建议。党委（党组）或者组织（人事）部门根据考察核实结果，对不适宜担任现职干部提出调整建议。调整建议包括调整原因、调整方式等内容。提出调整建议前，应当与干部本人谈话，说明调整理由，听取其陈述意见。

（三）组织决定。党委（党组）召开会议集体研究，作出调整决定。作出决定前，应当听取有关方面意见。

（四）谈话。党委（党组）负责同志或者组织（人事）部门负责同志与调整对象进行谈话，宣布组织决定，认真细致做好思想工作。

（五）按照有关规定履行任免程序。对选举和依法任免的干部，按照有关法律法规规定的程序进行。

干部本人对调整决定不服的，可以按照有关规定申请复核或者向上级组织（人事）部门提出申诉。复核、申诉期间不停止调整决定的执行。从干部调整岗位的次月起，调整其级别和工资待遇。

第十条 对不适宜担任现职干部，应当根据其一贯表现和工作需要，区分不同情形，采取调离岗位、改任非领导职务、免职、降职等方式予以调整。对非个人原因不能胜任现职岗位的，应当予以妥善安排。

第十一条 因不适宜担任现职调离岗位、改任非领导职务、免职的，一年内不得提拔；降职的，两年内不得提拔。影响期满后，对德才表现和工作实绩突出，因工作需要且经考察符合任职条件的，可以提拔任职。

第十二条 干部因健康原因，无法正常履行工作职责一年以上的，应当对其工作岗位进行调整。恢复健康后，参照原任职务层次作出安排。

第十三条 干部因违纪违法应当免职的，按照规定程序及时予以免职。

第十四条 在推进领导干部能上能下工作中，严明工作纪律，不得搞好人主义，不得避重就轻、以纪律处分规避组织调整或者以组织调整代替纪律处分，不得借机打击报复。

第十五条 建立健全推进领导干部能上能下工作责任制，党委（党组）承担主体责任，党委（党组）书记是第一责任人，组织（人事）部门承担具体工作责任。把推进领导干部能上能下作为全面从严治党、从严管理干部的重要内容，坚持原则、敢于负责，做到真管真严、敢管敢严、长管长严。加强对干部的日常了解，定期分析研判领导班子和干部队伍情况，对应当调整的干部及时作出调整。对调整下来的干部，给予关心帮助，有针对性地加强教育管理。正确把握政策界限，注意保护干部干事创业、改革创新的积极性，宽容改革探索中的失误。

第十六条 各级党委（党组）及其组织（人事）部门应当加强对推进领导干部能上能下工作的督促检查，了解掌握相关工作情况。对工作不力的，应当根据具体情况，严格追究党委（党组）及其组织（人事）部门主要负责人和相关人员的责任。

第十七条 各地区各部门党委（党组）可以依据本规定，结合自身实际，制定具体实施细则。

第十八条 本规定由中央组织部负责解释。

第十九条 本规定自 2015 年 7 月 19 日起施行。

公务员职务与职级并行规定

（中共中央办公厅 2019 年 3 月 19 日印发）

第一章 总 则

第一条 为了深化公务员分类改革，推行公务员职务与职级并行、职级与待遇挂钩制度，健全公务员激励保障机制，建设忠诚干净担当的高素质专业化公务员队伍，根据《中华人民共和国公务员法》等有关法律法规，制定本规定。

第二条 国家根据公务员职位类别和职责设置公务员领导职务和职级序列。

本规定所称职级，是公务员的等级序列，是与领导职务并行的晋升通道，体现公务员政治素质、业务能力、资历贡献，是确定工资、住房、医疗等待遇的重要依据，不具有领导职责。

公务员可以通过领导职务或者职级晋升。担任领导职务的公务员履行领导职责，不担任领导职务的职级公务员依据隶属关系接受领导指挥，履行职责。

第三条 实行公务员职务与职级并行制度旨在适应推进国家治理体系和治理能力现代化的要求，完善中国特色公务员制度，改革公务员职务设置办法，建立职级序列，畅通职级晋升通道，拓展职级晋升空间，促进公务员立足本职安心工作，加强专业化建设，激励公务员干事创业、担当作为。

第四条 公务员职务与职级并行制度坚持以马克思列宁主义、毛泽东思想、邓小平理论、“三个代表”重要思想、科学发展观、习近平新时代中国特色社会主义思想为指导，贯彻新时代党的组织路线，坚持党管干部原则，坚持德才兼备、以德为先，坚持五湖四海、任人唯贤，坚持事业为上、公道正派，坚持向基层倾斜，坚持严管和厚爱结合、激励和约束并重。

第五条 公务员职务与职级并行制度实施工作，由各级党委（党组）及其组织（人事）部门分级负责。中央公务员主管部门负责全国公务员职务与职级并行制度组织实施的宏观指导。县级以上地方各级公务员主管部门具体指导本辖区内公务员职务与职级并行制度的组织实施工作。

第二章　职务与职级序列

第六条 领导职务根据宪法、有关法律和机构规格设置。

领导职务层次分为：国家级正职、国家级副职、省部级正职、省部级副职、厅局级正职、厅局级副职、县处级正职、县处级副职、乡科级正职、乡科级副职。

第七条 职级序列按照综合管理类、专业技术类、行政执法类等公务员职位类别分别设置。

综合管理类公务员职级序列分为：一级巡视员、二级巡视员、一级调研员、二级调研员、三级调研员、四级调研员、一级主任科员、二级主任科员、三级主任科员、四级主任科员、一级科员、二级科员。

综合管理类以外其他职位类别公务员职级序列另行规定。

第八条 公务员领导职务、职级对应相应的级别。

领导职务对应的级别，按照国家有关规定执行。

综合管理类公务员职级对应的级别是：

（一）一级巡视员：十三级至八级；

（二）二级巡视员：十五级至十级；

（三）一级调研员：十七级至十一级；

（四）二级调研员：十八级至十二级；

（五）三级调研员：十九级至十三级；

（六）四级调研员：二十级至十四级；

（七）一级主任科员：二十一级至十五级；

（八）二级主任科员：二十二级至十六级；

（九）三级主任科员：二十三级至十七级；

（十）四级主任科员：二十四级至十八级；

（十一）一级科员：二十六级至十八级；

（十二）二级科员：二十七级至十九级。

第九条 厅局级以下领导职务对应的综合管理类公务员最低职级是：

（一）厅局级正职：一级巡视员；

（二）厅局级副职：二级巡视员；

（三）县处级正职：二级调研员；

（四）县处级副职：四级调研员；

（五）乡科级正职：二级主任科员；

（六）乡科级副职：四级主任科员。

第三章　职级设置与职数比例

第十条　综合管理类公务员职级按照下列规格设置：

（一）中央机关，省、自治区、直辖市机关设置一级巡视员以下职级；

（二）副省级城市机关设置一级巡视员以下职级，副省级城市的区领导班子设置一级、二级巡视员；

（三）市（地、州、盟）、直辖市的区领导班子设置一级巡视员，市（地、州、盟）、直辖市的区机关设置二级巡视员以下职级，副省级城市的区机关设置一级调研员以下职级；

（四）县（市、区、旗）领导班子设置二级巡视员、一级调研员、二级调研员、三级调研员，县（市、区、旗）、乡镇机关设置二级调研员以下职级。

第十一条　职级职数按照各类别公务员行政编制数量的一定比例核定。综合管理类公务员职级职数按照下列比例核定：

（一）中央机关一级、二级巡视员不超过机关综合管理类职位数量的12%，其中，正部级单位一级巡视员不超过一级、二级巡视员总数的40%，副部级单位一级巡视员不超过一级、二级巡视员总数的20%；一级至四级调研员不超过机关综合管理类职位数量的65%。

（二）省、自治区、直辖市机关一级、二级巡视员不超过机关综合管理类职位数量的5%，其中一级巡视员不超过一级、二级巡视员总数的30%；一级至四级调研员不超过机关综合管理类职位数量的45%。

（三）副省级城市机关一级、二级巡视员不超过机关综合管理类职位数量的2%，其中一级巡视员不超过一级、二级巡视员总数的30%；一级至四级调研员不超过机关综合管理类职位数量的43%，其中一级调研员不超过一级至四级调研员总数的20%。

（四）市（地、州、盟）、直辖市的区领导班子一级巡视员不超过领导班子职数的15%。市（地、州、盟）、直辖市的区机关二级巡视员不超过机关综合管理类职位数量的1%；一级至四级调研员不超过机关综合管理类职位数量的20%，其中一级、二级调研员不超过一级至四级调研员总数的40%，一级调研员不超过一级、二级调研员总数的50%；一级至四级主任科员不超过机关综合管理类职位数量的60%，其中一级、二级主任科员不超过一级至四级主任科员总数的50%。

（五）副省级城市的区领导班子一级、二级巡视员不超过领导班子职数的15%，其中一级巡视员不超过一级、二级巡视员总数的40%；副省级城市的区机关一级调研员以下职级职数，按照第四项规定执行。

（六）县（市、区、旗）领导班子二级巡视员不超过领导班子职数的10%，一级、二级调研员不超过领导班子职数的20%。县（市、区、旗）、乡镇机关二级调研员不超过机关综合管理类职位数量的2%；三级、四级调研员不超过机关综合管理类职位数量的10%，其中三级调研员不超过三级、四级调研员总数的40%；一级至四级主任科员不超过机关综合管理类职位数量的60%，其中一级、二级主任科员不超过一级至四级主任科员总数的50%。

中央和地方各级机关中个别情况特殊需要调整职级比例的，应当报中央公务员主管部门审批。中央机关和省级公务员主管部门根据工作需要和实际，可以对前款规定中未作区分的各职级层次的比例予以细化。

第十二条 中央和省级机关垂直管理的机构、市地级以上机关的直属单位或者派出机构，根据机构规格，参照第十条、第十一条规定，设置职级和核定职数。

直辖市的县领导班子和县、乡镇机关，副省级城市的乡镇机关，根据机构规格，由省级公务员主管部门参照第十条、第十一条规定，研究确定职级设置和比例。

第十三条 职级职数一般按照各机关分别核定。职数较少或者难以按照各机关分别核定的职级，由县级以上地方党委及其公务员主管部门根据实际情况和职级晋升审批权限，分级统筹核定和使用。市（地、州、盟）、直辖市的区、县（市、区、旗）的领导班子与所属部门职级职数分开统筹核定和使用。

省、自治区、直辖市党委可以统筹使用若干名一级巡视员职数，用于激励少数特别优秀的县（市、区、旗）党委书记。

第十四条 中央机关及其直属机构职级设置方案，报中央公务员主管部门备案；省级以下机关及其直属机构职级设置方案的审批或者备案程序，由省级公务员主管部门规定。

第四章　职级确定与升降

第十五条 公务员领导职务的任免与升降，按照有关规定执行。

第十六条 公务员的职级依据其德才表现、工作实绩和资历确定。

非领导职务公务员首次确定职级按照有关规定套转。新录用公务员按照有关规定确定一级主任科员以下及相当层次的职级。从国有企业、事业单位、人民团体和群众团体调任的人员，按照公务员调任有关规定，综合考虑其原任职务、调任职位和工作经历确定职级。机关接收的军队转业干部，按照国家军转安置有关规定确定职级。

第十七条 公务员晋升职级，应当在职级职数内逐级晋升，并且具备下列基本条件：

（一）政治素质好，拥护中国共产党的领导和社会主义制度，坚决维护习近平总书记核心地位，坚决维护党中央权威和集中统一领导；

（二）具备职位要求的工作能力和专业知识，忠于职守，勤勉尽责，勇于担当，工作实绩较好；

（三）群众公认度较高；

（四）符合拟晋升职级所要求的任职年限和资历；

（五）作风品行好，遵纪守法，自觉践行社会主义核心价值观，清正廉洁。

第十八条 公务员晋升职级，应当具备下列基本资格：

（一）晋升一级巡视员，应当任厅局级副职或者二级巡视员4年以上；

（二）晋升二级巡视员，应当任一级调研员4年以上；

（三）晋升一级调研员，应当任县处级正职或者二级调研员3年以上；

（四）晋升二级调研员，应当任三级调研员2年以上；

（五）晋升三级调研员，应当任县处级副职或者四级调研员2年以上；

（六）晋升四级调研员，应当任一级主任科员2年以上；

（七）晋升一级主任科员，应当任乡科级正职或者二级主任科员2年以上；

（八）晋升二级主任科员，应当任三级主任科员2年以上；

（九）晋升三级主任科员，应当任乡科级副职或者四级主任科员 2 年以上；

（十）晋升四级主任科员，应当任一级科员 2 年以上；

（十一）晋升一级科员，应当任二级科员 2 年以上。

公务员晋升职级应当根据工作需要、德才表现、职责轻重、工作实绩和资历等因素综合考虑，不是达到最低任职年限就必须晋升，也不能简单按照任职年限论资排辈，体现正确的用人导向。

第十九条 公务员晋升职级所要求任职年限的年度考核结果均应为称职以上等次，其间每有 1 个年度考核结果为优秀等次的，任职年限缩短半年；每有 1 个年度考核结果为基本称职等次或者不定等次的，该年度不计算为晋升职级的任职年限。

第二十条 公务员晋升职级按照下列程序办理：

（一）党委（党组）或者组织（人事）部门研究提出工作方案。

（二）对符合晋升职级资格条件的人员进行民主推荐或者民主测评，提出初步人选。

（三）考察了解并确定拟晋升职级人选。中央机关公务员晋升一级、二级巡视员，应当进行考察；晋升其他职级可以综合考虑民主推荐、民主测评与平时考核、年度考核、一贯表现等情况确定人选。省级以下机关公务员晋升职级的考察了解方式，由省级公务员主管部门结合实际研究确定。

（四）对拟晋升职级人选进行公示，公示期不少于 5 个工作日。

（五）审批。中央机关公务员晋升职级由本机关党组（党委）及其组织（人事）部门审批，一级、二级巡视员职级职数使用等情况按年度报中央公务员主管部门备案。省级以下机关公务员晋升职级的审批权限，由省级公务员主管部门提出意见，报省、自治区、直辖市党委审定。

各级机关中未限定职数比例的职级，其晋升程序可以适当简化。

第二十一条 公务员具有下列情形之一的，不得晋升职级：

（一）不符合第十七条、第十八条规定的；

（二）受到诫勉、组织处理或者处分等影响期未满或者期满影响使用的；

（三）涉嫌违纪违法正在接受审查调查尚未作出结论的；

（四）影响晋升职级的其他情形。

第二十二条 公务员职级实行能上能下，具有下列情形之一的，应当按照规定降低职级：

（一）不能胜任职位职责要求的；

（二）年度考核被确定为不称职等次的；

（三）受到降职处理或者撤职处分的；

（四）法律法规和党内法规规定的其他情形。

第二十三条 中央机关和地方各级公务员主管部门可以根据本章规定，按照落实好干部标准、从严管理干部和树立鼓励干事创业、担当作为导向的要求，结合实际细化公务员职级升降的条件和情形。

第五章 职级与待遇

第二十四条 领导职务与职级是确定公务员待遇的重要依据。公务员根据所任职级执行相应的工资标准，享受所在地区（部门）相应职务层次的住房、医疗、交通补贴、社会保险等待遇。

担任领导职务且兼任职级的公务员，按照就高原则享受有关待遇。

第二十五条 公务员晋升职级，不改变工作职位和领导指挥关系，不享受相应职务层次的政治待遇、工作待遇。因不胜任、不适宜担任现职免去领导职务的，按照其职级确定有关待遇，原政治待遇、工作待遇不再保留。

第二十六条 公务员因公出国出差的交通、住宿标准以及办公用房标准等待遇，不与职级挂钩。

第二十七条 县处级副职以上领导成员因换届不再提名、机构改革等原因免去领导职务转任职级的，保留原待遇，不改变干部管理权限。

第六章 管理与监督

第二十八条 担任领导职务且兼任职级的公务员，主要按照领导职务进行管理。

不担任领导职务的职级公务员一般由所在机关进行日常管理。公务员晋升至所在机关领导成员职务对应的职级，不作为该机关领导成员管理。

第二十九条 根据工作需要和领导职务与职级的对应关系，公务员担任的领导职务和职级可以互相转任、兼任；符合规定资格条件的，可以晋升领导职务或者职级。

第三十条 综合管理类、专业技术类、行政执法类等不同职位类别公务员之间可以交流，根据不同职位类别职级的对应关系确定职级。

第三十一条 机关应当严格执行公务员职务与职级并行制度，不得违反规定设置职级，不得超职数配备职级，不得随意放宽职级任职资格条件，不得违反规定提高或者降低职级待遇标准。对违反相关规定的，由县级以上党委或者公务员主管部门按照管理权限，区别不同情况，分别予以责令纠正或者宣布无效；对负有责任的领导人员和直接责任人员，根据情节轻重，给予批评教育、组织处理或者处分。

第七章　附　　则

第三十二条　参照公务员法管理的机关（单位）中除工勤人员以外的工作人员，参照本规定执行。

第三十三条　本规定由中共中央组织部负责解释。

第三十四条　本规定自 2019 年 6 月 1 日起施行。2006 年 4 月 9 日中共中央、国务院印发的《〈中华人民共和国公务员法〉实施方案》附件四《综合管理类公务员非领导职务设置管理办法》和 2015 年 1 月 15 日中共中央办公厅、国务院办公厅印发的《关于县以下机关建立公务员职务与职级并行制度的意见》同时废止。

专业技术类公务员管理规定（试行）

（中共中央办公厅、国务院办公厅 2016 年 7 月 8 日印发）

第一章　总　　则

第一条　为了完善公务员职位分类，建立符合专业技术类公务员特点的管理制度，提高管理效能和科学化水平，建设高素质专业化公务员队伍，根据公务员法及有关法律、法规，制定本规定。

第二条　本规定所称专业技术类公务员，是指专门从事专业技术工作，为机关履行职责提供技术支持和保障的公务员，其职责具有强技术性、低替代性。

第三条　专业技术类公务员的管理，坚持党管干部原则，坚持德才兼备、以德为先，坚持注重实绩、业内认可，坚持分渠道发展、专业化建设，坚持监督约束与激励保障并重。

专业技术类公务员的管理，坚持公开、平等、竞争、择优的原则，依照法定的权限、条件、标准和程序进行。

第四条 中央公务员主管部门负责全国专业技术类公务员的综合管理工作。县级以上地方各级公务员主管部门负责本辖区内专业技术类公务员的综合管理工作。上级公务员主管部门指导下级公务员主管部门的专业技术类公务员管理工作。各级公务员主管部门指导同级机关的专业技术类公务员管理工作。

第二章 职位设置

第五条 专业技术类公务员职位根据工作性质、专业特点和管理需要，在以专业技术工作为主要职责的机关内设机构或者岗位设置。

专业技术类公务员职位设置范围由中央公务员主管部门确定。

第六条 机关依照职能、国家行政编制和中央公务员主管部门确定的职位设置范围等，制定本机关专业技术类公务员职位设置方案，并确定职位的具体工作职责和任职资格条件。

第七条 中央和国家机关及其直属机构专业技术类公务员职位设置方案，报中央公务员主管部门审批；省级以下机关及其直属机构专业技术类公务员职位设置方案，由省级公务员主管部门审批后报中央公务员主管部门备案。

第三章 职务与级别

第八条 专业技术类公务员按照专业技术类公务员职务序列进行管理。

专业技术类公务员职务，分为十一个层次。通用职务名称由高至低依次为：一级总监、二级总监、一级高级主管、二级高级主管、三级高级主管、四级高级主管、一级主管、二级主管、三级主管、四级主管、专业技术员。

具体职务名称由中央公务员主管部门以通用职务名称为基础确定。

第九条 专业技术类公务员职务与级别的对应关系是：

（一）一级总监：十三级至八级；

（二）二级总监：十五级至十级；

（三）一级高级主管：十七级至十一级；

（四）二级高级主管：十八级至十二级；

（五）三级高级主管：十九级至十三级；

（六）四级高级主管：二十级至十四级；

（七）一级主管：二十一级至十五级；

（八）二级主管：二十二级至十六级；

（九）三级主管：二十三级至十七级；

（十）四级主管：二十四级至十八级；

（十一）专业技术员：二十六级至十八级。

第十条 专业技术类公务员职务职数一般应当按照专业技术类公务员职位数量的一定比例核定，具体办法由中央公务员主管部门另行规定。

第四章 职务任免与升降

第十一条 专业技术类公务员职务任免与升降工作，由各级党委（党组）及其组织（人事）部门按照干部管理权限，依照法定的条件和程序进行。

第十二条 专业技术类公务员任职，应当具备相应的专业技术任职资格，符合拟任职务所要求的其他条件，按照专业技术类公务员职务序列，在规定的职位设置范围和职数内进行。

第十三条 专业技术任职资格由高至低依次为高级、中级、初级。高级包括正高级和副高级。

任一级、二级总监和一级高级主管，应当具备正高级专业技术任职资格；任二级、三级、四级高级主管，应当具备副高级以上专业技术任职资格；任一级、二级主管，应当具备中级以上专业技术任职资格；任三级、四级主管和专业技术员，应当具备初级以上专业技术任职资格。

专业技术任职资格评定办法由中央公务员主管部门另行规定。

第十四条 专业技术类公务员晋升职务，应当具备拟任职务所要求的思想政治素质、工作能力、文化程度、专业技术任职资格、任职年限和任职经历等方面的基本条件，并在规定任职年限内的年度考核结果均为称职以上等次。

晋升专业技术类公务员职务的任职年限，由中央公务员主管部门另行规定。

第十五条 专业技术类公务员在年度考核中被确定为不称职的，按照有关规定降低一个职务层次任职。

第十六条 专业技术类公务员转任其他职位类别职务或者专业技术任职资格被取消的，应当予以免职。

第十七条 试用期满考核合格并取得相应专业技术任职资格的新录用专业技术类公务员，应当按照规定在一级主管以下职务层次范围内任职定级。

第五章 管理与监督

第十八条 一级主管以下职务层次专业技术类公务员的录用，应当采取公开考试、严格考察、平等竞争、择优录取的办法。

考试内容根据专业技术类公务员应当具备的思想政治素质、专业能力和不同职位要求设置，重点考察报考者的专业技术基础知识和运用专业技术处理实际问题的能力。

因专业特殊难以形成竞争的专业技术类公务员职位，可以采用其他测评办法录用公务员。

第十九条 根据工作需要，机关可以按照公务员聘任有关规定，对部分专业技术类公务员职位实行聘任制。

第二十条 专业技术类公务员的考核，以职位职责和所承担的专业技术工作为基本依据，全面考核德、能、勤、绩、廉，重点考核工作实绩。考核结果作为专业技术任职资格评定的重要依据。

第二十一条 专业技术类公务员应当接受初任培训、专门业务培训、在职培训，培训内容侧重工作所必需的专业技术知识和技能等。

专业技术类公务员应当按照继续教育的要求和知识更新的需要，接受专业技术培训。

第二十二条 国有企业事业单位、人民团体和群众团体中从事专业技术工作、担任副高级专业技术职务两年以上或者已担任正高级专业技术职务的人员，可以按照公务员调任有关规定调入机关，并根据认定的专业技术任职资格担任四级高级主管以上职务。

第二十三条 专业技术类公务员转任，一般在专业技术类公务员职位范围内进行。因工作需要，也可以在不同职位类别之间进行。

专业技术类公务员在专业技术类公务员职位范围内转任的，一般转任相同专业的职位。因工作需要，也可以转任到相关、相近专业的职位。

对因工作需要转任其他职位类别公务员的，一般应当在专业技术类公务员职位工作满五年，并按照干部管理权限，综合考虑其任职经历、工作经历等条件，比照确定职务层次。

其他职位类别公务员转任专业技术类公务员职务的，应当具备拟转任职务所要求的专业技术任职资格等条件。

第二十四条 专业技术类公务员实行国家统一的职务与级别相结合的工资制度，按照国家有关规定执行体现工作职责特点的津贴补贴政策。

第二十五条 国家鼓励专业技术类公务员在工作中进行发明创造，对取得显著经济效益或者社会效益的给予奖励。

作出杰出贡献的，可以纳入国务院和地方政府特殊津贴的评定范围。

符合条件的专业技术类公务员，经批准可以参加中央和地方各级重大人才工程和科研项目评选。

第二十六条 专业技术类公务员在履行职责中有弄虚作假、玩忽职守、徇私舞弊等违纪违法行为的，依照有关规定给予批评教育、组织处理或者纪律处分；构成犯罪的，依法追究刑事责任。

第二十七条 对有下列情形的，由县级以上领导机关或者公务员主管部门按照管理权限，区别不同情况，分别予以责令纠正或者宣布无效；对负有责任的领导人员和直接责任人员，根据情节轻重，给予批评教育、组织处理或者纪律处分；构成犯罪的，依法追究刑事责任：

（一）擅自扩大专业技术类公务员职位设置范围的；

（二）超职数设置专业技术类公务员职务的；

（三）随意放宽任职资格条件或者改变专业技术任职资格评定标准的；

（四）违反规定的条件和程序进行录用、调任、转任和聘任的；

（五）违反国家规定，更改专业技术类公务员工资、福利、保险待遇标准的；

（六）违反本规定的其他行为。

第六章　附　　则

第二十八条　担任领导职务的专业技术类公务员，法律、法规对其选拔任用、管理监督等另有规定的，按照有关规定执行。

第二十九条　专业技术类公务员的管理，本规定未作规定的，按照公务员法及其配套法规执行。

第三十条　参照公务员法管理的机关（单位）中从事专业技术工作的工作人员，经省级以上公务员主管部门批准，参照本规定进行管理。

第三十一条　本规定由中共中央组织部、人力资源社会保障部和国家公务员局负责解释。

第三十二条　本规定自2016年7月8日起施行。

行政执法类公务员管理规定（试行）

（中共中央办公厅、国务院办公厅2016年7月8日印发）

第一章　总　　则

第一条　为了完善公务员职位分类，建立符合行政执法类公务员特点的管理制度，提高管理效能和科学化水平，建设高素质公务员队伍，根据公务员法及有关法律、法规，制定本规定。

第二条　本规定所称行政执法类公务员，是指依照法律、法规对行政相对人直接履行行政许可、行政处罚、行政强制、行政征收、行政收费、行政检查等执法职责的公务员，其职责具有执行性、强制性。

第三条　行政执法类公务员的管理，坚持党管干部原则，坚持德才兼备、以德为先，坚持注重实绩、群众公认，坚持监督约束与激励保障并重，注重提高执法效能。

行政执法类公务员的管理，坚持公开、平等、竞争、择优的原则，依照法定的权限、条件、标准和程序进行。

第四条 行政执法类公务员应当模范遵守宪法和法律，按照规定的权限和程序认真履行职责，坚持依法行政，做到严格规范公正文明执法。

第五条 中央公务员主管部门负责全国行政执法类公务员的综合管理工作。县级以上地方各级公务员主管部门负责本辖区内行政执法类公务员的综合管理工作。上级公务员主管部门指导下级公务员主管部门的行政执法类公务员管理工作。各级公务员主管部门指导同级机关的行政执法类公务员管理工作。

第二章 职位设置

第六条 行政执法类公务员职位根据工作性质、执法职能和管理需要，在以行政执法工作为主要职责的机关或者内设机构设置。

行政执法类公务员职位设置范围由中央公务员主管部门确定。

第七条 机关依照职能、国家行政编制和中央公务员主管部门确定的职位设置范围等，制定本机关行政执法类公务员职位设置方案，并确定职位的具体工作职责和任职资格条件。

第八条 中央和国家机关直属机构行政执法类公务员职位设置方案，报中央公务员主管部门审批；省级以下机关及其直属机构行政执法类公务员职位设置方案，由省级公务员主管部门审批后报中央公务员主管部门备案。

第三章 职务与级别

第九条 行政执法类公务员按照行政执法类公务员职务序列进行管理。

行政执法类公务员职务，分为十一个层次。通用职务名称由高至低依次为：督办、一级高级主办、二级高级主办、三级高级主办、四级高级主办、一级主办、二级主办、三级主办、四级主办、一级行政执法员、二级行政执法员。

具体职务名称由中央公务员主管部门以通用职务名称为基础确定。

第十条 行政执法类公务员职务与级别的对应关系是：

（一）督办：十五级至十级；

（二）一级高级主办：十七级至十一级；

（三）二级高级主办：十八级至十二级；

（四）三级高级主办：十九级至十三级；

（五）四级高级主办：二十级至十四级；

（六）一级主办：二十一级至十五级；

（七）二级主办：二十二级至十六级；

（八）三级主办：二十三级至十七级；

（九）四级主办：二十四级至十八级；

（十）一级行政执法员：二十六级至十八级；

（十一）二级行政执法员：二十七级至十九级。

第十一条 行政执法类公务员职务职数一般应当按照行政执法类公务员职位数量的一定比例核定，具体办法由中央公务员主管部门另行规定。

第四章 职务任免与升降

第十二条 行政执法类公务员职务任免与升降工作，由各级党委（党组）及其组织（人事）部门按照干部管理权限，依照法定的条件和程序进行。

第十三条 行政执法类公务员任职，应当按照行政执法类公务员职务序列，在规定的职位设置范围和职数内进行。

第十四条 行政执法类公务员晋升职务，应当具备拟任职务所要求的思想政治素质、工作能力、文化程度、任职年限和任职经历等方面的基本条件，并在规定任职年限内的年度考核结果均为称职以上等次。

晋升行政执法类公务员职务的任职年限，由中央公务员主管部门另行规定。

第十五条 行政执法类公务员在年度考核中被确定为不称职的，按照有关规定降低一个职务层次任职。

第十六条 行政执法类公务员转任其他职位类别职务的，应当予以免职。

第十七条 试用期满考核合格的新录用行政执法类公务员，应当按照规定在一级主办以下职务层次范围内任职定级。

第五章 管理与监督

第十八条 一级主办以下职务层次行政执法类公务员的录用，应当采取公开考试、严格考察、平等竞争、择优录取的办法。

考试内容根据行政执法类公务员应当具备的思想政治素质、法律知识、工作能力和不同职位要求分类分级设置。

第十九条 行政执法类公务员的考核，以职位职责和所承担的行政执法工作为基本依据，全面考核德、能、勤、绩、廉，重点考核履行行政执法职责、完成行政执法工作的情况，必要时可听取行政相对人的意见。

第二十条 行政执法类公务员应当接受初任培训、专门业务培训、在职培训，培训内容侧重职业道德、工作所必需的法律知识、执法技能和应对突发事件能力等。

第二十一条 行政执法类公务员交流的方式包括调任、转任、挂职锻炼。

行政执法类公务员在同一职位工作时间较长的，应当交流。

第二十二条 国有企业事业单位、人民团体和群众团体的工作人员，可以按照公务员调任有关规定调入机关，担任四级高级主办以上职务。

第二十三条 行政执法类公务员转任，一般在行政执法类公务员职位范围内进行。因工作需要，也可以在不同职位类别之间进行。

行政执法类公务员转任其他职位类别职务的，一般应当在行政执法类公务员职位工作满五年，并按照干部管理权限，综合考虑其任职经历、工作经历等条件，比照确定职务层次。

其他职位类别公务员转任行政执法类公务员职务的，应当具备拟转任职务所要求的条件。

第二十四条 行政执法类公务员执行国家规定的工资和津贴补贴政策。

第二十五条 机关应当加强对行政执法类公务员的监督，全面落实行政执法责任制。

行政执法类公务员在履行职责中有违纪违法行为以及违反机关的决定和命令的，依照有关规定给予批评教育、组织处理或者纪律处分；构成犯罪的，依法追究刑事责任。

第二十六条 行政执法类公务员在执行公务中有应当回避情形的，本人应当申请回避，行政相对人可以提出回避申请，主管领导可以提出回避要求，由所在机关作出回避决定。

第二十七条 对有下列情形的，由县级以上领导机关或者公务员主管部门按照管理权限，区别不同情况，分别予以责令纠正或者宣布无效；对负有责任的领导人员和直接责任人员，根据情节轻重，给予批评教育、组织处理或者纪律处分；构成犯罪的，依法追究刑事责任：

（一）擅自扩大行政执法类公务员职位设置范围的；

（二）超职数设置行政执法类公务员职务的；

（三）随意放宽任职资格条件的；

（四）违反规定的条件和程序进行录用、调任、转任的；

（五）违反国家规定，更改行政执法类公务员工资、福利、保险待遇标准的；

（六）违反本规定的其他行为。

第六章　附　　则

第二十八条　担任领导职务的行政执法类公务员，法律、法规对其选拔任用、管理监督等另有规定的，按照有关规定执行。

第二十九条　行政执法类公务员的管理，本规定未作规定的，按照公务员法及其配套法规执行。

第三十条　参照公务员法管理的事业单位中从事行政执法工作的工作人员，经省级以上公务员主管部门批准，参照本规定进行管理。

第三十一条　本规定由中共中央组织部、人力资源社会保障部和国家公务员局负责解释。

第三十二条　本规定自2016年7月8日起施行。

聘任制公务员管理规定（试行）

（中共中央办公厅、国务院办公厅2017年9月19日印发）

第一章　总　　则

第一条　为了健全用人机制，满足机关吸引和使用优秀人才的需求，提高公务员队伍专业化水平，规范公务员聘任工作，保障机关和聘任制公务员合法权益，根据《中华人民共和国公务员法》等相关法律法规，制定本规定。

第二条 本规定所称聘任制公务员，是指以合同形式聘任、依法履行公职、纳入国家行政编制、由国家财政负担工资福利的工作人员。

涉及国家秘密的职位不实行聘任制。

第三条 聘任制公务员的管理，坚持党管干部、党管人才原则，坚持德才兼备、以德为先，坚持公开、平等、竞争、择优，坚持监督约束与激励保障并重，依照法定的权限、条件、标准和程序进行。

机关依据公务员法和聘任合同对所聘公务员进行管理。

第四条 中央公务员主管部门负责全国聘任制公务员的综合管理工作。县级以上地方各级公务员主管部门负责本辖区内聘任制公务员的综合管理工作。上级公务员主管部门指导下级公务员主管部门的聘任制公务员管理工作。各级公务员主管部门指导同级机关的聘任制公务员管理工作。

第二章 职位设置与招聘

第五条 机关聘任公务员，主要面向专业性较强的职位，确有特殊需要的，也可以面向辅助性职位。聘任为领导职务的，应当是专业性较强的职位。

专业性较强的职位，是指具有低替代性，要求具备经过专门学习才能掌握的专业知识、专业技能的职位。

辅助性职位，是指具有较强事务性，在机关工作中处于辅助地位的职位。

第六条 机关聘任公务员，应当根据工作需要，在规定的编制限额和工资经费限额内进行。

第七条 机关聘任公务员，应当制定职位设置与招聘工作方案。职位设置与招聘工作方案包括聘任事由、编制使用情况、拟聘职位及名额、资格条件、待遇、聘期、招聘方式、程序等内容。

中央和国家机关及其直属机构职位设置与招聘工作方案，报中央公务员主管部门审批。省级以下机关及其直属机构职位设置与招聘工作方案，按程序逐级审核后报省级公务员主管部门审批。

省级以上公务员主管部门或者经授权同意的设区的市级公务员主管部门具体负责招聘的组织实施。

第八条 应聘人员除应当具备公务员法规定的条件外，还应当具备省级以上公务员主管部门批准的拟聘任职位所要求的资格条件。

应聘人员不得应聘与聘任机关公务员有任职回避情形的职位。

第九条 机关聘任公务员，一般应当面向社会公开招聘。公开招聘按照以下程序进行：

（一）发布招聘公告。招聘公告应当载明聘任机关、聘任职位、职责、应聘资格条件、待遇、聘期，报名的方式方法、时间和地点，应聘需要提交的申请材料，考试测评内容、时间和地点以及其他应聘须知事项。

（二）报名与资格审查。应聘人员应当向机关提交真实、准确的申请材料。机关在规定时间内确认应聘人员是否具有应聘资格。

（三）考试测评。采取笔试、面试等方式进行，突出岗位特点，重点测查应聘人员的专业素养、业务能力和岗位匹配程度。

（四）考察与体检。机关根据考试测评成绩确定考察人选，并对其进行考察和体检。考察内容主要包括应聘人员的政治思想、道德品质、能力素质、学习和工作表现、工作业绩、遵纪守法、廉洁自律等方面的情况。

（五）公示。机关根据考试测评、考察情况和体检结果，择优提出拟聘任人员名单，并进行公示。公示期不少于五个工作日。

（六）审批或者备案。公示期满，对没有问题或者所反映问题不影响聘任的，中央和国家机关及其直属机构拟聘任人员名单报中央公务员主管部门备案，地方各级机关拟聘任人员名单报省级公务员主管部门或者经授权同意的设区的市级公务员主管部门审批。

（七）办理聘任手续。聘任机关与拟聘任人员签订聘任合同，办理相关手续。

公开招聘专业性较强的职位，经省级以上公务员主管部门批准，可以对上述程序进行调整或者适当简化。

第十条　对于工作急需、符合聘任职位条件的人选少、难以进行公开招聘的专业性较强的职位，经省级以上公务员主管部门批准，机关可以从符合条件的人员中直接选聘。直接选聘一般按照以下程序进行：

（一）提出拟聘任人选。机关根据平时掌握的情况或者通过相关单位、专业机构、同行专家等推荐，提出拟聘任人选。

（二）资格审查。根据招聘资格条件对应聘人员进行审查，重点审查政治品质、工作履历和工作业绩。

（三）考核测评。采取履历分析、面试比选、专家评审、业绩考核等方式，重点对拟聘任人选的专业素养、业务能力和岗位匹配程度进行考核、测评。

（四）考察与体检。

（五）公示。

（六）审批或者备案。

（七）办理聘任手续。

第十一条　机关不得聘任有下列情形之一的人员：

（一）曾因犯罪受过刑事处罚的；

（二）曾被开除公职或者因违纪违法被机关、事业单位解除聘任合同或者聘用合同的；

（三）涉嫌违纪违法正在接受专门机关审查尚未作出结论的；

（四）受纪律处分期间或者未满影响期限的；

（五）按照有关规定被列为失信联合惩戒对象的；

（六）法律法规规定的其他不得担任公务员情形的。

第三章　聘任合同

第十二条　机关聘任公务员，应当按照平等自愿、协商一致的原则，与所聘公务员签订书面的聘任合同，确定双方的权利和义务。

第十三条　聘任合同应当具备合同期限，职位及其职责要求，工作条件，工资、福利、保险待遇，解除聘任合同情形，违约责任等条款。

聘任机关与所聘公务员根据需要，可以在聘任合同中约定前款规定之外的保密管理、离职后从业限制等其他事项。

第十四条　聘任合同期限为一年至五年，由聘任机关根据工作任务和目标与拟聘任公务员协商确定。首次签订聘任合同的，可以约定试用期，试用期为一个月至六个月。

聘任为领导职务的，聘任合同期限为三年至五年，试用期为一年。

第十五条　聘任合同经双方协商一致，可以变更或者解除。变更或者解除聘任合同，应当采用书面形式。

第十六条　有下列情形之一的，聘任机关可以解除聘任合同：

（一）未经批准在其他单位兼职的；

（二）患病或者非因公负伤规定医疗期满后，不能从事原工作的；

（三）因订立合同所依据的客观情况发生重大变化，致使合同无法继续履行，经双方协商，未能就变更聘任合同内容达成协议的；

（四）法律法规规定或者聘任合同约定聘任机关可以解除聘任合同的其他情形。

聘任机关因前款第（二）、（三）项情形之一解除聘任合同的，应当提前三十日以书面形式通知聘任制公务员本人。

第十七条 有下列情形之一的，聘任机关应当解除聘任合同：

（一）经试用不符合聘任条件的；

（二）聘期内年度考核不称职的；

（三）不履行公务员义务，不遵守公务员纪律，经教育仍无转变，不适合继续在机关工作的；

（四）除本规定第十六条第一款第（二）项的情形外，其他因个人原因不能正常履行聘任合同约定工作职责的；

（五）旷工或者因公外出、请假期满无正当理由逾期不归连续超过十五天，或者一年内累计超过三十天的；

（六）有严重违纪违法行为或者被依法追究刑事责任的；

（七）法律法规规定或者聘任合同约定聘任机关应当解除聘任合同的其他情形。

第十八条 聘任制公务员在聘期内有公务员法规定不得辞退情形之一的，聘任机关不得解除聘任合同，但有本规定第十六条第一款第（一）项和第十七条第（一）、（三）、（五）、（六）、（七）项情形的除外。

第十九条 有下列情形之一的，聘任制公务员以书面形式通知机关后可以解除聘任合同：

（一）在试用期内的；

（二）聘任机关未按照聘任合同约定支付工资、未依法为聘任制公务员缴纳社会保险费等，或者未提供必要工作条件的；

（三）法律法规规定或者聘任合同约定聘任制公务员可以解除聘任合同的其他情形。

第二十条 聘任制公务员可以申请解除聘任合同，但有下列情形之一的除外：

（一）重要公务尚未处理完毕，且必须由本人继续处理的；

（二）正在接受审计、纪律审查，或者涉嫌犯罪，司法程序尚未终结的；

（三）法律法规规定或者聘任合同约定的其他不得解除聘任合同的情形。

聘任制公务员申请解除聘任合同，应当以书面形式向聘任机关提出。聘任机关应当在三十日内予以答复，未在规定时间内答复的视为同意解除聘任合同。未获批准前，聘任制公务员不得自行离职。

第二十一条 依照本规定第十六条第一款第（二）、（三）项解除聘任合同的，聘任机关应当向聘任制公务员支付经济补偿。经济补偿按照聘任制公务员在本机关工作的年限，每满一年支付一个月工资的标准执行。工作六个月以上不满一年的，支付一个月工资的经济补偿；不满六个月的，支付半个月工资的经济补偿。

依照本规定第十九条第（二）项解除聘任合同的，聘任机关应当按照合同约定支付工资，补缴社会保险费，并承担相应违约责任。

第二十二条 聘任合同期满或者聘任合同约定的终止条件出现，聘任合同即行终止。

聘任制公务员患病或者非因公负伤在规定的医疗期内的，女性在孕期、产假、哺乳期内的，聘任合同应当延续至相应的情形消失时终止，本人要求不延续的除外。

第二十三条 聘任合同解除或者终止，聘任机关应当出具解除或者终止聘任合同的书面证明，按规定办理人事档案、社会保险关系转移等相关手续；聘任制公务员应当按照要求进行公务交接，并履行法律法规规定和聘任合同约定的相关义务。

第二十四条 聘任合同的签订、变更、解除或者终止，应当报同级公务员主管部门备案。

第四章 日常管理

第二十五条 聘任制公务员试用期满合格后，聘任机关按照有关规定进行聘任制公务员登记，人事档案由聘任机关管理和保存。

第二十六条 聘任机关根据公务员考核有关规定，依据聘任合同全面考核聘任制公务员的德、能、勤、绩、廉，重点考核其完成聘任合同确定的工作任务情况。考核结果作为聘任制公务员获得工资、奖励等的依据。

聘任制公务员的考核坚持平时考核和定期考核相结合，定期考核一般按照年度进行，必要时可以采取聘期考核、绩效考核、目标责任考核等方式，考核结果应当向本人反馈。

第二十七条 聘任制公务员在聘期内一般不得变动职位。

聘任机关根据工作需要、考核结果和聘任制公务员本人意愿，经省级以上公务员主管部门批准，聘任合同期满后可以续聘。

对在专业性较强的职位上表现突出、作出显著成绩和贡献、工作长期需要的聘任制公务员，聘期满五年，年度考核结果均为称职以上或者聘期考核结果为优秀的，经省级以上公务员主管部门批准，可以转为委任制公务员。

第二十八条 聘任制公务员实行协议工资制，聘任制公务员工资一般按月支付，也可以实行年薪制等特殊工资政策。

聘任机关应当根据聘任职位，综合考虑市场同类人员和本单位其他公务员工资水平等因素，提出聘任职位所需的工资额度，报同级人力资源社会保障、财政部门核定。聘任制公务员的工资水平根据市场同类人员和本单位其他公务员工资水平调整情况进行调整。

第二十九条 聘任制公务员按照国家规定和聘任协议享受住房补贴、医疗补助等。

第三十条 聘任制公务员按照国家有关规定参加基本养老保险和职业年金、基本医疗保险、工伤保险、失业保险、生育保险。

第三十一条 聘任制公务员工资、福利、保险等待遇所需经费，通过政府预算安排。

第三十二条 国家鼓励聘任制公务员在工作中进行发明创造，对取得显著经济效益或者社会效益的给予奖励。

符合条件的聘任制公务员，经批准可以参加中央和地方各级重大人才工程和科研项目评选。

第三十三条 聘任制公务员与聘任机关之间因履行聘任合同发生争议的，可以依据有关规定申请人事争议仲裁。当事人对仲裁裁决不服的，可以按照有关规定向人民法院提起诉讼。仲裁裁决生效后，一方当事人不履行的，另一方当事人可以申请人民法院执行。

第五章 纪律监督

第三十四条 聘任制公务员必须遵守公务员法等相关法律法规规定和聘任合同约定的纪律要求。

聘任制公务员在履行职责中有弄虚作假、滥用职权、玩忽职守、徇私舞弊等违纪违法行为的，依照有关规定给予批评教育、组织处理或者纪律处分；构成犯罪的，依法追究刑事责任。

第三十五条 机关公开招聘和直接选聘公务员应当依法接受监督。组织招聘时，公务员主管部门和机关应当及时受理举报，并按照管理权限处理。

有下列情形之一的，省级以上公务员主管部门或者经授权同意的设区的市级公务员主管部门视情况分别予以责令纠正或者宣布无效；对负有领导责任和直接责任的人员，根据情节轻重，给予批评教育、组织处理或者纪律处分；构成犯罪的，依法追究刑事责任：

（一）不按规定的编制限额进行聘任的；

（二）不按规定的资格条件和程序聘任的；

（三）未经授权，擅自出台、变更聘任政策，造成不良影响的；

（四）聘任工作中徇私舞弊的。

第三十六条 从事聘任工作的人员有下列情形之一的，按照管理职能和权限，视情节轻重，给予批评教育、组织处理或者纪律处分；构成犯罪的，依法追究刑事责任：

（一）泄露试题或者其他招聘秘密信息的；

（二）弄虚作假进行聘任的；

（三）利用工作便利，协助应聘人员作弊的；

（四）因工作失职造成不良后果的；

（五）违反法律法规及本规定的其他行为的。

第三十七条 对违反招聘纪律的应聘人员，视情节轻重，分别给予批评教育，取消考试测评、考察与体检资格，不予聘任或者解除聘任合同等处理。

应聘人员在考试及相关环节中违纪违规行为的认定与处理，参照公务员考试录用违纪违规行为处理有关规定执行。

第三十八条 除本规定第十九条所列情形外，聘任制公务员提出解除聘任合同的，按照公务员从业限制有关规定，领导职务公务员在离职三年内，其他公务员在离职两年内，不得到与原工作业务直接相关的企业或者其他营利性组织任职，不得从事与原工作业务直接相关的营利性活动。

第六章　附　　则

第三十九条　法律法规对领导职务聘任另有规定的，从其规定。

第四十条　参照公务员法管理机关（单位）聘任工勤人员以外的工作人员，参照本规定执行。

第四十一条　本规定由中共中央组织部、人力资源社会保障部及国家公务员局负责解释。

第四十二条　本规定自2017年9月19日起施行。2011年1月28日中共中央组织部、人力资源社会保障部印发的《聘任制公务员管理试点办法》同时废止。

关于中国共产党党费收缴、使用和管理的规定

（中共中央组织部2008年2月4日印发）

按照党章规定向党组织交纳党费，是共产党员必须具备的起码条件，是党员对党组织应尽的义务。党费收缴、使用和管理，是党的基层组织建设和党员队伍建设中的一项重要工作。为了适应形势发展的要求，进一步加强和改进党费收缴、使用、管理工作，现作如下规定。

一、党费收缴

第一条　按月领取工资的党员，每月以工资总额中相对固定的、经常性的工资收入（税后）为计算基数，按规定比例交纳党费。

工资总额中相对固定的、经常性的工资收入包括：机关工作人员（不含工人）的职务工资、级别工资、津贴补贴；事业单位工作人员的岗位工资、薪级工资、绩效工资、津贴补贴；机关工人的岗位工资、技术等级（职务）工资、津贴补贴；企业人员工资收入中的固定部分（基本工资、岗位工资）和活的部分（奖金）。

第二条 党员交纳党费的比例为：每月工资收入（税后）在3000元以下（含3000元）者，交纳月工资收入的0.5%；3000元以上至5000元（含5000元）者，交纳1%；5000元以上至10000元（含10000元）者，交纳1.5%；10000元以上者，交纳2%。

第三条 实行年薪制人员中的党员，每月以当月实际领取的薪酬收入为计算基数，参照第一条、第二条规定交纳党费。

第四条 不按月取得收入的个体经营者等人员中的党员，每月以个人上季度月平均纯收入为计算基数，参照第一条、第二条规定交纳党费。

第五条 离退休干部、职工中的党员，每月以实际领取的离退休费总额或养老金总额为计算基数，5000元以下（含5000元）的按0.5%交纳党费，5000元以上的按1%交纳党费。

第六条 农民党员每月交纳党费0.2元—1元。学生党员、下岗失业的党员、依靠抚恤或救济生活的党员、领取当地最低生活保障金的党员，每月交纳党费0.2元。

第七条 交纳党费确有困难的党员，经党支部研究，报上一级党委批准后，可以少交或免交党费。

第八条 预备党员从支部大会通过其为预备党员之日起交纳党费。

第九条 党员一般应当向其正式组织关系所在的党支部交纳党费。持《中国共产党流动党员活动证》的党员，外出期间可以持证向流入地党组织交纳党费。

第十条 党员工资收入发生变化后，从按新工资标准领取工资的当月起，以新的工资收入为基数，按照规定比例交纳党费。

第十一条 党员自愿多交党费不限。自愿一次多交纳 1000 元以上的党费，全部上缴中央。具体办法是：由所在基层党委代收，并提供该党员的简要情况，通过省、自治区、直辖市党委组织部，中央直属机关工委、中央国家机关工委组织部，国务院国资委党委、中央各金融机构党委组织部，铁道部政治部、民航总局党委组织部，解放军总政治部组织部转交中央组织部。中央组织部给本人出具收据。

第十二条 党员应当增强党员意识，主动按月交纳党费。遇到特殊情况，经党支部同意，可以每季度交纳一次党费，也可以委托其亲属或者其他党员代为交纳或者补交党费。补交党费的时间一般不得超过 6 个月。

第十三条 对不按照规定交纳党费的党员，其所在党组织应及时对其进行批评教育，限期改正。对无正当理由，连续 6 个月不交纳党费的党员，按自行脱党处理。

第十四条 党组织应当按照规定收缴党员党费，不得垫交或扣缴党员党费，不得要求党员交纳规定以外的各种名目的“特殊党费”。

第十五条 各省、自治区、直辖市党委，中央直属机关工委，中央国家机关工委，国务院国资委党委，中央各金融机构党委，铁道部政治部，民航总局党委和解放军总政治部，每年按全年党员实交党费总数的 5%上缴中央。上缴中央的党费应当于次年 4 月底前汇入中央组织部党费账户，不得少缴或拖延。

第十六条 铁路、民航系统党的关系在地方的党委，每年按照全年党员实交党费总数的 10%向所在地方党委上缴党费。中国人民银行的地市级分支机构和中央其他金融机构的省级分支机构党委，每年按本地本系统党员全年实交党费总数的5%向所在地方党委上缴党费，其他派出机构和下属单位党委不再向地方党委上缴党费。

二、党费使用

第十七条 使用党费应当坚持统筹安排、量入为出、收支平衡、略有结余的原则。

第十八条 使用党费要向农村、街道社区和其他有困难的基层党组织倾斜。

第十九条 党费必须用于党的活动，主要作为党员教育经费的补充，其具体使用范围包括：（1）培训党员；（2）订阅或购买用于开展党员教育的报刊、资料、音像制品和设备；（3）表彰先进基层党组织、优秀共产党员和优秀党务工作者；（4）补助生活困难的党员；（5）补助遭受严重自然灾害的党员和修缮因灾受损的基层党员教育设施。

第二十条 使用和下拨党费，必须集体讨论决定，不得个人或者少数人说了算。

第二十一条 请求下拨党费的请示，应当向上一级党组织提出，不得越级申请。上级党组织下拨的党费，必须专款专用，不得挪作他用。

三、党费管理

第二十二条 党费由党委组织部门代党委统一管理。党费的具体管理工作由各级党委组织部门承担党员教育管理职能的内设机构承办。

第二十三条 党费的具体财务工作由各级党委组织部门内设

的财务机构或者同级党委的财务机构代办。必须指定专人负责，实行会计、出纳分设。党费会计核算和会计档案管理，参照财政部制定的《行政单位会计制度》执行。

第二十四条　党费应当以党委或党委组织部门的名义单独设立银行账户，必须存入中国工商银行、中国农业银行、中国银行、中国建设银行、交通银行、中国邮政储蓄银行，不得存入其他银行或者非银行金融机构。党费利息是党费收入的一部分，不得挪作他用。依法保障党费安全，不得利用党费账户从事经济活动，不得将党费用于购买国债以外的投资。

第二十五条　党委组织部门要加强对党费管理工作人员的培训，提高其政治素质和业务水平。党费管理工作人员，必须先培训，后上岗。党费管理工作人员变动时，要严格按照党费管理的有关规定和财务制度办好交接手续。

第二十六条　党费收缴、使用和管理的情况要作为党务公开的一项重要内容。党的基层委员会和各级地方委员会应当在党员大会或者党的代表大会上，向大会报告（或书面报告）党费收缴、使用和管理情况，接受党员或者党的代表大会代表的审议和监督。各级地方党委组织部门应当每年向同级党委和上级党委组织部门报告党费收缴、使用和管理情况，同时向下级党组织通报。党支部应当每年向党员公布一次党费收缴情况。

第二十七条　党的地方委员会和基层委员会可以留存党费。具体留存单位和留存比例，由各省、自治区、直辖市党委，中央直属机关工委，中央国家机关工委，国务院国资委党委，中央各金融机构党委，铁道部政治部，民航总局党委，解放军总政治部，根据实际情况和工作需要确定，留存比例应当向基层倾斜。

第二十八条　各省、自治区、直辖市党委组织部，中央直属机关工委、中央国家机关工委组织部，国务院国资委党委、中央各金融机构党委组织部，铁道部政治部、民航总局党委组织部，解放军总政治部组织部，每年4月底前就上年度党费收缴、使用和管理情况向中央组织部提交书面报告。报告内容是：上年度党费收缴、使用和结存的数额；党费开支的主要项目；党费收缴、使用和管理工作中的经验、做法、存在的问题及改进的意见和建议等。

第二十九条 各级党委组织部门每年要检查一次党费收缴、使用和管理的情况，总结经验，发现问题，及时纠正。

第三十条 对违反党费收缴、使用和管理规定的，依据《中国共产党纪律处分条例》及有关规定严肃查处，触犯刑律的依法处理。

第三十一条 中国人民解放军和中国人民武装警察部队中的党组织收缴、使用和管理党费的办法，由解放军总政治部参照本规定制定。

第三十二条 本规定自2008年4月1日起施行，过去规定与本规定不一致的，以本规定为准。

第三十三条 本规定由中央组织部负责解释。

中央和国家机关严格党的组织生活制度的若干规定（试行）

（中央和国家机关工作委员会2019年4月22日印发）

第一章 总 则

第一条 为了进一步严格中央和国家机关党的组织生活制度，切实增强党内政治生活的政治性、时代性、原则性、战斗性，根据《中国共产党章程》和《关于新形势下党内政治生活的若干准则》、《中国共产党支部工作条例（试行）》等有关党内法规，制定本规定。

第二条 严格党的组织生活制度应当坚持以习近平新时代中国特色社会主义思想为指导，带头增强“四个意识”、做到“两个维护”；坚持围绕中心、建设队伍、服务群众，以提升组织力为重点，突出政治功能；坚持民主集中制，发扬党内民主，深入开展批评和自我批评；坚持求真务实、探索创新，聚焦和解决突出问题；坚持高标准严要求，发挥党员领导干部示范表率作用，不断提高党的组织生活质量。

第三条 中央和国家机关各部门应当加强对执行党的组织生活制度的监督检查，基层党组织应当把严格党的组织生活作为对党员进行教育管理监督的重要形式，确保各项制度落到实处。

各级党组织书记应当认真履行第一责任人职责，切实抓好党的组织生活制度落实。党员干部应当增强党的意识和党员意识，无论职务高低，都要自觉参加党的组织生活。

党内重要仪式、活动等应当悬挂党旗，党员佩戴党员徽章。

第二章　严格“三会一课”

第四条 党员必须参加党员大会、党小组会和上党课，党支部应当定期召开党支部委员会会议。

党支部党员大会一般由党支部书记召集并主持，全体党员参加，一般每季度召开1次。党支部委员会会议一般由党支部书记召集并主持，党支部委员参加，一般每月召开1次。党小组会由党小组组长召集并主持，一般每月召开1次。党支部应当定期组织党员上党课，一般每季度开展1次。

第五条 “三会一课”应当突出政治学习和教育，突出党性锻炼，把学习习近平新时代中国特色社会主义思想作为首要任务，结合党员思想和工作实际确定主题和具体方式，做到形式多样、氛围庄重，防止表面化、形式化、娱乐化、庸俗化。不得用业务会代替“三会”，不得用业务课代替党课。

重要的集体学习，一般不得请假；确需请假的，应当以适当方式补课。

第六条 坚持党员领导干部讲党课制度，部门党组（党委）主要负责人每年至少为党员讲1次党课，其他成员每年至少为分管单位党员讲1次党课；基层党组织书记每年至少为所在党组织党员讲1次党课。

党课内容应当突出政治性、思想性、时代性，贴近党员、贴近实际，不搞照本宣科。

第七条 党支部每月相对固定一天收缴党费，党员应当主动按时足额交纳党费。党支部应当按照规定上缴党费，一般每季度上缴1次，最长不能超过6个月。

各部门机关党委或者基层党委应当在党员大会或者党的代表大会上报告党费收缴、使用和管理情况。党支部应当每年向党员公布1次党费收缴情况。

第三章 严格双重组织生活

第八条 党员领导干部应当以普通党员身份参加所在党支部或者党小组的组织生活。因故不能参加的，应当事先向所在党支部或者党小组请假。党的高级干部应当督促身边工作人员参加所在党组织的政治学习和组织生活。

第九条 各部门机关党委应当加强对部门党组（党委）领导班子成员及内设机构、直属单位党员领导干部参加双重组织生活的组织协调和督促检查，并以适当方式向全体党员通报党员领导干部参加双重组织生活情况。

党支部或者党小组应当认真记录党员领导干部参加组织生活情况，并向上级党组织报告。党员领导干部应当在年度述职中报告参加双重组织生活情况。

第四章　严格民主生活会和组织生活会

第十条　领导班子民主生活会每年召开 1 次，一般安排在第四季度。因特殊情况需要提前或者延期召开的，应当报上级党组织同意。民主生活会到会人数必须达到应到会人数的三分之二以上。

组织生活会一般以党支部党员大会、党支部委员会会议或者党小组会形式召开，每年至少召开 1 次。

第十一条　召开民主生活会和组织生活会之前，应当组织理论学习，广泛听取意见，深入谈心交心。会上，积极开展批评和自我批评，认真查摆问题，深刻剖析根源，明确整改方向，党员干部应当把群众反映、巡视反馈、组织约谈函询、个人须报告的重大事项和有关问题说清楚，提出整改措施。会后，应当逐一整改落实。

上级党组织领导班子成员应当随机参加一定数量的下级单位召开的民主生活会和组织生活会，了解情况、进行指导，发现问题及时纠正。

中央和国家机关工委参与对各部门党组（党委）领导班子民主生活会的督促检查和指导。

第十二条　遇到重要或者普遍性问题，出现重大决策失误或者对突发性事件处置失当，经纪律检查、巡视和审计发现重要问题，以及发生违纪违法案件等情况的，应当专门召开民主生活会或者组织生活会，及时剖析整改。

第五章　严格谈心谈话

第十三条　党组织领导班子成员之间、班子成员和党员之间、党员和党员之间应当开展经常性谈心谈话，坦诚相见、交流思想、交换意见、帮助提高。领导干部要带头谈，也应当接受党员干部约谈。谈心谈话每年不少于1次，一般可以结合年度工作总结、民主生活会、组织生活会、民主评议党员、主题党日等进行。

第十四条　坚持严管和厚爱相结合，认真开展提醒谈话、诫勉谈话，注意利用重要节点开展谈心谈话，做到岗位变动必谈、组织处理必谈、发生家庭变故必谈、发现苗头性问题必谈，及时做好心理疏导和思想政治工作，重要情况及时向党组织报告。

第六章　严格民主评议党员

第十五条　坚持对党员进行民主评议，督促党员对照党员标准、对照入党誓词，联系个人实际进行党性分析。

第十六条　民主评议党员工作以党支部为单位进行，一般每年开展1次，可以结合组织生活会一并进行。按照个人自评、党员互评、民主测评的程序，组织党员进行评议。党员人数较多的党支部，个人自评和党员互评可以在党小组内进行。

党支部委员会会议或者党员大会根据评议情况和党员日常表现情况，提出评定意见。

第十七条　民主评议为优秀的党员，党支部应当以适当形式进行表扬或者表彰，对工作表现突出的党员，报请上级党组织予以表彰。民主评议为不合格的党员，党组织应当根据其表现和态度，按照有关规定作出处理。

第七章　严格请示报告

第十八条　严格执行《中国共产党重大事项请示报告条例》。

党员应当向所在党组织请示报告重大事项。党员领导干部应当依规如实向党组织报告个人有关事项，离开岗位或者工作所在地应当事先向组织请示报告。

第十九条 各部门机关党委每年向中央和国家机关工委、部门党组（党委）报告1次年度机关党建工作情况，重大事项、重点工作、重要情况及时报告。各部门机关纪委每半年向中央和国家机关纪检监察工委报告1次机关纪检工作情况。

第八章 严格主题党日

第二十条 主题党日以党支部为基本单位，也可以基层党委、党总支或者党小组为单位，每月相对固定1天开展。

主题党日可以结合“三会一课”进行，组织党员集中学习、上党课、过组织生活、进行民主议事和志愿服务等。鼓励各级党组织探索创新，积极开展形式多样的主题党日。充分利用中央和国家机关的光荣历史以及爱国主义教育基地、党性教育基地等红色资源，开展党性教育。

第二十一条 主题党日姓“党”，应当突出政治性，并严格遵守中央八项规定及其实施细则精神，厉行节约、务求实效，力戒形式主义。

第九章 严格党员宣誓

第二十二条 基层党组织及时举行预备党员入党宣誓仪式。入党宣誓必须在预备期内进行。党组织可以指派一名正式党员作为领誓人。

第二十三条 充分利用“七一”等重要时间节点，结合“三会一课”等，开展党员重温入党誓词活动，完善重温入党志愿书、党员过“政治生日”等政治仪式。

第十章　附　　则

第二十四条　本规定由中央和国家机关工委基层组织建设指导部会同中央和国家机关工委组织部负责解释。

第二十五条　本规定自2019年4月22日起施行。

干部教育培训学员管理规定

（2013年2月19日中共中央组织部制定并发布
2019年11月25日中共中央组织部修订　2019年11月28日发布）

为进一步在干部教育培训中加强学员管理、严肃培训纪律、切实改进学风，根据党中央有关规定，结合新时代干部教育培训工作实际，作出如下规定。

一、学员必须把深入学习贯彻习近平新时代中国特色社会主义思想作为首要任务和中心内容，把不忘初心、牢记使命作为终身课题，严守政治纪律和政治规矩，坚持理论联系实际，自觉加强思想淬炼、政治历练、党性锻炼，增强“四个意识”、坚定“四个自信”、做到“两个维护”。

二、学员参加学习培训，必须认真贯彻落实中央八项规定及其实施细则精神，严格遵守学习培训、安全保密和廉洁自律各项规定。学员所在单位和干部管理部门在学员参训前要进行纪律提醒，干部教育培训机构在发放入学通知时、学员入学报到时和学习培训期间，都要对学员明确纪律要求。

三、学员在校学习培训期间，应按规定住在学员宿舍，严禁教学活动日私自在外住宿。应在学员食堂就餐，教学活动日一律不准饮酒。严禁参加任何形式的可能影响学习培训、公正执行公务的宴请、饮酒和娱乐活动。学员之间、学员和教师之间、学员和工作人员之间不得相互宴请。班级、支部、小组不得以集体活动为名聚餐吃请。严禁酗酒、滋事。

四、学员外出参加现场教学、实地考察调研等活动时，必须着装整洁，言行举止得体，注意自身形象。不准警车带路，不接受任何宴请，严禁饮酒，一律吃自助餐或便餐，按规定缴纳住宿费、交通费、伙食费，不得参加与学习培训无关的活动。

五、学员不准接受和赠送礼品、礼金、有价证券、支付凭证、纪念品、土特产等，不得在校接待以汇报工作、探望为名的各种礼节性来访。学员之间不准以学习交流、对口走访、交叉考察、集体调研等名义互请旅游。

六、学员必须集中精力学习，学习培训期间不再承担所在单位的工作、会议、出差、出国（境）考察等任务，不得无故旷课，不得擅自离校。如因特殊情况确需请假的，必须严格履行请假手续。累计请假时间原则上不得超过总学时 1/7。双休日、节假日外出必须报备，按规定时间返校。

七、学员必须端正学习态度，自己动手撰写发言材料、学习体会、调研报告和论文等，不准请人代写，不准抄袭他人学习研究成果，不准秘书等工作人员“陪读”。不得留公车驻校，不得借用其他单位和个人的车辆“伴读”。

八、学员在校期间及结（毕）业以后，不得以同学名义、以任何形式拉关系、搞“小圈子”，不得成立任何形式的联谊会、同学会等组织，也不得确定召集人、联系人等开展有组织的联谊活动，不得利用同学关系谋取私利。

九、干部管理部门要按规定将学员在校期间的主要表现记入干部人事档案，作为干部考核内容和任职、晋升的重要依据，对重点培训班次要派专人跟班。干部教育培训机构要切实履行学员管理主体责任，完善并严格执行学籍、学习、考勤等规章制度，从严管理、从严监督学员。

十、对违反本规定的学员，由干部教育培训机构视情节轻重予以约谈提醒、通报批评、责令退学等处理；对通报批评、责令退学的，处理结果要向学员所在单位和干部管理部门通报或备案；涉嫌违纪违法的，干部教育培训机构应将有关情况提供给学员所在单位和有关部门，依纪依法处理。

本规定由中共中央组织部负责解释，自 2013 年 2 月 19 日起施行。各干部教育培训管理部门和培训机构可结合实际制定贯彻执行的具体措施。

党委组织部门信访工作暂行规定

（中共中央组织部 2006 年 6 月 27 日印发）

第一章 总 则

第一条 为加强和改进党委组织部门信访工作，切实维护党员、干部和群众的合法权益，根据《信访条例》和党委组织部门工作实际，制定本规定。

第二条 本规定所称党委组织部门信访工作是指党委组织部门依据党的路线、方针、政策和组织工作的有关规定，受理和解决党员、干部、群众或者有关组织通过书信、走访、电话、电子邮件、传真等形式提出或反映的有关问题所进行的活动。

党委组织部门信访工作是组织工作的重要组成部分。

第三条 党委组织部门信访工作应当遵循下列原则：

（一）实事求是的原则；

（二）属地管理、分级负责，谁主管、谁负责的原则；

（三）严格按政策办事与做好思想疏导工作相结合的原则；

（四）依法、及时、就地解决问题的原则。

第四条 县级以上党委组织部门应当明确信访工作机构，负责本级党委组织部门的信访工作。信访工作机构可单设，也可与其他内设机构合设。信访工作机构的人员配备要与其工作任务相适应。

党委组织部门应以适当方式向社会公布信访工作机构的通信地址、来访接待的时间和地点、电子信箱、投诉电话等相关信息。

第五条 党委组织部门信访工作的主要职责：

（一）受理、交办、转送信访人提出的信访事项；

（二）承办上级党委组织部门和同级党委交由处理的信访事项；

（三）协助其他部门处理需要本级党委组织部门参与的信访事项；

（四）督促检查信访事项的处理；

（五）研究、分析信访情况，及时向本级党委和上级党委组织部门提出完善政策和改进工作的建议；

（六）对下级党委组织部门的信访工作进行督促检查和指导。

第六条 党委组织部门受理信访事项的范围：

（一）党的组织路线、方针、政策的贯彻执行情况和问题；

（二）对领导班子、领导干部和干部队伍建设有关情况和问题的反映；

（三）党的基层组织建设和党员队伍建设方面的情况和问题；

（四）对组织工作、干部工作、人才工作的询问、意见和建议；

（五）离（退）休干部待遇和管理方面的情况和问题；

（六）对党委组织部门审查和处理结论不服的申诉；

（七）党委组织部门管理权限内的有关人事方面的申诉和要求；

（八）其他应由党委组织部门处理的信访事项。

第二章　信访事项的受理

第七条　党委组织部门收到信访事项，由信访工作机构统一登记并在15日内按下列方式处理：

（一）对属于本级党委组织部门处理的信访事项，转送有关内设机构办理，并书面告知信访人已经受理。

对属于下级党委组织部门处理的信访事项，转交下级党委组织部门。有权处理的部门接到上级部门转交的信访事项后，应当书面告知信访人是否受理。不予受理的，应当说明理由。

（二）对不属于党委组织部门受理的信访事项，转送有关部门处理，并告知信访人向有权处理的部门提出。

（三）对询问组织工作有关政策的，应当书面或口头回复信访人；对组织工作提出意见和建议的，应当书面告知信访人所提意见和建议的处理情况。

（四）对需要其他部门协助处理的信访事项，应当协商有关部门处理。

第八条　对可能造成社会影响的重大、紧急信访事项，应当及时报告本级党委和上级党委组织部门，并在职责范围内及时采取措施，防止不良影响的产生、扩大。

第九条　对采取走访形式提出信访事项的，应告知信访人向有权处理的部门提出。对多人采取走访形式提出共同信访事项的，应告知推选代表，代表人数不得超过5人。

第十条　信访事项在规定期限内已经受理或正在办理，信访人向受理或办理部门的上级机关再提出同一信访事项的，该上级机关不予受理。

信访人在本规定第十六条、第十七条规定的期限内未提出复查、复核请求，或对复核意见不服，仍然以同一事实和理由提出诉求的，党委组织部门不再受理。

第三章 信访事项的办理和督办

第十一条 党委组织部门办理信访事项时，应当坚持原则，严格履行职责，及时组织调查核实，妥善处理，不得推诿、敷衍、拖延。

第十二条 信访事项应当自受理之日起60日内办结，提出信访处理意见。情况复杂的，经本部门负责人批准，可以适当延长办理期限，但延长期限不得超过30日，并告知信访人延期的理由。

第十三条 信访处理意见要事实清楚、定性准确、处理恰当、手续完备。信访处理意见除有保密要求的，应当以书面形式答复信访人。

第十四条 对本级党委组织部门信访工作机构转送内设机构办理的信访事项，有关内设机构要按时反馈办理情况。

第十五条 对上级党委组织部门转送的要求上报信访处理意见的信访事项，经办部门应当逐级上报。上级机关对上报的信访处理意见要严格审核，发现适用政策不当或违反程序的，应当退回经办部门重新办理。

第十六条 信访人对党委组织部门作出的信访处理意见不服的，可以自收到书面答复之日起30日内请求原办理部门的上一级机关复查。收到复查请求的机关应当自收到复查请求之日起30日内提出复查意见，并予以书面答复。

第十七条 信访人对复查意见不服的，可以自收到书面答复之日起30日内向复查机关的上一级机关请求复核。收到复核请求的机关应当自收到复核请求之日起30日内提出复核意见，并予以书面答复。

第十八条 对重大、复杂、疑难的信访事项，可以举行听证。

第十九条 信访人在本规定实施前提出的信访事项尚未办结，或已经办结，信访人又提出新的事实或者理由重新信访的，按照本规定办理。

第二十条 办理机关可对信访处理意见的落实情况进行回访。

第二十一条 有下列情形之一的，应当及时督办，并提出改进意见和建议：

（一）未按本规定受理信访事项的；

（二）未按规定程序和规定期限办理信访事项的；

（三）办理信访事项推诿、敷衍、拖延的；

（四）不执行信访处理意见的；

（五）其他需要督办的情形。

第二十二条 党委组织部门工作人员与信访事项或者信访人有直接利害关系的，应当回避。

第四章 责任追究

第二十三条 因履行职责不当引发信访事项，或隐瞒、缓报重大紧急信访事项和信访信息，造成严重后果的，给予负有直接责任的主管人员和其他直接责任人员党纪政纪处分。

第二十四条 对收到的信访事项未按本规定办理，或在信访事项办理过程中弄虚作假的，由其上级机关责令改正；造成严重后果的，给予负有直接责任的主管人员和其他直接责任人员党纪政纪处分。

第二十五条 将信访人的检举、揭发材料及有关情况透露或者转给被检举、揭发的人员或者单位，或对信访人打击报复的，给予批评教育；情节严重的，给予党纪政纪处分。

第二十六条 对违反《信访条例》第十八条、第二十条规定，扰乱社会公共秩序和信访秩序的，信访工作人员应当对信访人进行劝阻、批评或者教育。经劝阻、批评或者教育无效的，可提请公安机关依法处理。

第二十七条 对违反《信访条例》第十九条规定，捏造歪曲事实、诬告陷害他人的，给予批评教育；情节严重的，可提请公安机关依法处理。

第五章 组 织 领 导

第二十八条 党委组织部门要加强对信访工作的领导，把信访工作列入重要议事日程，建立统一领导、内部协调、各负其责、齐抓共管的信访工作格局。主要负责人要亲自阅批重要来信，接待重要来访，定期听取信访工作汇报，经常分析研究信访形势，及时解决工作中的突出问题。

第二十九条 党委组织部门要加强信访工作制度建设。县级以上党委组织部门应当建立内部信访工作联席会议机制，制定和完善处理信访突出问题及群体性事件、突发事件的工作预案。

第三十条 党委组织部门要加强对下级党委组织部门信访工作的指导，特别是要加强对县级党委组织部门信访工作的指导，提高基层化解矛盾和解决问题的能力。

第三十一条 党委组织部门要重视信访工作机构和队伍建设，加强对信访工作人员的培训，不断提高信访工作人员的政治素质和业务水平。

对在信访工作中做出优异成绩的单位和个人，应当给予奖励和表彰。

第六章 附　　则

第三十二条 省（区、市）党委组织部可以根据本规定制定实施办法。

第三十三条 本规定由中共中央组织部负责解释。

第三十四条 本规定自2006年8月1日起施行。1980年3月3日中共中央组织部发布的《各级党委组织部门处理来信来访工作暂行条例》同时废止。

新录用公务员任职定级规定

（中共中央组织部2019年4月24日印发）

第一条 为了合理确定新录用公务员职级和级别，规范新录用公务员任职定级工作，根据《中华人民共和国公务员法》等有关法律法规，制定本规定。

第二条 新录用公务员任职定级，应当在规定的编制限额、职数和一级主任科员以下或者相当层次职级范围内，按照拟任职级及其对应的级别进行。

第三条 新录用公务员试用期满30日内，应当根据其拟任职级的要求，按照公务员的条件、义务和纪律要求进行任职考核。

第四条 考核合格的新录用公务员，按以下规定任职定级：

（一）直接从各类学校毕业生中录用、没有工作经历的：高中和中专毕业生，任命为二级科员、二级行政执法员或者相当层次职级，定为二十七级；大学专科毕业生，任命为一级科员、专业技术员、一级行政执法员或者相当层次职级，定为二十六级；大学本科毕业生、获得双学士学位的大学本科毕业生（含学制为六年以上的大学本科毕业生）、研究生班毕业和未获得硕士学位的研究生，任命为一级科员、专业技术员、一级行政执法员或者相当层次职级，定为二十五级；获得硕士学位的研究生，任命为四级主任科员、四级主管、四级主办或者相当层次职级，定为二十四级；获得博士学位的研究生，任命为二级主任科员、二级主管、二级主办或者相当层次职级，定为二十二级。

（二）具有工作经历的，可根据其资历和工作年限，比照本机关同等条件人员，确定职级与级别。

（三）国家对法官、检察官等的任职定级另有规定的，从其规定。

新录用公务员任职时间从试用期满之日起计算。

第五条 新录用公务员任职定级，按以下程序进行：

（一）本人对试用期间的德、能、勤、绩、廉情况进行总结；

（二）所在机关对拟任职定级人员进行全面考核，提出拟任职级和拟定级别的意见；

（三）任免机关审批，下发新录用公务员任职定级决定。

新录用公务员任职定级后，按照有关规定进行公务员登记。

第六条 新录用公务员在机关最低服务年限为五年（含试用期）。

第七条 对有下列违反本规定情形的，由县级以上领导机关或者公务员主管部门按照管理权限，区别不同情况，分别予以责令纠正或者宣布无效；对负有责任的领导人员和直接责任人员，根据情节轻重作出处理：

（一）超职数进行新录用公务员任职定级的；

（二）不按招考职位类别、规定条件、程序进行新录用公务员任职定级的；

（三）把试用期计入任职年限的；

（四）违反法律法规规定的其他情形。

第八条 参照公务员法管理的机关（单位）中除工勤人员以外的新录用人员的任职定级工作，参照本规定执行。

第九条 本规定由中共中央组织部负责解释。

第十条 本规定自2019年6月1日起施行。2008年7月16日中共中央组织部、人力资源社会保障部印发的《新录用公务员任职定级规定》(中组发〔2008〕20号)同时废止。

公务员录用规定

(2007年11月6日中共中央组织部、人事部制定 2019年10月15日中共中央组织部修订 2019年11月26日发布)

第一章 总 则

第一条 为规范公务员录用工作，保证新录用公务员的基本素质，建设信念坚定、为民服务、勤政务实、敢于担当、清正廉洁的高素质专业化公务员队伍，根据《中华人民共和国公务员法》(以下简称公务员法)和有关法律法规，制定本规定。

第二条 本规定适用于各级机关录用担任一级主任科员以下及其他相当职级层次的公务员。

第三条 公务员录用坚持以马克思列宁主义、毛泽东思想、邓小平理论、“三个代表”重要思想、科学发展观、习近平新时代中国特色社会主义思想为指导，贯彻新时代中国共产党的组织路线和干部工作方针政策，突出政治标准，坚持下列原则：

(一)党管干部；

(二)公开、平等、竞争、择优；

(三)德才兼备、以德为先，五湖四海、任人唯贤；

(四)事业为上、公道正派，人岗相适、人事相宜；

(五)依法依规办事。

第四条 录用公务员，采取公开考试、严格考察、平等竞争、择优录取的办法。录用政策和考试内容应当体现分类分级管理要求。

第五条 录用公务员，应当在规定的编制限额内，并有相应的职位空缺。

第六条 录用公务员，应当按照下列程序进行：

（一）发布招考公告；

（二）报名与资格审查；

（三）考试；

（四）体检；

（五）考察；

（六）公示；

（七）审批或者备案。

省级以上公务员主管部门可以对上述程序进行调整。

第七条 民族自治地方录用公务员，依照法律和有关规定执行。具体办法由省级以上公务员主管部门确定。

第八条 公务员主管部门和招录机关应当采取措施，便利报考者报名和参加考试。有残疾人参加考试时，根据需要予以协助。

第二章 管理机构

第九条 中央公务员主管部门负责全国公务员录用的综合管理工作。具体包括：

（一）拟定公务员录用法规；

（二）制定公务员录用的规章、政策；

（三）指导和监督地方各级机关公务员的录用工作；

（四）负责组织中央机关及其直属机构公务员的录用。

第十条 省级公务员主管部门负责本辖区公务员录用的综合

管理工作。具体包括：

（一）贯彻有关公务员录用的法律、法规、规章和政策；

（二）根据公务员法和本规定，制定本辖区内公务员录用实施办法；

（三）负责组织本辖区内各级机关公务员的录用；

（四）指导和监督设区的市级以下各级机关公务员录用工作；

（五）承办中央公务员主管部门委托的公务员录用有关工作。

必要时，省级公务员主管部门可以授权设区的市级公务员主管部门组织本辖区内公务员的录用。

第十一条　设区的市级以下公务员主管部门按照省级公务员主管部门的规定，负责本辖区内公务员录用的有关工作。

第十二条　招录机关按照公务员主管部门的要求，负责本机关及直属机构公务员录用的有关工作。

第十三条　公务员录用有关专业性、技术性、事务性工作可以授权或者委托考试机构以及其他专业机构承担。

第三章　录用计划与招考公告

第十四条　招录机关根据队伍建设需要和职位要求，提出招考的职位、名额和报考资格条件，拟定录用计划。

第十五条　中央机关及其直属机构的录用计划，由中央公务员主管部门审定。

省级机关及其直属机构的录用计划，由省级公务员主管部门审定。设区的市级以下机关录用计划的申报程序和审批权限，由省级公务员主管部门规定。

第十六条　省级以上公务员主管部门依据有关法律、法规、规章和政策，制定招考工作方案。

设区的市级公务员主管部门经授权组织本辖区公务员录用，

其招考工作方案应当报经省级公务员主管部门审核同意。

第十七条 公务员主管部门依据招考工作方案，制定招考公告，面向社会发布。招考公告应当载明以下内容：

（一）招录机关、招考职位、名额和报考资格条件；

（二）报名方式方法、时间和地点；

（三）报考需要提交的申请材料；

（四）考试科目、时间和地点；

（五）其他须知事项。

第四章 报名与资格审查

第十八条 报考公务员，应当具备下列资格条件：

（一）具有中华人民共和国国籍；

（二）年龄为十八周岁以上，三十五周岁以下；

（三）拥护中华人民共和国宪法，拥护中国共产党领导和社会主义制度；

（四）具有良好的政治素质和道德品行；

（五）具有正常履行职责的身体条件和心理素质；

（六）具有符合职位要求的工作能力；

（七）具有大学专科以上文化程度；

（八）省级以上公务员主管部门规定的拟任职位所要求的资格条件；

（九）法律、法规规定的其他条件。

前款第（二）、（七）项所列条件，经省级以上公务员主管部门批准，可以适当调整。

报考行政机关中行政处罚决定审核、行政复议、行政裁决、法律顾问等职位的，应当取得法律职业资格。

公务员主管部门和招录机关不得设置与职位要求无关的报考

资格条件。

第十九条 下列人员不得报考公务员：

（一）因犯罪受过刑事处罚的；

（二）被开除中国共产党党籍的；

（三）被开除公职的；

（四）被依法列为失信联合惩戒对象的；

（五）有法律规定不得录用为公务员的其他情形的。

第二十条 报考者不得报考录用后即构成公务员法第七十四条所列情形的职位，也不得报考与本人有夫妻关系、直系血亲关系、三代以内旁系血亲关系以及近姻亲关系的人员担任领导成员的用人单位的职位。

第二十一条 报考者应当向招录机关提交报考申请材料，报考者提交的申请材料应当真实、准确、完整。

招录机关根据报考资格条件对报考申请进行审查，确认报考者是否具有报考资格。资格审查贯穿录用全过程。

第五章 考 试

第二十二条 公务员录用考试采取笔试和面试等方式进行，考试内容根据公务员应当具备的基本能力和不同职位类别、不同层级机关分别设置，重点测查用习近平新时代中国特色社会主义思想指导分析和解决问题的能力。

第二十三条 笔试包括公共科目和专业科目。公共科目由中央公务员主管部门统一确定。专业科目由省级以上公务员主管部门根据需要设置。

第二十四条 招录机关按照省级以上公务员主管部门的规定，根据报考者笔试成绩由高到低的顺序确定面试人选。

面试的内容和方法，由省级以上公务员主管部门规定。

面试应当组成面试考官小组。面试考官小组由具有面试考官资格的人员组成。面试考官资格的认定与管理，由省级以上公务员主管部门负责。

第二十五条 有下列情形之一的，可以简化程序或者采用其他测评办法：

（一）不宜公开招考的；

（二）需要专门测查有关专业技能水平的；

（三）专业人才紧缺难以形成竞争的；

（四）省级以上公务员主管部门规定的其他情形。

以上情形的适用范围和实施办法，由省级以上公务员主管部门确定。

第六章　体　　检

第二十六条 招录机关按照省级以上公务员主管部门的规定，根据报考者考试成绩由高到低的顺序确定体检人选，并进行体检。

第二十七条 体检的项目和标准根据职位要求确定。具体办法由中央公务员主管部门会同国务院卫生健康行政部门规定。

第二十八条 承担体检工作的医疗机构由设区的市级以上公务员主管部门会同同级卫生健康行政部门指定。

体检完毕，主检医生应当审核体检结果并签名，医疗机构加盖公章。

第二十九条 招录机关或者报考者对体检结果有疑问的，可以按照规定提出复检。复检只能进行一次。体检结果以复检结论为准。

必要时，设区的市级以上公务员主管部门可以要求体检对象重新体检。

第三十条 招录机关根据职位需要，经省级以上公务员主管部门批准，可以对报考者进行体能测评。体能测评的项目和标准根据职位要求确定。具体办法由中央公务员主管部门规定。

第三十一条 招录机关根据职位需要，经省级以上公务员主管部门批准，可以对报考者有关心理素质进行测评，测评结果作为择优确定拟录用人员的重要参考。

第七章 考 察

第三十二条 招录机关根据报考者的考试成绩等确定考察人选，并进行报考资格复审和考察。

第三十三条 报考资格复审主要核实报考者是否符合规定的报考资格条件，确认其报名时提交的信息和材料是否真实、准确、完整。

第三十四条 考察工作突出政治标准，重点考察人选是否符合增强“四个意识”、坚定“四个自信”、做到“两个维护”，热爱中国共产党、热爱祖国、热爱人民等政治要求。考察内容主要包括人选的政治素质、道德品行、能力素质、心理素质、学习和工作表现、遵纪守法、廉洁自律、职位匹配度以及是否需要回避等方面的情况。

考察人选达不到公务员应当具备的条件或者不符合报考职位要求的，不得确定为拟录用人员。

第三十五条 考察应当组成考察组。考察组由两人以上组成，采取个别谈话、实地走访、严格审核人事档案、查询社会信用记录、同考察人选面谈等方法，根据需要也可以进行延伸考察等，广泛深入地了解情况，做到全面、客观、公正，并据实写出考察材料。考察情况作为择优确定拟录用人员的主要依据。考察对象所在单位（学校）或者相关单位应予积极配合，并客观、真实反映有关情况。

省级（含副省级）以上招录机关，可以实行差额考察。

第八章　公示、审批或者备案

第三十六条　招录机关根据报考者的考试成绩、体检结果和考察情况等，择优提出拟录用人员名单，向社会公示。公示期不少于五个工作日。

第三十七条　公示内容包括招录机关名称、拟录用职位，拟录用人员姓名、性别、准考证号、毕业院校或者工作单位，监督电话以及省级以上公务员主管部门规定的其他事项。

公示期满，对没有问题或者反映问题不影响录用的，按照规定程序办理审批或者备案手续；对有严重问题并查有实据的，不予录用；对反映有严重问题，但一时难以查实的，暂缓录用，待查实并作出结论后再决定是否录用。

第三十八条　中央机关及其直属机构拟录用人员名单应当报中央公务员主管部门备案；地方各级招录机关拟录用人员名单应当报省级或者设区的市级公务员主管部门审批。

第九章　试　　用

第三十九条　新录用的公务员试用期为一年，自报到之日起计算。试用期内，由招录机关对新录用的公务员进行考核，并按照规定进行初任培训。

第四十条　新录用公务员试用期满考核合格的，招录机关应当按照有关规定予以任职定级。

第四十一条　新录用公务员试用期满考核不合格的，取消录用。

试用期间发现新录用公务员有不具备公务员条件、不符合报考职位要求、不能胜任职位工作等情形的，取消录用。

新录用公务员有公务员法第八十九条规定情形的，不得取消录用。

第四十二条 中央机关及其直属机构取消录用的人员名单，应当报中央公务员主管部门备案。地方各级招录机关取消录用的审批权限由省级公务员主管部门规定。

第四十三条 新录用公务员取消录用的时间，从作出取消录用决定之日起计算。取消录用决定应当以书面形式通知本人，停发工资、转递档案以及转接社会保险关系等按照有关规定执行。

第十章 纪律与监督

第四十四条 从事录用工作的人员凡有公务员法第七十六条所列情形之一的，应当实行回避。

第四十五条 有下列情形之一的，由省级以上公务员主管部门或者设区的市级公务员主管部门，视情况分别予以责令纠正或者宣布无效；对负有责任的领导人员和直接责任人员，根据情节轻重，给予批评教育、责令检查、诫勉、组织调整或者组织处理；涉嫌违纪违法需要追究责任的，依规依纪依法予以处分；涉嫌犯罪的，移送有关国家机关依法处理：

（一）不按照规定的编制限额和职位要求进行录用的；

（二）不按照规定的任职资格条件和程序录用的；

（三）未经授权，擅自出台、变更录用政策，造成不良影响的；

（四）录用工作中徇私舞弊，情节严重的；

（五）发生泄露试题、违反考场纪律以及其他严重影响公开、公正行为的。

第四十六条 从事录用工作的人员有下列情形之一的，由公务员主管部门或者所在单位，根据情节轻重，给予批评教育、责令检查、诫勉、组织调整或者组织处理；涉嫌违纪违法需要追究责任的，依规依纪依法予以处分；涉嫌犯罪的，移送有关国家机关依法处理：

（一）泄露试题和其他录用秘密信息的；

（二）利用工作便利，伪造考试成绩或者其他录用工作有关资料的；

（三）利用工作便利，协助报考者考试作弊的；

（四）因工作失职，导致录用工作重新进行的；

（五）违反录用工作纪律的其他行为。

第四十七条 报考者有违反报考规则和管理规定行为的，由公务员主管部门、招录机关或者考试机构按照管理权限，分别采取纠正、批评教育、答卷不予评阅、当科考试成绩为零分、终止录用程序等方式进行现场处置或者事后处置。

报考者有隐瞒真实信息、弄虚作假、考试作弊、扰乱考试秩序等违反录用纪律行为的，情节较轻的，由省级以上公务员主管部门或者设区的市级公务员主管部门给予考试成绩无效、取消资格等处理；情节严重的，给予五年内限制报考的处理；情节特别严重的，给予终身限制报考的处理；涉嫌犯罪的，移送有关国家机关依法处理。

第四十八条 公务员录用工作接受监督。报考者可以向公务员主管部门、招录机关、考试机构提出意见建议；认为其合法权益受到侵犯的，可以依据有关规定进行信访、申诉、控告或者检举；对违纪违规行为处理决定不服的，可以进行陈述和申辩、申请行政复议或者提起行政诉讼。公务员主管部门、招录机关、考试机构和相关部门应当及时受理，并按照规定程序和权限处理。

第十一章　附　　则

第四十九条　参照公务员法管理的机关（单位）录用工勤人员以外的工作人员，参照本规定执行。

第五十条　本规定由中共中央组织部负责解释。

第五十一条　本规定自 2019 年 11 月 26 日起施行。

公务员调任规定

（2008 年 2 月 29 日中共中央组织部、人事部制定 2019 年 10 月 15 日中共中央组织部修订　2019 年 11 月 26 日发布）

第一章　总　　则

第一条　为拓宽选人视野和渠道，优化公务员队伍结构，规范公务员调任工作，建设信念坚定、为民服务、勤政务实、敢于担当、清正廉洁的高素质专业化公务员队伍，根据《中华人民共和国公务员法》（以下简称公务员法）和有关法律法规，制定本规定。

第二条　本规定所称调任，是指国有企业、高等院校和科研院所以及其他不参照公务员法管理的事业单位中从事公务的人员调入机关担任领导职务或者四级调研员以上及其他相当层次的职级。

调任职级公务员应当主要补充机关紧缺的优秀专业人才。

调任领导成员另有规定的，从其规定。

第三条　公务员调任坚持以马克思列宁主义、毛泽东思想、邓小平理论、“三个代表”重要思想、科学发展观、习近平新时代中国特色社会主义思想为指导，贯彻新时代中国共产党的组织路线和干部工作方针政策，突出政治标准，根据工作和队伍建设需要以及资格条件，坚持组织安排与个人意愿相结合，从严掌握，择优任用，坚持下列原则：

（一）党管干部；

（二）德才兼备、以德为先，五湖四海、任人唯贤；

（三）事业为上、人岗相适、人事相宜；

（四）公道正派、注重实绩、群众公认；

（五）依法依规办事。

第四条 调任应当在规定的编制限额和职数内进行，并有相应的职位空缺。

第五条 各级公务员主管部门按照管理权限和职责分工负责公务员调任工作的综合管理和监督检查。

第二章 调任资格条件

第六条 调任人选除应当具备公务员法第十三条规定的条件外，还应当具备下列资格条件：

（一）政治立场坚定、政治素质过硬，增强“四个意识”、坚定“四个自信”、做到“两个维护”。

（二）具有胜任工作的能力素质、文化水平和专业素养，勤奋敬业、实绩突出。

（三）具有与拟调任职位要求相当的工作经历和任职资历。

（四）具备公务员法及其配套法规规定的晋升至拟任职务职级累计所需的最低工作年限。

专业技术人员调入机关任职的，应当担任副高级专业技术职务2年以上，或者已担任正高级专业技术职务。

（五）调入中央机关、省级机关任职的，应当具有大学本科以上文化程度；调入市（地）级以下机关任职的，应当具有大学专科以上文化程度。

（六）调任厅局级领导职务或者一级、二级巡视员及其他相当层次职级的，原则上不超过55周岁；调任县处级领导职务、县级和乡镇机关乡科级领导职务或者一级至四级调研员及其他相当层次职级的，原则上不超过50周岁；调任其他乡科级领导职务的，原则上不超过45周岁。

（七）符合法律、法规、章程规定的其他条件。

因工作特殊需要，前款第（四）、（五）、（六）项所列条件需适当调整的，应当符合下列情形之一：领导班子结构需要或者调任职位有特殊要求的；专业性较强的岗位或者重要专项工作急需的；艰苦边远地区、贫困地区急需引进的。调整时，市（地）级以下机关应当按照干部管理权限报上一级公务员主管部门批准同意，省级以上机关应当按照干部管理权限报同级公务员主管部门批准同意。

必要时，省级公务员主管部门可根据本地区干部人才队伍实际，对第一款第（四）、（五）、（六）项条件作统一规定，报中央公务员主管部门同意后实施。

第七条 公务员调出机关后拟再调入机关担任高于调出机关时所任职务职级的，应当具备从调出机关时所任职务职级晋升至拟调任职务职级所需的任职资格年限。

第八条 有下列情形之一的人员，不得调任：

（一）因犯罪受过刑事处罚的；

（二）被开除中国共产党党籍的；

（三）被开除公职的；

（四）被依法列为失信联合惩戒对象的；

（五）涉嫌违纪违法正在接受有关专门机关审查尚未作出结论的；

（六）受处分期间或者未满影响期限的；

（七）正在接受审计机关审计的；

（八）法律、法规规定的其他情形。

第三章　调任程序

第九条　调任按照以下程序进行：

（一）根据工作和队伍建设需要确定调任职位及调任条件；

（二）提出调任人选；

（三）征求调出单位意见；

（四）组织考察；

（五）集体讨论决定；

（六）调任公示；

（七）报批或者备案；

（八）办理调动、任职和公务员登记手续。

第十条　根据调任职位的要求，调任人选通过组织推荐方式产生。必要时，可以对调任人选进行考试。

第十一条　对调任人选应当进行严格考察，依据调任资格条件和调任职位的职责要求，全面考察德、能、勤、绩、廉等方面表现，突出政治标准，注重了解政治理论学习、制度执行力和治理能力情况，深入考察政治忠诚、政治定力、政治担当、政治能力、政治自律等方面情况，严把政治关、品行关、能力关、作风关、廉洁关，并形成书面考察材料。考察材料应当写实，评判应当全面、准确、客观，用具体事例反映调任人选的情况。

考察时，应当采取个别谈话、实地走访、同调任人选面谈等方法，根据需要也可以进行专项调查、延伸考察等，听取调任人选所在单位有关领导、群众和组织（人事）部门、纪检监察机关、机关党组织的意见，审核干部人事档案，查核个人有关事项报告，查询社会信用记录，对反映问题线索具体、有可查性的信访举报进行核查。所在单位应予积极配合，并提供客观、真实反映调任人选现实表现和廉政情况的材料。材料由调任人选所在单位党委（党组）提出结论性意见，必要时，由党委（党组）书记、纪委书记（纪检监察组组长）签字。

第十二条 根据考察情况集体讨论决定拟调任人员，并按照任前公示制有关规定在调出、调入单位予以公示。公示期不少于五个工作日。

第十三条 公示期满，对没有反映问题或者反映问题不影响调任的，按规定程序进行审批或者备案；对反映有严重问题未经查实的，待查实并作出结论后再决定是否调任。

第十四条 按照干部管理权限确定拟调任人员后，调入机关按照规定的权限办理审批或者备案。

地方省级以下机关调任公务员应当报市（地）级以上公务员主管部门审批。

呈报审批、备案的材料应当包括请示、公务员调任审批（备案）表、考察材料、调出单位意见和纪检监察机关提供的廉政情况；按规定需要进行经济责任审计的人员，应当对其进行审计，并提供审计机关的审计结论。

调任人员审批、备案后，办理调动手续，并按有关规定进行公务员登记。

第十五条 调任人员的级别和有关待遇，根据其调任职务职级，结合本人原任职务、工作经历、文化程度等条件，比照调入机关同等条件人员确定。

第十六条 调任人员除由国家权力机关依法任命职务的以外，一般实行任职试用期制，试用期为一年。试用期满考核合格的，正式任职；考核不合格的，另行安排工作。

第四章　纪律与监督

第十七条　调任应当遵守下列纪律：

（一）调任审批或者备案机关应当严格履行职责，认真审核把关，不得随意降低标准，放宽条件；

（二）调入机关应当严格履行有关程序，按照干部管理权限集体讨论决定，不得个人或者少数人说了算，弄虚作假，搞不正之风，不得将调任用于人员安置、解决待遇，不得突击调任人员；

（三）调出单位应当严格执行干部人事管理工作的有关法规、政策，提供真实情况，不得突击提拔；

（四）参加考察的人员应当如实反映考察情况和意见，不得隐瞒、歪曲事实真相；

（五）调任人员应当遵守有关规定，接到调动通知后，在规定期限内办理行政、工资关系等有关手续。

第十八条　调任工作中存在应当回避情形的，按照有关规定执行。

第十九条　对违反本规定的调任事项，呈报的不予批准，已经作出决定的宣布无效；对负有责任的领导人员和直接责任人员，根据情节轻重，给予批评教育、责令检查、诫勉、组织调整或者组织处理；涉嫌违纪违法需要追究责任的，依规依纪依法予以处分；涉嫌犯罪的，移送有关国家机关依法处理。

第五章　附　　则

第二十条　国有企业、高等院校和科研院所以及其他不参照公务员法管理的事业单位中从事公务的人员调入参照公务员法管理的机关（单位）担任本规定第二条所列职务职级，参照本规定执行。

第二十一条 本规定由中共中央组织部负责解释。

第二十二条 本规定自2019年11月26日起施行。

附件：公务员调任审批（备案）表（略）

公务员培训规定

（2008年6月27日中共中央组织部、人力资源和社会保障部制定 2019年10月15日中共中央组织部修订 2019年11月26日发布）

第一章 总 则

第一条 为推进公务员培训工作科学化、制度化、规范化，建设信念坚定、为民服务、勤政务实、敢于担当、清正廉洁的高素质专业化公务员队伍，根据《中华人民共和国公务员法》、《干部教育培训工作条例》和有关法律法规，制定本规定。

第二条 公务员培训必须把学习贯彻习近平新时代中国特色社会主义思想作为首要任务，把提高治理能力作为重大任务，加强思想淬炼、政治历练、实践锻炼、专业训练，高质量培训公务员、高水平服务党和国家事业发展，体现不同类别、不同层级、不同岗位公务员能力素质需要，着力增强时代性、针对性、有效性。

第三条 公务员培训坚持以马克思列宁主义、毛泽东思想、邓小平理论、“三个代表”重要思想、科学发展观、习近平新时代中国特色社会主义思想为指导，贯彻新时代中国共产党的组织路线，坚持下列原则：

（一）党管干部；

（二）政治统领，服务大局；

（三）以德为先，从严管理；

（四）突出重点，注重实效；

（五）分类分级，精准科学；

（六）联系实际，改革创新。

第四条 公务员培训情况、学习成绩作为公务员考核的内容和任职、晋升的依据之一。

第五条 中央公务员主管部门负责全国公务员培训的综合管理工作。

中央和国家机关各部门按照职责分工，负责相关的公务员培训工作，指导本行业本系统公务员培训。

地方各级公务员主管部门负责本辖区公务员培训的综合管理工作。

地方各级公务员所在机关按照干部管理权限，负责组织实施本机关的公务员培训工作。

公务员主管部门应当会同有关部门对公务员培训工作进行监督检查，制止和纠正违反本规定的行为，并对有关责任人员提出处理意见和建议。

第二章 培训对象

第六条 公务员有接受培训的权利和义务。

第七条 公务员培训的对象是全体公务员。公务员主管部门和公务员所在机关根据公务员工作岗位和职业发展需要安排公务员参加相应的培训。

担任县处级以上领导职务的公务员每5年应当参加党校（行政学院）、干部学院，以及经公务员主管部门或者公务员所在机关认可的其他培训机构累计3个月或者550学时以上的培训。提拔担任领导职务的公务员，确因特殊情况在提任前未达到培训要求的，应当在提任后1年内完成培训。

其他公务员参加培训的时间一般每年累计不少于12天或者90学时。

有计划地加强对优秀年轻公务员的培训。

第八条 公务员应当服从组织调训，遵守培训的规章制度，完成规定的培训任务。培训经考核合格后，获得相应的培训结业证书。

公务员参加培训期间违反培训有关规定和纪律的，视情节轻重，给予批评教育、责令检查、诫勉、组织调整或者组织处理、处分。弄虚作假获取培训经历、学历或者学位的，按照有关规定严肃处理。

第九条 公务员按规定参加组织选派的脱产培训期间，其工资和各项福利待遇与在岗人员相同，一般不承担所在机关的日常工作、出国（境）考察等任务。因特殊情况确需请假的，必须严格履行手续。

公务员个人参加社会化培训，费用一律由本人承担，不得由财政经费和单位经费报销，不得接受任何机构和他人的资助或者变相资助。

第三章 培训内容

第十条 突出政治素质，把深入学习贯彻习近平新时代中国特色社会主义思想作为公务员培训的重中之重，持续加强党的理论和路线方针政策、理想信念教育，强化党史、新中国史、改革开放史学习，引导公务员增强“四个意识”，坚定“四个自信”，做到“两个维护”，自觉在思想上政治上行动上同以习近平同志为核心的党中央保持高度一致。

第十一条 围绕中心，服务大局，培养公务员专业能力、专业精神，提高制度执行力和治理能力。加强形势任务教育，紧扣统筹推进“五位一体”总体布局和协调推进“四个全面”战略布局、贯彻落实新发展理念、深化供给侧结构性改革、实施七大战略、打赢三大攻坚战和推动“一带一路”建设等党中央重大决策部署，根据岗位特点和工作要求，有针对性地开展履行岗位职责所必备的能力素质、知识体系培训和廉政警示、职业道德教育，引导公务员强化宗旨意识，发扬斗争精神，勇于担当作为，不断提高用习近平新时代中国特色社会主义思想指导分析和解决问题、适应新时代中国特色社会主义发展要求的能力。

第十二条 推进分类分级培训，加强培训需求调研。

综合管理类公务员，强化公共管理和公共服务等培训。专业技术类公务员，强化专业知识和专业技能等培训。行政执法类公务员，强化法律法规和执法技能等培训。

领导机关公务员，强化政策制定、调查研究等能力培训。基层公务员，强化社会治理、联系服务群众等能力培训。

第四章 培训类型

第十三条 公务员培训主要分为初任培训、任职培训、专门业务培训和在职培训等。

第十四条 初任培训是对新录用公务员进行的培训，重点提高其思想政治素质和依法依规办事等适应机关工作的能力。

初任培训由公务员主管部门统一组织，主要采取公务员主管部门统一举办初任培训班和公务员所在机关结合实际开展入职培训的形式进行。专业性较强的机关按照公务员主管部门的统一要求，可自行组织初任培训。

初任培训中应当组织新录用公务员公开进行宪法宣誓。

初任培训应当在试用期内完成，时间一般不少于12天。

第十五条 任职培训是按照新任职务的要求，对晋升领导职务的公务员进行的培训，重点提高其胜任职务的政治能力和领导能力。

任职培训应当在公务员任职前或者任职后一年内进行。

担任县处级副职以上领导职务的公务员任职培训时间一般不少于 30 天，担任乡科级领导职务的公务员任职培训时间一般不少于 15 天。

调入机关任领导职务的公务员，依照前款规定参加任职培训。

第十六条 专门业务培训是根据公务员从事专项工作的需要进行的专业知识和技能培训，重点提高公务员的业务工作能力。

专门业务培训的时间和要求由公务员所在机关根据需要确定。

中央公务员主管部门对专业技术类、行政执法类公务员专门业务培训加强宏观指导。

第十七条 在职培训是对全体公务员进行的培训，目的是及时学习领会党中央决策部署、提高政治素质和工作能力、更新知识。

在职培训重点增强公务员素质能力培养的系统性、持续性、针对性、有效性，时间和要求由各级公务员主管部门和公务员所在机关根据需要确定。

第十八条 没有参加初任培训或者初任培训考核不合格的新录用公务员，不能任职定级。

没有参加任职培训或者任职培训考核不合格的公务员，应当根据不同情况，按有关规定处理。

专门业务培训考核不合格的公务员，不得从事专门业务工作。

公务员因故未按规定参加培训或者未达到培训要求的，应当及时补训。无正当理由不参加培训的公务员，根据情节轻重，给予批评教育、责令检查、诫勉、组织调整或者组织处理、处分。培训考核不合格的，年度考核不得确定为优秀等次。

第五章　培训方式与方法

第十九条　坚持和完善组织调训制度。

公务员主管部门负责制定公务员调训计划，选调公务员参加脱产培训。公务员所在机关按照计划完成调训任务。

第二十条　建立健全公务员在职自学制度。

鼓励公务员本着工作需要、学用一致的原则参加有关学历学位教育和其他学习。其中，参加学历学位教育应当按照干部管理权限履行审批程序。

公务员所在机关应当为公务员在职自学提供必要的条件。

第二十一条　充分运用现代信息技术，完善公务员网络培训制度，建设精品课程库，提高培训教学和管理的信息化水平。

第二十二条　公务员主管部门根据工作需要，严格规范和改进公务员境外培训工作，突出重点、注重实效，择优选派培训对象，合理确定培训机构，严格培训过程管理和效果评价。

第二十三条　公务员培训应当根据内容要求和公务员特点，综合运用讲授式、研讨式、案例式、模拟式、体验式等教学方法，实现教学相长、学学相长。

引导和支持公务员培训方式方法创新。

第六章　培 训 保 障

第二十四条　建强培训保障体系，确保培训任务完成，提升培训质量。

第二十五条　加强公务员培训机构建设，构建分工明确、优势互补、布局合理、竞争有序的公务员培训机构体系。鼓励公务员培训机构开展交流协作，推动优质培训资源共享。

第二十六条　党校（行政学院）、干部学院和社会主义学院应当按照职能分工开展公务员培训工作。

部门和系统的公务员培训机构，应当按照各自职责，承担本部门和本系统的公务员培训任务，也可以根据需要接受委托培训。

公务员主管部门和公务员所在机关可以委托符合条件的高等学校、科研院所、社会培训机构等承担公务员培训任务。

公务员培训机构必须贯彻执行党和国家干部教育培训方针政策和法律法规。对违反规定的，由有关部门责令限期整改，逾期不改的给予通报批评；情节严重的，由有关部门对负有责任的领导人员和直接责任人员给予处分，对有关社会培训机构建立退出机制。

统筹用好干部党性教育基地、党员教育基地、公务员实践教育基地、爱国主义教育基地等。

第二十七条 按照政治合格、素质优良、规模适当、结构合理、专兼结合的原则，加强师资队伍建设。

省级以上公务员主管部门应当采取适当形式建立完善公务员培训师资库，建立准入和退出机制。

从事公务员培训工作的教师，必须对党忠诚、政治坚定，严守纪律、严谨治学，具有良好的职业道德修养、较高的理论政策水平、扎实的专业知识基础，有一定的实际工作经验。必须严守讲坛纪律，不得传播违反党的理论和路线方针政策、违反中央决定的错误观点。对违反讲坛纪律的，给予批评教育直至处分。

第二十八条 建立科学规范、务实管用、各具特色的公务员培训教材体系，适应不同类别、不同层级、不同岗位公务员学习的需要。

第二十九条 通过培训、交流等措施加强公务员培训管理者队伍建设。加强公务员培训理论研究。

第三十条 公务员培训所需经费列入各级政府年度财政预算，

并随着财政收入增长逐步提高。对重要培训项目予以重点保证。

加强对公务员培训经费的管理，完善有关规定，厉行勤俭节约，保证专款专用，提高培训经费使用效益。

第三十一条 充分发挥不同区域互补优势，积极促进各地区公务员培训交流合作。加强公务员对口培训，加大对革命老区、民族地区、边疆地区、贫困地区公务员培训支持力度，推动优质培训资源向基层延伸倾斜。

第七章 培训登记与评估

第三十二条 公务员的培训实行登记管理。

公务员所在机关建立和完善公务员培训档案，对公务员参加培训的种类、内容、时间和考试考核结果等情况进行登记。

公务员参加脱产培训情况应当记入公务员年度考核登记表，参加2个月以上的脱产培训情况应当记入干部任免审批表。

第三十三条 公务员培训的考核一般由培训主办单位或者培训机构实施，并将考核情况及时反馈公务员所在机关。

第三十四条 公务员主管部门负责对公务员培训机构进行评估，评估内容主要包括办学方针、培训质量、师资队伍、组织管理、学风建设、基础设施、经费保障等。

公务员培训主办单位要对培训班进行评估，也可委托培训机构进行，评估内容主要包括培训设计、培训实施、培训管理和培训效果等。

评估结果作为改进培训工作、提高培训质量的重要依据。

第八章 附 则

第三十五条 参照公务员法管理的机关（单位）中除工勤人员以外的工作人员的培训，参照本规定执行。

第三十六条 本规定由中共中央组织部负责解释。

第三十七条 本规定自2019年11月26日起施行。

公务员范围规定

（2019年12月23日中共中央组织部制定 2020年3月3日发布）

第一条 为了明确公务员范围，规范公务员管理，建设信念坚定、为民服务、勤政务实、敢于担当、清正廉洁的高素质专业化公务员队伍，根据《中华人民共和国公务员法》等有关法律法规，制定本规定。

第二条 公务员范围确定坚持以马克思列宁主义、毛泽东思想、邓小平理论、“三个代表”重要思想、科学发展观、习近平新时代中国特色社会主义思想为指导，贯彻新时代中国共产党的组织路线，坚持党管干部原则，加强党对公务员队伍的集中统一领导，从中国国情出发，体现我国政治制度的特色，符合干部人事管理的实际。

第三条 公务员是干部队伍的重要组成部分，是社会主义事业的中坚力量，是人民的公仆。列入公务员范围的工作人员必须同时符合下列条件：

（一）依法履行公职；

（二）纳入国家行政编制；

（三）由国家财政负担工资福利。

第四条 下列机关中除工勤人员以外的工作人员列入公务员范围：

（一）中国共产党各级机关；

（二）各级人民代表大会及其常务委员会机关；

（三）各级行政机关；

（四）中国人民政治协商会议各级委员会机关；

（五）各级监察机关；

（六）各级审判机关；

（七）各级检察机关；

（八）各民主党派和工商联的各级机关。

第五条 中国共产党各级机关中列入公务员范围的人员：

（一）中央和地方各级党委、纪律检查委员会的领导人员；

（二）中央和地方各级党委工作部门、办事机构和派出机构的工作人员；

（三）中央和地方各级纪律检查委员会机关及其向党和国家机关等派驻或者派出机构的工作人员；

（四）街道、乡、镇党委机关的工作人员。

第六条 各级人民代表大会及其常务委员会机关中列入公务员范围的人员：

（一）县级以上各级人民代表大会常务委员会领导人员，乡、镇人民代表大会主席、副主席；

（二）县级以上各级人民代表大会常务委员会工作机构和办事机构的工作人员；

（三）县级以上各级人民代表大会专门委员会办事机构的工作人员。

第七条 各级行政机关中列入公务员范围的人员：

（一）各级人民政府的领导人员；

（二）县级以上各级人民政府工作部门和派出机构的工作人员；

（三）乡、镇人民政府机关的工作人员。

第八条 中国人民政治协商会议各级委员会机关中列入公务员范围的人员：

（一）中国人民政治协商会议各级委员会的领导人员；

（二）中国人民政治协商会议各级委员会工作机构的工作人员。

第九条 各级监察机关中列入公务员范围的人员：

（一）国家和地方各级监察委员会的领导人员；

（二）国家和地方各级监察委员会机关及其向党和国家机关等派驻或者派出机构的工作人员。

第十条 各级审判机关中列入公务员范围的人员：

（一）最高人民法院和地方各级人民法院的法官、审判辅助人员；

（二）最高人民法院和地方各级人民法院的司法行政人员。

第十一条 各级检察机关中列入公务员范围的人员：

（一）最高人民检察院和地方各级人民检察院的检察官、检察辅助人员；

（二）最高人民检察院和地方各级人民检察院的司法行政人员。

第十二条 各民主党派和工商联的各级机关中列入公务员范围的人员：

（一）中国国民党革命委员会中央和地方各级委员会的领导人员，工作机构的工作人员；

（二）中国民主同盟中央和地方各级委员会的领导人员，工作机构的工作人员；

（三）中国民主建国会中央和地方各级委员会的领导人员，工作机构的工作人员；

（四）中国民主促进会中央和地方各级委员会的领导人员，工作机构的工作人员；

（五）中国农工民主党中央和地方各级委员会的领导人员，工作机构的工作人员；

（六）中国致公党中央和地方各级委员会的领导人员，工作机构的工作人员；

（七）九三学社中央和地方各级委员会的领导人员，工作机构的工作人员；

（八）台湾民主自治同盟中央和地方各级委员会的领导人员，工作机构的工作人员。

中华全国工商业联合会和地方各级工商联的领导人员，工作机构的工作人员。

第十三条 下列人员人事关系所在部门和单位不属于本规定第四条所列机关的，不列入公务员范围：

（一）中国共产党的各级代表大会代表、委员会委员、委员会候补委员、纪律检查委员会委员；

（二）各级人民代表大会代表、常务委员会组成人员、专门委员会成员；

（三）中国人民政治协商会议各级委员会常务委员、委员；

（四）各民主党派中央和地方各级委员会委员、常委和专门委员会成员。中华全国工商业联合会和地方工商联执行委员、常务委员会成员和专门委员会成员。

第十四条 列入公务员范围的人员按照有关规定登记后，方可确定为公务员。

第十五条 本规定由中共中央组织部负责解释。

第十六条 本规定自发布之日起施行，2006 年 4 月 9 日中共中央、国务院印发的《〈中华人民共和国公务员法〉实施方案》附件一《公务员范围规定》同时废止。

公务员转任规定

（2020年12月8日中共中央组织部制定　2020年12月28日发布）

第一章　总　　则

第一条　为了规范公务员转任工作，促进公务员合理流动，增强公务员队伍活力，强化权力运行制约，建设信念坚定、为民服务、勤政务实、敢于担当、清正廉洁的高素质专业化公务员队伍，根据《中华人民共和国公务员法》等有关法律法规，制定本规定。

第二条　公务员转任，是指公务员在公务员队伍内部不同职位之间的交流或者交流到参照公务员法管理的机关（单位）工作人员职位。

公务员在同一领导职务层次、同一或者相当职级层次的转任，适用本规定。

法律法规对公务员中领导成员以及监察官、法官、检察官等转任另有规定的，公务员转任中涉及领导职务和职级升降、领导职务和职级互相转任的，按照有关规定办理。

第三条　公务员转任工作坚持以马克思列宁主义、毛泽东思想、邓小平理论、“三个代表”重要思想、科学发展观、习近平新时代中国特色社会主义思想为指导，贯彻新时代党的组织路线和干部工作方针政策，加强党对公务员队伍的集中统一领导，坚持下列原则：

（一）党管干部；

（二）事业为上、人岗相适、人事相宜；

（三）公道正派；

（四）依法依规办事。

第四条 公务员转任应当在规定的编制限额和职数内，并有相应的职位空缺，依照规定的权限和程序进行。

转任的公务员应当具备拟任职位所要求的政治素质、工作能力、文化程度等方面的资格条件。

第五条 各级公务员主管部门按照管理权限和职责分工负责公务员转任工作的综合管理、业务指导和监督检查。根据工作需要，可以在本辖区内组织实施跨地区、跨部门公务员转任。

各级机关应当建立健全公务员定期转任制度，按照管理权限负责公务员转任的组织实施。

第二章　转任对象和情形

第六条 转任的对象主要是下列人员：

（一）因工作需要转任的；

（二）优化队伍结构需要的；

（三）需要通过转任提高能力素质的；

（四）在同一职位工作时间较长的；

（五）按照规定需要回避的；

（六）因其他原因需要转任的。

第七条 担任机关内设机构领导职务的公务员在同一职位工作满10年的，不担任领导职务的公务员在组织、人事、纪检、监察、审计、财务、项目和资金审批、招标采购、行政许可、行政处罚等同一职位工作满10年的，应当转任。因工作特殊需要暂缓转任的，应当按照管理权限报公务员主管部门同意。

第八条 公务员有下列情形之一的，一般不得转任：

（一）试用期未满的；

（二）正在接受纪律审查、监察调查，或者涉嫌犯罪，司法程序尚未终结的；

（三）法律法规规定的其他不得转任的情形。

第九条 乡镇机关新录用公务员工作未满规定的最低服务年限的，不得转任到上级机关。

第十条 各级公务员主管部门和机关应当采取有效措施，激励、引导和支持公务员转任到艰苦边远地区、基层一线或者服务保障重大战略、重大工程、重大项目、重点任务的职位工作。

第三章 转任程序和要求

第十一条 同一机关内部开展公务员转任的，一般由本机关按照以下程序办理：

（一）确定转任职位及相关资格条件，研究提出拟转任人选。

（二）按照管理权限研究决定。

（三）办理任免职手续。需要报批或者备案的，按照有关规定办理。

第十二条 机关开展跨地区、跨部门公务员转任的，一般由转入机关或者其上级机关按照以下程序办理：

（一）根据需要制定工作方案，确定转任职位及相关资格条件。

（二）研究提出拟转任人选。

（三）征求转出机关意见，根据有关规定和工作需要组织考察。

（四）按照管理权限研究决定。

（五）办理任免职等相关手续。需要报批或者备案的，按照有关规定办理。

第十三条 公务员主管部门在本辖区内开展公务员跨地区、

跨部门转任的，一般按照以下程序办理：

（一）制定工作方案，确定转任职位及相关资格条件。

（二）公务员主管部门会同相关机关研究提出拟转任人选，或者直接提出拟转任人选。

（三）根据有关规定和工作需要组织考察。

（四）转入机关或者其上级机关按照管理权限研究决定。

（五）办理任免职等相关手续。需要报批或者备案的，按照有关规定办理。

第十四条 对公务员本人申请的转任，机关认为确有需要的，参照本规定第十一条、第十二条、第十三条的规定办理。

第十五条 转入机关应当及时与转任后的公务员进行谈心谈话，根据工作需要进行培训，加强关心关爱和指导帮助。

第十六条 转出机关应当配合转入机关做好考察等工作，如实反映拟转任人选真实情况，及时转递干部人事档案，转移行政关系、工资关系等。

第四章 纪律与监督

第十七条 开展公务员转任，应当遵守下列纪律：

（一）不得突破编制限额、职数；

（二）不得突破资格条件；

（三）不得违反规定程序；

（四）不得借机突击调整职位或者突击晋升领导职务、职级；

（五）不得滥用职权、玩忽职守、徇私舞弊；

（六）对同一人员不得频繁转任。

第十八条 对违反本规定的转任事项，呈报的不予批准或者备案，已经作出决定的宣布无效；根据情节轻重，依规依纪依法追究负有责任的领导人员和直接责任人员责任。

第十九条 公务员应当服从转任决定，在10个工作日内办理公务交接等手续。对无正当理由拒不服从组织转任决定、拒不办理公务交接手续的，依规依纪依法予以免职或者降职使用，并视情节轻重给予处分。

第五章 附 则

第二十条 市（地）级以上机关通过公开遴选方式从下级机关转任公务员，按照有关规定执行。

第二十一条 参照公务员法管理的机关（单位）中除工勤人员以外的工作人员在队伍内部不同职位之间的转任或者转任到公务员职位，参照本规定执行。

第二十二条 本规定由中共中央组织部负责解释。

第二十三条 本规定自发布之日起施行。

公务员回避规定

（2011年12月8日中共中央组织部、人力资源和社会保障部制定 2011年12月12日发布 2020年12月8日中共中央组织部修订 2020年12月28日发布）

第一章 总 则

第一条 为了加强对公务员的管理和监督，完善权力运行制约机制，防止利益冲突，保证公务员依法、公正执行公务，建设信念坚定、为民服务、勤政务实、敢于担当、清正廉洁的高素质专业化公务员队伍，根据《中华人民共和国公务员法》等有关法律法规，制定本规定。

第二条 公务员回避，是指机关依照法律法规规定，对公务员在有关职位担任领导职务或者职级、执行公务等作出限制或者调整。

公务员回避包括任职回避、地域回避和公务回避。

法律法规对公务员中领导成员以及监察官、法官、检察官等回避另有规定的，按照有关规定办理。

第三条 公务员回避工作坚持以马克思列宁主义、毛泽东思想、邓小平理论、“三个代表”重要思想、科学发展观、习近平新时代中国特色社会主义思想为指导，贯彻新时代党的组织路线和干部工作方针政策，加强党对公务员队伍的集中统一领导，坚持下列原则：

（一）党管干部；

（二）从严管理、注重预防、及时调整；

（三）客观公正；

（四）依法依规办事。

第四条 各级公务员主管部门按照管理权限和职责分工负责公务员回避工作的综合管理、业务指导和监督检查。各级机关按照管理权限负责公务员回避的组织实施。

第二章 任职回避

第五条 公务员凡有下列亲属关系的，不得在同一机关双方直接隶属于同一领导人员的职位或者有直接上下级领导关系的职位工作，也不得在其中一方担任领导职务的机关从事组织、人事、纪检、监察、审计和财务工作：

（一）夫妻关系；

（二）直系血亲关系，包括祖父母、外祖父母、父母、子女、孙子女、外孙子女；

（三）三代以内旁系血亲关系，包括伯叔姑舅姨、兄弟姐妹、堂兄弟姐妹、表兄弟姐妹、侄子女、甥子女；

（四）近姻亲关系，包括配偶的父母、配偶的兄弟姐妹及其配偶、子女的配偶及子女配偶的父母、三代以内旁系血亲的配偶。

本规定所列亲属关系，包括法律规定的拟制血亲关系。

本规定所称直接隶属，是指具有直接上下级领导关系；同一领导人员，包括同一级领导班子成员；直接上下级领导关系，包括上一级正副职与下一级正副职之间的领导关系。

第六条 有第五条所列亲属关系的，不得以录用、调任、聘任、转任等方式到其中一方担任领导成员的机关工作。

第七条 公务员不得在其配偶、子女及其配偶经营的企业、营利性组织的行业监管或者主管部门担任领导成员。

第八条 公务员任职回避按照以下程序办理：

（一）本人提出回避申请或者所在机关提出回避建议。

（二）组织人事部门按照管理权限进行审核，并提出回避意见报任免机关。在报任免机关决定前，应当听取公务员本人及相关人员的意见。

（三）任免机关作出决定。需要回避的，原则上在组织人事部门提出回避意见之日起30日内予以调整。一般由领导职务层次较低或者不担任领导职务的一方回避；领导职务层次相同或者均不担任领导职务的，根据工作需要和实际情况决定其中一方回避。

特殊情况下，任免机关可以直接作出回避决定。

第九条 机关执行任职回避确有困难的，公务员主管部门根据管理权限可以统筹协调安排。

第十条 因地域或者工作性质特殊，需要变通执行任职回避的，由省级以上公务员主管部门规定。

第三章　地域回避

第十一条　公务员担任乡（镇）党委和政府主要领导职务的，应当实行地域回避；公务员不得在本人成长地担任县（市）党委和政府主要领导职务，一般不得在本人成长地担任市（地、盟）党委和政府主要领导职务。

公务员不得在本人成长地担任县（市）纪委监委、组织部门、法院、检察院、公安部门主要领导职务，一般不得在本人成长地担任市（地、盟）纪委监委、组织部门、法院、检察院、公安部门主要领导职务。

民族自治地方的少数民族领导干部的地域回避按照有关法律规定并结合本地实际执行。

第十二条　公务员地域回避的程序按照本规定第八条的规定办理。

第四章　公务回避

第十三条　公务员应当回避的公务活动包括：

（一）考试录用、聘任、调任、领导职务与职级升降任免、考核、考察、奖惩、转任、出国（境）审批；

（二）巡视、巡察、纪检、监察、审计、仲裁、案件侦办、审判、检察、信访举报处理；

（三）税费稽征、项目和资金审批、招标采购、行政许可、行政处罚；

（四）其他应当回避的公务活动。

第十四条　公务员执行第十三条所列公务时，有下列情形之一的，应当回避，不得参加有关调查、讨论、审核、决定等，也不得以任何方式施加影响：

（一）涉及本人利害关系的；

（二）涉及与本人有本规定第五条所列亲属关系人员的利害关系的；

（三）其他可能影响公正执行公务的。

第十五条 公务员公务回避按照以下程序办理：

（一）本人或者利害关系人及时提出回避申请，或者主管领导提出回避要求。

（二）所在机关及时进行审查作出是否回避的决定，并告知申请人。

（三）对需要回避的，由所在机关调整公务安排。

特殊情况下，所在机关可以直接作出回避决定。

第五章 管理与纪律

第十六条 对拟进入机关的人员和拟晋升、转任等的人员，应当依据本规定加强事前提醒、严格审查把关，根据需要提前调整，避免形成回避关系。对因婚姻、职位变化等新形成的回避关系，应当及时予以调整。

第十七条 公务员应当服从回避决定。无正当理由拒不服从的，应当予以免职或者降职使用，直至不再形成回避关系。

公务员应当及时主动报告需要回避的情形。有需要回避的情形不及时报告或者故意隐瞒的，应当区分不同情况，予以批评教育、责令检查、诫勉、组织调整或者组织处理；影响公正执行公务，造成不良后果的，应当给予相应处分。

第十八条 对个人、组织反映公务员需要回避的，有关机关应当按照管理权限及时处理。

第十九条 在公务员回避工作中，对有不按照规定审核回避条件、办理回避申请、作出回避调整等情形的，区分不同情况，予以责令纠正或者宣布无效；根据情节轻重，依规依纪依法追究负有责任的领导人员和直接责任人员责任。

第二十条 各级公务员主管部门应当结合公务员管理信息系统建设，推进公务员回避工作信息化、规范化。

第六章 附 则

第二十一条 国家驻外机构公务员的回避，由有关部门另行规定。

第二十二条 参照公务员法管理的机关（单位）中除工勤人员以外的工作人员的回避，参照本规定执行。

第二十三条 本规定由中共中央组织部负责解释。

第二十四条 本规定自发布之日起施行。

公务员辞去公职规定

（2009年7月9日中共中央组织部、人力资源和社会保障部制定 2009年7月24日发布 2020年12月8日中共中央组织部修订 2020年12月28日发布）

第一章 总 则

第一条 为了规范公务员辞去公职工作，保障机关和公务员的合法权益，建设信念坚定、为民服务、勤政务实、敢于担当、清正廉洁的高素质专业化公务员队伍，根据《中华人民共和国公务员法》等有关法律法规，制定本规定。

第二条 公务员辞去公职，是指公务员依照法律法规规定，申请终止与任免机关的任用关系。

法律法规对公务员中领导成员以及监察官、法官、检察官等辞去公职另有规定的，按照有关规定办理。

第三条 公务员辞去公职工作坚持以马克思列宁主义、毛泽东思想、邓小平理论、“三个代表”重要思想、科学发展观、习近平新时代中国特色社会主义思想为指导，贯彻新时代党的组织路线和干部工作方针政策，加强党对公务员队伍的集中统一领导，坚持下列原则：

（一）党管干部；

（二）尊重个人意愿和从严审核审批相结合；

（三）保障合法流动和加强离职后从业管理相结合；

（四）依法依规办事。

第四条 各级公务员主管部门按照管理权限和职责分工负责公务员辞去公职工作的综合管理、业务指导和监督检查。各级机关按照管理权限负责公务员辞去公职的审核、审批、从业限制期限内从业情况的了解核查等工作。

第二章 辞去公职情形和程序

第五条 公务员辞去公职，应当依照法定的情形、权限和程序办理。

第六条 公务员有下列情形之一的，不得批准辞去公职：

（一）未满国家规定的最低服务年限的；

（二）在涉及国家秘密等特殊职位任职或者离开上述职位不满国家规定的脱密期限的；

（三）正在接受审计，或者重要公务尚未处理完毕且须由本人继续处理的；

（四）正在接受纪律审查、监察调查，或者涉嫌犯罪，司法程序尚未终结的；

（五）法律、行政法规规定的其他不得辞去公职的情形。

第七条 公务员辞去公职，按照下列程序办理：

（一）本人向任免机关提出书面申请，填写《公务员辞去公职申请表》。担任县处级副职以上领导职务或者二级调研员及相当层次以上职级的，应当一并报告个人有关事项。

（二）组织人事部门审核，重点审核公务员是否具有不得辞去公职或者辞去公职后的从业限制情形，并征求其所在单位和纪检监察机关、保密等部门的意见。同时，提醒其严格遵守从业限制规定，告知违规从业须承担的法律责任。

（三）任免机关审批，作出同意或者不同意辞去公职的批复。同意辞去公职的，应当同时免去其所任领导职务、职级。其中，对需要进行经济责任审计的，应当事先按照有关规定进行审计。

（四）任免机关将批复送公务员所在单位和申请辞去公职的公务员。

（五）同意辞去公职的，办理公务交接手续。

（六）将同意辞去公职的批复和《公务员辞去公职申请表》等存入本人人事档案，同时将批复送同级公务员主管部门备案。

第八条 任免机关应当自接到公务员辞去公职申请之日起30日内予以审批，其中，对领导成员辞去公职的申请，应当自接到申请之日起90日内予以审批。

第九条 经批准辞去公职的公务员办理公务交接手续，应当自批准之日起10个工作日内完成。

对拒不办理公务交接手续的，撤销同意辞去公职的决定，给予开除处分。

第十条 公务员申请辞去公职未予批准的，可以按照规定申请复核或者提出申诉。复核、申诉期间不停止该人事处理决定的执行。

第十一条 公务员在辞去公职审批期间不得擅自离职。对擅自离职的，给予开除处分。

第十二条　公务员与所在机关因专项培训等订立协议约定工作期限的，在未满约定工作期限内一般不得申请辞去公职。申请辞去公职的，应当向所在机关支付违约金或者履行相应义务。

机关要求申请辞去公职公务员支付的违约金数额不得超过约定工作期限尚未履行部分所应分摊的培训费用，最高数额不得超过机关提供的专项培训费用。

第三章　管理与纪律

第十三条　公务员辞去公职后，不再具有公务员身份，自批准之日的次月起停发工资，社会保险按照有关规定执行。

第十四条　公务员辞去公职后，原所在机关应当自批准之日起2个月内将其人事档案转递至相应的人事档案工作机构、公共就业和人才服务机构或者本人户籍所在地社会保障服务机构。具体按照人事档案工作有关规定办理。

本人应当配合转递人事档案，未予配合的，其后果由本人承担。

第十五条　公务员辞去公职后重新就业的，在计算工作年限时，其辞去公职前在机关的工作年限合并计算。

第十六条　公务员辞去公职的，原系领导成员、县处级以上领导职务的公务员在离职3年内，不得接受原任职务管辖地区和业务范围内的企业、中介机构或者其他营利性组织的聘用，不得从事与原任职务管辖业务直接相关的营利性活动；其他公务员在离职2年内，不得接受与原工作业务直接相关的企业、中介机构或者其他营利性组织的聘用，不得从事与原工作业务直接相关的营利性活动。

前款所称原任职务，是指公务员辞去公职前3年内担任过的领导职务；原工作业务，是指公务员辞去公职前3年内从事过的工作业务。

第十七条 公务员辞去公职后，在从业限制期限内，应当于每年年底前向原所在机关报告从业情况。原所在机关应当同时对其从业情况进行了解和核实，对是否违反从业限制规定作出认定。

省级以上具有行业监管、行政许可、行政处罚、司法等职能的机关，应当结合实际建立公务员辞去公职后从业行为限制清单，并报同级公务员主管部门备案。

第十八条 公务员辞去公职后有违反本规定第十六条规定行为的，原所在机关应当及时告知同级公务员主管部门。公务员主管部门会同其原所在机关责令限期解除与接收单位的聘用关系或者终止违规经营活动；逾期不改正的，按照公务员法第一百零七条规定，由县级以上市场监管部门没收该人员从业期间的违法所得，责令接收单位将该人员予以清退，并根据情节轻重，对接收单位处以被处罚人员违法所得1倍以上5倍以下的罚款。

第十九条 在公务员辞去公职工作中，对有不按照规定的条件和程序审核、审批以及从业限制管理等情形的，予以责令纠正；根据情节轻重，依规依纪依法追究负有责任的领导人员和直接责任人员责任。

第四章 附 则

第二十条 参照公务员法管理的机关（单位）中除工勤人员以外的工作人员辞去公职，参照本规定执行。

第二十一条 本规定由中共中央组织部负责解释。

第二十二条 本规定自发布之日起施行。

公务员辞退规定

（2009年7月9日中共中央组织部、人力资源和社会保障部制定　2009年7月24日发布　2020年12月8日中共中央组织部修订　2020年12月28日发布）

第一章　总　则

第一条　为了规范公务员辞退工作，保障机关和公务员的合法权益，建设信念坚定、为民服务、勤政务实、敢于担当、清正廉洁的高素质专业化公务员队伍，根据《中华人民共和国公务员法》等有关法律法规，制定本规定。

第二条　公务员辞退，是指机关依照法律法规规定，解除与公务员的任用关系。

法律法规对监察官、法官、检察官等辞退另有规定的，按照有关规定办理。

第三条　公务员辞退工作坚持以马克思列宁主义、毛泽东思想、邓小平理论、“三个代表”重要思想、科学发展观、习近平新时代中国特色社会主义思想为指导，贯彻新时代党的组织路线和干部工作方针政策，加强党对公务员队伍的集中统一领导，坚持下列原则：

（一）党管干部；

（二）从严管理；

（三）公道正派；

（四）依法依规办事。

第四条　各级公务员主管部门按照管理权限和职责分工负责公务员辞退工作的综合管理、业务指导和监督检查。各级机关按照管理权限负责公务员辞退的审核、审批等工作。

第二章　辞退情形和程序

第五条　辞退公务员，应当依照法定的情形、权限和程序办理。

第六条　公务员有下列情形之一的，予以辞退：

（一）在年度考核中，连续 2 年被确定为不称职的；

（二）不胜任现职工作，又不接受其他安排的；

（三）因所在机关调整、撤销、合并或者缩减编制员额需要调整工作，本人拒绝合理安排的；

（四）不履行公务员义务，不遵守法律和公务员纪律，经教育仍无转变，不适合继续在机关工作，又不宜给予开除处分的；

（五）旷工或者因公外出、请假期满无正当理由逾期不归连续超过 15 个工作日，或者 1 年内累计超过 30 个工作日的。

第七条　对有下列情形之一的公务员，不得辞退：

（一）因公致残，被确认丧失或者部分丧失工作能力的；

（二）患病或者负伤，在规定的医疗期内的；

（三）女性公务员在孕期、产假、哺乳期内的；

（四）法律、行政法规规定的其他不得辞退的情形。

第八条　辞退公务员，按照下列程序办理：

（一）所在单位在核准事实的基础上，提出建议并填写《辞退公务员审批表》报任免机关。

（二）组织人事部门审核。

（三）任免机关集体讨论，审批并作出辞退决定。对拟辞退且按照规定需要进行经济责任审计的，应当事先对其进行审计。

任免机关根据有关规定可以直接作出辞退决定。

县级以下机关辞退公务员，由县级公务员主管部门审核并报县级党委审批后作出决定。

（四）作出辞退决定的，应当向被辞退公务员送达《辞退公务员通知书》，告知辞退依据和理由，同时将辞退决定送呈报单位。

（五）办理公务交接手续。

（六）将《辞退公务员审批表》和辞退决定等存入本人人事档案，同时将辞退决定送同级公务员主管部门备案。

第九条 任免机关在办理公务员辞退时，对正在接受审计、纪律审查、监察调查，或者涉嫌犯罪，司法程序尚未终结的，暂缓审批。

第十条 《辞退公务员通知书》应当在作出辞退决定后10个工作日内送达本人。

第十一条 被辞退公务员办理公务交接手续，应当自《辞退公务员通知书》送达之日起10个工作日内完成。

对拒不办理公务交接手续的，撤销辞退决定，给予开除处分。

第十二条 被辞退公务员对辞退决定不服的，可以按照规定申请复核或者提出申诉。复核、申诉期间不停止辞退决定的执行。

第三章 管理与纪律

第十三条 公务员被辞退后，不再具有公务员身份，其所任领导职务、职级自然免除，自作出辞退决定之日的次月起停发工资。

第十四条 被辞退公务员原系涉密人员的，应当按照有关规定进行脱密期管理。

第十五条 公务员被辞退后，原所在机关应当自作出辞退决定之日起2个月内将其人事档案转递至相应的人事档案工作机构、公共就业和人才服务机构或者本人户籍所在地社会保障服务机构。具体按照人事档案工作有关规定办理。

本人应当配合转递人事档案，未予配合的，其后果由本人承担。

第十六条 被辞退公务员已参加失业保险的，根据国家有关规定享受失业保险待遇；未参加失业保险的，领取辞退费。其他社会保险按照有关规定执行。

第十七条 辞退费由接收人事档案的相关服务机构按月发放。原所在机关应当在人事档案转出后15个工作日内，将辞退费一次性拨付。相关服务机构发放确有困难的，由原所在机关按月发放。

公务员被辞退前连续工作满1年以上的，自被辞退的次月起发放辞退费。

辞退费发放标准为公务员被辞退时所任领导职务、职级对应的基本工资。

辞退费发放期限根据被辞退公务员在机关的工作年限确定。工作年限不满2年的，按照3个月发放；满2年的，按照4个月发放；2年以上的，每增加1年增发1个月，但最长不得超过24个月。

第十八条 出现下列情形之一的，辞退费停发：

（一）重新就业；

（二）应征服兵役；

（三）移居国（境）外；

（四）被判处刑罚；

（五）享受基本养老保险待遇；

（六）死亡。

被辞退公务员有前款第（一）、（二）、（三）、（四）、（五）项情形之一的，应当主动告知相关服务机构或者原所在机关。

由相关服务机构发放辞退费且有前款所列情形未发放的，应当将辞退费返还被辞退公务员原所在机关。

第十九条 辞退公务员所需经费，应当列入财政预算，予以保障。

第二十条 公务员被辞退后重新就业的，在计算工作年限时，其被辞退前在机关的工作年限合并计算。

第二十一条 在辞退公务员工作中，对有滥用职权、徇私舞弊、打击报复、弄虚作假等行为的，区别不同情况，予以责令纠正或者宣布无效；根据情节轻重，依规依纪依法追究负有责任的领导人员和直接责任人员责任。

第四章 附 则

第二十二条 辞退参照公务员法管理的机关（单位）中除工勤人员以外的工作人员，参照本规定执行。

第二十三条 本规定由中共中央组织部负责解释。

第二十四条 本规定自发布之日起施行。

公务员登记办法

（2019 年 12 月 23 日中共中央组织部制定 2020 年 3 月 3 日发布）

第一条 为了规范公务员登记，依法确定公务员身份，建设信念坚定、为民服务、勤政务实、敢于担当、清正廉洁的高素质专业化公务员队伍，根据《中华人民共和国公务员法》（以下简称公务员法）等有关法律法规，制定本办法。

第二条 公务员登记坚持以马克思列宁主义、毛泽东思想、邓小平理论、“三个代表”重要思想、科学发展观、习近平新时代中国特色社会主义思想为指导，贯彻新时代中国共产党的组织路线，坚持党管干部原则，加强党对公务员队伍的集中统一领导，坚持依法依规、分级负责、及时准确。

第三条 公务员登记采取各级机关统一组织的形式，由各级机关按照规定的程序确定登记对象、填写《公务员登记表》，报审核、审批及备案机关。

第四条 公务员登记应当在国家行政编制限额内，严格按照规定的范围、对象、条件和程序进行。

第五条 登记的范围和条件：

（一）依法履行公职、纳入国家行政编制、由国家财政负担工资福利且在编在职的除工勤人员以外的工作人员；

（二）具备公务员法第十三条规定的条件。

第六条 登记的对象：

（一）试用期满经考核合格的新录用公务员；

（二）按规定安置到公务员职位工作的军队转业干部；

（三）通过调任、聘任、面向社会选拔等方式到机关任职的人员；

（四）原不具有公务员身份，依照法律或者有关章程经选举等方式担任机关领导职务的人员；

（五）已经进行参照公务员法管理机关（单位）工作人员登记，因工作需要交流到机关任职的人员；

（六）其他符合登记条件的人员。

第七条 对违反有关法律法规和政策规定进入机关的人员，不予登记。

第八条 登记工作的程序：

（一）所在机关确定登记对象，填写《公务员登记表》，报审核机关；

（二）审核机关签署意见，报审批机关；

（三）审批机关签署意见；

（四）需要备案的，由审批机关报备案机关。

第九条 登记工作的管理权限：

（一）县级以下机关公务员登记，由所在机关确定登记对象、填写《公务员登记表》，县级公务员主管部门审核，市（地）级公务员主管部门审批后，报省级公务员主管部门备案。

市（地）级机关公务员登记，由所在机关干部人事部门确定登记对象、填写《公务员登记表》，所在机关审核，同级公务员主管部门审批后，报省级公务员主管部门备案。

省级机关公务员登记，由所在机关干部人事部门确定登记对象、填写《公务员登记表》，所在机关审核，同级公务员主管部门审批。

（二）中央机关公务员登记，由所在机关干部人事部门确定登记对象、填写《公务员登记表》并审核，所在机关审批后，报中央公务员主管部门备案。

（三）中央垂直管理部门公务员登记，由所在机关确定登记对象、填写《公务员登记表》，省级机关审核，中央垂直管理机关审批后，报中央公务员主管部门备案。

省以下垂直管理部门公务员登记，由所在机关确定登记对象、填写《公务员登记表》，省垂直管理机关审核，省级公务员主管部门审批。

（四）各级机关领导成员的公务员登记按照干部管理权限进行。

第十条 公务员登记审批一般应当在公务员任职后1个月内进行。

除新录用公务员外，公务员登记审批完成后，所在机关方可按照有关规定履行工资审批等各项手续。

审批后的《公务员登记表》应当装入被登记人员干部人事档案。

第十一条 备案机关可根据实际情况，确定登记备案的方式和时限，但每年度应当至少集中备案一次。

第十二条 登记备案的材料一般应当包括登记备案说明、《公务员登记备案汇总表》、《公务员登记表》复印件、被登记人员进入机关的证明材料等。

登记备案说明的内容一般应当包括本单位行政编制数、实有人员数、各职务职级层次的职数及实有人员数等。

第十三条 备案机关发现存在违规登记情形的，应当责令审批机关撤销登记。

第十四条 对因撤销登记、调出机关、辞去公职、被辞退、被开除、退休、死亡等原因退出公务员队伍的人员，所在机关应当于次年1月31日前，按照登记工作管理权限，将上一年度退出情况说明及《公务员退出汇总表》报审批机关、备案机关。

第十五条 各级公务员主管部门要加强对公务员登记工作的监督指导，严肃登记工作纪律。对在登记过程中违反规定、弄虚作假的，应当根据具体情况，依规依纪依法追究负有责任的领导人员和直接责任人员的责任。

第十六条 各级公务员主管部门要做好公务员登记的基础工作，结合公务员管理信息系统建设，推进公务员登记工作信息化，加强登记数据信息的管理维护。

第十七条 参照公务员法管理的机关（单位）中除工勤人员以外的工作人员的登记工作，参照本办法执行。

第十八条 担任中央管理职务的公务员登记工作按照有关规定执行。

第十九条 本办法由中共中央组织部负责解释。

第二十条 本办法自发布之日起施行，2006年4月9日中共中央、国务院印发的《〈中华人民共和国公务员法〉实施方案》附件二《公务员登记实施办法》，2009年9月22日中共中央组织部办公厅、人力资源社会保障部办公厅印发的《关于进一步做好公务员登记工作的通知》同时废止。

附件：

1. 公务员登记表（略）
2. 参照公务员法管理机关（单位）工作人员登记表（略）
3. 公务员登记备案汇总表（略）
4. 参照公务员法管理机关（单位）工作人员登记备案汇总表（略）
5. 公务员退出汇总表（略）
6. 参照公务员法管理机关（单位）工作人员退出汇总表（略）

公务员职务、职级与级别管理办法

（2019年12月23日中共中央组织部制定　2020年3月3日发布）

第一条 为了完善公务员领导职务、职级与级别设置和管理制度，健全公务员激励和保障机制，建设信念坚定、为民服务、勤政务实、敢于担当、清正廉洁的高素质专业化公务员队伍，根据《中华人民共和国公务员法》等有关法律法规和《公务员职务与职级并行规定》，制定本办法。

第二条 公务员领导职务、职级与级别设置和管理坚持以马克思列宁主义、毛泽东思想、邓小平理论、“三个代表”重要思想、科学发展观、习近平新时代中国特色社会主义思想为指导，贯彻新时代中国共产党的组织路线，坚持党管干部原则，加强党对公务员队伍的集中统一领导，遵循依法、科学、规范、效能的原则。

第三条 领导职务、职级与级别是实施公务员管理，确定公务员工资以及其他待遇的依据。

第四条 公务员级别由低至高依次为二十七级至一级。

第五条 公务员领导职务层次与级别的对应关系是：

（一）国家级正职：一级；

（二）国家级副职：四级至二级；

（三）省部级正职：八级至四级；

（四）省部级副职：十级至六级；

（五）厅局级正职：十三级至八级；

（六）厅局级副职：十五级至十级；

（七）县处级正职：十八级至十二级；

（八）县处级副职：二十级至十四级；

（九）乡科级正职：二十二级至十六级；

（十）乡科级副职：二十四级至十七级。

副部级机关内设机构、副省级城市机关的司局级正职对应十五级至十级；司局级副职对应十七级至十一级。

第六条 公务员领导职务与职级的设置、厅局级以下领导职务对应的最低职级、职级与级别的对应关系，按照有关规定执行。

第七条 确定公务员领导职务、职级，应当在规定的领导职务、职级序列和职数限额内，按照有关任职条件和程序进行。

第八条 晋升、降低领导职务、职级或者调任、转任以及因其他原因需要明确领导职务、职级的，按照拟任领导职务、职级任职条件等确定。

第九条 公务员晋升领导职务应当具备的资格条件，按照《党政领导干部选拔任用工作条例》和有关法律、法规、章程规定执行。其中，晋升乡科级领导职务的最低任职年限条件为：

（一）晋升乡科级正职领导职务的，应当任乡科级副职领导职务2年以上，或者任乡科级副职领导职务和三级、四级主任科员及相当层次职级累计2年以上，或者任三级、四级主任科员及相当层次职级累计2年以上，或者任四级主任科员及相当层次职级2年以上。

（二）晋升乡科级副职领导职务的，应当任一级科员及相当层次职级3年以上。

第十条 公务员级别应当根据其所任领导职务、职级及德才表现、工作实绩、资历确定。

第十一条 新录用的公务员试用期满考核合格后，职级、级别的确定按照有关规定执行。

第十二条 通过面向社会选拔、调任等方式进入机关的公务员，其级别按照新任领导职务、职级，结合本人原任职务、工作经历、文化程度等条件，参照机关同类人员确定。

第十三条 公务员晋升领导职务、职级后，原级别低于新任领导职务、职级对应最低级别的，晋升到新任领导职务、职级对应的最低级别；原级别已在新任领导职务、职级对应范围的，除晋升一级、三级调研员和一级、三级主任科员及相当层次职级外，在原级别的基础上晋升一个级别。

第十四条 公务员累计5年年度考核结果均为称职以上等次的，可以在领导职务、职级对应级别范围内晋升一个级别。

第十五条 担任领导职务的公务员辞去领导职务后的级别确定，以及公务员因年度考核被确定为不称职等次、受到组织调整或者组织处理、受到处分应当降低领导职务、职级与级别的，按照有关规定执行。

第十六条 公务员受到诫勉、组织调整或者组织处理、处分等，遇有影响期且影响期未满或者期满影响使用的，以及有法律法规规定的其他影响晋升的情形的，不晋升领导职务、职级与级别。

第十七条 公务员级别的确定、晋升，按照管理权限，由决定其领导职务、职级任免的机关批准。

第十八条 县级以上公务员主管部门负责领导职务、职级与级别设置、确定工作的组织实施和监督管理。

第十九条 对不按照规定的职数要求、资格条件及程序等设置、确定公务员领导职务、职级与级别的，不予批准或者备案；已经作出的决定一律无效，由公务员主管部门按照管理权限予以纠正。

第二十条 对违反规定进行公务员领导职务、职级与级别确定的，应当根据具体情况，依规依纪依法追究负有责任的领导人员和直接责任人员的责任。

第二十一条 监察官、法官、检察官等职务、职级的设置和管理另行规定。

第二十二条 本办法由中共中央组织部负责解释。

第二十三条 本办法自发布之日起施行，2006 年 4 月 9 日中共中央、国务院印发的《〈中华人民共和国公务员法〉实施方案》附件三《公务员职务与级别管理规定》同时废止。

参照《中华人民共和国公务员法》管理的单位审批办法

（中共中央组织部 2020 年 3 月 3 日印发）

第一条 为了规范参照《中华人民共和国公务员法》管理（以下简称参照管理）的审批工作，根据《中华人民共和国公务员法》（以下简称公务员法）等有关法律法规，制定本办法。

第二条 参照管理审批坚持以马克思列宁主义、毛泽东思想、邓小平理论、“三个代表”重要思想、科学发展观、习近平新时代中国特色社会主义思想为指导，贯彻新时代中国共产党的组织路线，坚持党管干部原则，加强党对公务员队伍的集中统一领导，严格按照规定的条件、程序和权限进行。

第三条 事业单位列入参照管理范围，应当同时具备以下两个条件：

（一）具有法律、法规授权的公共事务管理职能；

（二）使用事业编制，并由国家财政负担工资福利。

第四条 作为授权依据的法律、法规包括：

（一）全国人民代表大会及其常务委员会制定的法律。

（二）国务院制定的行政法规和国务院决定；监察法规；省、自治区、直辖市人民代表大会及其常务委员会制定的地方性法规，设区的市、自治州人民代表大会及其常务委员会制定并报省、自治区人民代表大会及其常务委员会批准的地方性法规，经济特区所在地的省、市人民代表大会及其常务委员会制定的经济特区法规；民族自治地方的人民代表大会制定的自治条例和单行条例；其他与行政法规有同等效力的政策性法规文件。

第五条 确定公共事务管理职能的依据包括：法律、法规的授权，党委、政府以及机构编制部门规定的主要职责。

第六条 中共中央、国务院直属事业单位，中央纪委国家监委机关所属事业单位，中共中央工作部门、办事机构、派出机构所属事业单位，以及国务院组成部门、直属特设机构、直属机构、办事机构、部委管理的国家局所属事业单位实行参照管理的，由本单位或者所在部门提出意见，报中央公务员主管部门审批。中央垂直管理部门所属事业单位实行参照管理的，由中央垂直管理部门统一提出意见，报中央公务员主管部门审批。

省、自治区、直辖市党委、政府直属事业单位，纪委监委机关所属事业单位，党委、政府工作部门所属事业单位实行参照管理的，报省、自治区、直辖市公务员主管部门审核，省、自治区、直辖市党委审批后，省、自治区、直辖市公务员主管部门应当在批准之日起30日内填写《参照公务员法管理机关（单位）备案表》，报中央公务员主管部门备案；省以下垂直管理部门所属事业单位实行参照管理的，由省垂直管理部门统一向省级公务员主管部门申报。市（地）、县级党委、政府直属事业单位，纪委监委机关所属事业单位，党委、政府工作部门所属事业单位实行参照管理的，由省、自治区、直辖市公务员主管部门审批。

人大机关、政协机关、审判机关、检察机关、各民主党派机关和工商联机关所属事业单位实行参照管理的，比照本条第一、二款规定的程序和审批权限报批、备案。

第七条 申请参照管理的单位，应当提交以下材料：

（一）申请参照管理的请示；

（二）获得法律、法规授权履行公共事务管理职能的依据；

（三）设立机构的批准文件；

（四）单位现有人员的基本情况；

（五）审批机关要求的其他材料。

第八条 各级公务员主管部门在审核或者审批事业单位参照管理过程中，应当就该单位是否具有公共事务管理职能和是否由国家财政负担工资福利分别征求机构编制、财政部门意见。

第九条 经省、自治区、直辖市党委或者省级以上公务员主管部门审批，对符合条件的事业单位，批准列入参照管理范围。实行参照管理的，应当参照公务员法及其配套法规政策的规定对除工勤人员以外的工作人员进行管理，不实行事业单位的专业技术职务、工资、奖金等人事管理制度。

第十条 已实行参照管理的事业单位，因机构、职能等发生变化需要重新认定或者调整本单位参照管理实施范围的，应当按照规定的权限和程序报批。

第十一条 已实行参照管理的事业单位，因法律、法规修改和废止或者机构、职能调整等原因，不具有公共事务管理职能时，有关主管部门应当及时将变更情况告知审批机关，由审批机关及时作出不再实行参照管理的决定。

第十二条 公务员主管部门应当加强对参照管理工作的指导和监督检查，严格控制参照管理范围。对不按照规定的条件、程序和权限进行审批的，不予批准或者备案，依规依纪依法责令纠正或者宣布无效；对有违反公务员法及其配套法规政策的规定进行录用、登记、调任、职务与职级确定、考核等情形的，应当根据具体情况，依规依纪依法追究主要责任人以及其他直接责任人的责任。

第十三条 人民团体和群众团体机关参照公务员法管理的工作，按照中央有关规定执行。

第十四条 各省、自治区、直辖市公务员主管部门可结合实际制定具体办法。

第十五条 本办法由中共中央组织部负责解释。

第十六条 本办法自发布之日起施行，2006 年 4 月 9 日中共中央、国务院印发的《〈中华人民共和国公务员法〉实施方案》附件五《参照〈中华人民共和国公务员法〉管理的单位审批办法》，2006 年 8 月 20 日中共中央组织部、人事部印发的《关于事业单位参照公务员法管理工作有关问题的意见》同时废止。

附件：参照公务员法管理机关（单位）备案表（略）

中央和国家机关基层党组织党费收缴、使用和管理办法（试行）

（2020年4月26日中央和国家机关工作委员会制定 2020年4月29日发布）

为了进一步规范中央和国家机关基层党组织党费收缴、使用和管理工作，根据《关于中国共产党党费收缴、使用和管理的规定》等有关党内法规，结合中央和国家机关实际，制定本办法。

第一章 党费的收缴

第一条 党员应当主动向其正式组织关系所在党支部按月足额交纳党费。

遇到特殊情况，经党支部同意，可以每季度交纳一次，也可以委托亲属或者其他党员代为交纳或者补交党费。补交党费的时间一般不得超过6个月。

党员交纳党费确有困难的，经党支部研究并报上一级党委批准，可以少交或者免交党费。离退休干部职工党员生活确有困难的，经党支部研究同意，可以少交或者免交党费。

第二条 党员交纳党费的计算基数和比例按照有关规定执行。离退休待遇纳入社保发放且不能区分基本离退休费、基本养老金和津补贴的离退休干部职工党员，可以参照原党费交纳额度或者其他同等收入离退休干部职工党员党费交纳额度；待遇调整的，应当同比例调整党费交纳额度。

基层党组织年初核定党员月交纳党费数额，年内一般不变动。

第三条 党员自愿一次多交纳1000元以上的党费，全部上缴中央。由中央和国家机关各部门（以下简称各部门）机关党委代收，提供该党员基本情况、现实表现、多交纳党费的考虑等情况，通过中央和国家机关工委基层组织建设指导部转交中央组织部。

第四条 各部门机关党委每年第一季度将上一年度党员交纳党费总额的20%上缴、汇入中央和国家机关工委党费账户，并报告上一年度党费收缴、使用和管理情况。

第二章 党费的使用

第五条 使用党费应当向基层党组织倾斜，坚持统筹安排、量入为出、收支平衡、略有结余的原则，严格落实中央八项规定及其实施细则精神，严格执行财务管理有关规定，严格履行审批手续。

第六条 党费必须用于党的活动，主要作为党员教育经费的补充，按照有关规定和标准支出，经批准后据实报销。主要包括：

（一）教育培训党员和入党积极分子、基层党务工作者所产生的住宿费、伙食费、交通费、师资费、场地费、资料费、门票费、讲解费等。

（二）开展“三会一课”、主题党日、创先争优、党组织换届以及党内集中学习教育所产生的会议费等。

（三）开展党内关怀帮扶产生的费用，包括走访慰问离退休干部职工党员、生活困难党员和党务工作者、扶贫和挂职党员、因公伤残党员、因公殉职和因公牺牲党员家庭等。

（四）评选表彰先进基层党组织、优秀党员、优秀党务工作者等所产生的会议、活动、奖励等费用，以及组织受表彰同志和代表参加有关会议和活动的费用。

（五）修缮、新建基层党组织活动场所、为活动场所配置必要设施、设备、书籍等所产生的相关费用。

（六）编印党员教育培训教材，印制入党志愿书、党员组织关系介绍信、党员证明信、党费证、党员档案等所产生的工本费，购买党徽党旗，党费财务管理中产生的购买支票、转账手续费等相关费用。

（七）党内法规和文件规定的其他支出用途或者项目。

第七条 使用和下拨党费，必须集体研究决定。

第三章 党费的管理

第八条 中央和国家机关基层党组织党费管理工作，由中央和国家机关工委归口管理。各部门党费由机关党委统一管理。

第九条 党费的具体财务工作由各级党委组织部门内设的财务机构或者单位内设的财务部门代办。

党费应当以机关党委（党委）或者其组织部门的名义单独设立银行账户，必须按照规定存入指定银行。党费利息是党费收入的一部分。不得将党费用于购买国债以外的投资。

第十条 部门留存的党费应当向基层倾斜，所属基层党委的党费留存比例由机关党委根据实际情况和工作需要确定。党支部一般不留存党费。

党费管理部门不得以现金方式保管党费。机关党委（党委）上缴党费时，不得以个人账户汇款转账。

第十一条 各部门机关党委应当明确党费报销审批权限和程序。

党费支出报销，原则上应当提供规范的财务票据和凭证。党支部开展活动遇有特殊情况，确实无法取得财务票据和凭证的，应当由经办人员出具情况说明，经党支部书记审核签字，按照程序审批后，将情况说明代作为原始凭证。

第十二条 各级党组织每年应当检查一次党费收缴、使用和管理的情况。中央和国家机关工委每年对部门党费收缴、使用和管理工作进行检查。

第十三条 机关党委（党委）应当每年向下级党组织通报一次党费收缴、使用和管理情况。党支部应当每年向党员公布一次党费收缴情况。

第十四条 对在党费收缴、使用和管理中违纪违法的，依照《中国共产党纪律处分条例》和有关法律规定严肃处理。

第四章 附 则

第十五条 本办法由中央和国家机关工委负责解释，具体解释工作由中央和国家机关工委基层组织建设指导部承担。

第十六条 本办法自2020年4月29日起施行。

党的地方委员会全体会议对下一级党委、政府领导班子正职拟任人选和推荐人选表决办法

（中共中央办公厅2004年4月8日印发）

第一条 为扩大党内民主，完善干部选拔任用制度，根据《中国共产党章程》、《中国共产党地方委员会工作条例（试行）》、《党政领导干部选拔任用工作条例》和有关规定，制定本办法。

第二条 本办法适用于党的省、自治区、直辖市，设区的市、自治州委员会全体会议（以下简称全委会），对下一级党委、政府领导班子正职的拟任人选和推荐人选的表决，以及全委会闭会期间征求全委会成员的意见。

第三条 市（地、州、盟）、县（市、区、旗）党委、政府领导班子正职的拟任人选和推荐人选，一般应当由上一级党委常委会提名并提交全委会无记名投票表决。

全委会闭会期间急需任用的，按照干部管理权限，由党委常委会作出决定，决定前应当征求全委会成员的意见。

第四条 全委会的表决由党委常委会主持，按照下列程序进行：

（一）公布党委常委会提名的拟任人选、推荐人选名单；

（二）党委分管干部工作的领导成员或者组织部门负责人，逐一介绍拟任人选、推荐人选的推荐、考察和任用理由等情况；

（三）对拟任人选、推荐人选进行审议；

（四）无记名投票表决；

（五）宣布表决结果。

第五条 审议时，全委会成员是拟任人选或者推荐人选，以及与拟任人选或者推荐人选有亲属关系的，本人必须回避。审议后，回避的委员参加投票表决。

第六条 对审议中提出的有关问题，由党委分管干部工作的领导成员或者组织部门负责人作出说明。

对意见分歧较大或者有重大问题不清楚的，由党委常委会决定是否暂缓表决。

第七条 全委会表决时，必须有三分之二以上的委员到会。委员可以投同意票、不同意票或者弃权票，但不得另提他人。表决以应到会委员超过半数同意为通过。缺席的委员不得委托他人投票，也不另行投票。

第八条 投票表决设监票人、计票人若干名。监票人由党委常委会在全委会成员中提名，提交全委会审议通过。计票人由党委常委会指定，在监票人监督下进行工作。监票人和计票人应当实行公务回避。

第九条 计票完毕，由监票人向全委会报告计票结果。主持人宣布表决结果。

第十条 全委会投票表决未获通过的拟任人选或者推荐人选，一般不再提名为同一职位人选。确需再次提名为同一职位人选的，必须提交另一次全委会表决。两次未获通过的，不得再提名为同一职位人选。

第十一条 暂缓表决的，党委常委会应当在下一次全委会前作出是否继续提名的决定。继续提名的，应当提交全委会表决。

第十二条 全委会闭会期间，按照下列程序征求全委会成员的意见：

（一）根据党委意见，组织部门将征求意见表、提名人选的基本情况、提名理由等材料，以书面方式送达全委会成员。

（二）全委会成员收到征求意见材料后，应当在规定的时间内将意见以书面形式向组织部门反馈。对提名人选，可以表示同意、不同意或者弃权的意见。不表示意见或者逾期不反馈意见的，视为同意。征求候补委员的意见表不设同意、不同意或者弃权栏目，只设反映情况栏目。

如遇特殊情况，全委会成员本人可以电话或者口头方式反馈意见，组织部门应当指定专人做好记录，该记录与书面意见具有同等效力。

（三）由组织部门将征求意见情况向党委常委会汇报。

（四）经征求意见，超过全体成员半数不同意拟任人选、推荐人选的，党委常委会应当作出不予任用或者不予推荐的决定。

（五）全委会成员反映拟任人选、推荐人选有重大问题的，党委常委会应当责成有关部门调查核实，并根据调查核实情况，及时作出是否任用或者推荐的决定。对署名反映问题的，应当将调查核实情况向反映问题的全委会成员反馈。

第十三条 全委会成员必须遵守保密纪律，不准泄露提名、讨论、投票等情况。

在全委会表决和征求意见过程中，任何人不得诬陷诽谤他人和进行串联、拉票等非组织活动。

对违反规定的，应当根据具体情况追究主要责任人以及其他直接责任人的责任。

第十四条 党的地区、盟委员会对县（市、旗）党委、政府领导班子正职拟任人选和推荐人选的决定，一般采取无记名投票的办法。

党的地方委员会全体会议表决党委、政府工作部门正职领导干部的拟任人选和推荐人选，党的县（市、区、旗）委员会全体会议表决乡（镇、街道）党政领导班子正职的拟任人选和推荐人选，参照本办法执行。

第十五条 本办法由中共中央组织部负责解释。

第十六条 本办法自发布之日起施行。

中央和国家机关各部门机关党委书记、副书记和机关纪委书记任职谈话实施办法

（2018年6月1日中央和国家机关工作委员会制定
2018年11月6日发布）

为加强中央和国家机关各部门机关党委、机关纪委领导班子建设，推动机关党建工作责任制落实，根据《中国共产党章程》和《中国共产党党和国家机关基层组织工作条例》等有关党内法规和制度，结合实际，制定本办法。

第一条 凡换届和届中调整新任的各部门机关党委书记、副书记和机关纪委书记，中央和国家机关工委在批复任职后一个月内与其进行任职谈话，各部门机关党委应配合做好有关工作。

第二条 谈话内容包括：传达党中央及中央和国家机关工委关于加强机关党建工作的部署要求；对新任职人员履责提出明确要求；结合新任职人员所在部门机关党建工作存在的主要问题，以及考察过程中党员群众反映的个人缺点和不足，有针对性地提出改进意见。

第三条 各部门机关党委书记的任职谈话，一般由中央和国家机关工委书记或分管日常工作的副书记进行；机关党委常务副书记的任职谈话，一般由中央和国家机关工委分管组织工作的副书记或委托的工委领导班子其他成员或组织部主要负责人进行；机关党委其他副书记的任职谈话，一般由中央和国家机关工委组织部负责人进行。机关纪委书记的任职谈话，一般由中央和国家机关纪检监察工委书记或副书记进行。

机关党委书记、副书记和机关纪委书记多人同时任职的，也可安排由中央和国家机关工委有关领导进行集体谈话。

第四条 各部门机关党委书记、副书记任职谈话有关组织工作，由中央和国家机关工委组织部负责，工委办公厅协助。机关纪委书记任职谈话有关组织工作，由中央和国家机关纪检监察工委负责，工委组织部、办公厅协助。

第五条 本办法由中央和国家机关工委组织部负责解释。

第六条 本办法自2018年11月6日起施行。

中小学校领导人员管理暂行办法

（中共中央组织部、教育部 2017 年 1 月 13 日印发）

第一章 总 则

第一条 为加强和改进中小学校领导人员管理，完善选拔任用和管理监督机制，建设一支符合好干部标准的高素质领导人员队伍，根据《事业单位领导人员管理暂行规定》和有关法律法规，制定本办法。

第二条 本办法适用于公办中小学校领导班子成员。

法律法规对中小学校领导人员管理另有规定的，从其规定。

第三条 中小学校领导人员管理，必须坚持党管干部、党管人才，坚持德才兼备、以德为先，坚持依法依规办事，坚持从严管理监督与激励关怀相结合，注意体现中小学教育的基础性、办学的公益性、育人的长效性、岗位的专业性等特点，不简单套用党政领导干部管理模式，公道公平公正地对待、评价和使用领导人员，充分调动积极性、主动性、创造性，办好人民满意的教育。

第四条 主管机关（部门）党委（党组）及其组织（人事）部门按照干部管理权限履行中小学校领导人员管理职责，负责本办法的组织实施。

第二章 任职条件和资格

第五条 中小学校领导人员应当具备下列基本条件：

（一）具有较高的思想政治素质，重视政治理论学习，坚持马克思主义指导思想，坚定共产主义远大理想和中国特色社会主义共同理想，坚持社会主义办学方向，认真贯彻党的教育方针，忠诚于党和人民的教育事业，牢固树立政治意识、大局意识、核心意识、看齐意识，在思想上政治上行动上同以习近平同志为核心的党中央保持高度一致。

（二）具有胜任岗位职责所必需的专业知识、职业素养和实践经验，熟悉中小学教育工作和相关政策法规，坚持全面实施素质教育的质量观和人才观，了解和掌握中小学生健康成长规律，业界声誉好。

（三）具有较强的教育教学管理和组织协调能力，自觉贯彻执行民主集中制，富有改革创新精神，善于规划学校发展、营造育人文化、领导课程教学、引领教师成长、优化内部管理、调适外部环境。

（四）具有较强的事业心和责任感，爱岗敬业，乐于奉献，淡泊名利，甘为人梯，富有教育情怀，能够全身心投入工作，实绩突出。

（五）具有良好的品行修养，带头践行社会主义核心价值观，恪守职业道德，立德树人，为人师表，尊师重教，关爱学生，严于律己，廉洁从业。

第六条 中小学校领导人员应当具备下列基本资格：

（一）一般应当具有大学专科以上文化程度。其中，中学领导人员应当具有大学本科以上文化程度。

（二）一般应当具有一定年限的教育教学工作经历。其中，校长一般应当具有五年以上教育教学工作经历，党组织书记一般应当具有学校党务和行政岗位工作经历。

（三）一般应当具有相应的教师资格和已担任中小学一级教师以上专业技术职务。其中，高级中学校长应当已担任中小学高级教师以上专业技术职务。

（四）提任学校正职的，一般应当具有两年以上学校副职岗位任职经历或者三年以上学校中层管理工作经历；提任学校副职的，应当具有一定的教育教学管理经验。

（五）应当经过任职资格培训并取得合格证书。确因特殊情况在提任前未达到培训要求的，应当在提任后一年内完成。

（六）具有正常履行职责的身体条件。

（七）符合有关法律法规和行业主管部门规定的其他任职资格要求。

第七条 农村地区、边远贫困地区和民族地区的优秀教师直接提任中小学校领导人员，可以根据实际情况适当放宽任职资格。

第三章 选拔任用

第八条 选拔任用中小学校领导人员，应当充分发挥主管机关（部门）党委（党组）的领导和把关作用，坚持正确选人用人导向，严格标准条件和程序，按照核定或者批准的领导职数和岗位设置方案，精准科学选人用人。

第九条 主管机关（部门）党委（党组）或者组织（人事）部门按照干部管理权限，根据工作需要和领导班子建设实际提出选拔任用工作启动意见，在综合研判、充分酝酿的基础上形成工作方案，并按照组织考察、会议决定等有关程序和要求认真组织实施。

第十条 选拔中小学校领导人员，一般采取学校内部推选、外部选派、竞争（聘）上岗、公开选拔（聘）等方式进行。

第十一条 确定考察对象，应当综合考虑工作需要、人选德才条件、一贯表现、人岗相适和征求意见等情况，防止简单以票或者以分等取人偏向。

在教育教学和管理活动中贯彻执行党的教育方针不力、偏离社会主义办学方向，师德师风存在问题或者有学术不端行为受到查处，有伪造学历学位、奖励证书、档案材料等行为受到责任追究，以及具有其他有关政策规定明确限制情形的，不得作为考察对象。

第十二条 严格执行考察制度，依据任职资格条件和岗位职责要求，全面了解考察对象的德、能、勤、绩、廉表现，着重了解政治品格、作风品行、廉洁自律等情况，深入了解教学教研水平、学校管理能力、师德师风和工作实绩等情况，实事求是、客观准确地作出评价，防止“带病提拔”。

第十三条 任用中小学校领导人员，区别不同情况实行选任制、委任制、聘任制。

对行政领导人员，加大聘任制推行力度。在条件成熟的中小学校，可以对行政领导人员全部实行聘任制。

第十四条 实行聘任制的领导人员，以聘任通知、聘任书、聘任合同等形式确定聘任关系，所聘职务及相关待遇在聘期内有效。

第十五条 提任领导人员的，应当在一定范围内进行公示，公示期不少于五个工作日。

第十六条 提任校长、副校长的，实行任职试用期制度，试用期一般为一年。

第四章 任期和任期目标责任

第十七条 中小学校领导人员一般应当实行任期制。

校长、副校长每个任期一般为三至六年，注意与中小学学制学段相衔接。党组织领导人员的任期，按照党内有关规定执行。

领导人员在同一岗位连续任职一般不超过十二年。工作特殊需要的，按照干部管理权限经批准后可以延长任职年限。

第十八条 中小学校领导班子和领导人员一般应当实行任期

目标责任制。

领导班子的任期目标，应当贯彻党和国家对基础教育改革发展的要求，体现学校办学规划、课程建设、教学质量、德育建设、教师队伍、管理创新、安全稳定和党的建设等内容，注重打基础、利长远、求实效，具体内容根据学校实际确定。

领导人员的任期目标，根据领导班子任期目标和岗位职责确定。

第十九条 制定领导班子任期目标，应当充分听取学校教职工（代表）大会、学生家长等方面意见。

任期目标由学校领导班子集体研究确定，一般应当报经主管机关（部门）批准或者备案，并在校内公布。

第五章 考核评价

第二十条 完善体现中小学校特点的领导人员考核评价制度，充分发挥考核的激励和鞭策作用，推动领导人员树立正确业绩观，潜心育人、积极作为、无私奉献。

第二十一条 对中小学校领导班子和领导人员实行年度考核和任期考核。

第二十二条 考核评价应当以任期目标为依据，以日常管理为基础，注重工作实绩和社会效益，注意与中小学教育质量综合评价工作相衔接，防止单纯以学生学业考试成绩和学校升学率评价领导人员的倾向。

坚持党建工作与业务工作同步考核，实行抓党建述职评议考核制度，可以与年度考核等结合进行，重点了解学校党组织履行抓党建主体责任、党组织书记履行抓党建第一责任人职责、领导班子其他成员履行职责范围内党建责任等情况。

第二十三条 根据中小学校不同规模、类型、学段实际，兼顾城乡差异、办学特色等情况，科学合理确定考核评价指标，积极推进分类考核。

注意改进方法，简化程序，提高考核工作质量和效率。

第二十四条 领导班子年度考核和任期考核的评价等次，分为优秀、良好、一般、较差。领导人员年度考核和任期考核的评价等次，分为优秀、合格、基本合格、不合格。

第二十五条 考核评价结果应当以适当方式向领导班子和领导人员反馈，并作为领导班子建设和领导人员选拔任用、培养教育、管理监督、激励约束等的重要依据。

第六章 职业发展和激励保障

第二十六条 加强中小学校领导人员教育培训，重点加强政治理论、社会主义核心价值观、教育政策法规、教育管理理论和实践、人文社会科学等方面的培训，视不同对象有针对性地开展任职资格培训、提高培训、高级研修和专题培训，着力提高政治素质、管理能力和专业水平。

实施校长国家级培训计划，面向农村特别是边远贫困地区着力培养实施素质教育、推进基础教育改革发展的带头人；面向教育发达地区着力培养具有先进教育思想、能够创新办学治校实践的优秀校长。

第二十七条 完善领导人员交流制度，鼓励引导城镇学校、优质学校领导人员到乡村学校、薄弱学校任职。有组织地选派乡村学校、薄弱学校领导人员到城镇学校、优质学校挂职锻炼，或者到校长培训实践基地跟岗学习。

第二十八条 加快推行中小学校长职级制改革，拓宽职业发展空间，促进校长队伍专业化建设。

第二十九条 鼓励退出领导岗位的领导人员继续从事教育教

学工作，完善相关政策措施，支持其后续职业发展。

第三十条 完善领导人员收入分配办法，按照国家有关规定，保障和落实工资福利待遇，注重发挥绩效工资的激励作用。

实行校长职级制的，可以根据实际情况探索相应的收入分配办法。

第三十一条 领导人员在履行学校管理职责、承担专项重要工作、应对学校突发事件等方面表现突出、作出显著成绩和贡献的，按照有关规定给予表彰奖励。

主管机关（部门）可以根据实际情况，探索行之有效的表彰奖励措施，激励领导人员干事创业。

第三十二条 落实中小学校长负责制，保障学校办学自主权，支持领导人员依法依规履行职责。倡导教育家办学，鼓励领导人员在实践中大胆探索创新，形成教学特色和办学风格。

加强人文关怀，关心领导人员身心健康，帮助解决实际困难，培育理性平和的健康心态，营造尊师重教的良好氛围。

第三十三条 建立容错纠错机制，宽容领导人员在工作中特别是改革创新中的失误，旗帜鲜明地为敢于担当者担当，为敢于负责者负责。正确对待犯错误的领导人员，不得混淆错误性质或者夸大错误程度作出不适当的处理，不得利用其所犯错误泄私愤、打击报复。

第七章　监督约束

第三十四条 贯彻全面从严治党要求，完善中小学校领导班子和领导人员特别是主要负责人监督约束机制，构建严密有效的监督体系，充分发挥党内监督和外部监督的作用，督促引导领导人员认真履职尽责，依法依规办事，保持清正廉洁。

第三十五条 加强对学校领导班子和领导人员履行政治责任、

行使职责权力、加强作风建设等方面的监督，重点监督贯彻执行党的教育方针，坚持社会主义办学方向，加强党的建设，依法依规办学治校，执行民主集中制，落实“三重一大”决策制度，校风学风和师德建设，收入分配，廉洁自律等情况。

根据学校层次、规模和发展实际，聚焦突出问题，加大对招生录取、职务（职称）评聘、基建项目、物资采购、财务管理等重点领域和关键环节的监督力度。

第三十六条 主管机关（部门）党委（党组）及纪检监察机关、组织（人事）部门按照管理权限和职责分工，综合运用考察考核、述职述责述廉、民主生活会、谈心谈话等方式，对中小学校领导班子和领导人员进行监督。

充分发挥学校党组织和党员的监督作用，党员领导人员应当以普通党员身份参加所在党支部或者党小组的组织生活，坚持民主生活会、组织生活会和民主评议党员制度，开展严肃认真的党内政治生活，营造党内民主监督环境。

第三十七条 完善学校内部治理结构和内控机制，实行权力清单制度，明确权力运行程序、规则和权责关系，公开权力运行过程和结果，健全不当用权问责机制。

推进校务公开，注意发挥教职工（代表）大会、家长委员会等组织在学校民主管理方面的作用，畅通师生员工参与讨论学校事务的途径，拓宽表达意见的渠道。

第三十八条 领导人员应当正确对待监督，主动接受监督，习惯在监督下开展工作，自觉检查和及时纠正存在的问题。

第八章　退　出

第三十九条 完善中小学校领导人员退出机制，促进领导人员能上能下、能进能出，增强队伍生机活力。

第四十条 领导人员达到退休年龄界限的，应当按照有关规定办理免职（退休）手续。因工作需要而延迟免职（退休）的，应当按照干部管理权限报批。

第四十一条 领导人员因健康原因，无法正常履行工作职责一年以上的，应当对其工作岗位进行调整。

第四十二条 领导人员因德、能、勤、绩、廉与所任职务要求不符，具有下列情形之一，被认定为不适宜担任现职的，应当按照有关规定予以组织调整或者组织处理：

（一）贯彻执行党的教育方针、上级党组织指示和决定不及时不得力的；

（二）存在师德禁行行为，或者有其他违背社会公德、职业道德、家庭伦理道德行为，造成不良影响的；

（三）年度考核、任期考核被确定为不合格，或者连续两年年度考核被确定为基本合格的；

（四）存在其他问题需要调整或者处理的。

第四十三条 领导人员违纪违法的，按照有关法律法规和规定处理。

第四十四条 实行领导人员辞职制度，辞职程序参照有关规定执行。

第九章　附　　则

第四十五条 本办法所称中小学校，包括小学、初级中学（含九年一贯制学校）、高级中学（含完全中学、十二年一贯制学校、中等职业学校）、特殊教育学校、幼儿园等教育机构。

第四十六条 本办法由中央组织部、教育部负责解释。

第四十七条 本办法自2017年1月13日起施行。

科研事业单位领导人员管理暂行办法

（中共中央组织部、科学技术部 2017 年 1 月 13 日印发）

第一章　总　则

第一条　为加强和改进科研事业单位领导人员管理，完善选拔任用和管理监督机制，建设一支符合好干部标准的高素质领导人员队伍，根据《事业单位领导人员管理暂行规定》和有关法律法规，制定本办法。

第二条　本办法适用于省级以上政府直属以及部门所属自然科学和技术领域科研事业单位领导班子成员。

法律法规对科研事业单位领导人员管理另有规定的，从其规定。

第三条　科研事业单位领导人员管理，必须坚持党管干部、党管人才，坚持德才兼备、以德为先，坚持依法依规办事，坚持从严管理监督与激励关怀相结合，注意体现科研事业单位开放度高、探索性强、创新活跃等特点，不简单套用党政领导干部管理模式，公道公平公正地对待、评价和使用领导人员，充分调动积极性、主动性、创造性，促进科技繁荣发展。

第四条　主管机关（部门）党委（党组）及其组织（人事）部门按照干部管理权限履行科研事业单位领导人员管理职责，负责本办法的组织实施。

第二章　任职条件和资格

第五条　科研事业单位领导人员应当具备下列基本条件：

（一）具有较高的思想政治素质，重视政治理论学习，坚持马克思主义指导思想，坚定共产主义远大理想和中国特色社会主义共同理想，自觉践行创新科技、服务国家、造福人民的价值理念，认真贯彻科技工作方针政策，牢固树立政治意识、大局意识、核心意识、看齐意识，在思想上政治上行动上同以习近平同志为核心的党中央保持高度一致。

（二）具有胜任岗位职责所必需的专业知识和职业素养，熟悉科研业务和相关政策法规，有相关专业背景，尊重科研工作规律，弘扬科学精神，业界声誉好。

（三）具有较强的组织领导能力，有全局观念，自觉贯彻执行民主集中制，有战略眼光、科研规划能力和开拓创新精神，能够科学决策，注重沟通协调、团结合作。

（四）具有强烈的事业心和责任感，积极献身科技事业，敢于担当，求真务实，忠于职守，勤勉尽责，能够全身心投入工作，实绩突出。

（五）具有良好的品行修养，带头践行社会主义核心价值观，自觉遵守科研伦理道德，尊重人才，尊重创造，严于律己，廉洁从业。

第六条 科研事业单位领导人员应当具备下列基本资格：

（一）应当具有大学本科以上文化程度。

（二）一般应当具有五年以上工作经历。

（三）从副职提任正职的，一般应当具有副职岗位两年以上任职经历；从下级正职提任上级副职的，一般应当具有下级正职岗位三年以上任职经历。

（四）具有正常履行职责的身体条件。

（五）符合有关法律法规和行业主管部门规定的其他任职资格要求。

第七条 专业技术人员直接提任领导人员的，应当具有相应的专业技术职务和一定的科研管理工作经历。其中：

（一）提任五级、六级管理岗位领导人员的，应当已担任正高级专业技术职务或者两年以上副高级专业技术职务；

（二）提任四级以上管理岗位领导人员的，应当已担任正高级专业技术职务。

第八条 从企业、社会组织、国（境）外著名高等学校和科研机构等单位选聘的领导人员，应当具有较高的专业水平，一般应当具有在科技研发关键岗位工作或者组织实施重大科技项目的经历。

第九条 对特别优秀或者工作特殊需要的，可以破格提拔，破格提拔必须从严掌握。

第三章　选拔任用

第十条 选拔任用科研事业单位领导人员，应当充分发挥主管机关（部门）党委（党组）的领导和把关作用，坚持正确选人用人导向，严格标准条件和程序，按照核定或者批准的领导职数和岗位设置方案，精准科学选人用人，注重优化领导班子结构，增强班子整体功能。注意拓宽视野，打破身份等限制，吸引优秀人才。

第十一条 主管机关（部门）党委（党组）或者组织（人事）部门按照干部管理权限，根据工作需要和领导班子建设实际提出选拔任用工作启动意见，在综合研判、充分酝酿的基础上形成工作方案，并按照组织考察、会议决定等有关程序和要求认真组织实施。

第十二条 选拔科研事业单位领导人员，一般采取单位内部推选、外部选派、竞争（聘）上岗、公开选拔（聘）等方式进行，也可以探索其他有利于优秀人才脱颖而出的选拔方式。

从企业、社会组织、国（境）外著名高等学校和科研机构等单位打破身份等限制选拔领导人员的，一般采取公开选拔（聘）方式。

第十三条 确定考察对象，应当综合考虑工作需要、人选德才条件、一贯表现、人岗相适和征求意见等情况，防止简单以票、以分或者以学历、职称、论文等取人偏向。

因造假、剽窃、篡改等科研不端行为受到查处，在科研项目安排、经费使用等方面存在违规违纪行为受到责任追究，以及具有其他有关政策规定明确限制情形的，不得作为考察对象。

第十四条 严格执行考察制度，依据任职资格条件和岗位职责要求，全面了解考察对象的德、能、勤、绩、廉表现，着重了解政治品格、作风品行、廉洁自律等情况，深入了解科研水平、管理能力、学术道德和推动科技创新工作实绩等情况，实事求是、客观准确地作出评价，防止"带病提拔"。

第十五条 任用科研事业单位领导人员，区别不同情况实行选任制、委任制、聘任制。

对行政领导人员，逐步加大聘任制推行力度。在条件成熟的单位，可以对行政领导人员全部实行聘任制。对打破身份等限制选拔的领导人员，一般应当实行聘任制。

第十六条 实行聘任制的领导人员，以聘任通知、聘任书、聘任合同等形式确定聘任关系，所聘职务及相关待遇在聘期内有效。聘任期满，因工作需要继续聘任的，经考核为合格以上等次、本人愿意且未达到最高任职年限，按照有关程序办理续聘手续。

第十七条 提任领导人员的，应当在一定范围内进行公示，公示期不少于五个工作日。

第十八条 提任非选举产生领导人员的，实行任职试用期制度，试用期一般为一年。

第四章　任期和任期目标责任

第十九条 科研事业单位领导人员一般应当实行任期制。

行政领导人员每个任期一般为三至五年。党组织领导人员的任期，按照党内有关规定执行。

领导人员在同一岗位连续任职一般不超过十年。工作特殊需要的，按照干部管理权限经批准后可以延长任职年限。

第二十条 科研事业单位领导班子和领导人员一般应当实行任期目标责任制。

第二十一条 领导班子的任期目标，应当根据单位职能定位，围绕紧跟科技发展前沿、服务国家重大战略、推动经济社会发展等需要制定，体现科技成果产出和转化、创新平台建设、科技交流合作、服务社会公益、支撑产业发展、人才队伍建设和党的建设等内容。

主要从事基础研究的科研事业单位，任期目标应当以提升原始创新能力为核心，注重学术水平、科学贡献和创新源头供给；主要从事前沿技术研究的科研事业单位，任期目标应当以国家重大战略需求为导向，注重基础科技和关键技术领域的创新；主要从事社会公益研究的科研事业单位，任期目标应当以改善民生和支撑产业发展为重点，注重社会效益和共性技术产出。

领导人员的任期目标，根据领导班子任期目标和岗位职责确定。

第二十二条 制定领导班子任期目标，应当充分听取学术委员会、职工代表大会或者科技人员代表等方面意见。

任期目标由单位领导班子集体研究确定，一般应当报经主管机关（部门）批准或者备案，不涉密的在单位内公布。

第五章 考核评价

第二十三条 完善体现科研事业单位特点的领导人员考核评价制度，充分发挥考核的激励和鞭策作用，推动领导人员树立正确业绩观，勇挑重担、锐意进取、积极作为。

第二十四条 对科研事业单位领导班子和领导人员实行年度考核和任期考核。

第二十五条 考核评价应当以任期目标为依据，注重科技创新质量、贡献、绩效，注意与创新绩效评价工作相衔接。

坚持党建工作与业务工作同步考核，实行抓党建述职评议考核制度，可以与年度考核等结合进行，重点了解科研事业单位党组织履行抓党建主体责任、党组织书记履行抓党建第一责任人职责、领导班子其他成员履行职责范围内党建责任等情况。

第二十六条 根据基础研究、前沿技术研究和社会公益研究等不同类型科研事业单位特点，科学合理确定考核评价指标，积极推进分类考核。

结合行业特点和科研事业单位实际，注意改进方法，简化程序，提高考核工作质量和效率，营造宽松的科研环境。

第二十七条 领导班子年度考核和任期考核的评价等次，分为优秀、良好、一般、较差。领导人员年度考核和任期考核的评价等次，分为优秀、合格、基本合格、不合格。

第二十八条 考核评价结果应当以适当方式向领导班子和领导人员反馈，并作为领导班子建设和领导人员选拔任用、培养教育、管理监督、激励约束等的重要依据。

第六章 职业发展和激励保障

第二十九条 完善科研事业单位领导人员教育培训制度，充分利用党校、行政学院、干部学院等机构，重点加强理想信念、党性修养、政治理论、科技政策法规、国情形势、管理能力、科研诚信等方面的教育培训，根据工作需要和有关规定，有针对性地开展国（境）外培训和学习考察，着力提高思想政治素质和理论水平，提高领导能力专业化水平。

第三十条 完善领导人员交流轮岗制度，积极推进分管人财物领导人员轮岗和同类别、同领域科研事业单位之间领导人员交流。根据领导班子建设需要，开展科研事业单位与高等学校、国有企业、党政机关之间领导人员交流。鼓励支持科研事业单位领导人员到科技企业、国际组织任职。

第三十一条 领导人员经批准可以兼任与本单位或者本人科研领域相关的社会团体和基金会等职务，副职领导人员根据工作需要并经批准可以在本单位出资的企业或者参与合作举办的社会服务机构兼职，具体按照有关规定执行。

第三十二条 领导人员出国（境）开展学术交流合作活动，按照中央关于教学科研人员因公临时出国（境）管理有关规定执行。

第三十三条 完善领导人员后续职业发展制度，对任期结束后未达到退休年龄界限适合继续从事科研工作的，在科研经费安排、科研团队建设、学术交流培训等方面给予必要支持；其他退出领导岗位人员，根据本人实际和工作需要，作出适当安排。

第三十四条 实行以增加知识价值为导向的分配政策，完善领导人员收入分配办法，根据单位类别和实际，结合考核情况合理确定绩效工资水平，使其收入与履职情况和单位发展相联系。

领导人员是科技成果主要完成人或者对科技成果转化作出重要贡献的，可以按照有关规定获取科技成果转化奖励。

实行聘任制的领导人员，按照有关规定经批准可以试行年薪制、协议工资制等分配办法。

第三十五条 领导人员在推动科技创新、承担专项重要工作、应对重大突发事件等方面表现突出、作出显著成绩和贡献的，按照有关规定给予表彰奖励。

主管机关（部门）可以根据实际情况，探索行之有效的表彰奖励措施，激励领导人员干事创业。

第三十六条 落实科研事业单位在岗位设置、人员聘用、职称评定、绩效工资分配、设备采购、项目经费及科技成果管理等方面自主权，支持领导人员依法依规履行职责。加强人文关怀，关心身心健康，帮助解决实际困难。

第三十七条 建立容错纠错机制，宽容领导人员在工作中特别是改革创新中的失误，营造鼓励探索、支持创新的氛围，旗帜鲜明地为敢于担当者担当，为敢于负责者负责。正确对待犯错误的领导人员，不得混淆错误性质或者夸大错误程度作出不适当的处理，不得利用其所犯错误泄私愤、打击报复。

第七章 监督约束

第三十八条 贯彻全面从严治党要求，完善科研事业单位领导班子和领导人员特别是主要负责人监督约束机制，构建严密有效的监督体系，充分发挥党内监督和外部监督的作用，督促引导领导人员认真履职尽责，依法依规办事，保持清正廉洁。

第三十九条 加强对领导班子和领导人员履行政治责任、行使职责权力、加强作风建设等方面的监督，重点监督贯彻执行科技工作方针政策，加强党的建设，依法依规办事，执行民主集中制，落实“三重一大”决策制度，公道正派选人用人，职业操守，廉洁自律等情况。

根据行业特点，聚焦突出问题，加大对职务（职称）评聘、科研经费使用、物资采购、资源配置、成果处置、收益管理等重点领域和关键环节的监督力度。

第四十条 主管机关（部门）党委（党组）及纪检监察机关、组织（人事）部门按照管理权限和职责分工，综合运用考察考核、述职述责述廉、民主生活会、谈心谈话等方式，对科研事业单位领导班子和领导人员进行监督。

充分发挥单位党组织和党员的监督作用，党员领导人员应当以普通党员身份参加所在党支部或者党小组的组织生活，坚持民主生活会、组织生活会和民主评议党员制度，开展严肃认真的党内政治生活，营造党内民主监督环境。

第四十一条 完善科研事业单位内部治理结构和内控机制，实行权力清单制度，明确权力运行程序、规则和权责关系，公开权力运行过程和结果，健全不当用权问责机制。

推进院（所）务公开，注意发挥学术委员会、职工代表大会等组织在单位民主管理方面的作用，畅通职工群众参与讨论单位事务的途径，拓宽表达意见的渠道。对学科发展、职称评定、学术管理、科研奖励等事项，应当充分听取学术委员会等相关组织的意见。

对领导人员科技成果转化收益分配实行公开公示制度，兼职取酬情况应当按照有关规定报告。

第四十二条 领导人员应当正确对待监督，主动接受监督，习惯在监督下开展工作，自觉检查和及时纠正存在的问题。

第八章 退 出

第四十三条 完善科研事业单位领导人员退出机制，促进领导人员能上能下、能进能出，增强队伍生机活力。

第四十四条 领导人员达到退休年龄界限的，应当按照有关规定办理免职（退休）手续。因工作需要而延迟免职（退休）的，应当按照干部管理权限报批。

第四十五条 领导人员因健康原因，无法正常履行工作职责一年以上的，应当对其工作岗位进行调整。

第四十六条 领导人员因德、能、勤、绩、廉与所任职务要求不符，具有下列情形之一，被认定为不适宜担任现职的，应当按照有关规定予以组织调整或者组织处理：

（一）贯彻执行科技工作方针政策、上级党组织指示和决定不及时不得力的；

（二）因科研不端行为受到查处，或者有其他违背社会公德、职业道德、家庭伦理道德行为，造成不良影响的；

（三）年度考核、任期考核被确定为不合格，或者连续两年年度考核被确定为基本合格的；

（四）存在其他问题需要调整或者处理的。

第四十七条 领导人员违纪违法的，按照有关法律法规和规定处理。

第四十八条 实行领导人员辞职制度，辞职程序参照有关规定执行。

第九章 附 则

第四十九条 本办法由中央组织部、科技部负责解释。

第五十条 本办法自2017年1月13日起施行。

公立医院领导人员管理暂行办法

（中共中央组织部、国家卫生和计划生育委员会2017年1月13日印发）

第一章 总 则

第一条 为加强和改进公立医院领导人员管理，完善选拔任用和管理监督机制，建设一支符合好干部标准的高素质领导人员队伍，根据《事业单位领导人员管理暂行规定》和有关法律法规，制定本办法。

第二条 本办法适用于县级以上政府、事业单位、社会团体和其他社会组织举办的公立医院领导班子成员。

法律法规对公立医院领导人员管理另有规定的，从其规定。

第三条 公立医院领导人员管理，必须坚持党管干部、党管人才，坚持德才兼备、以德为先，坚持依法依规办事，坚持从严管理监督与激励关怀相结合，注意体现公立医院公益性、服务性、专业性、技术性等特点，不简单套用党政领导干部管理模式，公道公平公正地对待、评价和使用领导人员，充分调动积极性、主动性、创造性，不断提高基本医疗卫生服务质量和水平。

第四条 主管机关（部门）党委（党组）及其组织（人事）部门按照干部管理权限履行公立医院领导人员管理职责，负责本办法的组织实施。

第二章　任职条件和资格

第五条 公立医院领导人员应当具备下列基本条件：

（一）具有较高的思想政治素质，重视政治理论学习，坚持马克思主义指导思想，坚定共产主义远大理想和中国特色社会主义共同理想，坚持为人民健康服务的方向，认真贯彻卫生与健康工作方针，自觉履行公立医院的政治责任和社会责任，牢固树立政治意识、大局意识、核心意识、看齐意识，在思想上政治上行动上同以习近平同志为核心的党中央保持高度一致。

（二）具有胜任岗位职责所必需的专业知识和职业素养，熟悉医疗卫生行业发展情况和相关政策法规，有先进的医院管理理念和实践经验，业界声誉好。

（三）具有较强的组织领导和沟通协调能力，自觉贯彻执行民主集中制，富有改革创新精神，坚持依法治院、以德治院，善于构建和谐的医患关系。

（四）具有强烈的事业心和责任感，热爱医疗卫生事业，坚持原则，敢于担当，忠于职守，勤勉尽责，能够全身心投入工作，实绩突出。

（五）具有良好的品行修养，带头践行社会主义核心价值观，自觉弘扬“敬佑生命、救死扶伤、甘于奉献、大爱无疆”的职业精神，以人为本，仁心仁怀，严于律己，廉洁从业。

第六条 公立医院领导人员应当具备下列基本资格：

（一）一般应当具有大学本科以上文化程度。

（二）具有五年以上医疗卫生工作经历或者其他领域管理工作经历。其中，担任三级医院领导人员的，一般应当具有十年以上工作经历。

（三）从副职提任正职的，一般应当具有副职岗位两年以上任职经历；从下级正职提任上级副职的，一般应当具有下级正职岗位三年以上任职经历。

（四）医院行政领导人员应当经过国家认可的医院院长职业化培训。确因特殊情况在提任前未达到培训要求的，应当在提任后一年内完成。

（五）具有正常履行职责的身体条件。

（六）符合有关法律法规和行业主管部门规定的其他任职资格要求。

第七条 医、药、护、技等专业技术人员直接提任领导人员的，应当具有相应的专业技术职务和一定的管理工作经历。其中：

（一）提任八级管理岗位领导人员的，应当已担任中级专业技术职务；

（二）提任七级管理岗位领导人员的，应当已担任副高级专业技术职务或者五年以上中级专业技术职务；

（三）提任五级、六级管理岗位领导人员的，应当已担任正高级专业技术职务或者两年以上副高级专业技术职务；

（四）提任四级以上管理岗位领导人员的，应当已担任正高级专业技术职务。

提任三级医院的院长和分管医疗、科研、教学等相关业务工作的副院长，应当已担任正高级专业技术职务。

第八条 对特别优秀或者工作特殊需要的，可以破格提拔，破格提拔必须从严掌握。

第三章 选拔任用

第九条 选拔任用公立医院领导人员，应当充分发挥主管机关（部门）党委（党组）的领导和把关作用，坚持正确选人用人导向，严格标准条件和程序，按照核定或者批准的领导职数和岗位设置方案，精准科学选人用人，注重优化领导班子结构，增强班子整体功能。注意拓宽视野，打破身份等限制，吸引优秀人才。

第十条 主管机关（部门）党委（党组）或者组织（人事）部门按照干部管理权限，根据工作需要和领导班子建设实际提出选拔任用工作启动意见，在综合研判、充分酝酿的基础上形成工作方案，并按照组织考察、会议决定等有关程序和要求认真组织实施。

第十一条 选拔公立医院领导人员，一般采取医院内部推选、外部选派、竞争（聘）上岗、公开选拔（聘）等方式进行，也可以探索其他有利于优秀人才脱颖而出的选拔方式。

院长和分管医疗、科研、教学等相关业务工作的副院长，一般应当从医疗卫生领域选拔。

第十二条 确定考察对象，应当综合考虑工作需要、人选德才条件、一贯表现、人岗相适和征求意见等情况，防止简单以票或者以分等取人偏向。

贯彻卫生与健康工作方针不力、偏离公立医院办医宗旨，因重大医疗事故、重大医患纠纷、突发公共卫生事件受到责任追究影响使用，违反医疗卫生行风建设纪律要求造成不良影响，以及具有其他有关政策规定明确限制情形的，不得作为考察对象。

第十三条 严格执行考察制度，依据任职资格条件和岗位职责要求，全面了解考察对象的德、能、勤、绩、廉表现，着重了解政治品格、作风品行、廉洁自律等情况，深入了解专业素养、管理能力、职业精神和工作实绩等情况，实事求是、客观准确地作出评价，防止“带病提拔”。

第十四条 任用公立医院领导人员，区别不同情况实行选任制、委任制、聘任制。

对行政领导人员，加大聘任制推行力度。在条件成熟的医院，可以对行政领导人员全部实行聘任制。通过公开选拔（聘）等方式产生的领导人员，一般应当实行聘任制。

第十五条 提任领导人员的，应当在一定范围内进行公示，公示期不少于五个工作日。

第十六条 提任非选举产生领导人员的，实行任职试用期制度，试用期一般为一年。

第四章 聘任管理

第十七条 实行聘任制的公立医院领导人员，以聘任通知、聘任书、聘任合同等形式确定聘任关系，所聘职务及相关待遇在聘期内有效。

实行聘任合同管理的，应当明确岗位职责、聘期及工作目标、薪酬待遇、解聘条件等内容。完善聘任合同，规范聘期管理。

主管机关（部门）可以授权院长与其行政副职签订聘任合同。

第十八条 领导人员聘任期满，因工作需要继续聘任的，经考核为合格以上等次、本人愿意且未达到最高任职年限，按照有关程序办理续聘手续。

第十九条 领导人员在聘期内因工作需要等原因，组织决定提前解除聘任职务的，应当按照有关程序办理解除聘任手续。

第二十条 领导人员在聘期内因个人原因辞去聘任职务的，应当书面提出申请，并报主管机关（部门）批准。审批期间或者未经批准的，不得擅自离职。

第五章 任期和任期目标责任

第二十一条 公立医院领导人员一般应当实行任期制。

行政领导人员每个任期一般为三至五年。党组织领导人员的任期，按照党内有关规定执行。

领导人员在同一岗位连续任职一般不超过十年。工作特殊需要的，按照干部管理权限经批准后可以延长任职年限。

第二十二条 公立医院领导班子和领导人员一般应当实行任期目标责任制。

领导班子的任期目标，应当贯彻党和国家对公立医院改革发展的要求，体现医疗服务质量和安全、医疗费用控制、政府指令性任务完成、依法依规管理、医德医风建设和党的建设等内容。三级医院领导班子的任期目标还应当体现医院综合管理水平、学科发展和队伍建设、健康医疗大数据建设与应用等内容；中医医院领导班子的任期目标还应当体现中医药特色优势发挥等内容。具体内容根据本地区医疗卫生规划和医院实际确定。

领导人员的任期目标，根据领导班子任期目标和岗位职责确定。

第二十三条 制定领导班子任期目标，应当充分听取职工代表大会或者职工代表等方面意见。

任期目标由医院领导班子集体研究确定，一般应当报经主管机关（部门）批准或者备案，并在院内公布。

第二十四条 院长和党组织书记任职后，一般由主管机关（部门）与其签订任期目标责任书。主管机关（部门）可以授权院长与其行政副职签订任期目标责任书。

第六章 考核评价

第二十五条 完善体现公立医院特点的领导人员考核评价制度，充分发挥考核的激励和鞭策作用，推动领导人员树立正确业绩观，敢于担当、积极作为、无私奉献。

第二十六条 对公立医院领导班子和领导人员实行年度考核和任期考核。

第二十七条 考核评价应当以任期目标为依据，以日常管理为基础，以公益性为导向，注重工作实绩和社会效益，注意与公立医院绩效评价工作相衔接，防止逐利倾向。

坚持党建工作与业务工作同步考核，实行抓党建述职评议考核制度，可以与年度考核等结合进行，重点了解医院党组织履行抓党建主体责任、党组织书记履行抓党建第一责任人职责、领导班子其他成员履行职责范围内党建责任等情况。

第二十八条 根据公立医院不同类别、等级实际，兼顾城乡差异、办医特色等情况，科学合理确定考核评价指标，积极推进分类考核。

注意改进方法，简化程序，提高考核工作质量和效率。

第二十九条 领导班子年度考核和任期考核的评价等次，分为优秀、良好、一般、较差。领导人员年度考核和任期考核的评价等次，分为优秀、合格、基本合格、不合格。

第三十条 考核评价结果应当以适当方式向领导班子和领导人员反馈，并作为领导班子建设和领导人员选拔任用、培养教育、管理监督、激励约束等的重要依据。

第七章　职业发展和激励保障

第三十一条　完善公立医院领导人员培养教育制度，充分利用党校、行政学院、干部学院等机构，采取任职培训、岗位培训、专题培训等方式实施职业化培训，采取内部轮岗、挂职锻炼、对口支援或者援外等方式加强实践锻炼，着力提高政治素质、管理能力和专业水平，推进领导人员职业化建设。

第三十二条　完善领导人员交流制度，畅通交流渠道，积极推进不同类别、不同等级医院之间交流，共享优秀人才资源。

根据健康中国建设需要，结合东西部扶贫协作关系、城乡医院对口支援工作关系等，统筹推动上级医院与下级医院，城市三级医院与县医院，相对发达地区医院与艰苦边远地区、贫困地区医院，东部地区与中西部地区医院之间领导人员交流。

第三十三条　领导人员应当确保主要精力和时间用于医院管理工作，鼓励支持其专职从事医院管理。对任期结束后未达到退休年龄界限的，根据本人实际和工作需要，作出适当安排。

第三十四条　完善领导人员收入分配办法，建立符合医疗卫生行业特点、体现以增加知识价值为导向的薪酬制度。结合考核情况合理确定绩效工资水平，使其收入与履职情况和医院发展相联系，与本院职工的平均收入保持合理水平。严禁将领导人员收入与医院经济收入直接挂钩。

有条件的地方，按照有关规定经批准可以对领导人员实行年薪制。

第三十五条　领导人员在履行医院管理职责，承担紧急医疗救援、对口支援或者援外等专项重要工作，应对重大安全事件、重大突发事件、重大自然灾害事件等方面表现突出、作出显著成绩和贡献的，按照有关规定给予表彰奖励。

主管机关（部门）可以根据实际情况，探索行之有效的表彰奖励措施，激励领导人员干事创业。

第三十六条 保障公立医院在内部人事管理、机构设置、收入分配、年度预算执行等方面自主权，支持领导人员依法依规履行职责，探索建立与公立医院去行政化、取消行政级别和创新编制管理改革等相适应的领导人员管理政策。加强人文关怀，关心身心健康，帮助解决实际困难。

第三十七条 建立容错纠错机制，宽容领导人员在工作中特别是改革创新中的失误，营造鼓励探索、支持创新的氛围，旗帜鲜明地为敢于担当者担当，为敢于负责者负责。正确对待犯错误的领导人员，不得混淆错误性质或者夸大错误程度作出不适当的处理，不得利用其所犯错误泄私愤、打击报复。

第八章 监督约束

第三十八条 贯彻全面从严治党要求，完善公立医院领导班子和领导人员特别是主要负责人监督约束机制，构建严密有效的监督体系，充分发挥党内监督、民主监督、法律监督、审计监督和舆论监督等作用，督促引导领导人员认真履职尽责，依法依规办事，保持清正廉洁。

第三十九条 加强对公立医院领导班子和领导人员履行政治责任、行使职责权力、加强作风建设等方面的监督，重点监督贯彻执行卫生与健康工作方针，加强党的建设，履行公立医院职责，依法依规办事，贯彻执行民主集中制，落实“三重一大”决策制度，医德医风建设，收入分配，廉洁自律等情况。

根据医院特点，聚焦突出问题，加大对医疗安全、医药产品招标采购、医疗费用控制、基建项目、财务管理、职务（职称）评聘等重点领域和关键环节的监督力度。

第四十条 主管机关（部门）党委（党组）及纪检监察机关、组织（人事）部门按照管理权限和职责分工，综合运用考察考核、述职述责述廉、民主生活会、谈心谈话等方式，对公立医院领导班子和领导人员进行监督。

充分发挥医院党组织和党员的监督作用，党员领导人员应当以普通党员身份参加所在党支部或者党小组的组织生活，坚持民主生活会、组织生活会和民主评议党员制度，开展严肃认真的党内政治生活，营造党内民主监督环境。

第四十一条 完善公立医院内部治理结构和内控机制，实行权力清单制度，明确权力运行程序、规则和权责关系，公开权力运行过程和结果，健全不当用权问责机制。

推进院务公开，注意发挥职工代表大会等组织在医院民主管理方面的作用，畅通职工群众参与讨论医院事务的途径，拓宽表达意见的渠道。

第四十二条 领导人员应当正确对待监督，主动接受监督，习惯在监督下开展工作，自觉检查和及时纠正存在的问题。

第九章 退　出

第四十三条 完善公立医院领导人员退出机制，促进领导人员能上能下、能进能出，增强队伍生机活力。

第四十四条 领导人员达到退休年龄界限的，应当按照有关规定程序办理免职（退休）手续。因工作需要而延迟免职（退休）的，应当按照干部管理权限报批。

第四十五条 领导人员因健康原因，无法正常履行工作职责一年以上的，应当对其工作岗位进行调整。

第四十六条 领导人员因德、能、勤、绩、廉与所任职务要求不符，具有下列情形之一，被认定为不适宜担任现职的，应当按照有关规定予以组织调整或者组织处理：

（一）贯彻执行卫生与健康工作方针、上级党组织指示和决定不及时不得力的；

（二）医德医风存在问题受到查处，或者有其他违背社会公德、职业道德、家庭伦理道德行为，造成不良影响的；

（三）年度考核、任期考核被确定为不合格，或者连续两年年度考核被确定为基本合格的；

（四）存在其他问题需要调整或者处理的。

第四十七条 领导人员违纪违法的，按照有关法律法规和规定办理。

第四十八条 实行领导人员辞职制度，辞职程序参照有关规定执行。

第十章 附　　则

第四十九条 本办法由中央组织部、国家卫生计生委负责解释。

第五十条 本办法自 2017 年 1 月 13 日起施行。

宣传思想文化系统事业单位领导人员管理暂行办法

（中共中央组织部、中共中央宣传部 2017 年 1 月 13 日印发）

第一章 总　　则

第一条 为加强和改进宣传思想文化系统事业单位领导人员管理，完善选拔任用和管理监督机制，建设一支符合好干部标准、有守有为有担当的高素质领导人员队伍，根据《事业单位领导人员管理暂行规定》和有关法律法规，制定本办法。

第二条 本办法适用于省级以上党委和政府直属以及部门所属宣传思想文化系统事业单位领导班子成员。

法律法规对宣传思想文化系统事业单位领导人员管理另有规定的，从其规定。

第三条 宣传思想文化系统事业单位领导人员管理，必须坚持党管宣传、党管干部、党管人才，坚持德才兼备、以德为先，坚持依法依规办事，坚持从严管理监督与激励关怀相结合，注意体现行业特点和意识形态工作的特殊属性，贯彻管事与管人相结合要求，公道公平公正地对待、评价和使用领导人员，充分调动积极性、主动性、创造性，促进宣传思想文化事业繁荣发展。

第四条 主管机关（部门）党委（党组）及其组织（人事）部门按照干部管理权限履行宣传思想文化系统事业单位领导人员管理职责，负责本办法的组织实施。

第二章 任职条件和资格

第五条 宣传思想文化系统事业单位领导人员应当具备下列基本条件：

（一）具有坚定的政治信念和党性原则，坚持以马克思列宁主义、毛泽东思想、邓小平理论、“三个代表”重要思想、科学发展观为指导，深入学习贯彻习近平总书记系列重要讲话精神，坚定中国特色社会主义道路自信、理论自信、制度自信、文化自信，认真贯彻党的宣传思想文化工作方针政策，坚持政治家办报办刊办社办台办新闻网站，严守政治纪律和政治规矩，牢固树立政治意识、大局意识、核心意识、看齐意识，在思想上政治上行动上同以习近平同志为核心的党中央保持高度一致，经得起各种风浪考验。

（二）具有胜任岗位职责所必需的专业知识和职业素养，熟悉宣传思想文化工作，了解掌握行业发展情况，在相关业务领域有一定专长。

（三）具有较强的组织领导和管理能力，自觉贯彻执行民主集中制，有全局观念和开拓创新精神，能够科学决策，依法依规办事，团结合作，善于集中正确意见。

（四）具有强烈的事业心和责任感，坚持原则，敢于担当，守土尽责，坚持以人民为中心的工作导向，能够深入实际、联系群众，带头转作风、正学风、改文风，实绩突出。

（五）具有良好的品行修养，自觉践行社会主义核心价值观，恪守职业道德，崇实求真，明辨笃行，淡泊名利，严于律己，清正廉洁，能够正确行使党和人民赋予的权力。

第六条 宣传思想文化系统事业单位领导人员应当具备下列基本资格：

（一）一般应当具有大学本科以上文化程度。

（二）一般应当具有五年以上宣传思想文化领域工作经历或者其他党政机关、企事业单位管理工作经历。

（三）从副职提任正职的，应当具有副职岗位两年以上任职经历；从下级正职提任上级副职的，应当具有下级正职岗位三年以上任职经历。

（四）应当经过党校、行政学院、干部学院或者干部教育培训管理部门认可的其他培训机构的培训，培训时间达到有关规定要求。确因特殊情况在提任前未达到培训要求的，应当在提任后一年内完成。

（五）具有正常履行职责的身体条件。

（六）符合有关法律法规和行业主管部门规定的其他任职资格要求。

第七条 专业技术人员直接提任领导人员的，应当具有相应的专业技术职务和一定的管理工作经历。其中：

（一）提任六级管理岗位领导人员的，一般应当已担任副高级专业技术职务或者五年以上中级专业技术职务；

（二）提任五级管理岗位领导人员的，一般应当已担任正高级专业技术职务或者两年以上副高级专业技术职务；

（三）提任四级以上管理岗位领导人员的，一般应当已担任正高级专业技术职务或者五年以上副高级专业技术职务。

第八条 对特别优秀或者工作特殊需要的，可以破格提拔。破格提拔必须从严掌握，并报上级组织（人事）部门审批。

第三章 选拔任用

第九条 选拔任用宣传思想文化系统事业单位领导人员，应当充分发挥主管机关（部门）党委（党组）的领导和把关作用，坚持正确选人用人导向，严格标准条件和程序，按照核定或者批准的领导职数和岗位设置方案，精准科学选人用人，注重优化领导班子结构，增强班子整体功能，确保宣传思想文化工作领导权牢牢掌握在忠于党、忠于人民、忠于马克思主义的人手里。

第十条 主管机关（部门）党委（党组）或者组织（人事）部门按照干部管理权限及有关规定，根据工作需要和领导班子建设实际提出选拔任用工作启动意见，在综合研判、充分酝酿的基础上形成工作方案，并按照组织考察、会议决定等有关程序和要求认真组织实施。

第十一条 选拔宣传思想文化系统事业单位领导人员，一般采取单位内部推选、外部选派、竞争（聘）上岗、公开选拔（聘）等方式进行，也可以探索其他有利于优秀人才脱颖而出的选拔方式。

进一步拓宽选人用人渠道，逐步打破身份等限制。

单位主要负责人及重要宣传舆论阵地领导人员，一般采取内部推选、外部选派方式进行。选拔急需紧缺的专业领导人员，可以采取竞争（聘）上岗、公开选拔（聘）等方式进行。

第十二条 确定考察对象，应当综合考虑工作需要、人选德才条件、一贯表现、人岗相适、民主推荐和征求意见等情况，防止简单以票或者以分等取人偏向。

政治不合格、纪律规矩意识不强，贯彻执行党的宣传思想文化工作方针政策不力、偏离办报办刊办社办台办新闻网站方向，创作或者组织推出的作品产品等存在政治性错误或者造成严重不良影响，以及具有其他有关政策规定明确限制情形的，不得作为考察对象。

第十三条 严格执行考察制度，依据任职资格条件和岗位职责要求，全面了解考察对象的德、能、勤、绩、廉表现，着重了解政治品格、作风品行、廉洁自律等情况，深入了解专业素养、管理能力、职业精神和工作实绩等情况，实事求是、客观准确地作出评价，把好政治关、品行关、作风关、廉洁关，防止“带病提拔”。

第十四条 任用宣传思想文化系统事业单位领导人员，区别不同情况实行选任制、委任制、聘任制。

对行政领导人员，逐步加大聘任制推行力度。实行聘任制的，以聘任通知、聘任书、聘任合同等形式确定聘任关系，所聘职务及相关待遇在聘期内有效。

第十五条 提任领导人员的，应当在一定范围内进行公示，公示期不少于五个工作日。

第十六条 提任非选举产生领导人员的，实行任职试用期制度，试用期一般为一年。

第四章　任期和任期目标责任

第十七条　宣传思想文化系统事业单位领导人员一般应当实行任期制。

行政领导人员每个任期一般为三至五年。党组织领导人员的任期，按照党内有关规定执行。

领导人员在同一岗位连续任职一般不超过十年。工作特殊需要的，按照干部管理权限经批准后可以适当延长任职年限。

领导人员在任期内应当保持相对稳定，一般应当任满一个任期。

第十八条　宣传思想文化系统事业单位领导班子和领导人员一般应当实行任期目标责任制。

领导班子的任期目标，应当涵盖领导班子各项职责，体现政治方向和宣传导向、作品产品的生产和服务、科学管理和改革创新、队伍建设和党的建设等内容，注重打基础、利长远、求实效，具体内容根据单位实际确定。

领导人员的任期目标，根据领导班子任期目标和岗位职责确定。

第十九条　制定领导班子任期目标，应当充分听取职工代表大会或者职工代表等方面意见。

任期目标由单位领导班子集体研究确定，一般应当报经主管机关（部门）批准或者备案，并在单位内公布。

第五章　考 核 评 价

第二十条　完善体现宣传思想文化系统事业单位特点的领导人员考核评价制度，充分发挥考核的激励和鞭策作用，推动领导人员树立正确业绩观，敢于担当、真抓实干、积极作为。

第二十一条　对宣传思想文化系统事业单位领导班子和领导

人员实行平时考核、年度考核和任期考核。

第二十二条 考核评价应当贯彻落实党建工作责任制和意识形态工作责任制有关要求，以任期目标为依据，以日常管理为基础，把政治方向考核放在首位，强化意识形态阵地管理责任，突出党建工作实效，注重社会效益和业绩导向，避免简单片面地唯票房、唯收视收听率、唯发行量、唯点击率。

坚持党建工作与业务工作同步考核，实行抓党建述职评议考核制度，可以与年度考核等结合进行，重点了解单位党组织履行抓党建主体责任、党组织书记履行抓党建第一责任人职责、领导班子其他成员履行职责范围内党建责任等情况。

第二十三条 根据社科理论、新闻出版、广播影视、文化艺术、对外宣传和网络传播等不同类型单位特点，科学合理确定考核评价指标，积极推进分类考核。

注意改进方法，简化程序，提高考核工作质量和效率。

第二十四条 领导班子年度考核和任期考核的评价等次，分为优秀、良好、一般、较差。领导人员年度考核和任期考核的评价等次，分为优秀、合格、基本合格、不合格。

第二十五条 考核评价结果应当以适当方式向领导班子和领导人员反馈，并作为领导班子建设和领导人员选拔任用、培养教育、管理监督、激励约束等的重要依据。

第六章 职业发展和激励保障

第二十六条 完善宣传思想文化系统事业单位领导人员培养教育制度，充分利用党校、行政学院、干部学院等机构，加强党的理论、理想信念、党性修养、政策业务、领导科学等方面的教育培训，采取多种方式加强实践锻炼，着力提高马克思主义思想觉悟和理论水平，提高领导能力专业化水平。

第二十七条 完善领导人员交流制度，积极推进系统内单位之间领导人员交流，统筹推进与党政机关、国有企业以及其他事业单位之间领导人员交流。

定期研究提出领导人员交流工作的意见，对重要宣传舆论阵地和重要岗位领导人员有计划地组织开展交流。

第二十八条 加强领导人员后备人才队伍建设，按照拓宽来源、优化结构、改进方式、提高质量的要求，积极发现和着力培养政治素质好、业务水平高、管理能力强、善于改革创新的优秀年轻人才。

第二十九条 完善领导人员后续职业发展制度，对任期结束后未达到退休年龄界限适合继续从事专业工作的，在业务培训、项目经费、团队建设等方面给予必要支持；其他退出领导岗位人员，根据本人实际和工作需要，作出适当安排。

第三十条 完善领导人员收入分配办法，根据单位类别和实际，结合考核情况合理确定绩效工资水平，使其收入与履职情况和事业发展相联系，与本单位职工的平均收入和社会同行业收入保持合理水平。

第三十一条 领导人员在履行单位管理职责、承担专项重要工作、应对重大突发事件等方面表现突出、作出显著成绩和贡献的，按照有关规定给予表彰奖励。

主管机关（部门）可以根据实际情况，探索行之有效的表彰奖励措施，激励领导人员干事创业。

第三十二条 建立容错纠错机制，宽容领导人员在工作中特别是改革创新中的失误，营造鼓励探索、支持创新的氛围，旗帜鲜明地为敢于担当者担当，为敢于负责者负责。正确对待犯错误的领导人员，不得混淆错误性质或者夸大错误程度作出不适当的处理，不得利用其所犯错误泄私愤、打击报复。

第七章　监督约束

第三十三条　贯彻全面从严治党要求，完善宣传思想文化系统事业单位领导班子和领导人员特别是主要负责人监督约束机制，构建严密有效的监督体系，督促引导领导人员认真履职尽责，依法依规办事，保持清正廉洁。

第三十四条　加强执行政治纪律和政治规矩的监督，重点监督领导班子和领导人员贯彻执行党的基本路线和党的宣传思想文化工作方针政策，坚定正确的政治方向和宣传导向，落实党建工作责任制和意识形态工作责任制，严格执行组织生活制度，严肃党内政治生活等情况。

第三十五条　加强权力运行的监督，重点监督领导班子和领导人员贯彻民主集中制，坚持集体决策，依法依规办事，落实“三重一大”决策制度，公道正派选人用人等情况，加大对宣传资源分配、评奖评审、影视剧购销、广告经营、新闻采编、课题项目、资金使用等重点领域和关键环节的监督力度。

第三十六条　加强作风和廉洁的监督，重点监督领导班子和领导人员落实中央八项规定精神，加强作风建设，密切联系群众，道德品行，廉洁自律等情况。

第三十七条　主管机关（部门）党委（党组）及纪检监察机关、组织（人事）部门按照管理权限和职责分工，综合运用考察考核、述职述责述廉、民主生活会、谈心谈话、巡视、提醒、函询、诫勉等方式，对领导班子和领导人员进行监督。

充分发挥单位党组织和党员的监督作用，党员领导人员应当以普通党员身份参加所在党支部或者党小组的组织生活，坚持民主生活会、组织生活会和民主评议党员制度，开展严肃认真的党内政治生活，营造党内民主监督环境。

第三十八条 完善单位内部治理结构和内控机制，实行权力清单制度，明确权力运行程序、规则和权责关系，公开权力运行过程和结果，健全不当用权问责机制。

积极推进单位事务公开，注意发挥职工代表大会等组织在单位民主管理方面的作用，畅通职工群众参与讨论单位事务的途径，拓宽表达意见的渠道。

第三十九条 领导人员应当正确对待监督，主动接受监督，习惯在监督下开展工作，自觉检查和及时纠正存在的问题。

第八章 退 出

第四十条 完善宣传思想文化系统事业单位领导人员退出机制，促进领导人员能上能下、能进能出，增强队伍生机活力。

第四十一条 领导人员达到退休年龄界限的，应当按照有关规定程序办理免职（退休）手续。因工作需要而延迟免职（退休）的，应当按照干部管理权限报批。

第四十二条 领导人员因健康原因，无法正常履行工作职责一年以上的，应当对其工作岗位进行调整。

第四十三条 领导人员因德、能、勤、绩、廉与所任职务要求不符，具有下列情形之一，被认定为不适宜担任现职的，应当按照有关规定予以组织调整或者组织处理：

（一）贯彻执行党的宣传思想文化工作方针政策、意识形态工作责任制和上级党组织指示决定不及时不得力的；

（二）在大是大非问题上没有立场、没有态度、无动于衷、置身事外，在错误言行面前不抵制、不斗争，明哲保身、当老好人的；

（三）擅自公开发表与中央精神不符的言论、文章、作品等，造成恶劣社会影响的；

（四）年度考核、任期考核被确定为不合格，或者连续两年年度考核被确定为基本合格的；

（五）品行不端，违背社会公德、职业道德、家庭伦理道德，造成不良影响的；

（六）存在其他问题需要调整或者处理的。

第四十四条 领导人员违纪违法的，按照有关法律法规和规定处理。

第四十五条 实行领导人员辞职制度，辞职程序参照有关规定执行。

第九章 附 则

第四十六条 本办法由中央组织部、中央宣传部负责解释。

第四十七条 本办法自 2017 年 1 月 13 日起施行。

专业技术类公务员职级设置管理办法（试行）

（2019 年 4 月 2 日中共中央组织部制定 2019 年 4 月 24 日发布）

第一条 为了在专业技术类公务员中推行职务与职级并行制度，规范专业技术类公务员职级设置与管理，根据《中华人民共和国公务员法》、《公务员职务与职级并行规定》、《专业技术类公务员管理规定（试行）》等有关法律法规，制定本办法。

第二条 专业技术类公务员是指专门从事专业技术工作，为机关履行职责提供技术支持和保障的公务员，其职责具有强技术性、低替代性。

专业技术类职位根据工作性质、专业特点和管理需要，一般在市地级以上机关以专业技术工作为主要职责的内设机构设置。经批准，部分县（市、区、旗）专门从事专业技术工作公务员较多的机关可以设置专业技术类职位。县级以上机关可以设置专业技术类特设职位引进高层次人才。

第三条 按照改革公务员职务设置办法和建立职级序列的要求，将专业技术类公务员职务调整为职级，职级序列分为：一级总监、二级总监、一级高级主管、二级高级主管、三级高级主管、四级高级主管、一级主管、二级主管、三级主管、四级主管、专业技术员。

专业技术类公务员职级与级别的对应关系，按照《专业技术类公务员管理规定（试行）》中职务与级别的有关规定执行。

第四条 专业技术类公务员职级按照下列规格设置：

（一）中央机关，省、自治区、直辖市机关，副省级城市机关设置一级总监以下职级；

（二）市（地、州、盟）、直辖市的区机关设置二级总监以下职级，副省级城市的区机关设置一级高级主管以下职级；

（三）部分县（市、区、旗）专门从事专业技术工作公务员较多的机关设置二级高级主管以下职级。

第五条 专业技术类公务员职级职数按照下列比例核定：

（一）中央机关一级、二级总监不超过机关专业技术类职位数量的15%，其中，正部级单位一级总监不超过一级、二级总监总数的40%，副部级单位一级总监不超过一级、二级总监总数的20%；一级至四级高级主管不超过专业技术类职位数量的65%。

（二）省、自治区、直辖市机关一级、二级总监不超过机关专业技术类职位数量的6%，其中一级总监不超过一级、二级总监总数的30%；一级至四级高级主管不超过机关专业技术类职位数量的48%。

（三）副省级城市机关一级、二级总监不超过机关专业技术类职位数量的3%，其中一级总监不超过一级、二级总监总数的30%；一级至四级高级主管不超过机关专业技术类职位数量的45%，其中一级高级主管不超过一级至四级高级主管总数的20%。

（四）市（地、州、盟）、直辖市的区机关二级总监不超过机关专业技术类职位数量的2%；一级至四级高级主管不超过机关专业技术类职位数量的23%，其中一级、二级高级主管不超过一级至四级高级主管总数的40%；一级至四级主管不超过机关专业技术类职位数量的60%。副省级城市的区机关一级高级主管以下职级职数，按照本项规定执行。

（五）县（市、区、旗）机关二级高级主管不超过机关专业技术类职位数量的2%；三级、四级高级主管不超过机关专业技术类职位数量的15%，其中三级高级主管不超过三级、四级高级主管总数的40%；一级至四级主管不超过机关专业技术类职位数量的60%。

第六条　中央和省级机关垂直管理的机构、市地级以上机关的直属单位或者派出机构等，根据机构规格，参照第四条、第五条规定，设置专业技术类公务员职级并核定职数。

第七条　职数较少或者难以按照各机关分别核定的专业技术类公务员职级，由市地级以上公务员主管部门根据实际情况和职级晋升审批权限，在规定的职位数量和职数比例内，分级统筹核定和使用。

第八条　根据工作需要，经省级以上公务员主管部门批准，县级以上机关可以引进高层次专业人才在专业技术类特设职位上担任一级总监、二级总监、一级高级主管，其中突破规格、职数限额设置的职级，职数单独管理。

第九条　厅局级以下领导职务对应的专业技术类公务员最低

职级是：

（一）厅局级正职：一级总监；

（二）厅局级副职：二级总监；

（三）县处级正职：二级高级主管；

（四）县处级副职：四级高级主管；

（五）乡科级正职：二级主管；

（六）乡科级副职：四级主管。

第十条 专业技术类公务员职级与综合管理类、行政执法类公务员职级的对应关系是：一级总监对应一级巡视员，二级总监对应二级巡视员、督办，一级至四级高级主管分别对应一级至四级调研员、一级至四级高级主办，一级至四级主管分别对应一级至四级主任科员、一级至四级主办，专业技术员对应一级科员、一级行政执法员（见附件）。

第十一条 专业技术类公务员晋升职级，应当符合《公务员职务与职级并行规定》第十七条规定，具备拟晋升职级要求的资格条件，重点考虑其政治素质、专业技术能力水平和工作实绩，体现正确的用人导向。

专业技术类公务员职级晋升的任职年限、审批权限等要求，根据对应的综合管理类公务员职级，按照《公务员职务与职级并行规定》执行。

第十二条 专业技术类公务员职级设置与管理，本办法未作规定的，按照《中华人民共和国公务员法》、《公务员职务与职级并行规定》等有关法律法规执行。

第十三条 本办法由中共中央组织部负责解释。

第十四条 本办法自 2019 年 6 月 1 日起施行。

附件：综合管理类、专业技术类、行政执法类公务员职级对应关系表（略）

行政执法类公务员职级设置管理办法（试行）

（2019年4月2日中共中央组织部制定　2019年4月24日发布）

第一条　为了在行政执法类公务员中推行职务与职级并行制度，规范行政执法类公务员职级设置与管理，根据《中华人民共和国公务员法》、《公务员职务与职级并行规定》、《行政执法类公务员管理规定（试行）》等有关法律法规，制定本办法。

第二条　行政执法类公务员是指依照法律法规对行政相对人直接履行行政许可、行政处罚、行政强制、行政征收、行政收费、行政检查等执法职责的公务员，其职责具有执行性、强制性。

行政执法类职位根据工作性质、执法职能和管理需要，按照党中央深化行政执法体制改革的要求，一般在市地级以下机关的市场监管、生态环境保护、文化市场、交通运输、农业、城市管理等综合执法队伍和其他以行政执法工作为主要职责的机关或者机构设置。确有需要的，根据行政执法机构设置实际，省级、副省级城市机关也可以设置行政执法类职位。

第三条　按照改革公务员职务设置办法和建立职级序列的要求，将行政执法类公务员职务调整为职级，职级序列分为：督办、一级高级主办、二级高级主办、三级高级主办、四级高级主办、一级主办、二级主办、三级主办、四级主办、一级行政执法员、二级行政执法员。

行政执法类公务员职级与级别的对应关系，按照《行政执法类公务员管理规定（试行）》中职务与级别的有关规定执行。

第四条　行政执法类公务员职级按照下列规格设置：

（一）省、自治区、直辖市机关，副省级城市机关，市（地、州、盟）、直辖市的区机关设置督办以下职级；

（二）副省级城市的区机关设置一级高级主办以下职级；

（三）县（市、区、旗）机关设置二级高级主办以下职级。

第五条 行政执法类公务员职级职数按照下列比例核定：

（一）省、自治区、直辖市机关督办不超过机关行政执法类职位数量的5%；一级至四级高级主办不超过机关行政执法类职位数量的45%。

（二）副省级城市机关督办不超过机关行政执法类职位数量的2%；一级至四级高级主办不超过机关行政执法类职位数量的43%，其中一级高级主办不超过一级至四级高级主办总数的20%。

（三）市（地、州、盟）、直辖市的区机关督办不超过机关行政执法类职位数量的1%；一级至四级高级主办不超过机关行政执法类职位数量的20%，其中一级、二级高级主办不超过一级至四级高级主办总数的40%，一级高级主办不超过一级、二级高级主办总数的50%；一级至四级主办不超过机关行政执法类职位数量的60%，其中一级、二级主办不超过一级至四级主办总数的50%。副省级城市的区机关一级高级主办以下职级职数，按照本项规定执行。

（四）县（市、区、旗）机关二级高级主办不超过机关行政执法类职位数量的2%；三级、四级高级主办不超过机关行政执法类职位数量的10%，其中三级高级主办不超过三级、四级高级主办总数的40%；一级至四级主办不超过机关行政执法类职位数量的60%，其中一级、二级主办不超过一级至四级主办总数的50%。

第六条 中央和省级机关垂直管理的机构、市地级以上机关的直属单位或者派出机构等，根据机构规格，参照第四条、第五条规定，设置行政执法类公务员职级并核定职数。

第七条 厅局级副职以下领导职务对应的行政执法类公务员最低职级是：

（一）厅局级副职：督办；

（二）县处级正职：二级高级主办；

（三）县处级副职：四级高级主办；

（四）乡科级正职：二级主办；

（五）乡科级副职：四级主办。

第八条 行政执法类公务员职级与综合管理类、专业技术类公务员职级的对应关系是：督办对应二级巡视员、二级总监，一级至四级高级主办分别对应一级至四级调研员、一级至四级高级主管，一级至四级主办分别对应一级至四级主任科员、一级至四级主管，一级行政执法员对应一级科员、专业技术员，二级行政执法员对应二级科员（见附件）。

第九条 行政执法类公务员晋升职级，应当符合《公务员职务与职级并行规定》第十七条规定，具备拟晋升职级要求的资格条件，重点考虑其政治素质、严格规范公正文明执法情况和执法效能，体现正确的用人导向。

行政执法类公务员职级晋升的任职年限、审批权限等要求，根据对应的综合管理类公务员职级，按照《公务员职务与职级并行规定》执行。

第十条 行政执法类公务员职级设置与管理，本办法未作规定的，按照《中华人民共和国公务员法》、《公务员职务与职级并行规定》等有关法律法规执行。

第十一条 本办法由中共中央组织部负责解释。

第十二条 本办法自 2019 年 6 月 1 日起施行。

附件：综合管理类、行政执法类、专业技术类公务员职级对应关系表（略）

专业技术类公务员专业技术任职资格评定办法（试行）

（2019 年 4 月 2 日中共中央组织部制定　2019 年 4 月 24 日发布）

第一章　总　则

第一条　为了规范专业技术类公务员的专业技术任职资格评定工作，根据《中华人民共和国公务员法》、《公务员职务与职级并行规定》、《专业技术类公务员管理规定（试行）》等有关法律法规，制定本办法。

第二条　本办法所称专业技术任职资格评定，是指对专业技术类公务员专业技术能力和水平的认定。

专业技术任职资格是确定和晋升专业技术类公务员职级的必备条件。

第三条　专业技术任职资格按照不同专业进行评定。

专业技术任职资格由高至低分为高级、中级、初级。高级包括正高级和副高级。

第四条　专业技术任职资格评定，坚持党管干部、党管人才原则，坚持组织评价、业内认可、以用为本，坚持公开、公平、公正，依照法定的权限、条件、标准和程序进行。

专业技术任职资格评定，应当以品德、能力和业绩为导向，克服唯学历、唯资历、唯论文、唯奖项等倾向。

第二章　资格条件

第五条　取得专业技术任职资格，应当政治素质好，具有良好的职业道德和专业技术任职资格要求的专业技术能力、工作实绩、工作经历等条件，参加相应专业技术培训并考核合格，在规定的工作年限内年度考核均为称职以上等次。

第六条 取得初级专业技术任职资格的，须具备下列条件：

（一）新录用专业技术类公务员试用期满并考核合格；

（二）掌握本专业一般基础理论和知识；

（三）能够承担常规性专业技术工作任务，具备解决、处理工作中一般性专业技术问题的能力；

（四）其他应当具备的条件。

第七条 取得中级专业技术任职资格的，一般应为本专业的技术骨干，须具备下列条件：

（一）取得初级专业技术任职资格后，在专业技术类职位上工作满4年，其中具有相关、相近专业硕士学位的，在专业技术类职位上工作满2年；

（二）较系统地掌握本专业的基础理论和知识；

（三）熟练掌握本专业技能，具备解决、处理工作中较复杂专业技术问题的能力；

（四）具有指导初级专业技术任职资格的专业技术类公务员学习和工作的能力；

（五）在本职位上取得较突出的工作实绩；

（六）通过本专业中级专业技术任职资格评审；

（七）其他应当具备的条件。

具有相关、相近专业博士学位的新录用专业技术类公务员，试用期满并考核合格后，可直接认定中级专业技术任职资格。

第八条 取得副高级专业技术任职资格的，一般应为本专业的技术拔尖人员，须具备下列条件：

（一）取得中级专业技术任职资格后，在专业技术类职位上工作满4年，其中具有相关、相近专业博士学位的，在专业技术类职位上工作满2年；

（二）熟练掌握本专业的基础理论和知识；

（三）具有较丰富的专业技术工作经验，具备解决、处理工作中重大专业技术问题的能力；

（四）具有培养、指导中级以下专业技术任职资格的专业技术类公务员学习和工作的能力；

（五）在本职位上取得突出的工作实绩；

（六）通过本专业副高级专业技术任职资格考试或者评审；

（七）其他应当具备的条件。

第九条 取得正高级专业技术任职资格的，一般应为本专业的技术带头人，须具备下列条件：

（一）取得副高级专业技术任职资格后，在专业技术类职位上工作满6年；

（二）精通本专业的基础理论和知识，掌握本专业发展趋势；

（三）具有丰富的专业技术工作经验，具备主持解决、处理工作中重大疑难专业技术问题的能力以及较强的创新应用与示范引领能力；

（四）具有培养、指导副高级以下专业技术任职资格的专业技术类公务员学习和工作的能力；

（五）在本职位上取得显著的工作实绩；

（六）通过本专业正高级专业技术任职资格评审；

（七）其他应当具备的条件。

第十条 专业技术任职资格评定应当坚持通用条件标准与专业条件标准相结合，保持不同等级专业技术任职资格合理的结构比例。

正高级、副高级专业技术任职资格评定实行限额控制。

第十一条 对工作实绩显著、贡献突出的专业技术类公务员，经省级以上公务员主管部门批准，可以破格申报正高级、副高级专业技术任职资格。

第三章　方式与程序

第十二条　专业技术任职资格评定采取考核、考试或者评审的方式进行。

初级专业技术任职资格评定采取考核的方式。中级专业技术任职资格评定采取评审或者考核的方式。副高级专业技术任职资格评定采取考试或者评审的方式。正高级专业技术任职资格评定采取评审的方式。

特殊专业或者工作有特殊要求的专业技术任职资格评定，经中央公务员主管部门批准，可以采取其他方式。

第十三条　专业技术任职资格评定，坚持用人机关业绩评价与同行专业评价相结合，由县级以上公务员主管部门会同有关机关按照权限组织。

专业技术任职资格评定具体程序由中央公务员主管部门授权中央有关机关或者省级公务员主管部门按照不同专业确定。

第十四条　市地级以上公务员主管部门会同或者授权有关机关组建专业技术任职资格评审委员会。

专业技术任职资格评审委员会一般由用人机关代表、干部人事部门代表和具有较高专业技术水平的专业技术类公务员组成。社会通用性较强的专业，评审委员会成员可以包括若干名企业事业单位同行专家。

第十五条　对已取得相关、相近专业中级以上专业技术人才职称，通过录用、调任、聘任、军队转业干部安置等方式进入机关从事专业技术工作的人员，由所在机关对其已取得的专业技术人才职称和专业技术工作经历进行审核，比照机关同等条件人员转换相应专业技术任职资格，并报市地级以上公务员主管部门确认或者备案。

第十六条 未取得相应专业技术任职资格的其他职位类别公务员转任专业技术类公务员的，应当具有相关、相近专业背景或者工作经历，参加有关专业技术培训，并按照规定的专业技术任职资格评定方式和程序取得专业技术任职资格。

根据工作需要交流担任专业技术类公务员领导职务的，可以直接确认相应专业技术任职资格。

第十七条 对业内公认、实绩显著、机关急需但未取得专业技术人才职称或者专业技术任职资格的人员，可放宽资历、工作年限等条件限制，经省级公务员主管部门或者中央机关干部人事部门推荐，由中央公务员主管部门确认正高级专业技术任职资格。

第四章 管理与监督

第十八条 专业技术任职资格应当限定在专业技术类公务员中评定，不得扩大专业技术任职资格参评人员范围。

第十九条 专业技术类公务员每有1个年度考核被确定为优秀等次的，参加上一等级专业技术任职资格评定所需的工作年限可缩短半年；每有1个年度考核被确定为基本称职以下等次或者不定等次的，该年度不计入参加上一等级专业技术任职资格评定所需的工作年限。

第二十条 专业技术任职资格评定工作中存在应当回避情形的，按照有关规定执行。

第二十一条 公务员取得的专业技术任职资格适用于不同地区、不同部门的相同、相近专业职位的交流任职。除工作有特殊需求的职位外，机关不得要求已具有相应专业技术任职资格的公务员重复参加评定。

第二十二条 专业技术任职资格评定必须遵守下列纪律：

（一）机关及其工作人员应当认真审核把关，不得随意降低标准、放宽条件、简化程序，不得突破规定的专业技术任职资格结构比例和限额；

（二）评审委员会和评委应当认真履行职责，自觉接受监督，严守评审纪律，严禁徇私舞弊以及其他有碍公正评审的行为；

（三）申报人员应当如实申报，诚信自律，严禁弄虚作假。

第二十三条 对违反专业技术任职资格评定纪律的，根据情节轻重给予批评教育、组织处理或者处分；涉嫌违法犯罪的，按照国家有关法律规定处理。其中，申报人员有弄虚作假等严重违反专业技术任职资格评定纪律行为的，取消专业技术任职资格，并记入有关诚信档案，记录期限为5年。

第五章 附 则

第二十四条 中央公务员主管部门会同中央有关机关根据本办法，结合工作实际，制定相关专业的专业技术任职资格评定标准和实施细则。

第二十五条 本办法由中共中央组织部负责解释。

第二十六条 本办法自2019年6月1日起施行。

中央和国家机关党小组工作规则（试行）

（中央和国家机关工作委员会2019年4月22日印发）

为了进一步加强和规范中央和国家机关党小组工作，根据《中国共产党章程》和《中国共产党支部工作条例（试行）》等有关党内法规，制定本规则。

第一章　党小组设置

第一条　根据党员数量和工作需要科学设置党小组。党员人数在20人以上的党支部，一般应当划分若干党小组；党员人数不足20人的，可以根据工作需要划分党小组。每个党小组不少于3名党员，其中至少有1名为正式党员。

第二条　党小组的建立、调整和撤销，由党支部决定并报上级党组织备案。

党支部设置或者工作形势发生变化的，可以根据需要对党小组的设置作出相应调整。

第二章　职 责 任 务

第三条　党小组的主要职责是落实党支部工作要求，完成党支部安排的任务，积极开展党内活动，督促指导党员发挥先锋模范作用。

第四条　党小组的基本任务是：

（一）突出政治功能，教育引导党员带头增强“四个意识”，坚定“四个自信”，做到“两个维护”，在深入学习贯彻习近平新时代中国特色社会主义思想上作表率，在始终同以习近平同志为核心的党中央保持高度一致上作表率，在坚决贯彻落实党中央各项决策部署上作表率；

（二）组织党员认真学习马克思列宁主义、毛泽东思想、邓小平理论、“三个代表”重要思想、科学发展观、习近平新时代中国特色社会主义思想，学习党的路线、方针、政策，学习党的基本知识等；

（三）严格党的组织生活，深入进行谈心谈话，认真开展批评和自我批评，组织和督促党员按时参加党的活动；

（四）协助党支部对党员进行教育、管理和监督，做好入党积极分子和发展对象培养教育、预备党员考察、党费收缴等日常工作，关心党员的思想、工作、学习、生活等情况，及时向党支部反映党员的意见建议和实际困难；

（五）组织党员做好群众工作，经常向群众宣传党的基本理论、基本路线、基本方略，做好群众的思想政治工作，及时向党支部反映群众的意见和诉求；

（六）坚决贯彻落实党中央决策部署，推进本部门本单位中心工作，执行上级党组织决议，完成党支部交办的任务。

第三章　组 织 生 活

第五条　党小组会。围绕党的中心工作和党支部的具体任务召开。会前，党小组组长应当向党支部请示，确定会议内容，将议题通知全体党员；会上，组织党员开展学习讨论。会议应当做好记录，存档备查。党小组会由党小组组长召集并主持，一般每月召开1次。

第六条　组织生活会。会前，应当围绕会议主题组织学习，开展谈心谈话，充分听取意见；会上，认真查摆问题，开展批评和自我批评，明确整改方向；会后，制定整改措施，抓好落实，并及时向党支部报告。

第七条　民主评议党员。根据党支部统一安排，督促党员对照合格党员标准、对照入党誓词，联系个人实际进行党性分析，开展个人自评和党员互评。评议情况及时向党支部报告。

第八条　谈心谈话。党小组组长和党员之间、党员和党员之间应当开展经常性谈心谈话，坦诚相见、交流思想、交换意见、帮助提高。

第九条　主题党日。突出政治引领，组织党员集中学习、上党课、过组织生活、进行民主议事和志愿服务等，引导党员加强党性锻炼，增强党性观念和宗旨意识。党小组开展主题党日，应当报党支部同意。

第四章　党小组组长

第十条　党小组组长应当具备下列条件：

（一）正式党员；

（二）政治素质高，具备一定的政策理论水平，熟悉党的基本知识；

（三）热爱党的工作，有较强的事业心和责任感，在党员和群众中有较高威信；

（四）组织协调能力较强，能够团结带领党员完成党支部交办的各项任务。

第十一条　党小组组长由党支部指定，也可以由党小组党员推荐产生，一般由所在处、室党员主要负责人担任。

第十二条　党小组组长在党支部委员会的领导下开展工作，主要职责是：

（一）加强政治引领，组织党员开展政治学习，了解掌握党员思想动态，做好党员思想政治工作；

（二）引导党员发挥先锋模范作用，落实党中央决策部署和上级党组织要求，完成所在部门、单位工作任务；

（三）根据党支部决议和工作安排，向党员布置任务，并负责督促检查；

（四）召集并主持党小组会，严格党的组织生活；

（五）组织党员做好联系服务群众工作，及时向党支部反映有关情况；

（六）培养入党积极分子，协助党支部做好发展党员工作；

（七）收缴党费；

（八）完成党支部交办的其他任务；

党小组组长应当认真履责、以身作则，并自觉接受党支部和所在党小组党员的监督。

第五章 组织领导

第十三条 党支部应当加强对党小组工作的领导，积极为其开展工作提供有利条件。对工作开展不力的党小组组长进行约谈或者调整。党小组每年年底应当向党支部报告本年度工作情况。

第十四条 中央和国家机关各部门应当把党小组建设情况纳入各级党组织书记抓基层党建述职评议考核的重要内容，党员领导干部带头参加所在党小组活动，指导督促党支部按照应建尽建原则完善党小组设置，规范党小组活动，加强党小组组长教育培训，不断提高党小组工作质量。

第六章 附 则

第十五条 本规则由中央和国家机关工委基层组织建设指导部负责解释。

第十六条 本规则自2019年4月22日起施行。

中国共产党发展党员工作细则

（中共中央办公厅2014年5月28日印发）

第一章 总 则

第一条 为了规范发展党员工作，保证新发展的党员质量，保持党的先进性和纯洁性，根据《中国共产党章程》和党内有关规定，制定本细则。

第二条 党的基层组织应当把吸收具有马克思主义信仰、共产主义觉悟和中国特色社会主义信念，自觉践行社会主义核心价值观的先进分子入党，作为一项经常性重要工作。

第三条 发展党员工作应当贯彻党的基本理论、基本路线、基本纲领、基本经验、基本要求，按照控制总量、优化结构、提高质量、发挥作用的总要求，坚持党章规定的党员标准，始终把政治标准放在首位；坚持慎重发展、均衡发展，有领导、有计划地进行；坚持入党自愿原则和个别吸收原则，成熟一个，发展一个。

禁止突击发展，反对“关门主义”。

第二章　入党积极分子的确定和培养教育

第四条 党组织应当通过宣传党的政治主张和深入细致的思想政治工作，提高党外群众对党的认识，不断扩大入党积极分子队伍。

第五条 年满十八岁的中国工人、农民、军人、知识分子和其他社会阶层的先进分子，承认党的纲领和章程，愿意参加党的一个组织并在其中积极工作、执行党的决议和按期交纳党费的，可以申请加入中国共产党。

第六条 入党申请人应当向工作、学习所在单位党组织提出入党申请，没有工作、学习单位或工作、学习单位未建立党组织的，应当向居住地党组织提出入党申请。

流动人员还可以向单位所在地党组织或单位主管部门党组织提出入党申请，也可以向流动党员党组织提出入党申请。

第七条 党组织收到入党申请书后，应当在一个月内派人同入党申请人谈话，了解基本情况。

第八条 在入党申请人中确定入党积极分子，应当采取党员推荐、群团组织推优等方式产生人选，由支部委员会（不设支部委员会的由支部大会，下同）研究决定，并报上级党委备案。

第九条 党组织应当指定一至两名正式党员作入党积极分子的培养联系人。培养联系人的主要任务是：

（一）向入党积极分子介绍党的基本知识；

（二）了解入党积极分子的政治觉悟、道德品质、现实表现和家庭情况等，做好培养教育工作，引导入党积极分子端正入党动机；

（三）及时向党支部汇报入党积极分子情况；

（四）向党支部提出能否将入党积极分子列为发展对象的意见。

第十条 党组织应当采取吸收入党积极分子听党课、参加党内有关活动，给他们分配一定的社会工作以及集中培训等方法，对入党积极分子进行马克思列宁主义、毛泽东思想和中国特色社会主义理论体系教育，党的路线、方针、政策和党的基本知识教育，党的历史和优良传统、作风教育以及社会主义核心价值观教育，使他们懂得党的性质、纲领、宗旨、组织原则和纪律，懂得党员的义务和权利，帮助他们端正入党动机，确立为共产主义事业奋斗终身的信念。

第十一条 党支部每半年对入党积极分子进行一次考察。基层党委每年对入党积极分子队伍状况作一次分析。针对存在的问题，采取改进措施。

第十二条 入党积极分子工作、学习所在单位（居住地）发生变动，应当及时报告原单位（居住地）党组织。原单位（居住地）党组织应当及时将培养教育等有关材料转交现单位（居住地）党组织。现单位（居住地）党组织应当对有关材料进行认真审查，并接续做好培养教育工作。培养教育时间可连续计算。

第三章　发展对象的确定和考察

第十三条　对经过一年以上培养教育和考察、基本具备党员条件的入党积极分子，在听取党小组、培养联系人、党员和群众意见的基础上，支部委员会讨论同意并报上级党委备案后，可列为发展对象。

第十四条　发展对象应当有两名正式党员作入党介绍人。入党介绍人一般由培养联系人担任，也可由党组织指定。

受留党察看处分、尚未恢复党员权利的党员，不能作入党介绍人。

第十五条　入党介绍人的主要任务是：

（一）向发展对象解释党的纲领、章程，说明党员的条件、义务和权利；

（二）认真了解发展对象的入党动机、政治觉悟、道德品质、工作经历、现实表现等情况，如实向党组织汇报；

（三）指导发展对象填写《中国共产党入党志愿书》，并认真填写自己的意见；

（四）向支部大会负责地介绍发展对象的情况；

（五）发展对象批准为预备党员后，继续对其进行教育帮助。

第十六条　党组织必须对发展对象进行政治审查。

政治审查的主要内容是：对党的理论和路线、方针、政策的态度；政治历史和在重大政治斗争中的表现；遵纪守法和遵守社会公德情况；直系亲属和与本人关系密切的主要社会关系的政治情况。

政治审查的基本方法是：同本人谈话、查阅有关档案材料、找有关单位和人员了解情况以及必要的函调或外调。在听取本人介绍和查阅有关材料后，情况清楚的可不函调或外调。对流动人员中的发展对象进行政治审查时，还应当征求其户籍所在地和居住地基层党组织的意见。

政治审查必须严肃认真、实事求是，注重本人的一贯表现。审查情况应当形成结论性材料。

凡是未经政治审查或政治审查不合格的，不能发展入党。

第十七条 基层党委或县级党委组织部门应当对发展对象进行短期集中培训。培训时间一般不少于三天（或不少于二十四个学时）。培训时主要学习党章、《关于党内政治生活的若干准则》等文件。中央组织部组织编写的《入党教材》，可以作为学习辅导材料。

未经培训的，除个别特殊情况外，不能发展入党。

第四章 预备党员的接收

第十八条 接收预备党员应当严格按照党章规定的程序办理。

第十九条 支部委员会应当对发展对象进行严格审查，经集体讨论认为合格后，报具有审批权限的基层党委预审。

基层党委对发展对象的条件、培养教育情况等进行审查，根据需要听取执纪执法等相关部门的意见。审查结果以书面形式通知党支部，并向审查合格的发展对象发放《中国共产党入党志愿书》。

发展对象未来三个月内将离开工作、学习单位的，一般不办理接收预备党员的手续。

第二十条 经基层党委预审合格的发展对象，由支部委员会提交支部大会讨论。

召开讨论接收预备党员的支部大会，有表决权的到会人数必须超过应到会有表决权人数的半数。

第二十一条 支部大会讨论接收预备党员的主要程序是：

（一）发展对象汇报对党的认识、入党动机、本人履历、家庭和主要社会关系情况，以及需向党组织说明的问题；

（二）入党介绍人介绍发展对象有关情况，并对其能否入党表明意见；

（三）支部委员会报告对发展对象的审查情况；

（四）与会党员对发展对象能否入党进行充分讨论，并采取无记名投票方式进行表决。赞成人数超过应到会有表决权的正式党员的半数，才能通过接收预备党员的决议。因故不能到会的有表决权的正式党员，在支部大会召开前正式向党支部提出书面意见的，应当统计在票数内。

支部大会讨论两个以上的发展对象入党时，必须逐个讨论和表决。

第二十二条 党支部应当及时将支部大会决议写入《中国共产党入党志愿书》，连同本人入党申请书、政治审查材料、培养教育考察材料等，一并报上级党委审批。

支部大会决议主要包括：发展对象的主要表现；应到会和实际到会有表决权的党员人数；表决结果；通过决议的日期；支部书记签名。

第二十三条 预备党员必须由党委（工委，下同）审批。

乡镇（街道）党委所属的基层党委，不能审批预备党员，但应当对支部大会通过接收的预备党员进行审议。

党总支不能审批预备党员，但应当对支部大会通过接收的预备党员进行审议。

除另有规定外，临时党组织不能接收、审批预备党员。

党组不能审批预备党员。

第二十四条 党委审批前，应当指派党委委员或组织员同发展对象谈话，作进一步的了解，并帮助发展对象提高对党的认识。

谈话人应当将谈话情况和自己对发展对象能否入党的意见，如实填写在《中国共产党入党志愿书》上，并向党委汇报。

第二十五条 党委审批预备党员，必须集体讨论和表决。

党委主要审议发展对象是否具备党员条件、入党手续是否完备。发展对象符合党员条件、入党手续完备的，批准其为预备党员。党委审批意见写入《中国共产党入党志愿书》，注明预备期的起止时间，并通知报批的党支部。党支部应当及时通知本人并在党员大会上宣布。对未被批准入党的，应当通知党支部和本人，做好思想工作。

党委会审批两个以上的发展对象入党时，应当逐个审议和表决。

第二十六条 党委对党支部上报的接收预备党员的决议，应当在三个月内审批，并报上级党委组织部门备案。如遇特殊情况可适当延长审批时间，但不得超过六个月。

第二十七条 在特殊情况下，党的中央和省、自治区、直辖市委员会可以直接接收党员。

第二十八条 对在中国特色社会主义事业中为党和人民利益英勇献身，事迹突出，在一定范围内有较大影响，生前一贯表现良好并曾向党组织提出过入党要求的人员，可以追认为党员。

追认党员必须严格掌握，由所在单位党组织讨论决定后，经上级党委审查，报省一级党委批准。

第五章 预备党员的教育、考察和转正

第二十九条 党组织应当及时将上级党委批准的预备党员编入党支部和党小组，对预备党员继续进行教育和考察。

第三十条 预备党员必须面向党旗进行入党宣誓。入党宣誓仪式，一般由基层党委或党支部（党总支）组织进行。

第三十一条　党组织应当通过党的组织生活、听取本人汇报、个别谈心、集中培训、实践锻炼等方式，对预备党员进行教育和考察。

第三十二条　预备党员的预备期为一年。预备期从支部大会通过其为预备党员之日算起。

预备党员预备期满，党支部应当及时讨论其能否转为正式党员。认真履行党员义务、具备党员条件的，应当按期转为正式党员；需要继续考察和教育的，可以延长一次预备期，延长时间不能少于半年，最长不超过一年；不履行党员义务、不具备党员条件的，应当取消其预备党员资格。

预备党员违犯党纪，情节较轻，尚可保留预备党员资格的，应当对其进行批评教育或延长预备期；情节较重的，应当取消其预备党员资格。

预备党员转为正式党员、延长预备期或取消预备党员资格，应当经支部大会讨论通过和上级党组织批准。

第三十三条　预备党员转正的手续是：本人向党支部提出书面转正申请；党小组提出意见；党支部征求党员和群众的意见；支部委员会审查；支部大会讨论、表决通过；报上级党委审批。

讨论预备党员转正的支部大会，对到会人数、赞成人数等要求与讨论接收预备党员的支部大会相同。

第三十四条　党委对党支部上报的预备党员转正的决议，应当在三个月内审批。审批结果应当及时通知党支部。党支部书记应当同本人谈话，并将审批结果在党员大会上宣布。

党员的党龄，从预备期满转为正式党员之日算起。

第三十五条　预备期未满的预备党员工作、学习所在单位（居住地）发生变动，应当及时报告原所在党组织。原所在党组织应当及时将对其培养教育和考察的情况，认真负责地介绍给接收预备党员的党组织。

党组织应当对转入的预备党员的入党材料进行严格审查，对无法认定的预备党员，报县级以上党委组织部门批准，不予承认。

第三十六条 基层党组织对转入的预备党员，在其预备期满时，如认为有必要，可推迟讨论其转正问题，推迟时间不超过六个月。转为正式党员的，其转正时间自预备期满之日算起。

第三十七条 预备党员转正后，党支部应当及时将其《中国共产党入党志愿书》、入党申请书、政治审查材料、转正申请书和培养教育考察材料，交党委存入本人人事档案。无人事档案的，建立党员档案，由所在党委或县级党委组织部门保存。

第六章 发展党员工作的领导和纪律

第三十八条 各级党委应当把发展党员工作列入重要议事日程，纳入党建工作责任制，作为党建工作述职、评议、考核和党务公开的重要内容。

对发展党员工作情况，市（地、州、盟）、县（市、区、旗）党委每半年检查一次，省、自治区、直辖市党委每年检查一次。检查结果及时上报，并向下通报。

重视从青年工人、农民、知识分子中发展党员，优化党员队伍结构。对具备发展党员条件但长期不做发展党员工作的基层党组织，上级党委应当加强指导和督促检查，必要时对其进行组织整顿。

第三十九条 各级党委组织部门每年应当向同级党委和上级党委组织部门报告发展党员工作情况和发展党员工作计划，如实反映带有倾向性的问题和对违反规定发展党员的查处情况。

第四十条 县以上党委及其组织部门应当重视对组织员的选拔、配备和培训，充分发挥他们在发展党员工作中的作用。

第四十一条 各级党组织对发展党员工作中出现的违纪违规问题和不正之风，应当严肃查处。对不坚持标准、不履行程序、超过审批时限和培养考察失职、审查把关不严的党组织及其负责人、直接责任人应当进行批评教育，情节严重的给予纪律处分。典型案例应当及时通报，对违反规定吸收入党的，一律不予承认，并在支部大会上公布。

对采取弄虚作假或其他手段把不符合党员条件的人发展为党员，或为非党员出具党员身份证明的，应当依纪依法严肃处理。

第四十二条 《中国共产党入党志愿书》的式样由中央组织部负责制定，省级党委组织部门按照式样统一印制，并严格管理。

第七章 附 则

第四十三条 本细则由中央组织部负责解释。

第四十四条 本细则自发布之日起施行。《中国共产党发展党员工作细则（试行）》（中组发〔1990〕3号）同时废止。

五、党的作风建设

中国共产党党务公开条例（试行）

（中共中央2017年12月20日印发）

第一章　总　　则

第一条　为了贯彻落实党的十九大精神，推动全面从严治党向纵深发展，加强和规范党务公开工作，发展党内民主，强化党内监督，使广大党员更好了解和参与党内事务，动员组织人民群众贯彻落实好党的理论和路线方针政策，提高党的执政能力和领导水平，根据《中国共产党章程》，制定本条例。

第二条　本条例所称党务公开，是指党的组织将其实施党的领导活动、加强党的建设工作的有关事务，按规定在党内或者向党外公开。

第三条　本条例适用于党的中央组织、地方组织、基层组织，党的纪律检查机关、工作机关以及其他党的组织。

第四条　党务公开应当遵循以下原则：

（一）坚持正确方向。坚持维护以习近平同志为核心的党中央权威和集中统一领导，认真贯彻落实习近平新时代中国特色社会主义思想，牢固树立“四个意识”，坚定“四个自信”，把党务公开放到新时代中国特色社会主义的伟大实践中来谋划和推进，把坚持和完善党的领导要求贯彻到党务公开的全过程和各方面。

（二）坚持发扬民主。保障党员民主权利，落实党员知情权、参与权、选举权、监督权，更好调动全党积极性、主动性、创造性，及时回应党员和群众关切，以公开促落实、促监督、促改进。

（三）坚持积极稳妥。注重党务公开与政务公开等的衔接联动，统筹各层级、各领域党务公开工作，一般先党内后党外，分类实施，务求实效。

（四）坚持依规依法。尊崇党章，依规治党，依法办事，科学规范党务公开的内容、范围、程序和方式，增强严肃性、公信度，不断提升党务公开工作制度化、规范化水平。

第五条 建立健全党中央统一领导，地方党委分级负责，各部门各单位各负其责的党务公开工作领导体制。

中央办公厅承担党中央党务公开的具体工作，负责统筹协调和督促指导整个党务公开工作。地方党委办公厅（室）承担本级党委党务公开的具体工作，负责统筹协调和督促指导本地区的党务公开工作。各地区各部门应当加强党务公开工作机构和人员队伍建设。

第六条 党的组织应当根据所承担的职责任务，建立健全党务公开的保密审查、风险评估、信息发布、政策解读、舆论引导、舆情分析、应急处置等工作机制。

第二章　公开的内容和范围

第七条 党的组织贯彻落实党的基本理论、基本路线、基本方略情况，领导经济社会发展情况，落实全面从严治党责任、加强党的建设情况，以及党的组织职能、机构等情况，除涉及党和国家秘密不得公开或者依照有关规定不宜公开的事项外，一般应当公开。

加强对权力运行的制约和监督，让人民监督权力，让权力在阳光下运行。

党务公开不得危及政治安全特别是政权安全、制度安全，以及经济安全、军事安全、文化安全、社会安全、国土安全和国民安全等。

第八条 党的组织应当根据党务与党员和群众的关联程度合理确定公开范围：

（一）领导经济社会发展、涉及人民群众生产生活的党务，向社会公开；

（二）涉及党的建设重大问题或者党员义务权利，需要全体党员普遍知悉和遵守执行的党务，在全党公开；

（三）各地区、各部门、各单位的党务，在本地区、本部门、本单位公开；

（四）涉及特定党的组织、党员和群众切身利益的党务，对特定党的组织、党员和群众公开。

第九条 党的中央组织公开党的理论和路线方针政策，管党治党、治国理政重大决策部署，习近平总书记有关重要讲话、重要指示，党中央重要会议、活动和重要人事任免，党的中央委员会、中央政治局、中央政治局常务委员会加强自身建设等情况。

第十条 党的地方组织应当公开以下内容：

（一）学习贯彻党中央和上级组织决策部署，坚决维护以习近平同志为核心的党中央权威和集中统一领导情况；

（二）本地区经济社会发展部署安排、重大改革事项、重大民生措施等重大决策和推进落实情况，以及重大突发事件应急处置情况；

（三）履行全面从严治党主体责任，坚持贯彻民主集中制原则，严肃党内政治生活，全面负责本地区党的建设情况；

（四）本地区党的重要会议、活动和重要人事任免情况；

（五）党的地方委员会加强自身建设情况；

（六）其他应当公开的党务。

第十一条 党的基层组织应当公开以下内容：

（一）学习贯彻党中央和上级组织决策部署，坚决维护以习近平同志为核心的党中央权威和集中统一领导情况；

（二）任期工作目标、阶段性工作部署、重点工作任务及落实情况；

（三）加强思想政治工作、开展党内学习教育、组织党员教育培训、执行“三会一课”制度等情况；

（四）换届选举、党组织设立、发展党员、民主评议、召开组织生活会、保障党员权利、党费收缴使用管理以及党组织自身建设等情况；

（五）防止和纠正“四风”现象，联系服务党员和群众情况；

（六）落实管党治党政治责任，加强党风廉政建设，对党员作出组织处理和纪律处分情况；

（七）其他应当公开的党务。

第十二条 党的纪律检查机关应当公开以下内容：

（一）学习贯彻党中央大政方针和重大决策部署，坚决维护以习近平同志为核心的党中央权威和集中统一领导，贯彻落实本级党委、上级纪律检查机关工作部署情况；

（二）开展纪律教育、加强纪律建设，维护党章党规党纪情况；

（三）查处违反中央八项规定精神，发生在群众身边、影响恶劣的不正之风和腐败问题情况；

（四）对党员领导干部严重违纪涉嫌违法犯罪进行立案审查、组织审查和给予开除党籍处分情况；

（五）对党员领导干部严重失职失责进行问责情况；

（六）加强纪律检查机关自身建设情况；

（七）其他应当公开的党务。

第十三条 党的工作机关、党委派出机关、党委直属事业单位和党组应当根据本条例第七条第一款规定，结合实际确定公开内容。

党的工作机关和党委直属事业单位应当重点公开落实党委决策部署、开展党的工作情况。

党委派出机关应当重点公开代表党委领导本地区、本领域、本行业、本系统党的工作情况。

党组应当重点公开在本单位发挥领导作用和落实党建工作责任制情况。

第十四条 党的组织应当根据本条例规定的党务公开内容和范围编制党务公开目录，并根据职责任务要求动态调整。党务公开目录应当报党的上一级组织备案，并按照规定在党内或者向社会公开。

中央纪律检查委员会、中央各部门应当加强对本系统本领域党务公开目录编制的指导。

第三章 公开的程序和方式

第十五条 凡列入党务公开目录的事项，有关党的组织应当按照以下程序及时主动公开：

（一）提出。党的组织有关部门研究提出党务公开方案，拟订公开的内容、范围、时间、方式等。

（二）审核。党的组织有关部门进行保密审查，并从必要性、准确性等方面进行审核。

（三）审批。党的组织依照职权对党务公开方案进行审批，超出职权范围的必须按程序报批。

（四）实施。党的组织有关部门按照经批准的方案实施党务公开。

第十六条 党的组织应当根据党务公开的内容和范围，选择适当的公开方式。

在党内公开的，一般采取召开会议、制发文件、编发简报、在局域网发布等方式。向社会公开的，一般采取发布公报、召开新闻发布会、接受采访，在报刊、广播、电视、互联网、新媒体、公开栏发布等方式，优先使用党报党刊、电台电视台、重点新闻网站等党的媒体进行发布。

党的中央纪律检查机关、党中央有关工作机关，县级以上地方党委以及地方纪律检查机关、地方党委有关工作机关应当建立和完善党委新闻发言人制度，逐步建立例行发布制度，及时准确发布重要党务信息。

第十七条 党务公开可以与政务公开、厂务公开、村（居）务公开、公共事业单位办事公开等方面的载体和平台实现资源共享的，应当统筹使用。

有条件的党的组织可以建立统一的党务信息公开平台。

第十八条 注重党务公开相关信息监测反馈，对引起重大舆情反应的，应当及时报告。发现有不真实、不完整、不准确的信息，应当及时加以澄清和引导。

第十九条 建立健全党员旁听党委会议、党的代表大会代表列席党委会议、党内情况通报反映、党内事务咨询、重大决策征求意见、重大事项社会公示和社会听证等制度，发展和用好党务公开新形式，不断拓展党员和群众参与党务公开的广度和深度。

第四章 监督与追责

第二十条 党的组织应当将党务公开工作情况纳入向上一级组织报告工作或者抓党建工作专题报告的重要内容。

第二十一条 党的组织应当将党务公开工作情况作为履行全面从严治党政治责任的重要内容，对下级组织及其主要负责人进行考核。

党的组织应当每年向有关党员和群众通报党务公开情况，并纳入党员民主评议范围，主动听取群众意见。

第二十二条 党的组织应当建立健全党务公开工作督查机制，开展经常性检查和专项督查，专项督查可以与党风廉政建设责任制检查考核、党建工作考核等相结合。督查情况应当在适当范围通报。

第二十三条 对违反本条例规定并造成不良后果的，应当依规依纪追究有关党的组织、党员领导干部和工作人员的责任。

第五章 附 则

第二十四条 中央军事委员会可以根据本条例，制定有关党务公开规定。

第二十五条 中央纪律检查委员会、中央各部门，各省、自治区、直辖市党委应当根据本条例制定实施细则。

第二十六条 本条例由中央办公厅会同中央组织部解释。

第二十七条 本条例自 2017 年 12 月 20 日起施行。

党政机关厉行节约反对浪费条例

（中共中央、国务院 2013 年 11 月 18 日印发）

第一章 总 则

第一条 为了进一步弘扬艰苦奋斗、勤俭节约的优良作风，推进党政机关厉行节约反对浪费，建设节约型机关，根据国家有关法律法规和中央有关规定，制定本条例。

第二条 本条例适用于党的机关、人大机关、行政机关、政协机关、审判机关、检察机关，以及工会、共青团、妇联等人民团体和参照公务员法管理的事业单位。

第三条 本条例所称浪费，是指党政机关及其工作人员违反规定进行不必要的公务活动，或者在履行公务中超出规定范围、标准和要求，不当使用公共资金、资产和资源，给国家和社会造成损失的行为。

第四条 党政机关厉行节约反对浪费，应当遵循下列原则：坚持从严从简，勤俭办一切事业，降低公务活动成本；坚持依法依规，遵守国家法律法规和党内法规制度的相关规定，严格按程序办事；坚持总量控制，科学设定相关标准，严格控制经费支出总额，加强厉行节约绩效考评；坚持实事求是，从实际出发安排公务活动，取消不必要的公务活动，保证正常公务活动；坚持公开透明，除涉及国家秘密事项外，公务活动中的资金、资产、资源使用等情况应予公开，接受各方面监督；坚持深化改革，通过改革创新破解体制机制障碍，建立健全厉行节约反对浪费工作长效机制。

第五条 中共中央办公厅、国务院办公厅负责统筹协调、指导检查全国党政机关厉行节约反对浪费工作，建立协调联络机制承办具体事务。地方各级党委办公厅（室）、政府办公厅（室）负责指导检查本地区党政机关厉行节约反对浪费工作。

纪检监察机关和组织人事、宣传、外事、发展改革、财政、审计、机关事务管理等部门根据职责分工，依法依规履行对厉行节约反对浪费相关工作的管理、监督等职责。

第六条 各级党委和政府应当加强对厉行节约反对浪费工作的组织领导。党政机关领导班子主要负责人对本地区、本部门、本单位的厉行节约反对浪费工作负总责，其他成员根据工作分工，对职责范围内的厉行节约反对浪费工作负主要领导责任。

第二章　经费管理

第七条　党政机关应当加强预算编制管理，按照综合预算的要求，将各项收入和支出全部纳入部门预算。

党政机关依法取得的罚没收入、行政事业性收费、政府性基金、国有资产收益和处置等非税收入，必须按规定及时足额上缴国库，严禁以任何形式隐瞒、截留、挤占、挪用、坐支或者私分，严禁转移到机关所属工会、培训中心、服务中心等单位账户使用。

第八条　党政机关应当遵循先有预算、后有支出的原则，严格执行预算，严禁超预算或者无预算安排支出，严禁虚列支出、转移或者套取预算资金。

严格控制国内差旅费、因公临时出国（境）费、公务接待费、公务用车购置及运行费、会议费、培训费等支出。年度预算执行中不予追加，因特殊需要确需追加的，由财政部门审核后按程序报批。

建立预算执行全过程动态监控机制，完善预算执行管理办法，建立健全预算绩效管理体系，增强预算执行的严肃性，提高预算执行的准确率，防止年底突击花钱等现象发生。

第九条　推进政府会计改革，进一步健全会计制度，准确核算机关运行经费，全面反映行政成本。

第十条　财政部门应当会同有关部门，根据国内差旅、因公临时出国（境）、公务接待、会议、培训等工作特点，综合考虑经济发展水平、有关货物和服务的市场价格水平，制定分地区的公务活动经费开支范围和开支标准。

加强相关开支标准之间的衔接，建立开支标准调整机制，定期根据有关货物和服务的市场价格变动情况调整相关开支标准，增强开支标准的协调性、规范性、科学性。

严格开支范围和标准，严格支出报销审核，不得报销任何超范围、超标准以及与相关公务活动无关的费用。

第十一条 全面实行公务卡制度。健全公务卡强制结算目录，党政机关国内发生的公务差旅费、公务接待费、公务用车购置及运行费、会议费、培训费等经费支出，除按规定实行财政直接支付或者银行转账外，应当使用公务卡结算。

第十二条 党政机关采购货物、工程和服务，应当遵循公开透明、公平竞争、诚实信用原则。

政府采购应当依法完整编制采购预算，严格执行经费预算和资产配置标准，合理确定采购需求，不得超标准采购，不得超出办公需要采购服务。

严格执行政府采购程序，不得违反规定以任何方式和理由指定或者变相指定品牌、型号、产地。采购公开招标数额标准以上的货物、工程和服务，应当进行公开招标，确需改变采购方式的，应当严格执行有关公示和审批程序。列入政府集中采购目录范围的，应当委托集中采购机构代理采购，并逐步实行批量集中采购。严格控制协议供货采购的数量和规模，不得以协议供货拆分项目的方式规避公开招标。

党政机关应当按照政府采购合同规定的采购需求组织验收。政府采购监督管理部门应当逐步建立政府采购结果评价制度，对政府采购的资金节约、政策效能、透明程度以及专业化水平进行综合、客观评价。

加快政府采购管理交易平台建设，推进电子化政府采购。

第三章　国内差旅和因公临时出国（境）

第十三条 党政机关应当建立健全并严格执行国内差旅内部

审批制度，从严控制国内差旅人数和天数，严禁无明确公务目的的差旅活动，严禁以公务差旅为名变相旅游，严禁异地部门间无实质内容的学习交流和考察调研。

第十四条 国内差旅人员应当严格按规定乘坐交通工具、住宿、就餐，费用由所在单位承担。

差旅人员住宿、就餐由接待单位协助安排的，必须按标准交纳住宿费、餐费。差旅人员不得向接待单位提出正常公务活动以外的要求，不得接受礼金、礼品和土特产品等。

第十五条 统筹安排年度因公临时出国计划，严格控制团组数量和规模，不得安排照顾性、无实质内容的一般性出访，不得安排考察性出访，严禁集中安排赴热门国家和地区出访，严禁以各种名义变相公款出国旅游。严格执行因公临时出国限量管理规定，不得把出国作为个人待遇、安排轮流出国。严格控制跨地区、跨部门团组。

组织、外专等有关部门应当加强出国培训总体规划和监督管理，严格控制出国培训规模，科学设置培训项目，择优选派培训对象，提高出国培训的质量和实效。

第十六条 外事管理部门应当加强因公临时出国审核审批管理，对违反规定、不适合成行的团组予以调整或者取消。

加强因公临时出国经费预算总额控制，严格执行经费先行审核制度。无出国经费预算安排的不予批准，确有特殊需要的，按规定程序报批。严禁违反规定使用出国经费预算以外资金作为出国经费，严禁向所属单位、企业、我国驻外机构等摊派或者转嫁出国费用。

第十七条 出国团组应当按规定标准安排交通工具和食宿，不得违反规定乘坐民航包机，不得乘坐私人、企业和外国航空公司包机，不得安排超标准住房和用车，不得擅自增加出访国家或者地区，不得擅自绕道旅行，不得擅自延长在国外停留时间。

出国期间，不得与我国驻外机构和其他中资机构、企业之间用公款互赠礼品或者纪念品，不得用公款相互宴请。

第十八条 严格根据工作需要编制出境计划，加强因公出境审批和管理，不得安排出境考察，不得组织无实质内容的调研、会议、培训等活动。

严格遵守因公出境经费预算、支出、使用、核算等财务制度，不得接受超标准接待和高消费娱乐，不得接受礼金、贵重礼品、有价证券、支付凭证等。

第四章 公务接待

第十九条 建立健全国内公务接待集中管理制度。党政机关公务接待管理部门应当加强对国内公务接待工作的管理和指导。

第二十条 党政机关应当建立公务接待审批控制制度，对无公函的公务活动不予接待，严禁将非公务活动纳入接待范围。

第二十一条 党政机关应当严格执行国内公务接待标准，实行接待费支出总额控制制度。

接待单位应当严格按标准安排接待对象的住宿用房，协助安排用餐的按标准收取餐费，不得在接待费中列支应当由接待对象承担的费用，不得以举办会议、培训等名义列支、转移、隐匿接待费开支。

建立国内公务接待清单制度，如实反映接待对象、公务活动、接待费用等情况。接待清单作为财务报销的凭证之一并接受审计。

第二十二条 外宾接待工作应当遵循服务外交、友好对等、务实节俭的原则。外宾邀请单位应当严格按照有关规定安排接待活动，从严从紧控制外宾团组和接待费用。

第二十三条 有关部门和地方应当参照国内公务接待标准，

制定招商引资等活动的接待办法，严格审批，强化管理，严禁超规格、超标准接待，严禁扩大接待范围、增加接待项目，严禁以招商引资等名义变相安排公务接待。

第二十四条 党政机关不得以任何名义新建、改建、扩建所属宾馆、招待所等具有接待功能的设施或者场所。

建立接待资源共享机制，推进机关所属接待、培训场所的集中统一管理和利用。健全服务经营机制，推行机关所属接待、培训场所企业化管理，降低服务经营成本。

积极推进国内公务接待服务社会化改革，有效利用社会资源为国内公务接待提供住宿、餐饮、用车等服务。

第五章 公务用车

第二十五条 坚持社会化、市场化方向，改革公务用车制度，合理有效配置公务用车资源，创新公务交通分类提供方式，保障公务出行，降低行政成本，建立符合国情的新型公务用车制度。

改革公务用车实物配给方式，取消一般公务用车，保留必要的执法执勤、机要通信、应急和特种专业技术用车及按规定配备的其他车辆。普通公务出行由公务人员自主选择，实行社会化提供。取消的一般公务用车，采取公开招标、拍卖等方式公开处置。

适度发放公务交通补贴，不得以车改补贴的名义变相发放福利。

第二十六条 党政机关应当从严配备实行定向化保障的公务用车，不得以特殊用途等理由变相超编制、超标准配备公务用车，不得以任何方式换用、借用、占用下属单位或者其他单位和个人的车辆，不得接受企事业单位和个人赠送的车辆。

严格按规定配备专车，不得擅自扩大专车配备范围或者变相配备专车。

从严控制执法执勤用车的配备范围、编制和标准。执法执勤用车配备应当严格限制在一线执法执勤岗位，机关内部管理和后勤岗位以及机关所属事业单位一律不得配备。

第二十七条 公务用车实行政府集中采购，应当选用国产汽车，优先选用新能源汽车。

公务用车严格按照规定年限更新，已到更新年限尚能继续使用的应当继续使用，不得因领导干部职务晋升、调任等原因提前更新。

公务用车保险、维修、加油等实行政府采购，降低运行成本。

第二十八条 除涉及国家安全、侦查办案等有保密要求的特殊工作用车外，执法执勤用车应当喷涂明显的统一标识。

第二十九条 根据公务活动需要，严格按规定使用公务用车，严禁以任何理由挪用或者固定给个人使用执法执勤、机要通信等公务用车，领导干部亲属和身边工作人员不得因私使用配备给领导干部的公务用车。

第六章 会议活动

第三十条 党政机关应当精简会议，严格执行会议费开支范围和标准。

党政机关会议实行分类管理、分级审批。财政部门应当会同机关事务管理等部门制定本级党政机关会议费管理办法，从严控制会议数量、会期和参会人员规模。完善并严格执行严禁党政机关到风景名胜区开会制度规定。

第三十一条 会议召开场所实行政府采购定点管理。会议住宿用房以标准间为主，用餐安排自助餐或者工作餐。

会议期间，不得安排宴请，不得组织旅游以及与会议无关的参观活动，不得以任何名义发放纪念品。

完善会议费报销制度。未经批准以及超范围、超标准开支的会议费用，一律不予报销。严禁违规使用会议费购置办公设备，严禁列支公务接待费等与会议无关的任何费用，严禁套取会议资金。

第三十二条 建立健全培训审批制度，严格控制培训数量、时间、规模，严禁以培训名义召开会议。

严格执行分类培训经费开支标准，严格控制培训经费支出范围，严禁在培训经费中列支公务接待费、会议费等与培训无关的任何费用。严禁以培训名义进行公款宴请、公款旅游活动。

第三十三条 未经批准，党政机关不得以公祭、历史文化、特色物产、单位成立、行政区划变更、工程奠基或者竣工等名义举办或者委托、指派其他单位举办各类节会、庆典活动，不得举办论坛、博览会、展会活动。严禁使用财政性资金举办营业性文艺晚会。从严控制举办大型综合性运动会和各类赛会。

经批准的节会、庆典、论坛、博览会、展会、运动会、赛会等活动，应当严格控制规模和经费支出，不得向下属单位摊派费用，不得借举办活动发放各类纪念品，不得超出规定标准支付费用邀请名人、明星参与活动。为举办活动专门配备的设备在活动结束后应当及时收回。

第三十四条 严格控制和规范各类评比达标表彰活动，实行中央和省（自治区、直辖市）两级审批制度。评比达标表彰项目费用由举办单位承担，不得以任何方式向相关单位和个人收取费用。

第七章 办公用房

第三十五条 党政机关办公用房建设应当从严控制。凡是违反规定的拟建办公用房项目，必须坚决终止；凡是未按照规定程序履行审批手续、擅自开工建设的办公用房项目，必须停建并予以没收；凡是超规模、超标准、超投资概算建设的办公用房项目，应当根据具体情况限期腾退超标准面积或者全部没收、拍卖。

党政机关办公用房应当严格管理，推进办公用房资源的公平配置和集约使用。凡是超过规定面积标准占有、使用办公用房以及未经批准租用办公用房的，必须腾退；凡是未经批准改变办公用房使用功能的，原则上应当恢复原使用功能。严禁出租出借办公用房，已经出租出借的，到期必须收回；租赁合同未到期的，租金收入应当按照收支两条线管理。

第三十六条 党政机关新建、改建、扩建、购置、置换、维修改造、租赁办公用房，必须严格按规定履行审批程序。采取置换方式配给办公用房的，应当执行新建办公用房各项标准，不得以未使用政府预算建设资金、资产整合等名义规避审批。

第三十七条 党政机关办公用房建设项目应当按照朴素、实用、安全、节能原则，严格执行办公用房建设标准、单位综合造价标准和公共建筑节能设计标准，符合土地利用和城市规划要求。党政机关办公楼不得追求成为城市地标建筑，严禁配套建设大型广场、公园等设施。

第三十八条 党政机关办公用房建设项目投资，统一由政府预算建设资金安排。土地收益和资产转让收益应当按照有关规定实行收支两条线管理，不得直接用于办公用房建设。

党政机关办公用房维修改造项目所需投资，统一列入预算由财政资金安排解决，未经审批的项目不得安排预算。

第三十九条 办公用房建设应当严格执行工程招投标和政府采购有关规定，加强对工程项目的全过程监理和审计监督。加快推行办公用房建设项目代建制。

办公用房因使用时间较长、设施设备老化、功能不全，不能满足办公需求的，可以进行维修改造。维修改造项目应当以消除安全隐患、恢复和完善使用功能、降低能源资源消耗为重点，严格履行审批程序，严格执行维修改造标准。

第四十条 建立健全办公用房集中统一管理制度，对办公用房实行统一调配、统一权属登记。

党政机关应当严格按照有关标准和本单位“三定”方案，从严核定、使用办公用房。超标部分应当移交同级机关事务管理部门用于统一调剂。

新建、调整办公用房的单位，应当按照“建新交旧”、“调新交旧”的原则，在搬入新建或者新调整办公用房的同时，将原办公用房腾退移交机关事务管理部门统一调剂使用。

因机构增设、职能调整确需增加办公用房的，应当在本单位现有办公用房中解决；本单位现有办公用房不能满足需要的，由机关事务管理部门整合办公用房资源调剂解决；无法调剂、确需租用解决的，应当严格履行报批手续，不得以变相补偿方式租用由企业等单位提供的办公用房。

第四十一条 党政机关领导干部应当按照标准配置使用一处办公用房，确因工作需要另行配置办公用房的，应当严格履行审批程序。领导干部不得长期租用宾馆、酒店房间作为办公用房。配置使用的办公用房，在退休或者调离时应当及时腾退并由原单位收回。

第八章 资源节约

第四十二条 党政机关应当节约集约利用资源，加强全过程节约管理，提高能源、水、粮食、办公家具、办公设备、办公用品等的利用效率和效益，统筹利用土地，杜绝浪费行为。

第四十三条 对能源、水的使用实行分类定额和目标责任管理。推广应用节能技术产品，淘汰高耗能设施设备，重点推广应用新能源和可再生能源。积极使用节水型器具，建设节水型单位。

健全节能产品政府采购政策，严格执行节能产品政府强制采购和优先采购制度。

第四十四条 优化办公家具、办公设备等资产的配置和使用，通过调剂方式盘活存量资产，节约购置资金。已到更新年限尚能继续使用的，不得报废处置。

对产生的非涉密废纸、废弃电器电子产品等废旧物品进行集中回收处理，促进循环利用；涉及国家秘密的，按照有关保密规定进行销毁。

第四十五条 党政机关政务信息系统建设应当统筹规划，统一组织实施，防止重复建设和频繁升级。

建立共享共用机制，加强资源整合，推动重要政务信息系统互联互通、信息共享和业务协同，降低软件开发、系统维护和升级等方面费用，防止资源浪费。

积极利用信息化手段，推行无纸化办公，减少一次性办公用品消耗。

第九章　宣传教育

第四十六条 宣传部门应当把厉行节约反对浪费作为重要宣传内容，充分发挥各级各类媒体作用，重视运用互联网等新兴媒体，通过新闻报道、文化作品、公益广告等形式，广泛宣传中华民族勤俭节约的优秀品德，宣传阐释相关制度规定，宣传推广厉行节约的经验做法和先进典型，倡导绿色低碳消费理念和健康文明生活方式。

第四十七条 党政机关应当把加强厉行节约反对浪费教育作为作风建设的重要内容，融入干部队伍建设和机关日常管理之中，建立健全常态化工作机制。对各种铺张浪费现象和行为，应当严肃批评、督促改正。

纪检监察机关应当不定期曝光铺张浪费的典型案例，发挥警示教育作用。

组织人事部门和党校、行政学院、干部学院应当把厉行节约反对浪费作为干部教育培训的重要内容，创新教育方法，切实增强教育培训的针对性和实效性。

第四十八条 党政机关应当围绕建设节约型机关，组织开展形式多样、便于参与的活动，引导干部职工增强节约意识、珍惜物力财力，积极培育和形成崇尚节约、厉行节约、反对浪费的机关文化，为在全社会形成节俭之风发挥示范表率作用。

第十章 监督检查

第四十九条 各级党委和政府应当建立厉行节约反对浪费监督检查机制，明确监督检查的主体、职责、内容、方法、程序等，加强经常性督促检查，针对突出问题开展重点检查、暗访等专项活动。

下级党委和政府应当每年向上级党委和政府报告本地区厉行节约反对浪费工作情况，党委和政府所属部门、单位应当每年向本级党委和政府报告本部门、本单位厉行节约反对浪费工作情况。报告可结合领导班子年度考核和工作报告一并进行。

第五十条 领导干部厉行节约反对浪费工作情况，应当列为领导班子民主生活会和领导干部述职述廉的重要内容并接受评议。

第五十一条 党委办公厅（室）、政府办公厅（室）负责统筹协调相关部门开展对厉行节约反对浪费工作的督促检查。每年至少组织开展一次专项督查，并将督查情况在适当范围内通报。专项督查可以与党风廉政建设责任制检查考核、年终党建工作考核等相结合，督查考核结果应当按照干部管理权限送纪检监察机关和组织人事部门，作为干部管理监督、选拔任用的依据。

第五十二条 纪检监察机关应当加强对厉行节约反对浪费工作的监督检查，受理群众举报和有关部门移送的案件线索，及时查处违纪违法问题。

中央和省、自治区、直辖市党委巡视组应当按照有关规定，加强对有关党组织领导班子及其成员厉行节约反对浪费工作情况的巡视监督。

第五十三条 财政部门应当加强对党政机关预算管理有关工作以及财务、政府采购和会计事项的监督，依法处理发现的违规问题，并及时向本级党委和政府汇报有关结果。

审计部门应当加强对党政机关预算执行、决算和其他财政收支情况，以及有关经济活动的审计监督，加大对党政机关公务支出和公款消费的审计力度，及时向本级党委和政府汇报审计结果，依法处理、督促整改违规问题，并将涉嫌违纪违法问题移送有关部门查处。

第五十四条 党政机关应当建立健全厉行节约反对浪费信息公开制度。除依照法律法规和有关要求须保密的内容和事项外，下列内容应当按照及时、方便、多样的原则，以适当方式进行公开：

（一）预算和决算信息；

（二）政府采购文件、采购预算、中标成交结果、采购合同等情况；

（三）国内公务接待的批次、人数、经费总额等情况；

（四）会议的名称、主要内容、支出金额等情况；

（五）培训的项目、内容、人数、经费等情况；

（六）节会、庆典、论坛、博览会、展会、运动会、赛会等活动举办信息；

（七）办公用房建设、维修改造、使用、运行费用支出等情况；

（八）公务支出和公款消费的审计结果；

（九）其他需要公开的内容。

第五十五条 推动和支持人民代表大会及其常务委员会依法严格审查批准党政机关公务支出预算，加强对预算执行情况的监督。发挥人大代表的监督作用，通过提出意见、建议、批评以及询问、质询等方式加强对党政机关厉行节约反对浪费工作的监督。

支持人民政协对党政机关厉行节约反对浪费工作的监督，自觉接受并积极支持政协委员通过调研、视察、提案等方式加强对党政机关厉行节约反对浪费工作的监督。

第五十六条 重视各级各类媒体在厉行节约反对浪费方面的舆论监督作用。建立舆情反馈机制，及时调查处理媒体曝光的违规违纪违法问题。

发挥群众对党政机关及其工作人员铺张浪费行为的监督作用，认真调查处理群众反映的问题。

第十一章 责任追究

第五十七条 建立党政机关厉行节约反对浪费工作责任追究制度。

对违反本条例规定造成浪费的，应当依纪依法追究相关人员的责任，对负有领导责任的主要负责人或者有关领导干部实行问责。

第五十八条 有下列情形之一的，追究相关人员的责任：

（一）未经审批列支财政性资金的；

（二）采取弄虚作假等手段违规取得审批的；

（三）违反审批要求擅自变通执行的；

（四）违反管理规定超标准或者以虚假事项开支的；

（五）利用职务便利假公济私的；

（六）有其他违反审批、管理、监督规定行为的。

第五十九条 有下列情形之一的，追究主要负责人或者有关领导干部的责任：

（一）本地区、本部门、本单位铺张浪费、奢侈奢华问题严重，对发现的问题查处不力，干部群众反映强烈的；

（二）指使、纵容下属单位或者人员违反本条例规定造成浪费的；

（三）不履行内部审批、管理、监督职责造成浪费的；

（四）不按规定及时公开本地区、本部门、本单位有关厉行节约反对浪费工作信息的；

（五）其他对铺张浪费问题负有领导责任的。

第六十条 违反本条例规定造成浪费的，根据情节轻重，由有关部门依照职责权限给予批评教育、责令作出检查、诫勉谈话、通报批评或者调离岗位、责令辞职、免职、降职等处理。

应当追究党纪政纪责任的，依照《中国共产党纪律处分条例》、《行政机关公务员处分条例》等有关规定给予相应的党纪政纪处分。

涉嫌违法犯罪的，依法追究法律责任。

第六十一条 违反本条例规定获得的经济利益，应当予以收缴或者纠正。

违反本条例规定，用公款支付、报销应由个人支付的费用，应当责令退赔。

第六十二条 受到责任追究的人员对处理决定不服的，可以按照相关规定向有关机关提出申诉。受理申诉机关应当依据有关规定认真受理并作出结论。

申诉期间，不停止处理决定的执行。

第十二章　附　　则

第六十三条　各省、自治区、直辖市党委和政府，中央和国家机关各部委，可以根据本条例，结合实际制定实施细则。有关职能部门应当根据各自职责，制定完善相关配套制度。

国有企业、国有金融企业、不参照公务员法管理的事业单位，参照本条例执行。

中国人民解放军和中国人民武装警察部队按照军队有关规定执行。

第六十四条　本条例由中共中央办公厅、国务院办公厅会同有关部门负责解释。

第六十五条　本条例自发布之日起施行。1997 年 5 月 25 日发布的《中共中央、国务院关于党政机关厉行节约制止奢侈浪费行为的若干规定》同时废止。其他有关党政机关厉行节约反对浪费的规定，凡与本条例不一致的，按照本条例执行。

党政机关国内公务接待管理规定

（中共中央办公厅、国务院办公厅 2013 年 12 月 1 日印发）

第一条　为了规范党政机关国内公务接待管理，厉行勤俭节约，反对铺张浪费，加强党风廉政建设，根据《党政机关厉行节约反对浪费条例》规定，制定本规定。

第二条　本规定适用于各级党的机关、人大机关、行政机关、政协机关、审判机关、检察机关，以及工会、共青团、妇联等人民团体和参照公务员法管理事业单位的国内公务接待行为。

本规定所称国内公务，是指出席会议、考察调研、执行任务、学习交流、检查指导、请示汇报工作等公务活动。

第三条 国内公务接待应当坚持有利公务、务实节俭、严格标准、简化礼仪、高效透明、尊重少数民族风俗习惯的原则。

第四条 各级党政机关公务接待管理部门应当结合当地实际，完善国内公务接待管理制度，制定国内公务接待标准。

县级以上党政机关公务接待管理部门负责管理本级党政机关国内公务接待工作，指导下级党政机关国内公务接待工作。

乡镇党委、政府应当加强国内公务接待管理，严格执行有关管理规定和开支标准。

第五条 各级党政机关应当加强公务外出计划管理，科学安排和严格控制外出的时间、内容、路线、频率、人员数量，禁止异地部门间没有特别需要的一般性学习交流、考察调研，禁止重复性考察，禁止以各种名义和方式变相旅游，禁止违反规定到风景名胜区举办会议和活动。

公务外出确需接待的，派出单位应当向接待单位发出公函，告知内容、行程和人员。

第六条 接待单位应当严格控制国内公务接待范围，不得用公款报销或者支付应由个人负担的费用。

国家工作人员不得要求将休假、探亲、旅游等活动纳入国内公务接待范围。

第七条 接待单位应当根据规定的接待范围，严格接待审批控制，对能够合并的公务接待统筹安排。无公函的公务活动和来访人员一律不予接待。

公务活动结束后，接待单位应当如实填写接待清单，并由相关负责人审签。接待清单包括接待对象的单位、姓名、职务和公务活动项目、时间、场所、费用等内容。

第八条 国内公务接待不得在机场、车站、码头和辖区边界组织迎送活动，不得跨地区迎送，不得张贴悬挂标语横幅，不得安排群众迎送，不得铺设迎宾地毯；地区、部门主要负责人不得参加迎送。严格控制陪同人数，不得层层多人陪同。

接待单位安排的活动场所、活动项目和活动方式，应当有利于公务活动开展。安排外出考察调研的，应当深入基层、深入群众，不得走过场、搞形式主义。

第九条 接待住宿应当严格执行差旅、会议管理的有关规定，在定点饭店或者机关内部接待场所安排，执行协议价格。出差人员住宿费应当回本单位凭据报销，与会人员住宿费按会议费管理有关规定执行。

住宿用房以标准间为主，接待省部级干部可以安排普通套间。接待单位不得超标准安排接待住房，不得额外配发洗漱用品。

第十条 接待对象应当按照规定标准自行用餐。确因工作需要，接待单位可以安排工作餐一次，并严格控制陪餐人数。接待对象在10人以内的，陪餐人数不得超过3人；超过10人的，不得超过接待对象人数的三分之一。

工作餐应当供应家常菜，不得提供鱼翅、燕窝等高档菜肴和用野生保护动物制作的菜肴，不得提供香烟和高档酒水，不得使用私人会所、高消费餐饮场所。

第十一条 国内公务接待的出行活动应当安排集中乘车，合理使用车型，严格控制随行车辆。

接待单位应当严格按照有关规定使用警车，不得违反规定实行交通管控。确因安全需要安排警卫的，应当按照规定的警卫界限、警卫规格执行，合理安排警力，尽可能缩小警戒范围，不得清场闭馆。

第十二条 各级党政机关应当加强对国内公务接待经费的预算管理，合理限定接待费预算总额。公务接待费用应当全部纳入预算管理，单独列示。

禁止在接待费中列支应当由接待对象承担的差旅、会议、培训等费用，禁止以举办会议、培训为名列支、转移、隐匿接待费开支；禁止向下级单位及其他单位、企业、个人转嫁接待费用，禁止在非税收入中坐支接待费用；禁止借公务接待名义列支其他支出。

第十三条 县级以上地方党委、政府应当根据当地经济发展水平、市场价格等实际情况，按照当地会议用餐标准制定本级国内公务接待工作餐开支标准，并定期进行调整。接待住宿应当按照差旅费管理有关规定，执行接待对象在当地的差旅住宿费标准。接待开支标准应当报上一级党政机关公务接待管理部门、财政部门备案。

第十四条 接待费报销凭证应当包括财务票据、派出单位公函和接待清单。

接待费资金支付应当严格按照国库集中支付制度和公务卡管理有关规定执行。具备条件的地方应当采用银行转账或者公务卡方式结算，不得以现金方式支付。

第十五条 机关内部接待场所应当建立健全服务经营机制，推行企业化管理，推进劳动、用工和分配制度与市场接轨，建立市场化的接待费结算机制，降低服务经营成本，提高资产使用效率，逐步实现自负盈亏、自我发展。

各级党政机关不得以任何名义新建、改建、扩建内部接待场所，不得对机关内部接待场所进行超标准装修或者装饰、超标准配置家具和电器。推进机关内部接待场所集中统一管理和利用，建立资源共享机制。

第十六条 接待单位不得超标准接待，不得组织旅游和与公务活动无关的参观，不得组织到营业性娱乐、健身场所活动，不得安排专场文艺演出，不得以任何名义赠送礼金、有价证券、纪念品和土特产品等。

第十七条 县级以上党政机关公务接待管理部门应当会同有关部门加强对本级党政机关各部门和下级党政机关国内公务接待工作的监督检查。监督检查的主要内容包括：

（一）国内公务接待规章制度制定情况；

（二）国内公务接待标准执行情况；

（三）国内公务接待经费管理使用情况；

（四）国内公务接待信息公开情况；

（五）机关内部接待场所管理使用情况。

党政机关各部门应当定期汇总本部门国内公务接待情况，报同级党政机关公务接待管理部门、财政部门、纪检监察机关备案。

第十八条 财政部门应当对党政机关国内公务接待经费开支和使用情况进行监督检查。审计部门应当对党政机关国内公务接待经费进行审计，并加强对机关内部接待场所的审计监督。

第十九条 县级以上党政机关公务接待管理部门应当会同财政部门按年度组织公开本级国内公务接待制度规定、标准、经费支出、接待场所、接待项目等有关情况，接受社会监督。

第二十条 各级党政机关应当将国内公务接待工作纳入问责范围。纪检监察机关应当加强对国内公务接待违规违纪行为的查处，严肃追究接待单位相关负责人、直接责任人的党纪责任、行政责任并进行通报，涉嫌犯罪的移送司法机关依法追究刑事责任。

第二十一条 积极推进国内公务接待服务社会化改革，有效利用社会资源为国内公务接待提供住宿、用餐、用车等服务。推行接待用车定点服务制度。

第二十二条 地方各级党委、政府应当依照本规定制定本地区国内公务接待管理办法。

第二十三条 地方各级政府因招商引资等工作需要，接待除国家工作人员以外的其他因公来访人员，应当参照本规定实行单独管理，明确标准，控制经费总额，注重实际效益，加强审批管理，强化审计监督，杜绝奢侈浪费。严禁扩大接待范围、增加接待项目，严禁以招商引资为名变相安排公务接待。

第二十四条 国有企业、国有金融企业和不参照公务员法管理的事业单位参照本规定执行。

第二十五条 本规定由国家机关事务管理局会同有关部门负责解释。

第二十六条 本规定自发布之日起施行。2006 年 10 月 20 日中共中央办公厅、国务院办公厅印发的《党政机关国内公务接待管理规定》同时废止。

关于严禁在历史建筑、公园等公共资源中设立私人会所的暂行规定

（中共中央办公厅、国务院办公厅 2014 年 10 月 19 日印发）

第一条 历史建筑、公园等公共资源具有社会公益属性。在历史建筑、公园等公共资源中设立私人会所，侵占群众利益，助长不正之风，社会各方面对此反映强烈。为做好对历史建筑、公园等公共资源中私人会所的清理整治工作，根据国家有关法律法规和中央有关规定，制定本规定。

第二条 本规定所称历史建筑，是指各级各类国有文物保护单位以及烈士纪念设施保护单位、宗教活动场所中具有特殊历史文化价值的建（构）筑物。

本规定所称公园，是指政府投资建设和管理，具有相应设施和管理机构的公共绿地；向公众开放，用于开展游览观赏、休憩健身、文化娱乐、科学普及等活动的公共场所。

本规定所称私人会所，是指改变历史建筑、公园等公共资源属性设立的高档餐饮、休闲、健身、美容、娱乐、住宿、接待等场所，包括实行会员制的场所、只对少数人开放的场所、违规出租经营的场所。

第三条 严禁在历史建筑、公园等公共资源中以自建、租赁、承包、转让、出借、抵押、买断、合资、合作等形式设立私人会所。

第四条 对在历史建筑、公园等公共资源中已经设立的私人会所依法依规整治，区分情况处置：

（一）没有合法手续或者手续不健全的予以关停；

（二）有合法手续但有违规违法行为的予以停业整顿，情节严重的吊销资质；

（三）有合法手续但经营对象、范围、形式等违反相关规定的予以转型或者停业整顿；

（四）出租给单位或者个人作为非经营用途的，由所在地人民政府协调产权单位提出解决办法，租赁合同到期后收回。

第五条 坚持谁主管、谁负责原则。住房城乡建设（园林）、文化、公安、民政、商务、税务、工商、旅游、宗教、文物等部门，应当按照各自职能，认真履行职责，对历史建筑、公园等公共资源中涉及的项目立项、规划建设、消防审批、经营许可、工商登记、税务登记等事项严格审核把关，属于私人会所性质的不予办理。

完善监督管理制度，加强监督检查，发现问题限期整改。对工作失职、徇私舞弊的，依纪依法追究直接责任人和有关领导责任。

第六条 历史建筑、公园等公共资源实行信息公开，接受社会、公众和新闻媒体监督。有关职能部门应当畅通监督渠道，认真受理举报，对违规违法行为，一经发现，严肃查处。

第七条 地方各级党委和政府应当切实加强领导，健全管理体制和工作机制，明确职能职责，搞好统筹协调，研究解决问题，制定政策措施，坚决防止和纠正侵占历史建筑、公园等公共资源的问题。

第八条 本规定自2014年11月1日起施行。

党政机关办公用房管理办法

（中共中央办公厅、国务院办公厅2017年12月5日印发）

第一章 总 则

第一条 为了进一步规范党政机关办公用房管理，推进办公用房资源合理配置和节约集约使用，保障正常办公，降低行政成本，促进党风廉政建设和节约型机关建设，根据《党政机关厉行节约反对浪费条例》、《机关事务管理条例》、《机关团体建设楼堂馆所管理条例》等有关规定，制定本办法。

第二条 本办法适用于各级党政机关办公用房的规划、权属、配置、使用、维修、处置等管理工作。

本办法所称党政机关，是指党的机关、人大机关、行政机关、政协机关、监察机关、审判机关、检察机关，以及工会、共青团、妇联等人民团体和参照公务员法管理的事业单位。

本办法所称办公用房，是指党政机关占有、使用或者可以确认属于机关资产的，为保障党政机关正常运行需要设置的基本工作场所，包括办公室、服务用房、设备用房和附属用房。

第三条 党政机关办公用房管理应当遵循下列原则：

（一）依法合规，严格执行法律法规和党内有关制度规定，强化监督管理；

（二）科学规划，统筹机关办公和公共服务需求，优化布局和功能；

（三）规范配置，科学制定标准，严格审核程序，合理保障需求；

（四）有效利用，统筹调剂余缺，及时依规处置，避免闲置浪费；

（五）厉行节约，注重庄重朴素、经济适用，节约能源资源。

第四条 建立健全党政机关办公用房集中统一管理制度，统一规划、统一权属、统一配置、统一处置。县级以上党政机关办公用房有关管理部门根据职责分工，负责本级党政机关办公用房管理工作，指导下级党政机关办公用房管理工作。

中央和国家机关办公用房管理，由归口的机关事务管理部门负责规划、权属、调剂、使用监管、处置、维修等，国家发展改革委负责建设项目审批、建设标准制定以及投资安排等，财政部负责预算安排、指导开展资产管理等。中央和国家机关所属垂直管理机构、派出机构和参照公务员法管理的事业单位办公用房的权属、使用、维修等有关管理工作，由归口的机关事务管理部门委托行政主管部门负责。

地方各级党政机关办公用房管理的职责分工，由各省、自治区、直辖市参照前款规定，结合本地区实际情况合理确定相关机构承担办公用房管理职责。

各级党政机关是办公用房的使用单位，负责本单位占有、使用办公用房的内部管理和日常维护。

第二章 权属管理

第五条 党政机关办公用房的房屋所有权、土地使用权等不动产权利（以下统称办公用房权属），统一登记至本级机关事务管理部门名下。

中央和国家机关所属垂直管理机构、派出机构和参照公务员法管理的事业单位办公用房权属应当登记在行政主管部门名下。地方各级党政机关所属垂直管理机构、派出机构办公用房权属的登记主体由各省、自治区、直辖市规定。

涉及国家秘密、国家安全等特殊情况的，经机关事务管理部门核准，可以将办公用房权属登记在使用单位名下。

因历史资料缺失、权属不清等问题无法登记的，由机关事务管理部门协调有关部门进行办公用房权属备案，使用单位不得自行处置。

第六条 建立健全党政机关办公用房清查盘点制度。使用单位应当建立本单位办公用房资产管理分台账，资产信息发生变更的，及时调整更新。机关事务管理部门应当建立本级党政机关办公用房资产管理总台账，定期组织清查盘点，确保总台账信息与使用单位分台账信息账账相符，与办公用房实际状况账实相符，与权属证书信息账证相符。

第七条 建立健全党政机关办公用房管理信息统计报告制度。

各级机关事务管理部门应当建立健全本级党政机关办公用房管理信息系统，定期统计汇总办公用房管理情况，报上级机关事务管理部门，并送同级发展改革、财政部门。

国家机关事务管理局、中共中央直属机关事务管理局应当会同有关部门，建立全国党政机关办公用房信息数据库，并纳入国家数据共享交换平台，实现与发展改革、财政、国土资源、住房城乡建设等部门共享共用。各省、自治区、直辖市应当统筹推进本地区办公用房管理信息系统建设，实现上下一体、互联互通、动态管理。

第八条 建立健全党政机关办公用房档案管理制度。使用单位应当加强本单位办公用房档案管理，及时归集权属、建设、维修等原始档案，并移交产权单位。产权单位应当加强办公用房档案的收集、保存和利用，确保档案完整。

第三章 配置管理

第九条 县级以上机关事务管理、发展改革、财政部门应当会同有关部门，结合人员编制情况、办公与业务需要等，编制本级党政机关办公用房配置保障规划，优化办公用房布局，具备条件的逐步推进集中或者相对集中办公，共用配套附属设施。

地方各级人民政府编制土地利用总体规划和城乡规划时，应当统筹安排本级党政机关办公用房用地。县级以上党政机关的驻在地人民政府应当有效保障上级党政机关办公用房用地需求。

第十条 党政机关办公用房配置应当严格执行相关标准，从严核定面积。

国家发展改革委会同住房城乡建设部、财政部，制定和完善党政机关办公用房建设标准，并实行标准动态调整。

第十一条 党政机关办公用房配置方式包括调剂、置换、租用和建设。

第十二条 使用单位需要配置办公用房的，由机关事务管理部门优先整合现有办公用房资源调剂解决。

第十三条 采取置换方式配置办公用房的，应当严格履行审批程序，执行新建办公用房各项标准，确保符合办公用房各类功能要求，并按规定组织资产评估，置换所得超出面积标准的办公用房由机关事务管理部门统一调剂，置换所得收益按照非税收入有关规定管理。

置换旧房的，由机关事务管理部门会同发展改革、财政部门报同级人民政府审批；置换新房的，应当严格履行建设审批程序。不得以置换名义量身打造办公用房，不得以未使用政府预算建设资金、资产整合等名义规避审批。

第十四条 无法调剂或者置换解决办公用房的，可以面向市场租用，但应当严格按照规定履行审批程序。

需租用办公用房的，由使用单位提出申请，经机关事务管理部门核准后，报财政部门审核安排预算；或者由机关事务管理部门统筹本级党政机关办公用房使用需求，制定租用方案，报财政部门审核安排预算后，统一租赁并统筹安排使用。

任何单位不得以变相补偿方式租用由企业等单位提供的办公用房。

各级财政部门会同机关事务管理部门，制定本级党政机关办公用房租金标准，并实行标准动态调整。

第十五条 无法调剂、置换、租用办公用房，或者涉及国家秘密、国家安全等特殊情况的，可以采取建设方式解决，但应当按照国家有关政策从严控制，严格履行审批程序。党政机关办公用房建设包括新建、扩建、改建、购置。

中共中央直属机关办公用房建设项目由归口的机关事务管理部门审核同意后统一申报，由国家发展改革委核报国务院审批。

中央国家机关本级办公用房建设项目，由国家发展改革委核报国务院审批，申报前应当由归口的机关事务管理部门出具必要性审查意见。

中央国家机关所属垂直管理机构、派出机构办公用房建设项目，厅（局）级及以上单位的项目由国家发展改革委审批，申报前应当由归口的机关事务管理部门出具必要性审查意见；厅（局）级以下单位的项目由行政主管部门审批，并报国家发展改革委和归口的机关事务管理部门备案。

中央国家机关所属参照公务员法管理的事业单位的办公用房建设项目，由国务院、国家发展改革委和行政主管部门按照中央预算内投资审批权限分别负责审批，其中由国务院、国家发展改革委审批的项目，申报前应当由归口的机关事务管理部门出具必要性审查意见。

省、自治区、直辖市及计划单列市本级党政机关办公用房建设项目，由国家发展改革委核报国务院审批；地方其他党政机关办公用房建设项目，由省级人民政府审批。

县级党政机关直属单位和乡（镇）级党政机关办公用房建设项目，可以由省级人民政府根据实际情况委托市级人民政府审批。

地方各级党政机关所属垂直管理机构、派出机构和参照公务员法管理的事业单位办公用房建设项目的审批程序，由各省、自治区、直辖市规定。

第十六条 党政机关办公用房配置所需资金，应当通过政府预算安排，不得接受任何形式赞助或者捐款，不得搞任何形式集资或者摊派，不得向其他任何单位借款，不得让施工单位垫资，严禁挪用各类专项资金。

土地收益和资产转让收益按照非税收入有关规定管理，不得直接用于办公用房配置。涉及新增资产的，应当向财政部门申报新增资产配置预算。

第十七条 新配置办公用房的党政机关，应当在搬入新办公用房后1个月内，将超出核定面积的原有办公用房腾退移交同级机关事务管理部门统一调剂使用，不得继续占用或者自行处置，不得自行安排其他单位使用。

第四章 使用管理

第十八条 机关事务管理部门应当与使用单位签订办公用房使用协议，核发办公用房分配使用凭证。

办公用房分配使用凭证可以按照有关规定用于办理使用单位法人登记、集体户籍、大中修项目施工许可等，不得用于出租、出借、经营。

第十九条 使用单位应当严格按照有关规定在核定面积内合理安排使用办公用房，不得擅自改变办公用房使用功能，不得调整给其他单位使用。办公用房安排使用情况应当按年度通过政务内网、公示栏等平台进行内部公示；领导干部办公用房配备情况应当按年度报机关事务管理部门备案，严禁超标准配备、使用办公用房。

领导干部在不同单位同时任职的，应当在主要任职单位安排1处办公用房；主要任职单位与兼职单位相距较远且经常到兼职单位工作的，经严格审批后，可以由兼职单位再安排1处小于标准面积的办公用房，并在免去兼任职务后2个月内腾退兼职单位安排的办公用房。

工作人员调离或者退休的，使用单位应当在办理调离或者退休手续后1个月内收回其办公用房。

第二十条 党政机关工作人员办公室具备条件的，应当采用大开间等形式，提高办公用房利用率。

会议室、接待室等服务用房，可以采取可拆卸式隔断设计，提高空间使用的灵活性。

第二十一条 项目批复中已经明确和机关一并建设办公用房的事业单位，按照面积标准核定后可以继续无偿使用机关办公用房。

公益一类事业单位已经占用的机关办公用房，按照面积标准核定后可以继续无偿使用。公益二类事业单位已经占用的机关办公用房，应当按照规定予以腾退；确有困难的，经机关事务管理部门批准，可以继续有偿使用，租金收益按照非税收入有关规定管理。事业单位已经新建、购置办公用房或者租用其他房屋办公的，应当在6个月内将原有办公用房腾退移交机关事务管理部门。

生产经营类事业单位、国有企业和行业协会商会等社团组织，原则上不得占用党政机关办公用房。

第二十二条 党政机关办公用房使用单位机构、编制调整的，机关事务管理部门应当重新核定其办公用房面积。超出面积标准的，使用单位应当在6个月内将超出部分的办公用房腾退移交机关事务管理部门。

党政机关转为企业的，应当在办理企业工商注册后6个月内将原有办公用房腾退移交机关事务管理部门。转企单位确有困难的，经机关事务管理部门批准，可以继续有偿使用，租金收益按照非税收入有关规定管理；新建、购置或者租用办公用房的，应当在6个月内将原有办公用房腾退移交机关事务管理部门。

党政机关撤销的，应当在6个月内将原有办公用房腾退移交机关事务管理部门。

第二十三条 建立健全政府向社会购买物业服务机制，逐步实现办公用房物业服务社会化、专业化，具备条件的逐步推进统一物业管理服务。

机关事务管理部门应当会同有关部门，按照经济、适度的原则，制定本级党政机关办公用房物业服务内容、服务标准和费用定额。

第二十四条 鼓励有条件的地区探索试行办公用房租金制，逐步推进办公用房经费预算管理和实物资产管理相结合。

第五章　维修管理

第二十五条　党政机关办公用房维修包括日常维修和大中修。中央和国家机关办公用房维修标准由归口的机关事务管理部门、财政部会同住房城乡建设部制定，地方各级党政机关办公用房维修标准由各省、自治区、直辖市结合实际制定，并建立标准动态调整机制。

第二十六条　使用单位负责办公用房的日常检查和维修，所需资金通过部门预算安排。

第二十七条　党政机关办公用房因使用时间较长、设施设备老化、功能不全、存在安全隐患等原因需要大中修的，使用单位向机关事务管理部门提出申请；机关事务管理部门结合办公用房建筑年代、历史维修记录、老化损坏程度、单位建筑面积能耗水平和使用单位的实际需求，统筹安排办公用房大中修项目，报财政部门审核安排预算。

办公用房大中修项目应当严格按照规定履行审批程序，未经审批的项目，不得安排预算。中央和国家机关本级办公用房大中修项目，由归口的机关事务管理部门审批。中央和国家机关所属垂直管理机构、派出机构和参照公务员法管理的事业单位办公用房大中修项目，机关事务管理部门委托行政主管部门审批，其中厅（局）级及以上单位办公用房大中修项目审批情况应当报归口的机关事务管理部门备案。地方各级党政机关办公用房大中修项目的审批程序，由各省、自治区、直辖市规定。

第六章　处置利用管理

第二十八条　党政机关办公用房有下列情形之一闲置的，可以按照有关规定采取调剂使用、转换用途、置换、出租、拍卖、拆除等方式及时处置利用：

（一）同级党政机关办公用房总量满足使用需求，仍有余量的；

（二）因地理位置、周边环境、房屋结构等原因，不适合继续作为办公用房使用的；

（三）因城乡规划调整等需要拆迁的；

（四）经专业机构鉴定属于危房，且无加固改造价值的；

（五）其他原因导致办公用房闲置的。

处置利用党政机关办公用房涉及权属、用途等变更的，应当依法办理相关手续。

第二十九条 同一区域内闲置办公用房具备条件的，应当加强跨系统、跨层级调剂使用。

中央和国家机关所属垂直管理机构、派出机构之间调剂使用的，由行政主管部门审核提出意见，经归口的机关事务管理部门批准后实施，调剂使用情况报财政部备案。

中央和国家机关所属垂直管理机构、派出机构与地方各级党政机关之间调剂使用的，由行政主管部门会同有关地方人民政府审核提出意见，经归口的机关事务管理部门会同财政部批准后实施。

地方同级或者上下级党政机关之间，以及地方各级党政机关所属垂直管理机构、派出机构之间调剂使用的，参照前两款规定办理。

第三十条 具备条件的，机关事务管理部门可以商有关部门将闲置办公用房转为便民服务、社区活动等公益场所，或者按照有关规定置换为其他符合国家政策和需要的资产。

机关事务管理部门可以通过公共资源交易平台统一招租，租金收益按照非税收入有关规定管理。党政机关如有需要，应当及时收回出租的办公用房，统筹调剂使用。使用单位不得擅自出租办公用房。

第三十一条 闲置办公用房无法通过调剂使用、转换用途、置换、出租等方式处置利用的，机关事务管理部门报财政部门批准后，可以通过公共资源交易平台依法公开拍卖，拍卖收益按照非税收入有关规定管理。

第七章 监督问责

第三十二条 党政机关办公用房使用单位应当建立本单位内部使用管理制度，加强监督检查和责任追究，及时发现和纠正违规问题。

党政机关办公用房有关管理部门应当根据职责分工，加强办公用房监管，严格履行相关管理程序，对使用单位的办公用房违规管理使用问题及时按照规定移交有关部门和单位查处。

纪检监察机关应当及时受理群众举报和有关部门移送的办公用房管理案件线索，严肃查处违规违纪问题。

第三十三条 建立健全党政机关办公用房巡检考核制度。

县级以上机关事务管理、发展改革、财政部门会同有关部门，定期对本级党政机关（含所属垂直管理机构、派出机构）办公用房使用情况以及下级党政机关办公用房管理情况进行专项联合巡检，及时发现和纠正违规问题。

办公用房专项巡检应当与党风廉政建设责任制检查考核、政府绩效考核以及党政领导班子和领导干部年度考核相结合，巡检考核结果作为干部管理监督、选拔任用的依据。

第三十四条 建立健全党政机关办公用房管理信息公开制度。除依照法律法规和有关要求需要保密的内容和事项外，办公用房建设、使用、维修、处置利用、运行费用支出等情况，应当在政府门户网站等公共平台定期公开，主动接受社会监督。

第三十五条 建立健全党政机关办公用房管理责任追究制度，对有令不行、有禁不止的，依照有关规定严肃追究相关人员责任。

管理部门有下列情形之一的，依纪依法追究相关人员责任：

（一）违规审批项目或者安排投资计划、预算的；

（二）不按照规定履行调剂、置换、租用、建设等审批程序的；

（三）为使用单位超标准配置办公用房的；

（四）不按照规定处置办公用房的；

（五）办公用房管理信息统计报送中瞒报、漏报的；

（六）对发现的违规问题不及时处理的；

（七）有其他违反办公用房管理规定情形的。

使用单位有下列情形之一的，依纪依法追究相关人员责任：

（一）擅自将办公用房权属登记至本单位或者所属单位名下，或者不配合办理权属登记的；

（二）未经批准建设或者大中修办公用房的；

（三）不按规定腾退移交办公用房的；

（四）未经批准租用、借用办公用房的；

（五）擅自改变办公用房使用功能或者处置办公用房的；

（六）擅自安排企事业单位、社会组织等使用机关办公用房的；

（七）为工作人员超标准配备办公用房，或者未经批准配备两处以上办公用房的；

（八）有其他违反办公用房管理规定情形的。

第八章 附 则

第三十六条 党政机关本级的技术业务用房以及机关办公区内的技术业务用房，权属统一登记至本级机关事务管理部门名下，从严控制使用范围和用途，原则上不得调整用作办公用房。

党政机关本级的技术业务用房建设项目以及机关办公区内的技术业务用房建设项目，应当严格按规定履行审批程序，项目申报前由机关事务管理部门出具土地、人防等审查意见。

住房城乡建设部会同国家发展改革委、有关业务主管部门，制定和完善各类技术业务用房建设标准，合理区分办公用房和技术业务用房。

第三十七条 各省、自治区、直辖市以及中央和国家机关各部门，应当根据本办法，结合实际制定具体管理办法。

第三十八条 各民主党派机关办公用房管理适用本办法。

不参照公务员法管理的事业单位办公用房管理办法，另行制定。

第三十九条 本办法由国家机关事务管理局、中共中央直属机关事务管理局、国家发展改革委和财政部负责解释。

第四十条 本办法自2017年12月5日起施行。其他有关党政机关办公用房管理的规定，凡与本办法不一致的，按照本办法执行。

党政机关公务用车管理办法

（中共中央办公厅、国务院办公厅2017年12月5日印发）

第一章 总 则

第一条 为了进一步规范党政机关公务用车管理，有效保障公务活动，促进党风廉政建设和节约型机关建设，根据《党政机关厉行节约反对浪费条例》、《机关事务管理条例》等有关规定，制定本办法。

第二条 本办法适用于党的机关、人大机关、行政机关、政协机关、监察机关、审判机关、检察机关，以及工会、共青团、妇联等人民团体和参照公务员法管理的事业单位。

第三条 本办法所称公务用车，是指党政机关配备的用于定向保障公务活动的机动车辆，包括机要通信用车、应急保障用车、执法执勤用车、特种专业技术用车以及其他按照规定配备的公务用车。

机要通信用车是指用于传递、运送机要文件和涉密载体的机动车辆。

应急保障用车是指用于处理突发事件、抢险救灾或者其他紧急公务的机动车辆。

执法执勤用车是指中央批准的执法执勤部门（系统）用于一线执法执勤公务的机动车辆。

特种专业技术用车是指固定搭载专业技术设备、用于执行特殊工作任务的机动车辆。

第四条 党政机关公务用车管理遵循统一管理、定向保障、经济适用、节能环保的原则。

第五条 党政机关公务用车实行统一制度规范、分级分类管理。党政机关公务用车主管部门负责本级党政机关公务用车管理工作，根据职责实行统一编制、统一标准、统一购置经费、统一采购配备管理；指导监督下级党政机关公务用车管理工作。

第二章 编制和标准管理

第六条 党政机关公务用车实行编制管理。车辆编制根据机构设置、人员编制和工作需要等因素确定。

机要通信用车、应急保障用车和其他按照规定配备的公务用车编制由公务用车主管部门会同有关部门确定。

执法执勤用车、特种专业技术用车编制由财政部门会同有关部门确定，并送公务用车主管部门备案。

第七条 党政机关配备公务用车应当严格执行以下标准：

（一）机要通信用车配备价格12万元以内、排气量1.6升（含）以下的轿车或者其他小型客车。

（二）应急保障用车和其他按照规定配备的公务用车配备价格18万元以内、排气量1.8升（含）以下的轿车或者其他小型客车。确因情况特殊，可以适当配备价格25万元以内、排气量3.0升（含）以下的其他小型客车、中型客车或者价格45万元以内的大型客车。

（三）执法执勤用车配备价格12万元以内、排气量1.6升（含）以下的轿车或者其他小型客车，因工作需要可以配备价格18万元以内、排气量1.8升（含）以下的轿车或者其他小型客车。确因情况特殊，可以适当配备价格25万元以内、排气量3.0升（含）以下的其他小型客车、中型客车或者价格45万元以内的大型客车。

（四）特种专业技术用车配备标准由有关部门会同财政部门按照保障工作需要、厉行节约的原则确定。

公务用车配备新能源轿车的，价格不得超过18万元。

上述配备标准应当根据公务保障需要、汽车行业技术发展、市场价格变化等因素适时调整。

第八条 严格控制执法执勤用车的配备范围、编制和标准。执法执勤用车配备应当严格限定在一线执法执勤岗位。

第三章 配备和经费管理

第九条 公务用车主管部门根据公务用车配备更新标准和现状，编制年度公务用车配备更新计划。

第十条 财政部门根据年度公务用车配备更新计划，按照预算管理有关规定统筹安排购置经费，列入公务用车主管部门预算。

第十一条 财政部门会同公务用车主管部门制定公务用车运行费用定额标准，统筹安排公务用车运行费用，列入党政机关部门预算。

第十二条 公务用车主管部门按照政府采购法律法规和国家有关政策规定，统一组织实施公务用车集中采购。

第十三条 党政机关应当配备使用国产汽车，带头使用新能源汽车，按照规定逐步扩大新能源汽车配备比例。

第十四条 地方各级党政机关确因工作需要超出规定标准配备公务用车的，必须报省级公务用车主管部门批准。

党政机关原则上不配备越野车。确因工作需要，按照程序报批后，可以适当配备国产越野车。越野车不得作为领导干部固定用车。

第十五条 除涉及国家安全、侦查办案等有保密要求的特殊工作用车外，党政机关公务用车产权注册登记所有人应当为本机关法人，不得将公务用车登记在下属单位、企业或者个人名下。

第四章 使用和处置管理

第十六条 党政机关应当加强公务用车使用管理，严格按照规定使用公务用车，严禁公车私用、私车公养，不得既领取公务交通补贴又违规使用公务用车。

第十七条 党政机关应当推进公务用车服务平台建设。各地区应当结合实际，将各类公务用车纳入平台集中管理，采用信息化手段统筹调度、高效使用，鼓励通过社会化专业机构提高平台管理运行效率。

第十八条 党政机关应当推进公务用车标识化管理。除涉及国家安全、侦查办案和其他有保密要求的特殊工作用车外，公务用车应当统一标识。

第十九条 党政机关应当建立公务用车管理台账，加强相关证照档案的保存和管理。

各省、自治区、直辖市以及中央和国家机关公务用车主管部门应当建立统一的公务用车管理信息系统，提高公务用车配备使用管理信息化水平。

第二十条 党政机关应当建立健全公务用车使用管理制度，严格执行，加强监督，降低运行成本。

严格公务用车使用时间、事由、地点、里程、油耗、费用等信息登记和公示制度。严格执行回单位或者其他指定地点停放制度，节假日期间除工作需要外应当封存停驶。

实行公务用车保险、维修、加油政府集中采购和定点保险、定点维修、定点加油制度，健全公务用车油耗、运行费用单车核算和年度绩效评价制度。

第二十一条 党政机关应当减少公务用车长途行驶，工作人员到外地办理公务，除特殊情况外，应当乘用公共交通工具。外事接待、会议和集体活动用车主要通过社会租赁方式解决。

第二十二条 公务用车使用年限超过8年的可以更新；达到更新年限仍能继续使用的，应当继续使用。因安全等原因确需提前更新的，应当严格履行审批手续。

公务用车按照规定更新后，可以采取拍卖、厂家回收、报废等方式规范处置旧车。处置收入按照非税收入有关规定管理。

第五章 监督问责

第二十三条 党政机关应当建立公务用车配备更新和使用情况统计报告制度。各省、自治区、直辖市公务用车主管部门负责统计汇总本地区公务用车配备更新和使用情况。国家机关事务管理局、中共中央直属机关事务管理局负责统计汇总中央和国家机关公务用车配备更新和使用情况。

第二十四条 党政机关应当严格执行公务用车配备使用管理各项规定，将公务用车配备更新、使用、处置和经费预算执行等情况纳入内部审计、政务公开和政务诚信建设范围，接受社会监督。

公务用车主管部门应当加强对党政机关公务用车配备更新、使用、处置等情况的监督检查，定期通报或者公示相关情况。

财政、审计部门应当加强对公务用车经费预算管理使用情况的监督检查，依法处理、督促整改违规问题，并将涉嫌违纪违法问题移送有关部门查处。

公安交通管理部门应当定期与公务用车主管部门交换公务用车注册登记信息、使用状态等情况。

纪检监察机关应当及时受理群众举报和有关部门移送的公务用车管理问题线索，严肃查处违纪违法问题。

第二十五条 公务用车主管部门有下列情形之一的，依纪依法追究相关人员责任：

（一）违规核定公务用车编制的；

（二）违规审批超编制、超标准配备公务用车的；

（三）违规审批未到年限更新公务用车的；

（四）违规安排公务用车经费预算的；

（五）有其他未按规定履行管理监督职责行为的。

第二十六条 党政机关有下列情形之一的，依纪依法追究相关人员责任：

（一）超编制、超标准配备公务用车的；

（二）违反规定将公务用车登记在下属单位、企业或者个人名下的；

（三）公车私用、私车公养，或者既领取公务交通补贴又违规使用公务用车的；

（四）换用、借用、占用下属单位或者其他单位和个人的车辆，或者擅自接受企事业单位和个人赠送车辆的；

（五）挪用或者固定给个人使用执法执勤、机要通信等公务用车的；

（六）为公务用车增加高档配置或者豪华内饰的；

（七）在车辆维修等费用中虚列名目或者夹带其他费用，为非本单位车辆报销运行维护费用的；

（八）违规处置公务用车的；

（九）有其他违反公务用车配备使用管理规定行为的。

第六章　附　　则

第二十七条　本办法所称小型客车、中型客车、大型客车等，依据中华人民共和国公共安全行业标准 GA802-2014《机动车类型术语和定义》界定。

第二十八条　各省、自治区、直辖市以及中央和国家机关各部门，应当根据本办法，结合实际制定具体管理办法。

第二十九条　中央和国家机关所属垂直管理机构、派出机构公务用车由行政主管部门依照本办法进行管理。

各民主党派机关公务用车管理适用本办法。

不参照公务员法管理的事业单位公务用车，按照本办法的原则管理。

第三十条　本办法由国家机关事务管理局、中共中央直属机关事务管理局会同有关部门负责解释。

第三十一条　本办法自 2017 年 12 月 5 日起施行。中共中央办公厅、国务院办公厅2011年1月6日印发的《党政机关公务用车配备使用管理办法》同时废止。

评比达标表彰活动管理办法

（2018年12月21日中共中央批准　2018年12月21日中共中央办公厅、国务院办公厅发布）

第一条　为了规范评比达标表彰活动，加强评比达标表彰管理工作，根据《中共中央关于建立健全党和国家功勋荣誉表彰制度的意见》、《中华人民共和国国家勋章和国家荣誉称号法》、《中国共产党党内功勋荣誉表彰条例》、《国家功勋荣誉表彰条例》等有关规定，制定本办法。

第二条　评比达标表彰工作坚持以习近平新时代中国特色社会主义思想为指导，围绕中心、服务大局，大力弘扬社会主义核心价值观，遵循严格审批、总量控制、合理设置、注重实效的原则，坚持公开、公平、公正，面向基层和工作一线，严格按照规定的条件、权限和程序进行，坚持以精神激励为主、物质奖励为辅，体现先进性、代表性、时代性。

第三条　全国评比达标表彰工作协调小组在党和国家功勋荣誉表彰工作委员会统一领导下，负责全国评比达标表彰工作的政策指导、统筹协调、审核备案、监督检查。全国评比达标表彰工作协调小组办公室设在人力资源社会保障部，负责日常工作。

各省（自治区、直辖市）评比达标表彰工作协调机构负责本地区省级以下评比达标表彰工作的审核和管理，省级人力资源社会保障部门负责日常工作。

第四条　党的机关、人大机关、行政机关、政协机关、监察机关、审判机关、检察机关、人民团体和经国务院批准免予登记的社会团体（以下简称有关社团）及其所属单位，举办的面向各地区各部门或者本系统本行业的各类评比达标表彰活动，适用本办法。

第五条 党中央、国务院决定开展的评比达标表彰活动，不适用本办法。

年度考核、绩效考核、目标考核、责任制考核，属业务性质的资质评定、等级评定、技术考核，以本单位内设机构和人员为评选对象的评比达标表彰项目，不适用本办法。

第六条 评比达标表彰工作实行中央和省（自治区、直辖市）两级审批制度。审批权限不得擅自下放或者变相下放。

党中央、国务院负责审批中央和国家机关、人民团体、有关社团及其所属单位的评比达标表彰项目和各省（自治区、直辖市）的省级评比达标表彰项目。

各省（自治区、直辖市）党委和政府负责审批本地区省级以下评比达标表彰项目。各省（自治区、直辖市）评比达标表彰工作协调机构应当及时将省级以下项目设立、调整或者变更情况报全国评比达标表彰工作协调小组备案。

各地区各部门开展评比达标表彰活动，必须严格控制数量，不得要求下级单位配套开展。

第七条 设立、调整或者变更评比达标表彰项目，应当符合以下要求：

（一）项目对推进社会主义经济建设、政治建设、文化建设、社会建设、生态文明建设和党的建设具有积极作用和重要意义；

（二）项目名称与评选内容相符合，项目范围与主办单位职能范围相一致；

（三）项目奖项、规模和周期设置科学合理，原则上不设置子项目；

（四）项目评选过程公开、公平、公正，程序严格规范；

（五）项目经费预算符合国家有关规定。

第八条 中央和国家机关、人民团体、有关社团及其所属单位的评比达标表彰项目和各省（自治区、直辖市）省级评比达标表彰项目的设立、调整或者变更，在每年3月底前按照归口分别向党中央、国务院提出申请。

各省（自治区、直辖市）省级以下评比达标表彰项目按照归口分别向各省（自治区、直辖市）党委或者政府提出申请。

各地区各部门一般不得开展临时性评比达标表彰活动。因重大事件、重要专项工作等特殊情况，确需临时开展评比达标表彰活动的，可以单独申请。

第九条 按照国家有关规定，可以给予表彰奖励但未经批准的评比达标表彰项目，仍应当按照本办法提出申请。

已经批准的评比达标表彰项目，调整或者变更项目名称、主办单位、活动周期、评选范围、奖项设置、奖励标准等，应当重新提出申请。

第十条 申请设立新的或者临时开展的评比达标表彰项目，申报内容应当包括项目名称、主办单位、理由依据、活动周期、评选范围、参评总数、评选名额、奖项设置、奖励标准、评选条件、奖励办法、组织领导、经费来源和表彰形式等。

第十一条 中央和国家机关、人民团体、有关社团及其所属单位的评比达标表彰项目和各省（自治区、直辖市）省级评比达标表彰项目审批一般按照以下程序进行：

（一）中央办公厅、国务院办公厅分别将各地区各部门报党中央、国务院申请开展评比达标表彰活动的请示转全国评比达标表彰工作协调小组办公室；

（二）全国评比达标表彰工作协调小组办公室研究提出初审意见；

（三）全国评比达标表彰工作协调小组集中审核提出拟批复意见（一般在每年第二季度），并将评比达标表彰项目在有关媒体公示5个工作日，涉密项目等可以不公示，因重大事件、重要专项工作等特殊情况需临时开展的，可以单独审核；

（四）全国评比达标表彰工作协调小组将审核意见报党中央、国务院审批后，由全国评比达标表彰工作协调小组批复申报单位；

（五）全国评比达标表彰工作协调小组办公室向社会公布审批结果。

各省（自治区、直辖市）省级以下评比达标表彰项目审批，可以参照以上程序。

第十二条 评比达标表彰活动应当坚持自下而上、逐级审核推荐。主办单位应当就推荐的机关事业单位和干部按照管理权限，征求组织人事部门、纪检监察机关等部门意见；就推荐的企业和企业负责人，征求生态环境、人力资源社会保障、税务、市场监管、应急管理等有关主管部门意见。

第十三条 省部级评比达标表彰一般不评选副司局级或者相当于副司局级以上单位和干部、县级以上党委或者政府，县处级干部原则上不超过评选总数的20%。

第十四条 主办单位应当将评比达标表彰活动的评选条件、评选办法和评选结果等在适当范围内公示。涉及党和国家秘密或者存在不宜公开等事项可以按照规定不予公示。

第十五条 各地区各部门对拟不再举办的评比达标表彰项目，可以申请退出，并按照审批权限向评比达标表彰工作协调机构备案，由评比达标表彰工作协调机构向社会公布。

第十六条 对推动工作失去实际意义或者造成社会负面影响、

群众反映比较强烈的评比达标表彰项目，应当按照审批权限由评比达标表彰工作协调机构研究提出撤销意见。各地区各部门省部级拟撤销评比达标表彰项目按照归口分别报经党中央、国务院批准后予以撤销，各省（自治区、直辖市）省级以下拟撤销评比达标表彰项目按照归口分别报经省（自治区、直辖市）党委或者政府批准后予以撤销。对决定撤销的项目，由评比达标表彰工作协调机构向社会公布。

根据需要，全国评比达标表彰工作协调小组可以直接撤销违规或者无存在必要的评比达标表彰项目。

第十七条 各省（自治区、直辖市）评比达标表彰工作协调机构应当及时将本地区省级以下退出和撤销项目报全国评比达标表彰工作协调小组备案。

第十八条 评比达标表彰项目退出或者撤销后，如再次申请同类项目，一般不予受理。

第十九条 主办单位应当承担开展评比达标表彰项目的全部费用，不得以任何形式向参评单位和个人收取费用。

党的机关、人大机关、行政机关、政协机关、监察机关、审判机关、检察机关、人民团体、有关社团、参照公务员法管理的事业单位举办评比达标表彰活动，所需经费按照现行资金渠道解决，纳入部门预算管理。

其他单位举办评比达标表彰活动，所需经费由单位自有资金解决。

第二十条 按照国家有关规定，规范评比达标表彰活动奖金管理。对于表彰奖励获得者发放奖金，标准根据奖励层级、行业特点、表彰规模、物价水平等因素确定，并根据经济社会发展水平动态调整。

对于获得表彰奖励的集体，不发放奖金。

严禁以开展评比达标表彰活动名义违规发放奖金。

第二十一条 各地区各部门应当切实加强对评比达标表彰活动的财务支出管理，坚持厉行节约，严格遵守财经纪律和财务规定。

第二十二条 任何组织和个人，未经批准，不得开展包含“国家”、“中国”、“中华”、“全国”、“亚洲”、“全球”、“世界”以及类似含义字样的评比达标表彰活动，不得开展未冠以上述字样但实质是全国范围的评比达标表彰活动。

对违反前款规定的组织和个人，宣传、发展改革、公安、民政、人力资源社会保障、人民银行、国资、税务、市场监管等部门，按照有关规定，采取责令停止开展活动、消除影响、约谈、公开曝光批评、纳入诚信记录等方式予以处理；违反法律法规的，依法予以行政处罚；构成犯罪的，依法追究刑事责任。

第二十三条 违反本办法规定，有下列情形之一的，由主管机关对单位主要负责人和直接责任人等给予批评教育、诫勉谈话、组织调整或者组织处理；情节严重的，按照有关规定给予党纪、政务处分；构成犯罪的，依法追究刑事责任：

（一）未经批准擅自开展、不按照批准事项开展评比达标表彰活动以及在评比达标表彰活动中违纪违规的；

（二）各级党的机关、人大机关、行政机关、政协机关、监察机关、审判机关、检察机关、人民团体、有关社团、事业单位、国有企业及其工作人员，违规开展或者参加违规开展的评比达标表彰活动的。

第二十四条 对违规开展或者参加违规开展的评比达标表彰活动的单位，由主管机关给予通报批评；情节严重的，5 年内不得开展评比达标表彰活动，取消其 5 年内评优评先资格。

第二十五条 开展评比达标表彰活动，应当主动接受群众监督、社会监督、舆论监督。

各级宣传、互联网信息内容管理工作主管部门应当加强对各类评比达标表彰活动新闻宣传工作的监督管理。任何单位和个人对未经审核批准的评比达标表彰活动，一律不得进行任何形式的宣传报道。

对违规评比达标表彰活动予以宣传报道的，依照本办法第二十二条、第二十三条、第二十四条规定处理。

第二十六条 加强对以国家名义开展评比达标表彰活动的监督管理，搭建查询和公示平台，建立违规评比达标表彰活动举报制度，鼓励群众通过电话、来信、网络等形式及时举报违规开展的评比达标表彰项目和评比达标表彰活动中的违法违规行为。

第二十七条 科学技术奖励活动包括社会力量设立的科学技术奖励，按照《国家科学技术奖励条例》有关规定办理。《国家科学技术奖励条例》规定可以自主设立并报有关部门备案的，应当同时按照本办法要求报全国评比达标表彰工作协调小组备案。

第二十八条 全国性文艺评奖和新闻媒体评奖由中央宣传部按照有关规定办理。

第二十九条 严格控制社会组织举办评比达标表彰活动，具体管理办法由民政部会同有关部门根据有关法律法规另行制定。

第三十条 对境外组织机构在我国境内举办评比达标表彰活动从严审批，具体管理办法另行制定。

第三十一条 《中国共产党党内功勋荣誉表彰条例》另有规定的，从其规定。军队和地方联合开展的评比达标表彰项目参照本办法执行，具体管理办法另行制定。

第三十二条 各省（自治区、直辖市）应当根据本办法制定具体实施细则，报全国评比达标表彰工作协调小组备案。中央和国家机关、人民团体、有关社团可以结合工作实际制定具体措施。

第三十三条 本办法由人力资源社会保障部负责解释。

第三十四条 本办法自2018年12月21日起施行，2010年10月27日中央办公厅、国务院办公厅印发的《评比达标表彰活动管理办法（试行）》同时废止。

节庆活动管理办法（试行）

（中共中央办公厅、国务院办公厅2012年5月29日印发）

第一章 总 则

第一条 为规范节庆活动举办行为，促进节庆活动健康发展，防止节庆活动过多过滥，根据中央有关规定，制定本办法。

第二条 本办法所称节庆活动，是指以公祭、旅游、历史文化、特色物产、机关单位成立、行政区划变更、工程奠基或者竣工等名义举办的各类节会、庆典活动。

第三条 本办法适用于党的机关、人大机关、行政机关、政协机关、审判机关、检察机关、人民团体、经国务院批准免于登记的社会团体（以下简称有关社团），以及上述单位所属的事业单位等举办的各类节庆活动。

党中央、国务院决定开展的节庆活动，国家设立的节日、纪念日、活动日的节庆活动，少数民族传统节日的节庆活动，不适用本办法。

第二章 审批权限

第四条 节庆活动实行中央和省（自治区、直辖市）分级审批制度。

党中央、国务院负责审批下列节庆活动：

（一）中央和国家机关、人民团体、有关社团举办的节庆活动；

（二）各省（自治区、直辖市）党委、人大、政府、政协举办的节庆活动；

（三）省级以下地区、部门和单位，中央和国家机关、人民团体、有关社团所属机关、事业单位等举办的公祭类节庆活动；

（四）各省会（自治区首府）城市、副省级城市举办的行政区划变更类节庆活动。

各省（自治区、直辖市）党委、政府负责审批本地区省级以下地区、部门和单位举办的除第二款第（三）项、第（四）项以外的各类节庆活动。

中央和国家机关、人民团体、有关社团负责审批所属机关、事业单位等举办的除第二款第（三）项以外的各类节庆活动。

第五条 全国清理和规范庆典研讨会论坛活动工作领导小组负责全国节庆活动管理工作的政策指导、统筹协调和监督检查，并对报党中央、国务院审批的节庆活动进行审核。文化和旅游部是节庆活动日常管理部门。

第六条 各省（自治区、直辖市）设立的清理和规范庆典研讨会论坛活动工作领导机构，负责对报省（自治区、直辖市）党委、政府审批的节庆活动进行审核和管理，并将审批同意开展的活动项目报全国清理和规范庆典研讨会论坛活动工作领导小组备案。

第七条 中央和国家机关、人民团体、有关社团审批同意所属机关、事业单位等举办有关节庆活动的，应当及时将活动项目报全国清理和规范庆典研讨会论坛活动工作领导小组备案。

第三章 审批原则

第八条 节庆活动的审批应当按照依据明确、数量适当、规模适度、经费合规的总体要求，从严掌握，注重实效，防止形式主义和铺张浪费。

第九条 举办节庆活动必须贯彻落实科学发展观，坚持围绕中心、服务大局，对推动经济发展、弘扬先进文化、丰富群众生活、促进社会和谐具有重要意义。

第十条 公祭类节庆活动应当以祭祀中华民族人文始祖、祭拜作出重要贡献的历史人物、纪念重大历史事件为主题，具有传承优秀文化、激发爱国热情、弘扬传统美德、增进民族团结的积极作用。

第十一条 严禁举办宣扬封建迷信、文化糟粕的节庆活动。

第十二条 严格控制举办机关单位成立、行政区划变更的纪念性庆典。直辖市、省会（自治区首府）城市及副省级城市一般不举办城市周年庆典，市（地）、县（市）不得举办任何形式的周年庆典活动。

第十三条 学校、医院、科研院所等事业单位一般不举办周年庆典活动，逢十逢百周年等确需举办的，应当按规定报批。

第十四条 各级党政机关不得举办楼堂馆所奠基和竣工庆典活动。

第十五条 中央和国家机关及其所属机关、事业单位等原则上不得与地方联合举办（包括主办、协办、赞助、支持等名义）节庆活动，确需联合举办的，应当按审批权限报党中央、国务院或主管部门批准。

第四章 审批程序

第十六条 主办单位应当至少提前6个月按归口分别向党中央、国务院提出新增申请，提前3个月向全国清理和规范庆典研讨会论坛活动工作领导小组提出备案申请。

第十七条 申请举办公祭类节庆活动，应当事先履行专家论证和公开听证程序；申请举办涉外节庆活动，应当事先书面征得外交部同意；申请举办旅游类节庆活动，应当事先书面征得省级以上旅游行政管理部门同意；申请举办行政区划变更类节庆活动，应当事先书面征得省级以上民政部门同意。

第十八条 全国清理和规范庆典研讨会论坛活动工作领导小组对申请项目进行审核，并提出建议批准项目名单，报党中央、国务院审批后1个月内通过中国政府网向社会公布。

第十九条 省（自治区、直辖市）清理和规范庆典研讨会论坛活动工作领导机构对申请项目进行审核，并提出建议批准项目名单，报省级党委、政府审批后1个月内通过省级政府网站向社会公布。

第五章 经费管理

第二十条 举办节庆活动应当坚持厉行节约，严格控制活动规模和开支，所需经费实行谁举办谁负责，由举办单位承担，不得向下级单位、企业和个人转嫁费用。

第二十一条 各单位应当严格经费预算，加强对节庆活动的财务收支管理。不得借举办活动发放礼金、礼品、贵重纪念品和各种有价证券、支付凭证，不得重金邀请各类名人参与活动，不得利用节庆活动为单位或者个人谋取私利。

第六章 领导干部出席

第二十二条 严格控制县处级以上领导干部（包括离退休领导干部）出席节庆活动。未经批准，领导干部不得出席各类节庆活动，不得在活动中挂名任职、发贺信贺电、题词、剪彩等。

领导干部原则上不得出席与本职工作无关的节庆活动。

第二十三条 各地区各部门举办的节庆活动，原则上不邀请党和国家领导人出席。确需邀请党和国家领导人出席节庆活动的，举办单位应当提前3个月按归口分别报中央办公厅、全国人大常委会办公厅、国务院办公厅、全国政协办公厅批准。

第二十四条 中央和国家机关各部门主要负责同志出席节庆活动，应当报中央分管领导同志批准；其他负责同志出席活动，应当向主要负责同志报告；其他领导干部出席活动，应当报上级领导批准。

第七章 监督检查

第二十五条 各地区各部门应当严格按照中央有关规定，加强对本地区本部门节庆活动管理工作的组织领导、政策指导和监督检查。

第二十六条 纪检监察、审计机关和财政等部门应当加强对举办节庆活动的监督检查。对擅自举办活动，违规邀请领导干部出席以及领导干部违规出席活动，以举办活动为由向基层、企业和群众收费、摊派、拉赞助，挥霍浪费、滥发钱物等违规违纪行为，依照有关规定严肃处理。

第二十七条 举办节庆活动，应当严格按照有关规定，做好监管、服务工作，制定应急预案，防止安全事故的发生。

第八章 附则

第二十八条 各省（自治区、直辖市）应当根据本办法制定实施细则，并报全国清理和规范庆典研讨会论坛活动工作领导小组备案。中央和国家机关、人民团体、有关社团可以结合工作实际制定具体措施。

第二十九条 国有和国有控股企业举办节庆活动，参照本办法执行。

第三十条 中国人民解放军和中国人民武装警察部队举办节庆活动，按照军队的有关规定执行。

第三十一条 本办法由中央办公厅、国务院办公厅负责解释。

第三十二条 本办法自发布之日起施行。以前有关规定，凡与本办法不一致的，以本办法为准。

全国性文艺新闻出版评奖管理办法

（中共中央办公厅、国务院办公厅2005年3月1日印发）

为适应转变政府职能和文化体制改革的新形势，改变目前全国性文艺、新闻、出版评奖（以下简称全国性评奖）过多过滥的状况，更好地发挥全国性评奖在引导和推动优秀精神文化产品创作生产方面的重要作用，制定本办法。

第一条 全国性评奖是指在全国范围内对文艺、新闻、出版领域的人物、作品进行的评奖活动。包括文艺、新闻、出版领域跨省、自治区、直辖市的各类评奖活动，以及冠以“全国”、“中国”、“中华”等名称的评奖活动。

第二条 全国性评奖必须以邓小平理论和“三个代表”重要思想为指导，坚持为人民服务、为社会主义服务的方向，贯彻百花齐放、百家争鸣的方针，做到贴近实际、贴近生活、贴近群众；坚持正确导向，唱响主旋律，把思想性、艺术性和观赏性有机统一起来；坚持把社会效益放在首位，努力实现社会效益和经济效益的统一；坚持少而精和有利于政府转变职能，有利于推动文化产品面向市场、面向群众的原则，提高公正性、科学性、权威性，引导和激励广大文艺、新闻、出版工作者创作生产更多更好的精神文化产品，满足全面建设小康社会进程中人民群众不断增长的精神文化需求。

第三条 中央宣传部、文化和旅游部、广电总局、国家新闻出版署、国家电影局、国务院新闻办公室等党和国家机关工作部门，以及中国文学艺术界联合会、中国作家协会、中华全国新闻工作者协会、中国出版工作者协会，可举办全国性评奖活动。新闻媒体举办全国性评奖活动，须报上述有举办全国性评奖活动资格的主管部门核准并报中央宣传部审批。任何互联网站、中介组织、企业以及其他单位和个人不得举办全国性评奖活动，也不得以各类大赛、评比、排行榜等形式变相举办全国性评奖活动。

第四条 具有全国性评奖资格的党和国家机关工作部门如确有必要，只设一个评奖项目，各协会要本着少而精的原则严格控制评奖项目数量。所有评奖活动都要严格控制评奖范围、子项数量和获奖名额。

第五条 除新闻类评奖外，其他全国性评奖每届间隔时间不得少于两年。

第六条 建立文化艺术领域授予荣誉称号的制度。对为繁荣发展我国文化艺术作出卓越贡献的作家、艺术家，授予"人民作家"、"人民艺术家"等荣誉称号，具体办法另行规定。

第七条 举办全国性评奖活动的资格审查和奖项，由中央宣传部负责审批。

第八条 申请举办全国性评奖活动，应当在举办评奖活动前4个月向中央宣传部提交申请书；经审核批准的，可举办评奖活动。中央宣传部应当自收到申请书之日起60日内作出批准或者不批准的决定，并通知申请单位。

申请书应当载明下列内容：

（一）评奖主办单位的名称、地址；

（二）评奖项目名称、评奖间隔时间；

（三）评奖范围、经费来源；

（四）所设子项名称、评奖数量；

（五）评奖章程、评委数量及结构；

（六）评奖活动主要负责人的姓名、住址及联系方式；

（七）其他需要载明的事项。

第九条 评奖项目变更名称、评奖范围、分项设置、评奖间隔时间、评奖数量的，应当按照第八条的规定办理审批手续。评奖主办单位变更地址、评奖章程、评奖活动主要负责人或者终止评奖活动的，应当向中央宣传部办理变更登记或者注销登记手续。

第十条 全国性评奖必须有明确的评奖章程、条例和实施细则。评奖过程中必须严格标准，规范程序，质量第一，宁缺勿滥。

第十一条 全国性评奖应当完善作品或人物申报机制，广泛推荐，择优参评。评奖应当建立科学合理的成果评价体系，将演出场次、收视率、采用率、上座率和发行量等作为评选的重要依据，把经过实践检验和得到群众认可作为最终标准。

第十二条 坚持公开、公正的原则，增加评奖透明度，评委评语、评委身份、评奖程序和评奖结果应当向社会公示，加强社会监督。

第十三条 评委应当具有权威性和代表性，实行定期轮换。严格执行评奖回避制度，有作品或个人参评的创作生产单位领导不得担任相关奖项的评委。

第十四条 全国性评奖一律不准向参评者收取报名费、参评费和任何形式的赞助。所有评奖工作人员都应当遵守有关规定，保持廉洁公正。

第十五条 主管部门应当设立群众举报监督电话，对评奖活动的经费来源与使用情况进行监督检查，严肃查处违规违纪行为，坚决制止借评奖敛钱和铺张奢华的行为。对少数管理混乱、问题突出、社会影响不好的奖项，由主管部门限期整改，整改无效的予以取消。

第十六条 所有新闻媒体均不得对擅自举办的全国性评奖活动进行宣传报道。违规进行宣传报道的，依照新闻管理的有关规定予以处理。

第十七条 文艺、新闻、出版行政管理部门及其工作人员违反法律法规和有关规定，侵犯参评单位和个人的合法权益或者在评奖活动中徇私舞弊，构成犯罪的，依法追究其刑事责任；尚不构成犯罪的，给予党纪政纪处分。侵犯他人著作权的评奖活动，依照《中华人民共和国著作权法》予以处理。

第十八条 本办法施行前经中央宣传部批准设立的全国性评奖项目，应当自本办法施行之日起 60 天内依照本办法的规定重新办理审批手续。

第十九条 各省、自治区、直辖市对本地区举办的评奖活动，可以参照本办法的规定制定具体管理办法。

第二十条 本办法由中央宣传部负责解释。

第二十一条 本办法自 2005 年 3 月 1 日起施行。

六、党的纪律建设

中国共产党廉洁自律准则

（中共中央2015年10月18日印发）

中国共产党全体党员和各级党员领导干部必须坚定共产主义理想和中国特色社会主义信念，必须坚持全心全意为人民服务根本宗旨，必须继承发扬党的优良传统和作风，必须自觉培养高尚道德情操，努力弘扬中华民族传统美德，廉洁自律，接受监督，永葆党的先进性和纯洁性。

党员廉洁自律规范

第一条 坚持公私分明，先公后私，克己奉公。

第二条 坚持崇廉拒腐，清白做人，干净做事。

第三条 坚持尚俭戒奢，艰苦朴素，勤俭节约。

第四条 坚持吃苦在前，享受在后，甘于奉献。

党员领导干部廉洁自律规范

第五条 廉洁从政，自觉保持人民公仆本色。

第六条 廉洁用权，自觉维护人民根本利益。

第七条 廉洁修身，自觉提升思想道德境界。

第八条 廉洁齐家，自觉带头树立良好家风。

中共中央纪律检查委员会关于在受理华侨捐献中严禁违反政策和营私舞弊的若干规定

（中共中央 1979 年 10 月 4 日转发）

自从党中央向全国各族人民发出在本世纪末实现四个现代化的伟大号召以来，广大华侨和港澳同胞响应号召，开始愿意投资同国家合办工厂、农牧业和其他事业，还自愿捐款捐物支援祖国社会主义建设。他们有的给家乡公社、大队捐赠农业机械、卡车、化肥、良种、医疗器械；有的捐献机器设备在家乡设厂、兴办学校、修筑公路，发扬了历史上华侨热心兴办公益事业的良好传统。一年多来的实践证明，接受华侨自愿提供的捐献，实现了他们爱国爱乡的愿望，调动了他们的积极性，有利于扩大爱国统一战线，也对我侨乡的生产建设和科学文化事业的发展起着积极作用。各地在受理华侨捐献工作方面，成绩是显著的。

但是，有另一方面的现象值得严重注意：有些部门、单位在受理华侨捐献的过程中，不断发生直接或间接向华侨劝募、伸手要钱要物、变相受贿、套汇逃税等违法乱纪事件。一些社队和有的县级机关团体，向海外和港澳寄出或托人带出函件，发动劝募，索要物资。有个大队托人带出上百份铅印“劝募书”，为我海关截扣。有的单位派人“常驻”深圳，以劝募为专职，有时几个县竞相“接待”一个劝募对象，争取“捐献”。有的则以请客吃饭、座谈、个别交谈等形式，当场向回乡探亲的华侨“劝捐”、“劝募”，使客人感到为难。有的以接受捐献为由，进口物资，却把人民币付给“捐献”者在国内的亲人，实际上是套汇逃税。有的假借某个党政机关的名义办理赠品审批手续后，把捐献的物品据为己有。

有的一再制造各种借口，不履约完成捐献的基建项目，逼骗捐献人一再增加捐献。有的挪用捐款，甚至私分捐款。有的甚至以批准某些人出境等为条件，换取捐献。有的领导干部在受理华侨捐献中私受礼品后，慷国家之慨，请客送礼，甚至低价出售国家物资，等等。这些违反政策和营私舞弊事件，已在政治上造成恶劣影响，损害了国家声誉。虽然国务院在去年十二月发了文件，禁止向华侨发动捐献、索要物资，但这半年多来，问题并未解决，而且越来越严重。为了坚决刹住这种不正之风，中央纪律检查委员会要求各地在贯彻执行国务院（78）252号文件的同时，严格遵守以下七条规定：

1. 我们欢迎华侨的捐献，但必须坚决执行自愿捐献的原则。任何机关、部队、企业、事业、学校、团体、人民公社、生产队等单位及个人，都不得以任何名义向国外华侨和港澳同胞以及中国血统外籍人进行直接或间接的劝募，更不许强迫捐献。

2. 严禁借捐献之名，营私舞弊，变相受贿，托购套汇逃税，为个人或小团体谋取私利。

3. 对华侨自愿捐献的物资，必须用于发展生产、文教、卫生、科技、旅游、公益等社会主义建设事业。严禁接受非生产性的高级消费品。公社和公社以下单位不得接受旅行车、小轿车，已接受的，要报送县人民政府统一安排，用于医疗救护和对外接待。

4. 凡属华侨自愿捐献的款、物，决不允许任何个人占有、占用，严禁贪污挪用。

5. 必须严格执行接受捐献的审批规定。

6. 在受理华侨捐献中，各级干部，特别是领导干部，必须廉洁奉公，以身作则，做遵纪守法的模范。

7. 在受理华侨捐献中违反上述规定的，应根据情节轻重，按党纪国法查处，分别给予批评教育、纪律处理、直至依法制裁。

对检举这方面违法乱纪行为的群众进行打击报复的，必须从严处分。

各省、市、自治区，特别是广东、福建两省，要在群众中广泛地进行一次外事纪律的教育，务使上述规定家喻户晓。各级纪委应在党委领导下，对这一年来受理华侨捐献的情况，在年内进行一次检查。对过去发生的违法乱纪事件，要进行调查，性质严重的要严肃处理，以儆其他。这次检查的结果望于今年底报中央纪律检查委员会和国务院侨务办公室。

中共中央、国务院关于进一步制止党政机关和党政干部经商、办企业的规定

（中共中央、国务院 1986 年 2 月 4 日印发）

1984 年 12 月中共中央、国务院《关于严禁党政机关和党政干部经商、办企业的决定》下达以后，党政机关办的企业大部分已经停办或者同党政机关脱钩；参与经商、办企业的党政干部，大多数已经回到机关工作或辞去党政职务。但是，这股不正之风还没有完全刹住。有的党政机关和党政干部仍采取各种手法继续经商、办企业；有的党政领导干部还继续兼任企业职务；有的家属利用领导干部的关系及影响经商、办企业；经商、办企业中的一些严重违法行为，特别是牵涉到某些领导干部的问题，至今得不到应有的处理。党政机关和党政干部经商、办企业，以权谋私，损公肥私，危害很大。为了坚决刹住这股不正之风，现对几个有关问题进一步规定如下：

一、党政机关，包括各级党委机关和国家权力机关、行政机关、审判机关、检察机关以及隶属这些机关编制序列的事业单位，

一律不准经商、办企业。凡违反规定仍在开办的企业包括应同机关脱钩而未脱钩，或者明脱钩暗不脱钩的，不管原来经过哪一级批准，都必须立即停办，或者同机关彻底脱钩。

二、凡上述机关的干部、职工，包括退居二线的干部，除中央书记处、国务院特殊批准的以外，一律不准在各类企业中担任职务。已经担任企业职务的，必须立即辞职；否则，必须辞去党政机关职务。

在职干部、职工一律不许停薪留职去经商、办企业。已停薪留职的，或者辞去企业职务回原单位复职，或者辞去机关公职。

三、上述机关的离休、退休干部，除中央书记处、国务院批准者外，不得到国营企业任职。如果到非国营企业任职，必须在离休、退休满两年以后，并且不能到原任职机关管辖行业的企业中任职。离休、退休干部到企业任职以后，即不再享受国家规定的离休、退休待遇。

四、凡参与违法经营活动或为其提供方便的干部、职工，要给予党纪政纪处分，其中的领导干部要从重处理。触犯刑律的，要依法惩处。

五、领导干部的子女、配偶，在党政机关及所属编制序列的事业单位工作的，一律不得离职经商、办企业；不在党政机关及所属编制序列的事业单位工作的，不准利用领导干部的影响和关系经商、办企业，非法牟利。对违反规定的，要严肃处理。非法所得，一律没收。

六、党政机关及所属编制序列的事业单位及其干部开办的企业停办以后，应由直接批准的业务主管部门负责清理。由于违法经营导致亏损倒闭、资不抵债，或者造成其他严重后果的，要由直接批准的业务主管部门和企业共同承担经济责任和法律责任，同时还应追究有关人员的责任。

七、工商行政管理机关对申请开办的企业，必须严格按国家有关规定审批，坚持原则，依法办事，失职者要追究责任。各级领导干部对工商行政管理机关依法行使职权不得干预。

八、本规定适用于工会、共青团、妇联、文联、科协和各种协会、学会等群众组织，以及这些组织的干部和职工。这些组织如有特殊情况，需要办非商业性企业的，必须报经国务院或省、自治区、直辖市人民政府批准。

九、为安排青年就业开办的劳动服务公司和乡镇、街道开办的企业存在的问题，由有关部门组织力量调查研究，另作规定。

十、军队机关和军队干部办企业问题，按照1985年5月国务院、中央军委批转《关于军队从事生产经营和对外贸易的暂行规定》的通知办理。有关具体问题，由国务院、中央军委另行规定。

各级党委和政府要坚决贯彻落实上述规定，做到令行禁止。对拒不执行的，要严肃处理，并追究领导责任。各级纪委、工商行政管理机关要与组织、人事、审计、税务、银行、司法等部门密切配合，监督执行。

以前有关各项规定，凡与本规定不一致的，以本规定为准。

中共中央办公厅、国务院办公厅关于县以上党和国家机关退（离）休干部经商办企业问题的若干规定

（中共中央办公厅、国务院办公厅1988年10月3日印发）

严禁党和国家机关及机关干部经商办企业，是党中央、国务院的一贯方针。机关退休（含离休，下同）干部从事经商活动，

容易助长官商不分，使有的人利用原来的工作关系和影响参与倒卖活动，损害国家和群众利益，滋生腐败现象，必须坚决制止。为了保持党政机关的清正廉洁，保证治理经济环境、整顿经济秩序和全面深化改革的顺利进行，更好地发挥老干部的表率作用，遵照党中央和国务院的指示，在严禁党和国家机关及机关在职干部经商办企业的同时，对县以上机关的退休干部经商办企业问题作如下规定：

一、党和国家机关的退休干部，不得兴办商业性企业，不得到这类企业任职，不得在商品买卖中居间取酬，不得以任何形式参与倒卖生产资料和紧俏商品，不得向有关单位索要国家的物资，不得进行金融活动。

二、党和国家机关的退休干部，不得到全民所有制企业和外商投资企业（公司）担任任何领导职务（含名誉职务）和其他管理职务，企业也不得聘请他们任职。已经任职的，必须辞去职务。

三、党和国家机关的退休干部，可以应聘到非全民所有制的非商业性企业任职，但到本人原所在机关主管的行业和企业任职，必须在办理退休手续满两年以后。到这些企业任职的，要经所在机关退休干部管理部门批准，并与聘用单位签订合同。

退休干部应聘到这些企业任职期间，原所在机关应即中止其享受的各项生活待遇，改由企业负责。本人在企业所得报酬数额，最高不得超过其原工资与原机关干部平均奖金之和。退休干部到企业任职，应向原机关如实呈报自己的收入。按此规定执行的，在退出企业后由原机关恢复其原生活待遇；不按此规定执行的，应取消其退休待遇，并不再恢复。

四、党和国家机关的退休干部从事养殖业、种植业生产，进行技术开发、咨询、服务，讲学、写作、翻译，以及从事为改善机关后勤服务而开办小卖部、洗衣房、理发室等经营服务活动，继续按《中共中央、国务院关于严禁党政机关和党政干部经商、办企业的决定》的有关规定执行，取得合理报酬，严格照章纳税，其原享受的退休待遇不变。

五、党和国家机关要加强退休干部的管理工作。对违反本规定的退休干部，其原所在机关应及时纠正；不按规定纠正的，要追究该机关主要负责人的责任。退休干部管理部门和工商行政管理、税务、监察、纪检等部门，要经常检查执行本规定的情况。机关党组织和企业党组织，要切实负起监督的责任。

六、本规定同时适用于县以上工会、妇联、共青团、文联以及各种协会、学会等群众组织的退休干部。

军队机关的退休干部经商办企业问题，由中央军委参照本规定制定具体办法。

政法机关保留企业规范管理若干规定

（中共中央办公厅、国务院办公厅 1999 年 5 月 14 日印发）

为进一步落实中央关于军队、武警部队和政法机关不再从事经商活动的重大决策，巩固政法机关与所办经营性企业彻底脱钩的成果，加强对政法机关保留企业（以下称保留企业）的规范管理，依据《中共中央办公厅、国务院办公厅关于印发〈政法机关不再从事经商活动的实施方案〉的通知》（中办发〔1998〕25 号）精神，现就有关问题规定如下：

一、本规定所规范的保留企业包括：政法机关服务中心和所属事业单位后勤部门开办的为其提供后勤服务的企业；政法机关所属具有独立法人资格的事业单位开办的与自身业务相关的企业；

监狱、劳教所开办的为监狱、劳教生产企业服务的企业；地处边远、偏僻地区的监狱、劳教所为安置干警家属、子女就业开办的企业；过渡性安置企业；保安服务公司；特殊保障性企业。

二、政法机关必须坚持今后不再从事经商活动的原则，与保留企业在经济上彻底脱钩，不得抽调、占用保留企业资产，不得以任何方式在保留企业报销或提取费用，不得为保留企业提供任何形式的经济担保或推销产品。保留企业必须严格遵循为政法机关及所属事业单位提供服务和保障的宗旨。

三、政法机关及所属事业单位要本着“谁主办，谁负责”的原则，加强对保留企业的指导和监督管理，但不得干预企业的正常经营活动。

四、政法机关及所属事业单位和保留企业一律不得接受其他任何企业挂靠。

五、政法机关及所属事业单位负责其保留企业法定代表人的任免、培训、管理和考核。

六、政法机关工作人员不得在保留企业兼职，国家有特殊规定确需兼职的，要按干部管理权限报批。兼职人员只能享受原单位或兼职单位一方的工资、社会保险、福利等待遇。

七、保留企业要依法经营，实行独立核算，自负盈亏，独立承担民事责任，不得利用政法机关的权力和影响开展经营活动，不得延伸办企业。

八、保留企业不得冠以政法机关的名称，已经冠以政法机关名称的必须在规定期限内予以变更。

凡经批准保留的政法机关的接待场所，其名称要一律规范为“××宾馆”、“××招待所”或“××接待中心（站）”，原则上只能用于本系统人员、会议的接待服务。

九、保留企业不得在商标、广告和经营活动中使用政法机关的任何标志。除国家有特殊规定外，保留企业人员在经营活动中，不得使用警械、警具及警用车辆，不得着警服。

十、保留企业要按照国家有关规定加强财务管理，建立健全各项财务规章制度，配备合格的财务会计人员，严格各项收入、支出核算，强化企业资产管理，防止国有资产流失。

十一、保留企业不得从事金融、保险、证券、期货、房地产、旅游、娱乐、矿业等行业的经营活动，不得对外承包或租赁经营。

十二、政法机关所属事业单位和保留企业不得将其在政法机关办公区域内的场地、设施出租。

十三、为政法机关提供后勤保障服务的保留企业，要按照国家关于机关后勤体制改革的总体要求，规范经营行为，提高服务水平，增加保障能力。

十四、政法机关所属院校、科研单位、报社、出版社等事业单位的保留企业，要按照国家关于事业单位体制改革的总体要求，规范经营行为，不得开展与事业单位业务无关的经营活动。

十五、由监狱、劳教所开办的为监狱、劳教生产企业服务的企业，不得开展与监狱、劳教生产企业生产无关的经营活动。

十六、对地处边远、偏僻地区的监狱、劳教所为安置干警家属、子女就业开办的企业，司法行政机关与政府有关部门要积极扶持其发展。

十七、对司法行政机关与劳动和社会保障部门共同开办的为刑释、解教人员作过渡性安置的企业，政府有关部门要扶持其发展。

十八、保安服务公司只能由公安机关独资开办，其他任何单位、部门和个人不得经办保安服务公司。保安服务公司的主要任务是协助公安机关维护社会治安，为社会提供安全防范服务，不得从事生产和商贸活动。公安机关要加强对保安服务公司的领导和管理，规范保安服务行为，完善保安服务管理制度。具体管理办法和经营范围由公安部商有关部门另行制定。

十九、特殊保障性企业要按照政法机关保障需求开展经营活动，其产品、服务价格要由政府价格主管部门核定并加以规范。

二十、保留企业要严格按照国家有关法律法规和政策规定，加强对职工的管理，依法履行劳动合同，并按照属地原则参加社会保险，切实保障职工的合法权益，充分发挥职工的民主管理和民主监督作用。

二十一、保留企业的党组织要充分发挥在企业中的政治核心作用，加强思想政治工作，推进企业精神文明建设。

二十二、保留企业要自觉接受财政（国有资产）、税务、物价、工商行政管理等政府有关部门的监督管理，做到依法经营。

二十三、凡经批准保留的企业，自本规定下发之日起三个月内，持批准文件到原登记机关申请变更登记或备案，已变更登记且符合本规定要求的除外。逾期不办的，由原登记机关按照有关规定予以注销。

二十四、政法机关原则上不再开办新的企业。确需开办的，应按照以下要求，严格履行报批手续：中央各政法机关开办新的企业，由该机关主要负责人审核，报中央政法委员会审批；地方各级政法机关开办新的企业，由省（自治区、直辖市）政法机关主要负责人审核，报省（自治区、直辖市）政法委员会审批，其中省级政法机关开办新的企业报中央政法委员会备案。

二十五、各级党委和人民政府要进一步加强对各级政法机关贯彻中央关于军队、武警部队和政法机关不再从事经商活动决策工作的领导和协调；各级政法机关要认真贯彻落实本规定的各项要求，切实对保留企业负起指导和管理责任；各级纪检监察机关、审计机关要加强监督检查。

二十六、对于违反本规定的行为，要按照有关法律法规和政策和规定，追究保留企业及上级机关和有关单位负责人的责任。

二十七、《政法机关不再从事经商活动的实施方案》中有关监狱、劳教生产企业的具体管理办法，由司法部会同有关部门参照本规定制定，报国务院批准后执行。

二十八、公安机关的看守所、收容教育所、强制戒毒所保留的为教育改造有罪错人员而开办的生产企业，应参照有关监狱、劳教生产企业的管理办法进行规范管理。

二十九、中央各政法机关可根据本规定，制定本系统保留企业规范管理的具体办法。

关于党政机关与所办经济实体脱钩的规定

（中共中央办公厅、国务院办公厅 1993 年 10 月 9 日转发）

随着机构改革的进一步推进，各级党政机关陆续组建了一批公司和企业集团等经济实体，这对于转变政府职能、妥善安置机关分流人员、发展第三产业起到了一定的积极作用。但是，在兴办经济实体中也出现了一些值得注意的问题，如组建政企不分的“翻牌公司（集团）”，以权经商，强买强卖，垄断经营等。这些问题的出现引起了广大企业和群众的不满，对于深化企业改革，加强党的建设和政权建设，建立社会主义市场经济体制极为不利。为及时纠正这些问题，切实落实党中央关于开展反腐败斗争的工作部署，经党中央、国务院同意，现就党政机关与所办经济实体脱钩的若干问题规定如下：

一、县及县以上各级党政机关要坚决贯彻执行《中共中央办公厅、国务院办公厅关于党政机关兴办经济实体和党政机关干部从事经营活动问题的通知》、《中共中央办公厅、国务院办公厅关于机构改革人员分流中几个问题的通知》以及党中央、国务院其他有关规定，不准经商、办企业。

二、县及县以上各级党的机关、人大机关、审判机关、检察机关和政府机关中的公安、安全、监察、司法、审计、税务、工商行政管理、土地管理、海关、技术监督、商检等部门以及办事机构，均不准：

（一）组建任何类型的经济实体；

（二）以部门名义向经济实体投资、入股；

（三）接受各类经济实体的挂靠。

对现有隶属于上述单位的经济实体，各地、各部门要统筹规划，调查研究，提出划转方案，一律限期在明年6月底前转出（司法部门劳改、劳教企业和各机关后勤服务系统按国家规定开展对社会经营服务的，不在此限）。个别因特殊需要，保留或组建经济实体的，须报经国务院或省级人民政府批准。

应划转的经济实体，尽可能划转到大型企业集团或大型综合性公司。在划转时必须清查资产，按规定办理手续，防止国有资产流失。

三、除上述部门外的国家机关，为适应机构改革、转变职能和分流人员等需要，经批准可以组建经济实体（包括企业集团，下同），但必须同时在职能、财务、人员、名称四个方面与机关彻底脱钩。已经设立但尚未脱钩的，也必须在今年年底前脱钩。

（一）各类经济实体不得兼有行政管理和行业管理的职能。

（二）各类经济实体在财务上与机关脱钩，不向机关上交利润和管理费，不为机关报销各种费用。经济实体单独在财政立户，按照国家规定缴纳税费，接受本级财政部门以及监察、审计、税务等部门的监督。

经济实体与机关财务脱钩和脱钩后对机关经费补贴的具体办法，由财政部制定。

（三）党政机关在职干部一律不得兼有机关干部和企业职工双重身份，不得在经济实体中兼职。凡有兼职的，要如实报告，各部门要负责认真清理，逐个审核，确定其辞去一头的职务。要求在10月底以前清理完毕。

（四）各类经济实体一律不得冠以党政机关的名称。凡已使用机关名称的，必须到工商行政管理部门办理更名手续，否则按注销处理。

四、组建企业集团必须坚持企业自愿和政策引导相结合的原则，认真征求企业和各方面意见。不得按行业“装口袋”，强行“捏合”，不得任意上收企业经营权，取消或变相取消企业法人地位。

五、经济实体与行政机关脱钩后，应当自主经营、独立核算、自负盈亏。国家对各类经济实体只实行行业管理、任免主要干部以及必要的监督、服务等事项，不干预其经营管理活动。

六、除法律、法规另有规定外，各级党政机关均不得利用职权，指定任何一家经济实体垄断经营某项业务，也不得限制、排斥本部门以外的经济实体从事与本部门职能有一定联系的经营业务。对某些确需由少数经济实体经营的特殊业务，应依照法律、法规的规定，采取公开、竞争方式，确定有关经济实体经营，防止部门垄断和地区封锁。

七、对于机关分流人员新组建经济实体的开办资金，财政部门应有明确规定，不得挤占正常开支经费。在成立初期确有困难的，可按《中共中央办公厅、国务院办公厅关于机构改革人员分流中几个问题的通知》规定，区别情况，给予一定的扶持。但要制订具体扶持办法，限期过渡（不超过两年）。对扶持资金，要单独列帐，并接受有关部门的监督。

八、政府部门在机构改革中组建新的经济实体，不得干扰其他企业正常的生产经营活动，影响企业贯彻《全民所有制工业企业转换经营机制条例》，不得强行向其他企业平调人、财、物，摊派铺底资金。国家用于扶持行业发展的有关优惠政策、资金等，应在行业内所有企业间公平合理地落实和分配，不得由新组建的经济实体截留。不得赋予新组建的经济实体特殊经营手段，避免形成不合理的竞争条件。

九、各地区、各部门要指定专门机构，制定贯彻落实《中共中央办公厅、国务院办公厅关于党政机关兴办经济实体和党政机关干部从事经营活动问题的通知》、《中共中央办公厅、国务院办公厅关于机构改革人员分流中几个问题的通知》和本规定的具体措施，对党政机关所办的经济实体进行一次认真的检查、清理，凡不符合本规定的，要坚决予以纠正，切实做好经济实体与机关的脱钩、转出工作，并将检查与纠正情况于今年11月底前报国务院，同时报国家经贸委。

关于对党和国家机关工作人员在国内交往中收受的礼品实行登记制度的规定

（中共中央办公厅、国务院办公厅1995年4月30日印发）

第一条 为保持党和国家机关工作人员廉洁从政，加强党风廉政建设，制定本规定。

第二条 党和国家机关工作人员在国内交往中，不得收受可能影响公正执行公务的礼品馈赠，因各种原因未能拒收的礼品，必须登记上交。

党和国家机关工作人员在国内交往（不含亲友之间的交往）中收受的其他礼品，除价值不大的以外，均须登记。

第三条 按照第二条的规定须登记的礼品，自收受礼品之日起（在外地接受礼品的，自回本单位之日起）一个月内由本人如实填写礼品登记表，并将登记表交所在机关指定的受理登记的部门。受理登记的部门可将礼品的登记情况在本机关内公布。

登记的礼品按规定应上交的，与礼品登记表一并上交所在机关指定的受理登记的部门。

第四条 对于收受后应登记、上交的礼品在规定期限内不登记或不如实登记、不上交的，由所在党组织、行政部门或纪检监察机关责令其登记、上交，并给予批评教育或者党纪处分、政务处分或者其他处分。

第五条 本规定所称党和国家机关工作人员，是指党的机关、人大机关、行政机关、政协机关、审判机关、检察机关中从事公务的人员。

国有企业、事业单位的负责人，国家拨给经费的各社会团体中依照法律从事公务的人员，适用本规定。

第六条 本规定由各级党组织和行政部门负责执行，各级纪检监察机关负责监督检查。

第七条 各省、自治区、直辖市应根据本规定，结合本地区的实际，制定具体的礼品登记标准；中共中央直属机关和中央国家机关的礼品登记标准，由中共中央直属机关事务管理局、国务院机关事务管理局制定。各省、自治区、直辖市和中共中央直属机关事务管理局、国务院机关事务管理局还应制定具体的礼品上交处理办法。各省、自治区、直辖市和中共中央直属机关事务管理局、国务院机关事务管理局制定的礼品登记标准和上交处理办法，要报中央纪委国家监委备案。

第八条 本规定由中央纪委国家监委负责解释。

第九条 本规定自发布之日起施行。

附：礼品登记表（略）

关于党政机关工作人员个人证券投资行为若干规定

（中共中央办公厅、国务院办公厅2001年4月3日印发）

第一条 为规范党政机关工作人员个人证券投资行为，促进党政机关工作人员廉洁自律，加强党风廉政建设，促进证券市场健康发展，制定本规定。

第二条 本规定所称党政机关工作人员个人证券投资行为，是指党政机关工作人员将其合法的财产以合法的方式投资于证券市场，买卖股票和证券投资基金的行为。

第三条 党政机关工作人员个人可以买卖股票和证券投资基金。在买卖股票和证券投资基金时，应当遵守有关法律、法规的规定，严禁下列行为：

（一）利用职权、职务上的影响或者采取其他不正当手段，索取或者强行买卖股票、索取或者倒卖认股权证；

（二）利用内幕信息直接或者间接买卖股票和证券投资基金，或者向他人提出买卖股票和证券投资基金的建议；

（三）买卖或者借他人名义持有、买卖其直接业务管辖范围内的上市公司的股票；

（四）借用本单位的公款，或者借用管理和服务对象的资金，或者借用主管范围内的下属单位和个人的资金，或者借用其他与其行使职权有关系的单位和个人的资金，购买股票和证券投资基金；

（五）以单位名义集资买卖股票和证券投资基金；

（六）利用工作时间、办公设施买卖股票和证券投资基金；

（七）其他违反《中华人民共和国证券法》和相关法律、法规的行为。

第四条 上市公司的主管部门以及上市公司的国有控股单位的主管部门中掌握内幕信息的人员及其父母、配偶、子女及其配偶，不准买卖上述主管部门所管理的上市公司的股票。

第五条 国务院证券监督管理机构及其派出机构、证券交易所和期货交易所的工作人员及其父母、配偶、子女及其配偶，不准买卖股票。

第六条 本人的父母、配偶、子女及其配偶在证券公司、基金管理公司任职的，或者在由国务院证券监督管理机构授予证券期货从业资格的会计（审计）师事务所、律师事务所、投资咨询机构、资产评估机构、资信评估机构任职的，该党政机关工作人员不得买卖与上述机构有业务关系的上市公司的股票。

第七条 掌握内幕信息的党政机关工作人员，在离开岗位三个月内，继续受本规定的约束。

由于新任职务而掌握内幕信息的党政机关工作人员，在任职前已持有的股票和证券投资基金必须在任职后一个月内作出处理，不得继续持有。

第八条 各综合性经济管理部门及行业管理部门，应当根据工作性质，对其工作人员进入证券市场的行为作出限制性规定，报中央纪委国家监委备案。

第九条 党政机关工作人员违反本规定的，应当给予党纪处分、政务处分或者其他处分；有犯罪嫌疑的，移送司法机关依法处理。有违法所得的，应当予以没收。

第十条 本规定所称党政机关工作人员，是指党的机关、人大机关、行政机关、政协机关、审判机关、检察机关中的工作人员。依照公务员制度管理的事业单位，具有行政管理职能和行政执法职能的企业、事业单位，以及工会、共青团、妇联、文联、作协、科协等群众团体机关中的工作人员；各级党政机关、工会、共青团、妇联、文联、作协、科协等群众团体机关所属事业单位中的工作人员适用本规定。

第十一条 除买卖股票和证券投资基金外，买卖其他股票类证券及其衍生产品，适用本规定。

第十二条 本规定由中央纪委国家监委负责解释。

第十三条 本规定自发布之日起施行。对于本规定发布前党政机关工作人员利用职权或者职务上的影响购买、收受“原始股”，以及其他违反当时规定买卖股票的行为，应当继续依照原有的规定予以查处。

国有企业领导人员廉洁从业若干规定

（中共中央办公厅、国务院办公厅 2009 年 7 月 1 日印发）

第一章 总 则

第一条 为规范国有企业领导人员廉洁从业行为，加强国有企业反腐倡廉建设，维护国家和出资人利益，促进国有企业科学发展，依据国家有关法律法规和党内法规，制定本规定。

第二条 本规定适用于国有独资企业、国有控股企业（含国有独资金融企业和国有控股金融企业）及其分支机构的领导班子成员。

第三条 国有企业领导人员应当遵守国家法律法规和企业规章制度，依法经营、开拓创新、廉洁从业、诚实守信，切实维护国家利益、企业利益和职工合法权益，努力实现国有企业又好又快发展。

第二章 廉洁从业行为规范

第四条 国有企业领导人员应当切实维护国家和出资人利益。不得有滥用职权、损害国有资产权益的下列行为：

（一）违反决策原则和程序决定企业生产经营的重大决策、重要人事任免、重大项目安排及大额度资金运作事项；

（二）违反规定办理企业改制、兼并、重组、破产、资产评估、产权交易等事项；

（三）违反规定投资、融资、担保、拆借资金、委托理财、为他人代开信用证、购销商品和服务、招标投标等；

（四）未经批准或者经批准后未办理保全国有资产的法律手续，以个人或者其他名义用企业资产在国（境）外注册公司、投资入股、购买金融产品、购置不动产或者进行其他经营活动；

（五）授意、指使、强令财会人员进行违反国家财经纪律、企业财务制度的活动；

（六）未经履行国有资产出资人职责的机构和人事主管部门批准，决定本级领导人员的薪酬和住房补贴等福利待遇；

（七）未经企业领导班子集体研究，决定捐赠、赞助事项，或者虽经企业领导班子集体研究但未经履行国有资产出资人职责的机构批准，决定大额捐赠、赞助事项；

（八）其他滥用职权、损害国有资产权益的行为。

第五条 国有企业领导人员应当忠实履行职责。不得有利用职权谋取私利以及损害本企业利益的下列行为：

（一）个人从事营利性经营活动和有偿中介活动，或者在本企业的同类经营企业、关联企业和与本企业有业务关系的企业投资入股；

（二）在职或者离职后接受、索取本企业的关联企业、与本企业有业务关系的企业，以及管理和服务对象提供的物质性利益；

（三）以明显低于市场的价格向请托人购买或者以明显高于市场的价格向请托人出售房屋、汽车等物品，以及以其他交易形式非法收受请托人财物；

（四）委托他人投资证券、期货或者以其他委托理财名义，未实际出资而获取收益，或者虽然实际出资，但获取收益明显高于出资应得收益；

（五）利用企业上市或者上市公司并购、重组、定向增发等过程中的内幕消息、商业秘密以及企业的知识产权、业务渠道等无形资产或者资源，为本人或者配偶、子女及其他特定关系人谋取利益；

（六）未经批准兼任本企业所出资企业或者其他企业、事业单位、社会团体、中介机构的领导职务，或者经批准兼职的，擅自领取薪酬及其他收入；

（七）将企业经济往来中的折扣费、中介费、佣金、礼金，以及因企业行为受到有关部门和单位奖励的财物等据为己有或者私分；

（八）其他利用职权谋取私利以及损害本企业利益的行为。

第六条 国有企业领导人员应当正确行使经营管理权，防止可能侵害公共利益、企业利益行为的发生。不得有下列行为：

（一）本人的配偶、子女及其他特定关系人，在本企业的关联企业、与本企业有业务关系的企业投资入股；

（二）将国有资产委托、租赁、承包给配偶、子女及其他特定关系人经营；

（三）利用职权为配偶、子女及其他特定关系人从事营利性经营活动提供便利条件；

（四）利用职权相互为对方及其配偶、子女和其他特定关系人从事营利性经营活动提供便利条件；

（五）本人的配偶、子女及其他特定关系人投资或者经营的企业与本企业或者有出资关系的企业发生可能侵害公共利益、企业利益的经济业务往来；

（六）按照规定应当实行任职回避和公务回避而没有回避；

（七）离职或者退休后三年内，在与原任职企业有业务关系的私营企业、外资企业和中介机构担任职务、投资入股，或者在上述企业或者机构从事、代理与原任职企业经营业务相关的经营活动；

（八）其他可能侵害公共利益、企业利益的行为。

第七条 国有企业领导人员应当勤俭节约，依据有关规定进行职务消费。不得有下列行为：

（一）超出报履行国有资产出资人职责的机构备案的预算进行职务消费；

（二）将履行工作职责以外的费用列入职务消费；

（三）在特定关系人经营的场所进行职务消费；

（四）不按照规定公开职务消费情况；

（五）用公款旅游或者变相旅游；

（六）在企业发生非政策性亏损或者拖欠职工工资期间，购买或者更换小汽车、公务包机、装修办公室、添置高档办公设备等；

（七）使用信用卡、签单等形式进行职务消费，不提供原始凭证和相应的情况说明；

（八）其他违反规定的职务消费以及奢侈浪费行为。

第八条 国有企业领导人员应当加强作风建设，注重自身修养，增强社会责任意识，树立良好的公众形象。不得有下列行为：

（一）弄虚作假，骗取荣誉、职务、职称、待遇或者其他利益；

（二）大办婚丧喜庆事宜，造成不良影响，或者借机敛财；

（三）默许、纵容配偶、子女和身边工作人员利用本人的职权和地位从事可能造成不良影响的活动；

（四）用公款支付与公务无关的娱乐活动费用；

（五）在有正常办公和居住场所的情况下用公款长期包租宾馆；

（六）漠视职工正当要求，侵害职工合法权益；

（七）从事有悖社会公德的活动。

第三章 实施与监督

第九条 国有企业应当依据本规定制定规章制度或者将本规定的要求纳入公司章程，建立健全监督制约机制，保证本规定的贯彻执行。

国有企业党委（党组）书记、董事长、总经理为本企业实施本规定的主要责任人。

第十条 国有企业领导人员应当将贯彻落实本规定的情况作为民主生活会对照检查、年度述职述廉和职工代表大会民主评议的重要内容，接受监督和民主评议。

第十一条 国有企业应当明确决策原则和程序，在规定期限内将生产经营的重大决策、重要人事任免、重大项目安排及大额度资金运作事项的决策情况报告履行国有资产出资人职责的机构，将涉及职工切身利益的事项向职工代表大会报告。

需经职工代表大会讨论通过的事项，应当经职工代表大会讨论通过后实施。

第十二条 国有企业应当完善以职工代表大会为基本形式的企业民主管理制度，实行厂务公开制度，并报履行国有资产出资人职责的机构备案。

第十三条 国有企业应当按照有关规定建立健全职务消费制度，报履行国有资产出资人职责的机构备案，并将职务消费情况作为厂务公开的内容向职工公开。

第十四条 国有企业领导人员应当按年度向履行国有资产出资人职责的机构报告兼职、投资入股、国（境）外存款和购置不动产情况，配偶、子女从业和出国（境）定居及有关情况，以及本人认为应当报告的其他事项，并以适当方式在一定范围内公开。

第十五条 国有企业应当结合本规定建立领导人员从业承诺制度，规范领导人员从业行为以及离职和退休后的相关行为。

第十六条 履行国有资产出资人职责的机构和人事主管部门应当结合实际，完善国有企业领导人员的薪酬管理制度，规范和完善激励和约束机制。

第十七条 纪检监察机关、组织人事部门和履行国有资产出资人职责的机构，应当对国有企业领导人员进行经常性的教育和监督。

第十八条 履行国有资产出资人职责的机构和审计部门应当依法开展各项审计监督，严格执行国有企业领导人员任期和离任经济责任审计制度，建立健全纪检监察和审计监督工作的协调运行机制。

第十九条 各级纪检监察机关、组织人事部门和履行国有资产出资人职责机构的纪检监察机构，应当对所管辖的国有企业领导人员执行本规定的情况进行监督检查。

国有企业的纪检监察机构应当结合年度考核，每年对所管辖的国有企业领导人员执行本规定的情况进行监督检查，并作出评估，向企业党组织和上级纪检监察机构报告。

对违反本规定行为的检举和控告，有关机构应当及时受理，并作出处理决定或者提出处理建议。

对违反本规定行为的检举和控告符合函询条件的，应当按规定进行函询。

对检举、控告违反本规定行为的职工进行打击报复的，应当追究相关责任人的责任。

第二十条 各级组织人事部门和履行国有资产出资人职责的机构，应当将廉洁从业情况作为对国有企业领导人员考察、考核的重要内容和任免的重要依据。

第二十一条 国有企业的监事会应当依照有关规定加强对国有企业领导人员廉洁从业情况的监督。

按照本规定第十一条至第十四条向履行国有资产出资人职责的机构报告、备案的事项，应当同时抄报本企业监事会。

第四章 违反规定行为的处理

第二十二条 国有企业领导人员违反本规定第二章所列行为规范的，视情节轻重，由有关机构按照管理权限分别给予警示谈话、调离岗位、降职、免职处理。

应当追究纪律责任的，除适用前款规定外，视情节轻重，依照国家有关法律法规给予相应的处分。

对于其中的共产党员，视情节轻重，依照《中国共产党纪律处分条例》给予相应的党纪处分。

涉嫌犯罪的，依法移送司法机关处理。

第二十三条 国有企业领导人员受到警示谈话、调离岗位、降职、免职处理的，应当减发或者全部扣发当年的绩效薪金、奖金。

第二十四条 国有企业领导人员违反本规定获取的不正当经济利益，应当责令清退；给国有企业造成经济损失的，应当依据国家或者企业的有关规定承担经济赔偿责任。

第二十五条 国有企业领导人员违反本规定受到降职处理的，两年内不得担任与其原任职务相当或者高于其原任职务的职务。

受到免职处理的，两年内不得担任国有企业的领导职务；因违反国家法律，造成国有资产重大损失被免职的，五年内不得担任国有企业的领导职务。

构成犯罪被判处刑罚的，终身不得担任国有企业的领导职务。

第五章　附　　则

第二十六条 国有企业领导班子成员以外的对国有资产负有经营管理责任的其他人员、国有企业所属事业单位的领导人员参照本规定执行。

国有参股企业（含国有参股金融企业）中对国有资产负有经营管理责任的人员参照本规定执行。

第二十七条 本规定所称履行国有资产出资人职责的机构，包括作为国有资产出资人代表的各级国有资产监督管理机构、尚未实行政资分开代行出资人职责的政府主管部门和其他机构以及授权经营的母公司。

本规定所称特定关系人，是指与国有企业领导人员有近亲属以及其他共同利益关系的人。

第二十八条 国务院国资委，各省、自治区、直辖市，可以根据本规定制定实施办法，并报中央纪委国家监委备案。

中国银保监会、中国证监会，中央管理的国有独资金融企业和国有控股金融企业，可以结合金融行业的实际，制定本规定的补充规定，并报中央纪委国家监委备案。

第二十九条 本规定由中央纪委国家监委商中央组织部解释。

第三十条 本规定自发布之日起施行。2004年发布的《国有企业领导人员廉洁从业若干规定（试行）》同时废止。

现行的其他有关规定，凡与本规定不一致的，依照本规定执行。

农村基层干部廉洁履行职责若干规定（试行）

（中共中央办公厅、国务院办公厅2011年5月23日印发）

为进一步加强农村党风廉政建设，促进农村基层干部廉洁履行职责，维护农村集体和农民群众利益，推动农村科学发展，促进农村社会和谐，依据《中国共产党章程》和其他有关党内法规、国家法律法规，制定本规定。

总　　则

农村党风廉政建设关系党的执政基础。农村基层干部廉洁履行职责，是坚持以邓小平理论和"三个代表"重要思想为指导，深入贯彻落实科学发展观，全面贯彻落实党的路线方针政策，加快推进社会主义新农村建设的重要保障；是新形势下加强党的执政能力建设和先进性建设，造就高素质农村基层干部队伍的重要内容；是保证农村基层干部正确行使权力，发展基层民主，保障农民权益，促进农村和谐稳定的重要基础，是加强和创新社会管理，做好新形势下群众工作，密切党群干群关系的必然要求。

农村基层干部应当坚定理想信念，牢记和践行全心全意为人民服务的宗旨，恪尽职守、为民奉献；应当发扬党的优良传统和作风，求真务实、艰苦奋斗；应当遵守党的纪律和国家法律，知法守法、依法办事；应当正确履行职责和自觉接受监督，清正廉洁、公道正派；应当倡导健康文明的社会风尚，崇尚科学、移风易俗。

第一章　乡镇领导班子成员和基层站所负责人廉洁履行职责行为规范

第一条　禁止滥用职权，侵害群众合法权益。不准有下列行为：

（一）非法征占、侵占、“以租代征”转用、买卖农村土地和森林、山岭、草原、荒地、滩涂、水面等资源；

（二）违反乡镇土地利用总体规划、村镇建设规划和基本农田保护规定进行审批和建设；

（三）侵占、截留、挪用、挥霍或者违反规定借用农村集体财产或者各项强农惠农资金、物资以及征地补偿费等；

（四）违反规定干预、插手农村村级组织选举或者农村集体资金、资产、资源的使用、分配、承包、租赁以及农村工程建设等事项；

（五）违反规定扣押、收缴群众款物或者处罚群众；

（六）对发现的严重侵害群众合法权益的违纪违法行为隐瞒不报、压案不查；

（七）其他滥用职权，侵害群众合法权益的行为。

第二条　禁止利用职务之便，谋取不正当利益。不准有下列行为：

（一）索取、收受或者以借为名占用管理、服务对象财物，或者吃拿卡要；

（二）在管理、服务活动中违反规定收取费用或者谋取私利；

（三）用公款或者由村级组织、乡镇企业、私营企业报销、支付应当由个人负担的费用；

（四）设立“小金库”，侵吞、截留、挪用、坐支公款；

（五）利用职权和职务上的影响为亲属谋取利益；

（六）其他利用职务之便，为本人或者他人谋取不正当利益的行为。

第三条 禁止搞不正之风，损害党群干群关系。不准有下列行为：

（一）违反规定选拔任用干部，或者在乡镇党委和政府换届选举中拉票贿选，败坏选人用人风气；

（二）弄虚作假，骗取荣誉和其他利益；

（三）在社会保障、政策扶持、救灾救济款物分配等事项中违规办事、显失公平；

（四）漠视群众正当诉求，或者对待群众态度恶劣，故意刁难群众；

（五）大吃大喝，公款旅游，或者违反规定配备、使用小汽车；

（六）大操大办婚丧喜庆事宜，或者借机敛财。

第二章　村党组织领导班子成员和村民委员会成员廉洁履行职责行为规范

第四条 禁止在村级组织选举中拉票贿选、破坏选举。不准有下列行为：

（一）违反法定程序组织、参与选举，或者伪造选票、虚报选举票数、篡改选举结果；

（二）采取暴力、威胁、欺骗、贿赂等不正当手段参选或者妨害村民依法行使选举权、被选举权；

（三）利用宗教、宗族、家族势力或者黑恶势力干扰、操纵、破坏选举。

第五条 禁止在村级事务决策中独断专行、以权谋私。不准有下列行为：

（一）违反规定处置集体资金、资产、资源，或者擅自用集体财产为他人提供担保，损害集体利益；

（二）违法违规发包集体土地、调整收回农民承包土地、强迫或者阻碍农民流转土地承包经营权，非法转让、出租集体土地，或者违反规定强制调整农民宅基地；

（三）在政府拨付和接受社会捐赠的各类救灾救助、补贴补助资金、物资以及退耕还林退牧还草款物、征地补偿费使用分配发放等方面违规操作、挪用、侵占，或者弄虚作假、优亲厚友；

（四）在集体资金使用、集体经济项目和工程建设项目立项及承包、宅基地使用安排以及耕地、山林等集体资源承包、租赁、流转等经营活动中暗箱操作，为本人或者他人谋取私利；

（五）违背村民意愿超范围、超标准向村民筹资筹劳，加重村民负担，或者向村民乱集资、乱摊派、乱收费。

第六条 禁止在村级事务管理中滥用职权、损公肥私。不准有下列行为：

（一）采取侵占、截留、挪用、私分、骗取等手段非法占有集体资金、资产、资源或者其他公共财物；

（二）在计划生育、落户、殡葬等各项管理、服务工作中或者受委托从事公务活动时，吃拿卡要、故意刁难群众或者收受、索取财物；

（三）违反规定无据收（付）款，不按审批程序报销发票，或者设立“小金库”，隐瞒、截留、坐支集体收入；

（四）以虚报、冒领等手段套取、骗取或者截留、私分国家对集体土地的补偿、补助费以及各项强农惠农补助资金、项目扶持资金；

（五）未经批准擅自借用集体款物或者经批准借用集体款物但逾期不还，或者违反规定用集体资金、公物操办个人婚丧喜庆事宜；

（六）以办理村务为名，请客送礼、大吃大喝，挥霍浪费集体资金，或者滥发奖金、补贴，用集体资金支付应当由个人负担的费用。

第七条 禁止在村级事务监督中弄虚作假、逃避监督。不准有下列行为：

（一）不按照规定实行民主理财，或者伪造、变造、隐匿、销毁财务会计资料；

（二）阻挠、干扰村民依法行使询问质询权、罢免权等监督权利；

（三）阻挠、干扰经济责任审计以及其他重大事项的审计；

（四）阻挠、干扰有关机关、部门依法进行的监督检查或者案件查处。

第八条 禁止妨害和扰乱社会管理秩序。不准有下列行为：

（一）参与、纵容、支持黑恶势力活动；

（二）组织、参与宗族宗派纷争或者聚众闹事；

（三）参与色情、赌博、吸毒、迷信、邪教等活动或者为其提供便利条件；

（四）违反计划生育政策或者纵容、支持他人违反计划生育政策。

第三章 实施与监督

第九条 各级党委和政府负责本规定的贯彻实施。开展教育培训，完善考评激励，落实待遇保障，加强监督检查，促进农村基层干部自觉贯彻执行本规定。

第十条 各级党委和政府应当结合本规定的贯彻实施建立健

全农村基层党务公开、政务公开、村务公开和办事公开制度以及农村基层干部经济责任审计制度，推进农村基层权力运行公开透明。

第十一条 县（市、区、旗）党委和政府每年应当对乡镇领导班子成员执行本规定的情况进行一次检查考核。

县（市、区、旗）有关主管部门每年应当按照干部管理权限对基层站所负责人执行本规定的情况进行一次检查考核。检查考核时应当充分听取基层站所所在地的乡镇党委和政府的意见，并将考核结果通报乡镇党委和政府。

乡镇党委和政府每年应当对村党组织领导班子成员和村民委员会成员执行本规定的情况进行一次检查考核。

第十二条 纪检监察机关协助同级党委和政府或者根据职责开展对本规定贯彻实施情况的监督检查，依纪依法查处农村基层干部违反本规定的行为。

第十三条 村党组织和村民委员会应当依据本规定完善村规民约，建立廉政承诺制度，健全监督制约机制，保证本规定的贯彻执行。

第十四条 村党组织和村民委员会应当结合贯彻执行本规定健全党组织领导的村级民主自治机制。对村级重大事务实行村党组织提议、村党组织和村民委员会商议、党员大会审议、村民会议或者村民代表会议决议，决议内容和实施结果应当公开。

第十五条 村党组织和村民委员会应当结合贯彻执行本规定建立健全党务公开、村务公开和财务公开制度。

第十六条 村党组织领导班子成员和村民委员会成员应当将贯彻执行本规定的情况作为民主生活会对照检查、年度述职述廉和民主评议的重要内容，接受党员和村民的监督。

第十七条 村务监督委员会或者其他形式的村务监督机构应

当依法履行监督职责，对村民委员会成员执行本规定的情况进行监督。

第十八条 村民代表可以对村民委员会成员执行本规定的情况进行询问和质询。

第十九条 农村基层干部遵守本规定的情况应当作为对其奖励惩处、考核评价、选拔任用、考录的重要依据。

第四章 违反规定行为的处理

第二十条 乡镇领导班子成员和基层站所负责人有违反本规定第一章所列行为的，视情节轻重，由有关机关、部门依照职责权限给予诫勉谈话、通报批评、调离岗位、责令辞职、免职、降职等处理。

需要给予处分的，依照有关规定办理。

乡镇党委和政府领导班子成员因工作失职，应当进行问责的，依照《关于实行党政领导干部问责的暂行规定》处理。

涉嫌犯罪的，移送司法机关依法处理。

第二十一条 村党组织领导班子成员有违反本规定第二章所列行为的，视情节轻重，由有关机关、部门依照职责权限给予警示谈话、责令公开检讨、通报批评、停职检查、责令辞职、免职等处理。

应当追究党纪责任的，依照《中国共产党纪律处分条例》给予相应的党纪处分。

涉嫌犯罪的，移送司法机关依法处理。

第二十二条 村民委员会成员有违反本规定第二章所列行为的，视情节轻重，由有关机关、部门依照职责权限给予警示谈话、责令公开检讨、通报批评、取消当选资格等处理或者责令其辞职，拒不辞职的，依照《中华人民共和国村民委员会组织法》的规定予以罢免。

对其中的党员，应当追究党纪责任的，依照《中国共产党纪律处分条例》给予相应的党纪处分。

涉嫌犯罪的，移送司法机关依法处理。

第二十三条 农村基层干部违反本规定获取的不正当经济利益，应当依法予以没收、追缴或者责令退赔；给国家、集体或者村民造成损失的，应当依照有关规定承担赔偿责任。

第二十四条 村党组织领导班子成员和村民委员会成员受到本规定第二十一条、第二十二条处理的，由县（市、区、旗）或者乡镇党委和政府按照规定减发或者扣发绩效补贴（工资）、奖金。

第二十五条 村党组织领导班子成员和村民委员会成员中的党员因违反本规定受到撤销党内职务处分的，或者受到留党察看处分恢复党员权利后，两年内不得担任村党组织领导班子成员；被责令辞职、免职的，一年内不得担任村党组织领导班子成员。

第五章 附 则

第二十六条 本规定适用于乡镇党委和政府领导班子成员、人大主席团负责人、基层站所负责人，村（社区）党组织（含党委、总支、支部）领导班子成员、村（居）民委员会成员。

乡镇其他干部、基层站所其他工作人员，农村集体经济组织中的党组织（含党委、总支、支部）领导班子成员、农村集体经济组织负责人，村民小组负责人，参照执行本规定。

第二十七条 各省、自治区、直辖市党委和政府可以根据本规定，结合实际情况制定具体实施办法，并报中央纪委国家监委备案。

第二十八条 本规定由中央纪委国家监委负责解释。

第二十九条 本规定自发布之日起施行。

中共中央纪委关于严格禁止利用职务上的便利谋取不正当利益的若干规定

（中共中央纪律检查委员会2007年5月29日印发）

根据中央纪委第七次全会精神，为贯彻落实标本兼治、综合治理、惩防并举、注重预防的反腐倡廉方针，针对当前查办违纪案件工作中发现的新情况、新问题，特对国家工作人员中的共产党员提出并重申以下纪律要求：

一、严格禁止利用职务上的便利为请托人谋取利益，以下列交易形式收受请托人财物：

（1）以明显低于市场的价格向请托人购买房屋、汽车等物品；

（2）以明显高于市场的价格向请托人出售房屋、汽车等物品；

（3）以其他交易形式非法收受请托人财物。

前款所列市场价格包括商品经营者事先设定的不针对特定人的最低优惠价格。根据商品经营者事先设定的各种优惠交易条件，以优惠价格购买商品的，不属于违纪。

二、严格禁止利用职务上的便利为请托人谋取利益，收受请托人提供的干股。

干股是指未出资而获得的股份。进行了股权转让登记，或者相关证据证明股份发生了实际转让的，违纪数额按转让行为时股份价值计算，所分红利按违纪孳息处理。股份未实际转让，以股份分红名义获取利益的，实际获利数额应当认定为违纪数额。

三、严格禁止利用职务上的便利为请托人谋取利益，由请托人出资，“合作”开办公司或者进行其他“合作”投资。

利用职务上的便利为请托人谋取利益，以合作开办公司或者其他合作投资的名义，没有实际出资和参与管理、经营而获取“利润”的，以违纪论处。

四、严格禁止利用职务上的便利为请托人谋取利益，以委托请托人投资证券、期货或者其他委托理财的名义，未实际出资而获取“收益”，或者虽然实际出资，但获取“收益”明显高于出资应得收益。

五、严格禁止利用职务上的便利为请托人谋取利益，通过赌博方式收受请托人财物。

执行中应注意区分前款所列行为与赌博活动、娱乐活动的界限。具体认定时，主要应当结合以下因素进行判断：（1）赌博的背景、场合、时间、次数；（2）赌资来源；（3）其他赌博参与者有无事先通谋；（4）输赢钱物的具体情况和金额大小。

六、严格禁止利用职务上的便利为请托人谋取利益，要求或者接受请托人以给特定关系人安排工作为名，使特定关系人不实际工作却获取所谓薪酬。

特定关系人，是指与国家工作人员有近亲属、情妇（夫）以及其他共同利益关系的人。

七、严格禁止利用职务上的便利为请托人谋取利益，授意请托人以本规定所列形式，将有关财物给予特定关系人。

特定关系人中的共产党员与国家工作人员通谋，共同实施前款所列行为的，对特定关系人以共同违纪论处。特定关系人以外的其他人与国家工作人员通谋，由国家工作人员利用职务上的便利为请托人谋取利益，收受请托人财物后双方共同占有的，以共同违纪论处。

八、严格禁止利用职务上的便利为请托人谋取利益之前或者之后，约定在其离职后收受请托人财物，并在离职后收受。

离职前后连续收受请托人财物的，离职前后收受部分均应计入违纪数额。

九、利用职务上的便利为请托人谋取利益，收受请托人房屋、汽车等物品，未变更权属登记或者借用他人名义办理权属变更登记的，不影响违纪的认定。

认定以房屋、汽车等物品为对象的违纪，应注意与借用的区分。具体认定时，除双方交待或者书面协议之外，主要应当结合以下因素进行判断：（1）有无借用的合理事由；（2）是否实际使用；（3）借用时间的长短；（4）有无归还的条件；（5）有无归还的意思表示及行为。

十、收受请托人财物后及时退还或者上交的，不是违纪。

违纪后，因自身或者与违纪有关联的人、事被查处，为掩饰违纪而退还或者上交的，不影响认定违纪。

各级纪律检查机关在办案中发现有本规定所列禁止行为的，依照《中国共产党纪律处分条例》第八十五条等有关规定处理。

关于纪委协助党委组织协调反腐败工作的规定（试行）

（中共中央纪律检查委员会2005年7月26日印发）

第一章　总　　则

第一条　为了切实保障纪委履行协助党委组织协调反腐败工作的职责，充分发挥有关部门在反腐败工作中的职能作用，形成反腐败合力，促进反腐败工作深入开展，根据《中国共产党章程》和其他有关党内法规，制定本规定。

第二条　纪委协助党委组织协调反腐败工作（以下简称组织协调工作），是指纪委在同级党委的领导下，按照同级党委和上级纪委的总体部署和要求，协助同级党委研究、部署、协调、督促检查反腐败各项工作。

第三条 纪委开展组织协调工作，应当坚持党要管党、从严治党，坚持标本兼治、综合治理、惩防并举、注重预防，坚持依照党内法规和国家法律，各司其职。

第二章 组织协调的主要任务

第四条 贯彻落实《建立健全教育、制度、监督并重的惩治和预防腐败体系实施纲要》，围绕领导干部廉洁从政，纠正损害群众利益的不正之风，查办违纪违法案件，从源头上预防和治理腐败等开展工作。

第五条 根据同级党委的要求和实际情况，研究反腐败工作的重要问题，及时向同级党委提出意见和建议。

第六条 根据同级党委和上级纪委关于反腐败工作的总体部署和要求，按照有关部门的职责进行任务分解，明确责任，提出要求，组织落实。

第七条 加强与各方面的联系和沟通，协调有关部门的关系，解决工作中的矛盾和问题。

第八条 对有关部门承担的反腐败任务落实情况进行督促检查。

第三章 组织协调的程序

第九条 纪委进行组织协调工作应当遵循以下步骤：

（一）确定需要组织协调的事项；

（二）召集有关部门研究、制定实施方案；

（三）组织实施；

（四）督促检查有关部门承担任务的进展情况；

（五）要求有关部门书面报告承担任务的落实情况；

（六）向党委报告组织协调事项完成情况。

第十条 纪委组织协调的事项除同级党委和上级纪委交办的以外，根据需要，由纪委常委会或者纪委分管领导确定；纪委认为重要的组织协调事项，应当报同级党委或者党委主要负责人批准并报上一级纪委备案。

有关部门认为需要纪委组织协调的事项，可以向纪委提出建议，由纪委决定或者由纪委报党委决定。

第十一条 经纪委组织协调确定的事项，应当以实施意见、工作安排意见、会议纪要等书面形式交有关部门实施；在查办案件中，因紧急或者保密等特殊情况，经纪委分管办案工作的领导同意，也可以采取当面通知或者电话通知等方式向有关部门提出，但应当作好记录，留案备查，事后应当及时补办相关手续。

实施意见、工作安排意见、会议纪要等文件的内容应当包括：部署或确定的事项、牵头部门和参与部门、工作任务分工和要求等。

第十二条 纪委对有关部门承担的反腐败任务落实情况的督促检查，可以采取听取汇报、按规定调阅有关材料、听取有关人员意见、实地了解情况、要求书面报告等方式定期或者不定期进行。

对在督促检查中发现的问题，纪委应当采取相应措施帮助解决或者及时纠正，重要问题应当及时向党委报告。

第十三条 有关部门在落实所承担的反腐败任务中遇到的问题，应当及时向纪委报告。纪委应当根据情况，采取相应措施，必要时可以召开由有关部门参加的协调会议加以解决；经协调不能取得一致意见的，由纪委提请党委决定。

第四章 组织协调的保障

第十四条 党委应当加强对纪委组织协调工作的领导，明确任务和要求，支持纪委履行组织协调职责。

第十五条 纪委应当依照党内法规和国家法律开展组织协调工作，正确处理与有关部门在反腐败工作中的关系，支持、配合有关部门的工作，保证反腐败各项任务的落实。

第十六条 有关部门应当支持、配合纪委履行组织协调职责，对经纪委组织协调确定的任务和要求，应当依照法定职责和程序各司其职，各负其责，加强协作配合，并接受纪委的督促检查。

第十七条 有关部门党政领导班子和领导干部应当按照《关于实行党风廉政建设责任制的规定》，对本部门承担的反腐败任务切实负起领导责任，并组织实施。

第十八条 巡视工作机构应当把纪委组织协调事项落实情况作为巡视工作的一项重要内容，加强监督。

第十九条 违反本规定不履行或者不正确履行职责的，由党委或者纪委对责任人给予批评教育或者予以组织处理，并责令限期改正；情节严重或者造成严重后果的，依纪依法追究纪律责任；涉嫌犯罪的，移送司法机关依法处理。

第五章 附 则

第二十条 各省、自治区、直辖市党委，国务院国有资产监督管理委员会党委，中国银行业监督管理委员会、中国证券监督管理委员会、中国保险监督管理委员会以及其他实行垂直管理部门的党委（党组），可以根据本规定，结合各自工作的实际情况，制定实施办法，报中共中央纪律检查委员会备案。

中国人民解放军和中国人民武装警察部队的纪委协助党委组织协调反腐败工作的规定，由中央军委参照本规定制定。

第二十一条 本规定由中共中央纪律检查委员会负责解释。

第二十二条 本规定自发布之日起施行。

ISBN 978-7-5216-2168-6

9 787521 621686 >

图书在版编目（CIP）数据

党的自身建设法规汇编／中国法制出版社编．—北京：中国法制出版社，2022.1
（党内法规汇编系列）
ISBN 978-7-5216-2168-6

Ⅰ.①党… Ⅱ.①中… Ⅲ.①中国共产党-党的纪律-法规-汇编 Ⅳ.①D262.6

中国版本图书馆 CIP 数据核字（2021）第 189088 号

责任编辑：熊林林　　封面设计：杨鑫宇

党的自身建设法规汇编
DANG DE ZISHEN JIANSHE FAGUI HUIBIAN

编者/中国法制出版社
经销/新华书店
印刷/三河市国英印务有限公司
开本/880 毫米×1230 毫米　32 开　　印张/16.25　字数/333 千
版次/2022 年 1 月第 1 版　　2022 年 1 月第 1 次印刷

中国法制出版社出版
书号 ISBN 978-7-5216-2168-6　　定价：59.00 元

北京市西城区西便门西里甲 16 号西便门办公区
邮政编码：100053　　传真：010-63141852
网址：http：//www.zgfzs.com　　**编辑部电话：010-63141805**
市场营销部电话：010-63141612　　**印务部电话：010-63141606**